高等学校应用型本科创新人才培养计划指定教材

高等学校跨境电子商务专业“十三五”课改规划教材

跨境电子商务实务

青岛英谷教育科技股份有限公司
白城师范学院
编著

西安电子科技大学出版社

内 容 简 介

本书以培养应用型人才为宗旨，从跨境电子商务业务的角度出发，深入贯彻产、学、研的教育理念，结合相关企业实践经验，系统地分析和讨论跨境电子商务业务中所涉及的主要问题。

根据跨境电子商务业务的特点，本书共分为九章，主要涉及解析跨境电子商务、进驻跨境电商渠道、做好跨境产品选择、优化客户管理体系、构思优质营销活动、实施有效线上推广、完成跨境安全结算、提高仓储物流效率、透视跨境电子商务等方面的内容。

本书可作为应用型本科院校和高职高专院校跨境电子商务、国际贸易等相关专业的教材或教学参考用书。同时，对跨境业务企业的运营人员、管理人员以及营销人员等也具有实战指导作用。

图书在版编目(CIP)数据

跨境电子商务实务 / 青岛英谷教育科技股份有限公司，白城师范学院编著. —西安：西安电子科技大学出版社，2019.2(2020.4 重印)

ISBN 978-7-5606-5239-9

Ⅰ. ① 跨…　Ⅱ. ① 青…　② 白…　Ⅲ. ① 电子商务　Ⅳ. ① F713.36

中国版本图书馆 CIP 数据核字(2019)第 019241 号

策　　划　毛红兵

责任编辑　刘炳桢　毛红兵

出版发行　西安电子科技大学出版社(西安市太白南路 2 号)

电　　话　(029)88242885　88201467　　邮　　编　710071

网　　址　www.xduph.com　　电子邮箱　xdupfxb001@163.com

经　　销　新华书店

印刷单位　陕西天意印务有限责任公司

版　　次　2019 年 2 月第 1 版　　2020 年 4 月第 3 次印刷

开　　本　787 毫米×1092 毫米　1/16　印　张　19

字　　数　447 千字

印　　数　3501～5500 册

定　　价　49.00 元

ISBN 978-7-5606-5239-9/F

XDUP 5541001-3

高等学校跨境电子商务专业
“十三五”课改规划教材编委会

主　编：南书明

副主编：王　燕　苏　静　高秀雪　王丽梅

编　委：（以姓氏拼音为序）

安盛华　陈培君　陈素雯　崔洪涛　崔静静

董宪武　范可微　韩　冰　侯方博　胡延峰

黄春玲　纪卫宁　季　彬　姜梦婷　康海波

李红艳　刘广利　马方达　欧思佳　史立刚

隋正其　滕占江　万建国　王　磊　王丽萍

王娴娴　王晓帆　王姿懿　杨　楠　张赫楠

张　颖　赵　悦　祝洋洋　邹爱丽　左艳茹

❖❖❖ 前　　言 ❖❖❖

随着全球经济一体化的快速推进、互联网高新技术的飞速发展，跨境电子商务在中国经济发展中发挥了越来越重要的作用。iMedia Research(艾媒咨询)数据显示，2017 年跨境电商整体交易规模(含零售及 B2B)达 7.6 万亿元人民币，增速可观；2018 年跨境电商交易规模有望增至 9.0 万亿元。面对跨境电子商务市场的蓬勃发展，如何快速培养技术专业人才，切实满足市场需求，成为影响跨境电商发展的重要因素之一。

本书旨在培养兼具理论性和实践性的应用实战型专业人才，以快速适应实际岗位职责的要求。本书以跨境电商实操流程为主线，具体介绍了各环节所涉及的相关知识，并结合企业实战内容，综合阐述了跨境电商知识体系。在阅读本书的过程中，读者除了要掌握基本知识，还应着重培养灵活应用和独立思考、提出问题、解决问题的能力。

本书整合了众多一线教育专家和企业管理者的意见，具体编写特点如下：

(1) 结合“121”工程特点，以培养应用型人才为导向，注重理念与实际相结合，强调“应用型”知识的学习，帮助读者快速适应跨境电子商务相关工作岗位的要求。

(2) 采用跨境电商实务工作思路与情景模拟训练相结合的模式，让读者在理解理论的基础上能灵活使用所学知识。通过学习，读者可以掌握跨境电商核心思路，分析问题并找到问题症结，提出合理化解决方案。

(3) 注重培养读者独立思考能力。本书共分九章，在结构上精益求精，每章开始设有学习目标、学习方法建议、学习导航，使读者明白本章需要掌握的重难点，可以在学习中有的放矢；各章均以情境案例、沙盘推演方式进行知识导入，辅以情境实操，并且加入相应二维码视频，给读者留以发散思维的空间，进而培养读者独立思考的能力。

(4) 突出跨境电商系统性学习。全文按照跨境电商业务发展逻辑顺序排列，读者可以进行系统性学习。

本书由青岛英谷教育科技股份有限公司和白城师范学院编写，参与本书编写工作的有刘娅琼、于扬、杜继仕、黄丽艳、耿卓、杨宏德、王树叶、邓宁、金成学、王燕等。本书在编写期间得到了各合作院校专家及一线教师的大力支持与协作。在此，衷心感谢每一位老师与同事为本书出版所付出的努力。

本书在编写过程中，参考了大量的书籍和资料，在此向其作者表示衷心的感谢。有些资料可能由于疏忽没有注明出处，作者如有发现请联系我们，我们将予以修改补充。另外，十分感谢诸多企业管理人员和专家对本书提出的建议和意见。

由于编者水平有限，书中难免有不足之处，欢迎大家批评指正。读者在阅读过程中若发现问题，可以通过邮箱(yinggu@121ugrow.com)联系我们，或扫描右侧二维码进行反馈，以期进一步完善。

教材问题反馈

本书编委会
2018 年 10 月

❖❖❖ 目　　录 ❖❖❖

第1章

解析跨境电子商务

自 2014 跨境电商元年伊始，传统零售商、海内外电商巨头、创业公司、物流服务商、供应链分销商纷纷入局，跑马圈地。经过 3 年酝酿，业内人士判断 2017 年是跨境电商的改革元年，众多企业欲以“行业整合、平台自律、政府参与”作为导向，抓住外贸行业的蓝海机遇。

本章目标

☞ 掌握跨境电子商务的定义
☞ 理解跨境电子商务的流程和分类
☞ 理解企业实施跨境电子商务的意义
☞ 了解我国跨境电子商务的运营环境

学习方法建议

☞ 建议按照班级实际情况，限时 30 min 内，完成以下任务：
T1：4～6 人组成 1 个小组；
T2：选出 1 人作为小组组长(组长为轮换制，周期为两个章节)；
T3：为小组设计组名及 Logo；
T4：由组长带领组员完成本阶段项目任务。
☞ 完成上述 4 个任务后，组长带领组员开始本阶段内容的学习。

学习导航

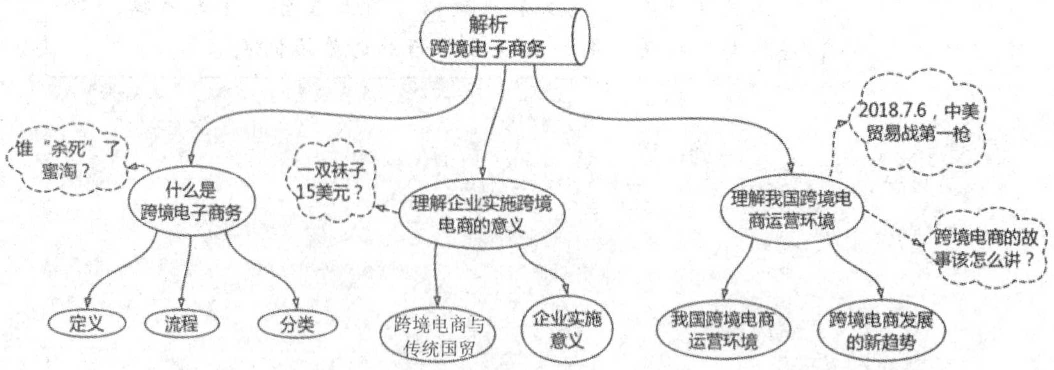

【沙盘推演】阶段 1

A 公司于 2010 年创立，主营仿真饰品，作为终端工厂，其一直采用传统出口途径将产品远销欧美等发达国家和地区，并且公司拥有专业的设计研发团队。A 公司经过努力已成为一家集研发、商贸、生产为一体的综合工贸型企业，园区及设备展示如图 1-1、图 1-2 所示。截至 2017 年 8 月，公司占地面积 4000 平方米，在职员工逾 200 人，月产量约 100 万件(人均 3 min/件)，年营业额为 3000～5000 万美元。

图 1-1　A 公司园区(左)及产品展览室(右)

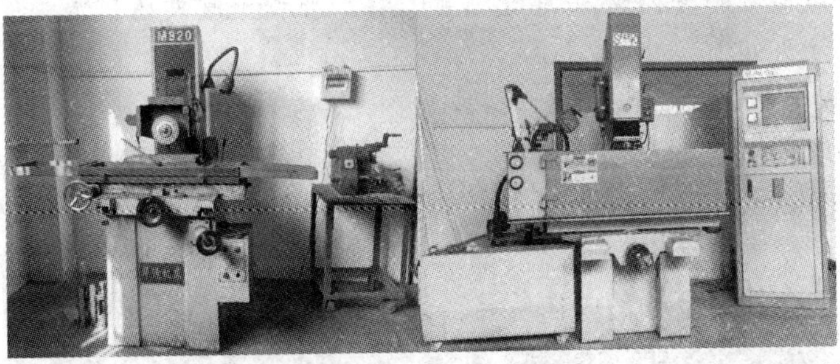

图 1-2　A 公司磨床(压铸科：钢磨具室)(左)及电火花机床(压铸科：钢磨具室)(右)

随着业务规模的增大和市场环境的变迁，公司想逐步开展跨境 B2C 业务，进一步拓宽 B2B 业务并提升利润空间，但苦于对线上业务缺乏了解，迟迟不敢“下水”，以致错过跨境电商市场黄金时期。

经过公司研究，决定成立以小林为组长的 5 人运营团队，负责公司跨境电商项目，并且要求他们在 3～6 个月内，制订出切实可行的运营方案。

项目任务

在深入探讨公司运营现状和运营需求后，运营团队决定对整个跨境电商市场环境、业务流程先进行全面彻底的考察，然后再进行下一步转型方案的规划和推演。因此，他们首先要完成以下任务：

- Task 1：掌握什么是跨境电子商务；
- Task 2：理解企业实施跨境电商的意义；
- Task 3：理解我国跨境电商的运营环境。

【Task 1】掌握什么是跨境电子商务

案例：谁“杀死”了蜜淘？

随着望京 SOHO T3 蜜淘办公室的人去楼空，蜜淘可能等不来它的机会了。

2016 年初，多家媒体曾报道称，跨境电商蜜淘被京东收购，这一消息遭遇京东方面的否认。然而更为劲爆和残酷的消息却在指向——蜜淘并非被收购而是倒闭，并且与商家结算都已成问题。

“2015 年 9 月公司转型韩国购，原来很大一部分业务不做了，大幅裁员，内部传闻说 2016 年 1 月份会解散，当时也不知道真假。”蜜淘一位不愿具名的前员工讲述。

该员工 2015 年 11 月离开蜜淘，同时期离开的人远不止她一个。据她透露，蜜淘市场总监 2016 年春节前后也离职了。“以前认识的同事已经没有在蜜淘的了。”

谁“杀死”了蜜淘？

2014 年跨境电商企业都在做同一件事情：野蛮生长。随着早期圈地完毕，汹涌的掘金者必然面临着贴身肉搏。通过此前的蛛丝马迹，身处风口浪尖的蜜淘最终倒下的三重原因可分析如下。

(1) 海淘版唯品会走不通。

2013 年 10 月 8 日，从未出过国，也没有海淘经历的谢文斌带着他的“海淘”梦想创立了蜜淘(前身：CN 海淘)，网站首页如图 1-3 所示。一开始他只想做海淘导购或代购：一方面，蜜淘接受海淘商家入驻，并且会对接国外网上购物商场；另一方面，蜜淘会将第三方支付等服务集成在后台，消费者在平台内可自主完成购物环节。

图 1-3　蜜淘全球购

但是代购模式存在根本问题：商品价格透明、利润薄。此外，蜜淘没有仓储，不备库存，也就意味着物流周期长，客户体验会差。因此，蜜淘在参考唯品会、聚美优品的模式后，2014 年 6 月转型 B2C 自营海淘电商，通过特卖的方式，每天上线一个爆品。

由于跨境电商本身能做爆款的产品并不多，而且爆品又需要平台持续补贴让利，后续商品跟不上，进而导致资金链、供应链的断裂，加之对用户需求点把握的偏差，因此蜜淘的爆品特卖思维并未获得想象中的成功，当时蜜淘的月交易额只有几十万，增长速度也只有 30%～50%。

(2) 频繁大促。

2014 年 11 月，蜜淘获得了祥峰投资、经纬创投等 3000 万美元投资。为了提高销售，蜜淘随即加入了地铁刷广告的营销大军，当月黑色星期五之后，蜜淘特卖产品销量翻倍增长。数据显示，当时蜜淘客户端激活用户接近 100 万，累计递送包裹近 20 万个，月交易流水突破 1000 万元人民币，员工数量发展到 60 人。

如图 1-4 所示，2015 年蜜淘举办了“520 激情囤货节”和“618 电商大促”，面对与主流电商的 PK，蜜淘并不怯场，打出保税区商品全网最低价的口号，叫板京东、天猫、聚美优品、唯品会等，承诺物流速度体验绝对远超这些主流玩家。

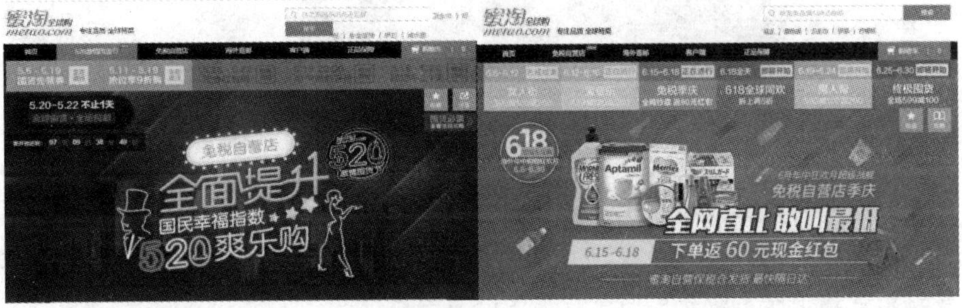

图 1-4　蜜淘“520 激情囤货节”(左)与“618 电商大促”(右)

“电商就是这样，必须得不断地做活动。”蜜淘 CEO 谢文斌曾说。

然而看起来滋润的光景并未持续太长时间。早在 2015 年初，跨境电商市场就走进了价格战的死胡同。在资本、流量、品牌背书等资源都雄厚的巨头面前，蜜淘的优势开始变弱。“蜜淘在库存上能压个一千万、两千万的货就已经算很不错了，但某些大公司在保税仓库中的货就有十个亿。”谢文斌在接受媒体采访时说道，显然已经意识到了蜜淘与巨头之间的差距。

不幸的是，一旦进入大促的怪圈，平台就需要通过不断地大促刺激销量。并且大多数情况下，价格战会受到资本市场的制约。而蜜淘的 C 轮融资却迟迟未能公布，这也让蜜淘开始掉队海淘创业大军。

“烧钱的前提是有很强的供应链，又要有特色的服务，但是如果同质化竞争很严重，做这个事其实是没有意义的。”宝贝格子 CEO 张天天说。

一直没有备好“粮草”却对大促乐此不疲的蜜淘很可能在那个时候就注定了结局。

(3) 错误转型韩国购。

2015 年 9 月，谢文斌开始被动求生。

那段时间，他经常挂在嘴边的一句话是：就算再融 1 亿美金，也不可能成为与巨头打价格战的对手。巨头可以通过渠道与补贴的方式把价格压得很低，但是创业公司没有办法这样长时间消耗下去。

为了让蜜淘变得更轻、跑得更快，2015 年 9 月，谢文斌权衡利弊后，主动放弃了全品类的全球购运营思路和价格战的营销手法，退守到了韩国购这个小而美的市场，如图 1-5 所示。

图 1-5 蜜淘韩国免税店

对于跨境电商来讲，蜜淘选择把销售群体定位在哈韩范用户，理论上并没有错，但过去日韩市场无论跨境、保税、一般贸易还是水货都不计其数，与历史沉淀的这些未知者的竞争毫不亚于跨境电商平台竞争的激烈程度。

“做单一国家是很难的，用户群会集中在小众或者有特定需求的人群，平台没有办法满足大部分人对海外购物的整体需求。”洋码头 CEO 曾碧波说。在他看来，比较成熟的中产阶级需求绝对不是单点需求，而是涉及方方面面，母婴也是满足特别时期、特别群体的需求。

然而，一心想要摆脱价格战的蜜淘并没有意识到这一点。在资本市场沉寂 10 个月之久的谢文斌，当时在接受凤凰科技采访时表示，转型后的蜜淘计划连续实现三年盈利，为 A 股上市做准备。

随后，蜜淘从望京 SOHO T2 算不上大的办公区浩浩荡荡地搬到了望京 SOHO T3，租下了一整层的办公区。

讽刺的是，2015 年底，由于蜜淘从全球购业务转型韩国购，很多部门取消，公司大幅裁员，搬到大 House 不足半年的蜜淘提前退租。与此同时，公司于 2016 年解散的消息迅速扩散……

2014 年的蜜淘风光无限，几乎拿到了所有创业团队期望甚至羡慕的资本“战果”。它一年内斩获了三轮融资：天使轮、A 轮、B 轮，最终却止步在了 C 轮门前，不禁令人唏嘘。

资料整理来源：http://www.chinaz.com/biz/2016/0330/517297.shtml

FOCUS

2016—2018 年，对于跨境电商里的创业者而言，输赢只在毫厘之间。在资本支持下，各路玩家棋逢对手，任何人面对新兴市场都要从头摸索。爆发中产生的混战加速了洗牌，创业者与巨头并存的现象短时间内还会有，但末位淘汰赛正在加速进行。

在如此纷繁复杂的国际市场环境下，为什么跨境电商仍被企业家们认为是电商行业的最后一片蓝海市场？而且一众创业者们甘愿冒险一试，纷纷入围，不惜以命相搏？跨境电商行业究竟有何特殊之处，竟有如此魅力？本章将会详细解析，掀开跨境电子商务的真实面纱。

【Part 1.1】跨境电子商务的定义

在互联网全球性、海量性、及时性、互动性、多媒体性及新媒体性等六大特征推动下，电子商务体系日趋完善。与此同时，跨境贸易线上业务也逐步走进人们的日常生活。传统贸易线上网络化服务，将商业过程各环节与互联网信息技术系统连接，改变了传统业务运作模式，成为一种新型商务模式，即跨境电子商务(Cross Border E-Commerce)，简称跨境电商。

广义的跨境电商是指分属不同关境的交易主体，通过电子商务平台将传统进出口贸易中的展示、洽谈和成交环节电子化，并通过跨境物流及异地仓储送达商品、完成交易的一种国际商业活动。其实现传统国际贸易流程的电子化、数字化和网络化，包括跨境 B2B 与跨境 B2C 业务。

狭义的跨境电商特指跨境零售模式，即分属不同关境的交易主体，通过线上平台达成交易、完成支付结算，并采用快件、小包等跨境物流方式，将商品送达消费者手中的交易过程。

⊙　*Tips For You*

注意：跨境电子商务中的“跨境”意指“跨越关境”并非“跨越国境”，原因在于关境是适用于同一海关法或同一关税制度的地区或领域。例如，我国有港、澳、台三个单独关税区，此时关境小于国境；欧盟有 25 个国家适用于同一关税制度，此时关境大于国境；其他如日本等国家，无特殊情况，此时关境等于国境。因此，在进行跨境贸易业务界定时应注意此点。

【Part 1.2】跨境电子商务的流程

跨境电子商务从商品流向来看，分为出口电商和进口电商，两种贸易形式流程相反。

以跨境电商出口流程为例，整个业务流程主要有六大模块参与，即商品、跨境电商企业、支付企业、物流商、海关以及用户(企业或消费者)，如图 1-6 所示。

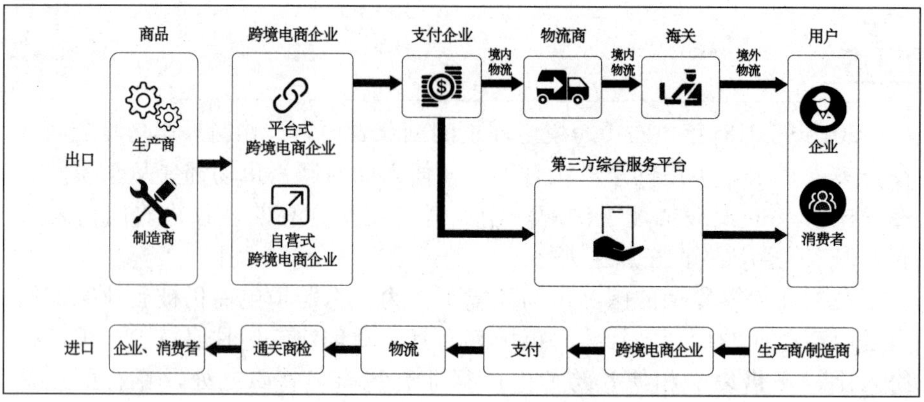

图 1-6 跨境电子商务流程

商品在出口国被生产商或制造商上线并展示于跨境电商企业的平台上。一旦用户选定产品，决定下单并完成购买支付后，跨境电子商务出口方便会将商品交付给相关物流企业进行投递。经过两次(出口国和进口国)海关通关商检后，商品最终被派送到企业或消费者手中。也有的跨境电子商务出口方会直接与第三方综合服务平台进行合作，约定第三方综合服务平台代办支付之后的工作，从而完成跨境电子商务整个交易的过程。

⊙ *Tips For You*

如图 1-7 所示，跨境电商企业平台分为平台式跨境电商和自营式跨境电商。

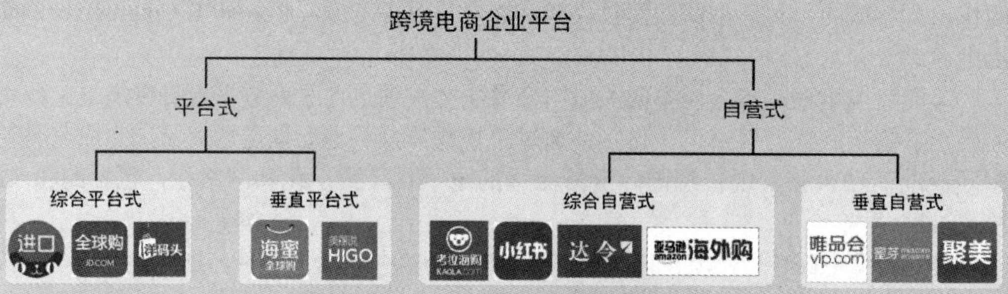

图 1-7 跨境电商企业平台分类

(1) 平台式跨境电商，分为综合平台式电商和垂直平台式电商。

综合平台式电商有着多而全的平台化运作，主要参与主体为内贸电商巨头(阿里巴巴旗下各平台、京东全球购、洋码头等)，利用自身强大流量优势为平台引流，包括 B2C 和 C2C 两种模式。

垂直平台式电商(海蜜全球购、美丽说 HIGO 等)目前参与者有限，主要集中在服饰、美妆垂直品类，多为 C2C 模式。

(2) 自营式跨境电商，分为综合自营式电商和垂直自营式电商。

综合自营式电商(网易考拉、小红书、达令、Amazon 海外购等)拥有较为丰富的商品和资金资源，部分电商经过一段时间的发展，会由自营式逐渐向平台式电商模式演进。

垂直自营式电商围绕母婴、美妆等垂直品类或垂直人群进行电商的选品和销售，大部分为自营 B2C(唯品会、蜜芽、聚美极速等)，有少量 M2C(麦乐购等)部分作为品类的补充。

综上所述，跨境电子商务主要涉及产品流、信息流和资金流，如图 1-8 所示。

(1) 产品流。买方在互联网上下单，卖方委托跨境物流公司将产品配送到目的地。因此，产品流有时也可指物流。

(2) 信息流。卖方能够在互联网上发布产品或服务信息，而买方则可以在互联网上浏览所需的产品或服务信息。

(3) 资金流。买方通过第三方支付平台，可以快速、安全、准确地付款，卖方收汇结汇。

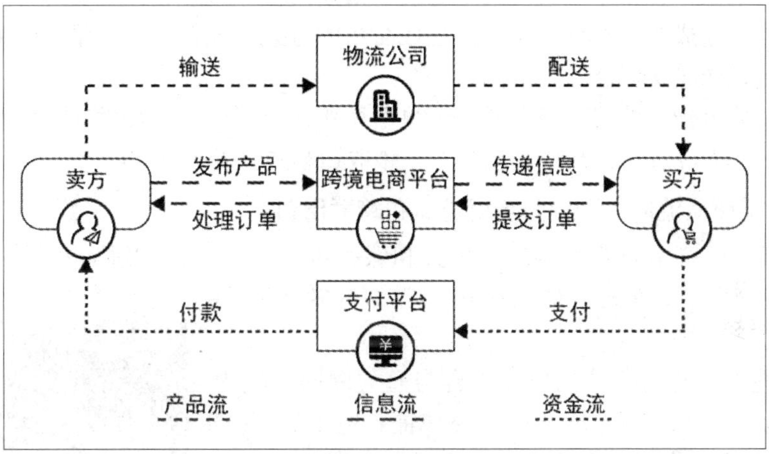

图 1-8　跨境电商“三流”模型

总之，跨境电商通过第三方平台、物流公司、支付公司的介入，最大程度降低买卖双方交易风险，降低交易成本，提升消费者购物体验，进而提高交易转化率。

【Part 1.3】跨境电子商务的分类

如图 1-9 所示，跨境电子商务根据服务类型、运营方式、商品流向、交易主体可分为如下几类。

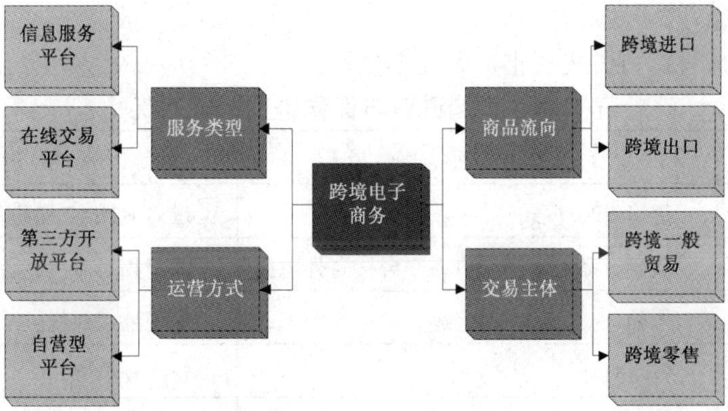

图 1-9　跨境电子商务分类

1. 根据服务类型，可分为信息服务平台和在线交易平台

信息服务平台即交易撮合平台，为境内外买卖双方提供网络营销服务、传递商品或服

务信息，以便跨越区域概念，促成交易达成。

在线交易平台不仅提供商品或服务信息，还可供商品需求方在平台内完成搜索、咨询、对比、下单、支付、物流、评价等全购物链环节。在线交易平台是信息服务平台的内容补充和业务拓宽。

2．根据运营方式，可分为第三方开放平台和自营型平台

第三方开放平台指平台型电商通过线上搭建商城，整合运营、支付、物流等资源，吸引商家入驻，促成买卖双方在平台内达成交易的方式。通常情况，平台的主要盈利模式是收取商家佣金或成交佣金。

自营型平台指自营型电商企业通过自主搭建线上平台，整合供应商资源，低价买进商品或服务，然后经过平台高价卖出的形式赚取适当差价的方式。

3．根据商品流向，可分为跨境进口和跨境出口

(1) 跨境进口主要有直购进口模式和保税进口模式。直购进口和保税进口是两种并行的跨境电商进口模式，适用于不同类型的跨境贸易企业。

直购进口指符合条件的电商平台与海关联网，境内消费者跨境网购后，电子订单、支付凭证、电子运单(三单合一)等由企业实时传输给海关，商品通过海关跨境电商专门监管场所(如图 1-10 所示)入境，按照个人邮递物品征税。直购进口模式对代购类、品类较宽泛的电商平台及海外电商来说比较适用，可从海外直接发货，在商品种类的多样性上具有显著优势。

图 1-10　全国统一版通关模式

保税进口指国外商品整批抵达国内海关监管场所——保税港区，入境不入关。消费者下单后，商品从保税区直接发出，在海关、国检等监管部门的监督下实现快速通关，减少产品运输时间，尽快配送至消费者手中。保税进口模式在价格和时效方面具有优势，适用于品类相对专注、备货量较大的电商企业。

直购进口与保税进口模式对比，如表 1-1 所示。

表 1-1　直购进口与保税进口模式对比

	直购进口	保税进口
模式类型	进口 B2C 模式	进口 B2B2C 保税备货模式
适用企业	代购、品类宽泛的电商平台、海外电商	品类相对专注、备货量大的企业
发货地点	国外	保税港、保税区
时效	7～15 天	1～5 天
商品种类	多样性	单一性
海关监管特色	电子订单、支付凭证、电子运单实时传输，即“三单合一”，实现阳光化通关	货物存放在海关监管场所，入境不入关，可实现快速通关

Scan Here

观看视频：天津保税区“全国统一版跨境电商通关系统”。
思考：新通关系统较传统进出口贸易通关模式的优势有哪些？

Scan Here

观看视频：跨境电商通关“三单合一”模式。
思考：“三单合一”模式加快了哪些通关程序的效率？“三单合一”的传递核心是什么？

(2) 跨境出口指国内电子商务企业通过跨境电商平台达成交易、完成支付，并通过跨境物流送达商品，完成交易的一种国际商业活动。

4．根据交易主体，可分为跨境一般贸易和跨境零售

(1) 跨境一般贸易也指跨境 B2B 贸易，指分属不同关境的企业间通过电商平台达成交易、进行支付结算，并通过跨境物流送达商品，完成交易的一种国际商业活动。现已纳入海关一般贸易统计。

(2) 跨境零售可分为跨境 B2C 和跨境 C2C，是一种 B 端或 C 端商家直接面向终端消费者的商业模式。

跨境 B2C 指分属不同关境的企业直接面向消费者开展在线销售产品和服务，通过电商平台达成交易、进行支付结算，并通过跨境物流送达商品，完成交易的一种国际商业活动。

跨境 C2C 指分属不同关境的个人卖方与个人买方开展在线销售产品和服务，由个人卖方通过第三方电商平台发布产品和服务售卖信息，个人买方进行线上信息筛选，最终通过电商平台达成交易、进行支付结算，并通过跨境物流送达商品，完成交易的一种国际商业活动。

项目演练 1

小林团队仔细认真地学习了本节内容，并且查阅了相关资料后，对跨境电商的概念有了全新的了解。现在，请各小组帮助小林团队总结以下四个问题。

- Q1：什么是跨境电子商务？跨境电子商务广义概念是什么，狭义概念呢？
- Q2：跨境电子商务的流程包含哪些内容？
- Q3：跨境电子商务是怎么分类的？有哪几种分类形式？
- Q4：思考跨境电子商务与传统国际贸易的区别。

【Task 2】理解企业实施跨境电商的意义

案例：一双袜子 15 美元？

如图 1-11 所示，随着第十三届全国冬季运动会的揭幕，为运动员们量脚定制的“悍将”品牌功能运动袜走入大众眼帘。

图 1-11　第十三届冬运会专用装备——“悍将”

“悍将”正是浙江东方百富袜业制造有限公司(以下简称东方百富)2016 年推出的自有品牌。2016 年该公司销售额超过 2 亿元人民币，已成为国外 20 多家大品牌的合作商。据悉，东方百富一双袜子平均零售价为 15 美元，毛利率保持在 30%，远高于中国袜业 5%～7%的毛利率。

和多数传统外贸企业一样，创办于 2002 年的东方百富经历过中国外贸最辉煌的时期，也曾深陷 OEM 的低谷泥淖，在传统代加工里获取微薄利润艰难求生，一度难以维持生计。2009 年，历时 7 年卧薪尝胆，东方百富决定破釜沉舟加大科技投入，拥有了自己的核心专利，从制造袜子到“智造”袜子，从卖产品到建平台，使“全球袜子中国造”转变成“中国袜子全球卖”，为小小的袜子注入科技的力量。

一双袜子能卖到 15 美元，卖的其实是技术。比如为滑雪运动员开发的功能运动袜，在汗腺较多的脚趾缝隙上方开设散热导湿“窗口”，并分左右脚形状设计不同袜头；根据足部结构，采用不同编织方法，形成脚掌减震系统。这些设计都是东方百富的专利，可以帮助运动员减轻疲劳，提高耐力。

截至 2017 年 8 月，企业已获得 70 多项各类专利，其中发明专利有 4 项，20 多项专利还在申请过程中；20 人的研发团队常年与浙大的研发团队合作，每年研发投入占销售额的 4.3%。

除了在研发上面的投入，东方百富也非常注重高新生产设备的引进。东方百富整个车间投入达 1 亿元人民币，拥有数百台全球顶级一次成型自动设备，不仅省去 2/3 人力，还能将设计方案直接输入程序，实现袜子的特殊功能，且平均 5 分钟就能生产一双，效率显著提高。

如图 1-12 所示，2016 年年底，东方百富正式上线 Amazon 北美站，注册商标“SOLAX”。截至 2017 年 5 月，仅用半年时间，东方百富在 Amazon 推出四大系列 400 多个 SKU[①]，月销售额就达到 60 万美元(折合 399 万人民币)。与此同时，东方百富在美国洛杉矶、德拉瓦以及英国、意大利分别设立了海外仓和客户服务中心。

2017 年 6 月，东方百富拿下海外知名运动品牌 COOLMAX 7 年的全球独家授权，为东方百富的袜业帝国再添一抹重彩。

① SKU=Stock Keeping Unit(库存量单位)，即库存进出计量的基本单元，可以是件、盒、托盘等，并且每种电商产品均对应唯一的 SKU 号。例如 1 双袜子有 3 种颜色，2 种尺寸，SKU=3×2，即该商品有 6 个 SKU。

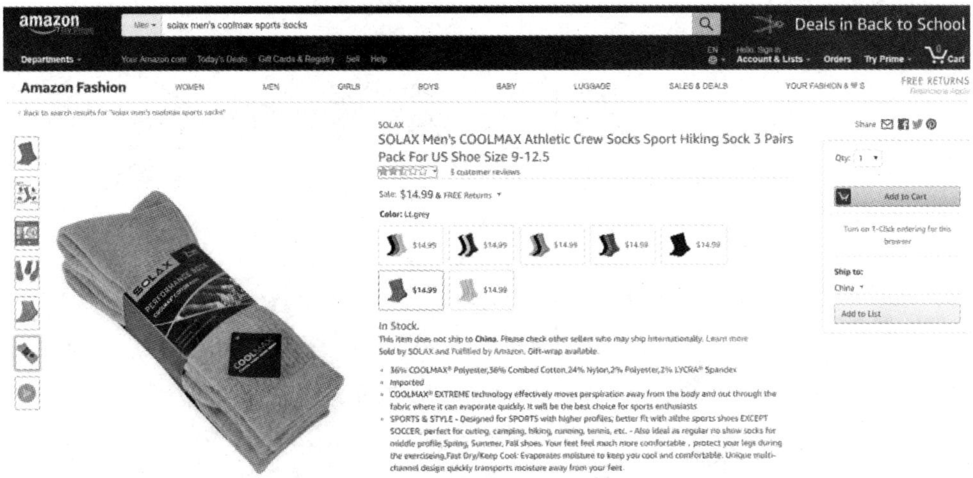

图 1-12　东方百富 SOLAX

从贴牌代工到有设计能力、自主创新能力的代工，再到推出自有品牌，从创业初期到转型再到现在，东方百富在短短的 16 年时间里，重塑了中国袜业产业链布局。其跨境电商业务短期内获得的高速增长现象，无论对传统企业还是出口卖家都有一定的启发。

资料整理来源：http://www.ebrun.com/20170817/242983.shtml

FOCUS

随着高精尖技术的快速发展，互联网+电商对供应链上游的生产商不断施加压力，价格、库存、仓储成为传统贸易商们的心腹大患。更有不少人指出中国 OEM(Original Equipment Manufacturer，代工生产)的黄金时代即将终结，未来 5 年跨境电商将迎来三个革命，即垂直化、定制化、品牌化。

传统企业转型的必经之路就是销售小众定制化品牌产品和服务。那么，传统贸易和线上贸易的流程究竟有什么区别呢？

【Part 2.1】跨境电商与传统国贸产业对比分析

图 1-13 是跨境电商模式与传统国际贸易模式供应链对比图。跨境电子商务是传统国际贸易流程线上化的体现形式，但是相较于传统国际贸易，跨境电子商务模式环节更加精简，流程更为清晰。如表 1-2 所示，与传统国际贸易模式相比，跨境电子商务受地理范围的限制较少，受各国贸易保护措施影响较小，交易环节涉及中间商较少，因而在价格、利润方面有着明显的优势，但同时也存在着通关、结汇、退税障碍和贸易争端处理机制不完善等劣势。

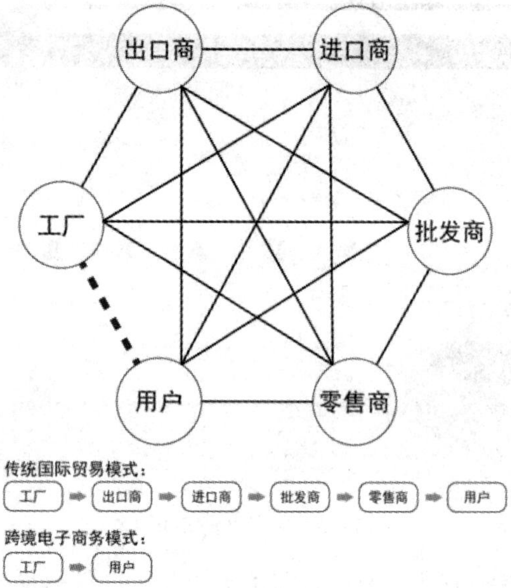

图 1-13　跨境电商模式与传统国贸模式供应链对比

互联网环境下，国际贸易正发生着深刻的变革，跨境电子商务呈现出传统国际贸易所不具备的 5 大新特征：直接化、多边化、小批量、高频度、数字化。

(1) 直接化。跨境电子商务可以通过电子商务交易与服务平台实现多国(或地区)企业之间、企业与终端消费者之间的直接交易。与传统国际贸易相比，跨境电商进出口涉及环节少、时间短、成本低、效率高。

(2) 多边化。传统的国际贸易主要表现为两国之间的双边贸易，呈线状结构。而跨境电子商务可以通过不同国家的交易、支付结算、物流平台，直接进行贸易活动，实现网状结构发展。

(3) 小批量。由于跨境电子商务实现了单个企业之间或单个企业与单个消费者之间的交易，实现了跨境 B2B 或 B2C 贸易模式，因此跨境电子商务相对于传统贸易而言，单笔订单大多是小批量。

(4) 高频度。跨境电子商务实现了单个企业或消费者能够按需采购、销售或消费，因此相对于传统贸易而言，交易双方的交易频率大幅提高。

(5) 数字化。随着信息网络技术的深化应用，数字化产品(影视作品、软件、游戏等)的品类和贸易量快速增长，且通过跨境电子商务进行销售或消费的趋势日益上升。与之相比，传统的国际贸易主要存在于实物产品或服务中间，具有明显缺陷。

表 1-2　跨境电子商务与传统国际贸易模式对比

	传统国际贸易	跨境电子商务
交流方式	面对面，直接接触	线上交流，间接接触
运作模式	基于商务合同	需借助电子商务平台
交易环节	复杂(生产商—贸易商—进口商—批发商—零售商—消费者)，涉及众多中间商	简单(生产商—零售商—消费者或生产商—消费者)，涉及较少中间商
市场规模	受地域限制，增长速度缓慢	面向全球市场，增长速度快

续表

	传统国际贸易	跨境电子商务
订单类型	批量大、批次少、订单集中、周期长	批量小、批次多、订单分散、周期短
价格利润	价格相对较高、利润率低	价格相对较低、利润率高
产品类目	产品类目少、更新速度慢	产品类目多、更新速度快
支付方式	正常贸易支付	需借助第三方支付
运输形式	多通过空运、集装箱海运	通常借助第三方物流企业
通关结汇	按传统国际贸易程序，可以享受正常通关、结汇和退税政策	通关缓慢或有一定限制，无法享受退税和结汇政策
争端处理	健全的争端处理机制	争端处理不畅，效率低

【Part 2.2】企业实施跨境电商的意义

数据显示，美国 Walmart 售价 9.9 美元的芭比娃娃，中国加工企业所得仅为 1 美元，这其中 8.9 美元去了哪里？中间商，经销商？而面对这一尴尬现状的同时，又频频出现国内消费者抢购境外商品，从奢侈品到日用品无所不包，就连马桶盖都能被国人“洗劫”一空的现象。

这种现象的背后，实质上是外贸在结构调整、转型升级方面遇到的突出问题。从当前中国外贸面临的困境看，市场订单不足、利润空间变小、产品价值低端，成为困扰外贸企业发展的三大难题。

如图 1-14 所示，从跨境电商发展来看，当前跨境 B2B 形态日渐成熟，从信息发布 1.0 时代到部分流程线上化的 2.0 时代，直至今天的 3.0 时代，整个行业实现了信息发布、交易达成，最终形成跨境贸易的完整闭环。

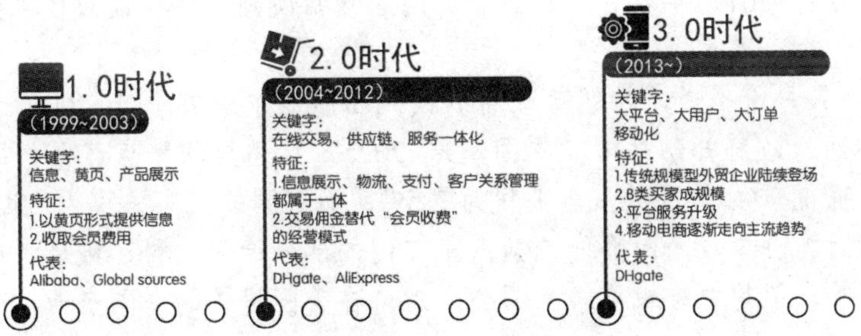

图 1-14　中国跨境电商发展历程

实际上，传统企业借助跨境电商解决了市场问题、利润问题、价值问题三个问题。

(1) 市场问题。通过电子商务平台实现“买全球卖全球”，大大扩展了市场信息的来源渠道，有效解决企业因信息不对称带来的外贸订单减少的问题。

不是没有市场，是没有发现市场。

(2) 利润问题。互联网外贸能够使外贸链更加扁平化，充分减少中间环节，直达客户终端，降低交易成本，有效解决企业利润下降的问题。

不是没有利润，是没有利润分配的话语权。

(3) 价值问题。通过线上化、直接化的经营模式，自主掌握营销渠道，有利于企业创建自主品牌，摆脱“代工”和“价值链底端”困境。

不是没有价值，是没有能力挖掘价值。

总之，依托电子商务展开的跨境贸易模式已经水到渠成，由互联网带来的商业变迁与贸易革命已势不可挡。

项目演练 2

小林团队经过仔细认真地学习本节内容，并且查阅了相关资料，深觉 A 公司转型跨境电商意义重大，因此结合【案例】“一双袜子 15 美元”分析总结出 A 公司的转型意义。现在，请各小组帮助小林团队总结以下两个问题。

✈ Q1：请详细分析【案例】“一双袜子 15 美元”中东方百富成功的原因。

✈ Q2：详述 A 公司转型跨境电商的意义。

【Task 3】 理解我国跨境电商的运营环境

案例：2018.7.6，中美贸易战第一枪

美国东部时间 2018 年 7 月 6 日凌晨 0:01 分，美国正式开始对 340 亿美元的中国产品加征 25%的关税，这是迄今为止经济史上规模最大的贸易战。中国商务部新闻发言人高峰于 7 月 5 日的新闻发布会上表示，中国不会在威胁和讹诈面前低头，也不会动摇捍卫全球自由贸易和多边体制的决心。

中美双方自 2017 年就针对双边经贸问题开始谈判，但在数回合谈判后仍无法达成基本共识。

据媒体 5 月份报道，特朗普政府的谈判团队要求中方降低 2000 亿美元贸易逆差、承诺不通过政府补贴扶植“中国制造 2025”计划里的重点产业、同时与美国实行对等的关税税率(如美国的汽车关税为 2.5%，而中国的汽车关税为 25%)。而中方表示愿意增加对美进口，同时降低包括汽车在内的部分产品关税、重新考虑对美国高粱的反倾销税等，但是中方也要求美国公平对待在美国投资的中国企业，暂不实施根据 301 调查结果①而制定的 25%关税措施。

(1) 企业的利益得失。

美国贸易代表办公室于 6 月 15 日公布，针对 2017 年自中国进口价值达 500 亿的商品征收 25%关税，分两阶段实施。首先，对总价值达 340 亿美元的 818 项产品于 7 月 6 日正式开始执行；接着，对价值 160 亿美元的 284 项产品清单公开征询意见至 7 月 31 日结束。

---

① 美国 301 条款指《1988 年综合贸易与竞争法》第 1301－1310 节的全部内容，其主要含义是保护美国在国际贸易中的权利，对其他被认为贸易做法“不合理”“不公平”的国家进行回击。

此清单是贸易代表办公室 4 月公布的 1333 项产品清单的修改版，经公开讨论后将几项消费性产品移除。新清单上总共 1102 项产品中，只有 1%是消费性产品，其他都是工业产品或用于后期组装的半成品。

中国相关专家分析，第一份清单包括很多消费性电子产品的零部件，如 LCD、LED 显示屏；第二份清单包含更多的是对供应链更重要且高附加价值的产品，如集成电路。第一份价值 340 亿的清单对中美贸易总量毕竟是小数目，不至于伤害太大，但第二清单若实施，造成的附带伤害更明显。从时间点看来，具体伤害效果可能会在 8 月末至 9 月初开始显现，各厂商最终会把这些提高的成本间接转嫁给消费者。

这个措施实施后，令部分制造业企业的日子十分难过。据华盛顿邮报报道，2018 年 1 月以来，美国洗碗机价格上涨 17%，美国通用汽车、摩托车生产商哈雷戴维森等制造企业都有类似担忧。7 月 3 日美国股市收盘时，飞机制造商波音、工程机械制造商卡特彼勒、半导体公司英特尔、消费性电子企业苹果以及汽车相关企业的股票都承受着沉重的抛售压力。

这些压力导致部分企业和商业团体开始公开对美国当局政府提出反对意见，这些企业覆盖零售、装备制造、消费电子、IT 以及农业等各个行业。代表大型跨国企业，如 Walmart、波音、IBM、Facebook 等的数个团体，自关税清单公布后就开始敦促美国当局政府慎重考虑关税政策。代表大型企业 Apple、3M、JPMorgan 的商业团体“商业圆桌”(Business Roundtable)指出：“在缺乏推动中国经济改革的长期战略下，单方就 500 亿美元产品征收关税将伤害美国商业、工人和家庭，”出于政治考量，大部分美国企业通过商业团体对政策发声。

另外，像大豆这些较为依赖中国市场的行业，因担心成为贸易战受害者，自关税政策一公布就公开要求政府考虑其利益。此前，美国大豆产量的 1/3 销往中国。尽管美国农业部回应，将协助大豆农民，但是大豆业者担心在中国市场份额被取代，一旦贸易战结束后，伤害仍然难以弥补。

根据媒体报道，中国从美国年进口 140 亿美元大豆，如果开始征收 25%关税，那么，中方可能取消今年剩余的大豆订单。中方自 4 月已开始寻找巴西大豆供应商。

美国商会(US Chamber of Commerce)在其官网上罗列出美国可能受到的伤害的各州，同时推出“贸易可行，关税不可行”的口号。根据其统计，美国 50 个州里，受影响最大的将是出口额最大的华盛顿州，其出口到中国的主要产品为车厘子、苹果、蔬菜和水果种子以及渔业产品等；对中国出口汽车达 20 亿美元的阿拉巴马州也影响较大。

(2) 完全贸易战的可怕后果。

各市场研究机构均开始讨论如何定义“完全贸易战”及其可能造成的伤害。

Invesco 全球分析师胡珀(Kristina Hooper)认为，贸易战的定义是贸易主体之间为伤害对方而限制自对方进口的产品，以此判断，贸易战已经是进行式，问题是

Scan Here

观看视频：2018.7.6，中美贸易战打响。

思考：中美贸易战的结果会如何？国家政策对跨境电商业务的影响。

什么时候开始对经济造成影响？“我们会在 2019 年看到实质影响，(具体影响)取决于接下来的贸易情势发展。”

经济合作与发展组织(OECD)警告称，当中、美、欧相互提高关税导致成本上涨 10%时，全球贸易量将减少 6%，全球 GDP 将下滑 1.4%。英国智库牛津经济(Oxford Economics)则认为贸易战升级将导致全球经济增长减少 0.4%。

马志昂的判断是，如果特朗普在对 500 亿美元产品加征关税后，又增加 4000 亿美元产品的关税清单，这将囊括美国几乎所有自中国进口的产品。其中很多消费性产品是美国消费者无法以相同价格从别处购买的，这对美国消费者会造成压力，同时引来中方做出对等回击。最终可能导致制造商将工厂移往东南亚其他国家。

资料整理来源：http://finance.ifeng.com/a/20180706/16371508_0.shtml

FOCUS

由于跨境电商涉及跨区域贸易事项，因此本行业深受当地政策、行政法规等策略的影响，所以，跨境电商企业和从业者需要认真仔细研究本国及贸易国(或地区)法律法规。

根据资料显示，我国近几年不断加大对外贸行业的政策扶持，接连出台政策文件鼓励规范跨境电商行业秩序，以期从根本上解决行业痛点，提高运营效率。那么我国跨境电商政策如何呢？具体运营环境怎么样？为跨境电商行业的发展带来哪些变化呢？

【Part 3.1】我国跨境电商运营环境

如图 1-15 所示，根据《2016～2017 年中国跨境电商市场研究报告》数据显示，在国家对跨境电商的政策支持下，跨境电商快速发展，2016 年中国进出口跨境电商(含零售及

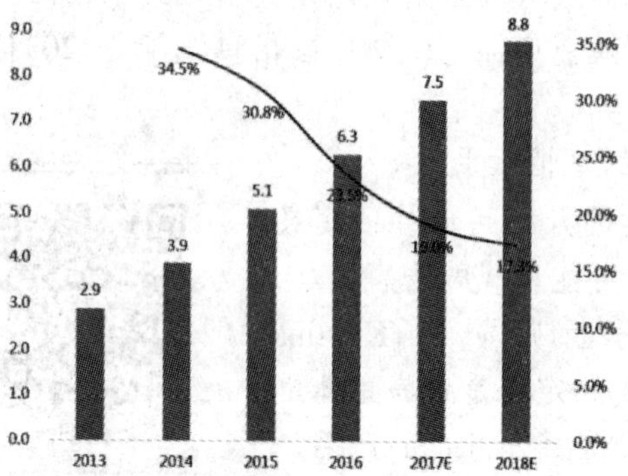

图 1-15　2013—2018 年中国跨境电商交易规模及预测(数据来源：艾媒北极星)

B2B)整体交易规模达到 6.3 万亿元(人民币，下同)。至 2018 年，中国进出口跨境电商整体交易规模预计将达到 8.8 万亿元。传统零售、电商平台、支付机构等纷纷利用各自优势，大规模进入跨境电商市场，传统实体零售转型升级，原有跨境电商平台 Alibaba、DHgate、Amazon、eBay 等业务模块扩张。除此之外，作为服务商的 PayPal、中国邮政、支付宝和微信支付都是整个跨境电商产业链中重要的组成要素。

本节将应用 PEST 分析模型，从政治(Politics)环境、经济(Economy)环境、社会(Society)环境和技术(Technology)环境四方面分析中国跨境电商的宏观环境，如表 1-3 所示。

表 1-3　跨境电子商务 PEST 分析

政治(Politics)环境	经济(Economy)环境
国家政策红利支持跨境电商发展 跨境电商相关法规不断完善	世界经济回暖，中国进出口形势稳中有升 跨境电商市场发展潜力巨大
社会(Society)环境	技术(Technology)环境
“中国创造”国外市场认可度逐渐提高 跨境电子商务服务体系逐渐完善 消费者购物习惯的转变给跨境电子商务带来新的机遇	推广服务紧跟国际趋势 物流信息化和海外仓建设成物流发展趋势 国际电子支付业务的运用促进跨境电子商务高速发展 大数据运用对跨境电子商务意义重大

1．政治环境

(1) 国家政策支持跨境电商发展。近年来，国家政策鼓励跨境电商的发展，优惠政策相继出台，降低了进口商品的成本，使消费者在国内能购买与国外同等价位的商品。“互联网+流通”计划的实施，切实推动了实体与网络市场的融合与发展。支持企业建设境外营销、支付结算和仓储物流网络，鼓励流通企业与制造企业集群式走出去。

(2) 跨境电商相关法规不断完善。随着跨境电商的高速发展，国家出台跨境电商相关政策并完善相关流程规范，促进跨境电子商务零售出口健康发展。2013 年 8 月 26 日，《关于实施支持跨境电子商务零售出口有关政策意见的通知》颁布实施，这是国家第一次将跨境电商提高到国家政策扶持的高度。2014 年第一季度，国务院颁布了《关于支持外贸稳定增长的若干意见》，首次明确出台跨境电子商务贸易便利化措施。《十三五跨境电商行业研究与产业战略规划分析报告》解读了更多最新跨境电商行业的国家政策。2016 年 4 月 8 日，由财政部、海关总署、国家税务总局联合颁布的《关于跨境电子商务零售进口税收政策的通知》正式实施，施行新的跨境电商零售进口税收政策，代表着免税时代的终结。

2018 年 7 月 9 日，国务院办公厅转发商务部等部门《关于扩大进口促进对外贸易平衡发展的意见》(以下简称《意见》)。《意见》指出，要贯彻落实党中央、国务院关于推进互利共赢开放战略的决策部署，更好发挥进口对满足人民群众消费升级需求、加快体制机制创新、推动经济结构升级、提高国际竞争力等方面的积极作用，在稳定出口的同时进一步扩大进口，促进对外贸易平衡发展，推动经济高质量发展，维护自由贸易。《意见》从四个方面提出扩大进口促进对外贸易平衡发展的政策举措，即优化进口结构促进生产消费升级、优化国际市场布局、积极发挥多渠道促进作用、改善贸易自由化便利化条件。

观看视频：国务院常务会议对外贸行业发展指示。
思考：中国跨境电商行业发展的新方向。

Scan Here

观看视频：2018.7.9 国务院办公厅转发《关于扩大进口促进对外贸易平衡发展的意见》。
思考：如何从《意见》四方面改进跨境业态。

Scan Here

2．经济环境

(1) 世界经济回暖，中国进出口形势稳中有升。2015 年，发达国家继续表现出稳定复苏的态势，经济复苏的范围不断扩大，世界经济整体呈现回暖迹象。

如图 1-16 所示，据国家统计局网站发布的 2016 年国民经济和社会发展统计公报显示，2016 年货物进出口总额 243 386 亿元(人民币，下同)，比上年下降 0.9%。其中，出口额 138 455 亿元，下降 1.9%；进口额 104 932 亿元，增长 0.6%。货物进出口差额(出口减进口)33 523 亿元，比上年减少 3308 亿元。对“一带一路”沿线国家进出口总额 62 517 亿元，比上年增长 0.5%。其中，出口额 38 319 亿元，增长 0.5%；进口额 24 198 亿元，增长 0.4%。

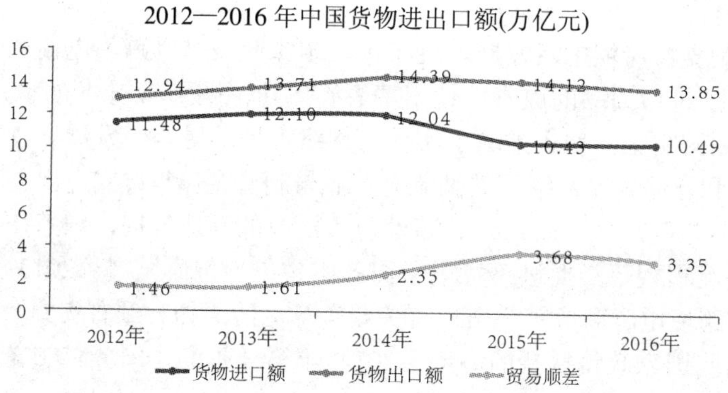

图 1-16　2012—2016 年中国货物进出口额(数据来源：中商产业研究院整理)

(2) 跨境电商市场发展潜力巨大。如图 1-17 所示，根据《2016～2017 中国跨境电商市场研究报告》数据显示，2016 年中国海淘用户规模达到 0.41 亿人，用户规模增速达到 78.3%。至 2018 年，中国海淘用户预计将达到 0.74 亿人，消费规模和市场增长迅速。此外，消费需求和消费观念升级，中国中产阶级电商用户人数持续增加，消费升级需求旺盛，对海外品牌认知度不断提高。

3．社会环境

(1)“中国创造”国外市场认可度逐渐提高。从中国加入 WTO 到“中国制造”遍布全世界，再到“中国创造”逐渐被国外消费者所熟知，中国经济发展进入了崭新的阶段。以联想、华为为代表的优秀企业走出国门，通过自己的技术优势和优质产品不断抢占国外市场，逐渐得到了国外消费者的信任，从“中国制造”到“中国创造”，中国企业逐渐实现了“走出去”战略。

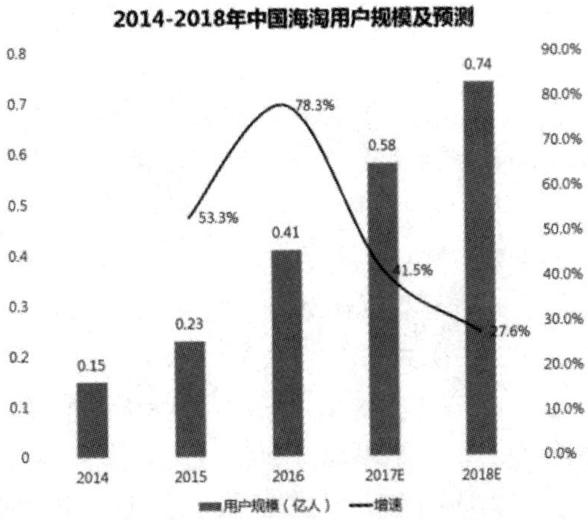

图 1-17　2014—2018 年中国海淘用户规模及预测(数据来源：艾媒北极星)

(2) 跨境电子商务服务体系逐渐完善。近年来，推广、物流、支付等中国跨境电商服务体系逐渐完善。国内的大型跨境电商(包括物流企业)纷纷建立海外仓；针对出口电商的服务创新，还体现在金融服务方面，如中国平安和 eBay 合作为其平台上的出口电商提供小额融资服务；PayPal 与北京邮政联合设计的“贝邮宝”国际物流解决方案。

(3) 消费者购物习惯的转变给跨境电子商务带来新的机遇。发达国家的电子商务市场发展较为成熟，随着用户网购习惯已经形成，中国“物美价廉”的商品在发达国家市场具有相当强的竞争力。同时在新兴市场，“中国制造”具有相当高的市场认知度，借助跨境电子商务的快速发展，中国商家可以便捷地进行出口贸易，跨境电子商务对中国出口贸易具有非常好的带动作用。

4．技术环境

(1) 推广服务紧跟国际趋势。跨境电子商务的海外推广和国内明显不同，除了文化差异外，国外市场更多运用 Google 搜索，及 Facebook、LinkedIn、Twitter 等 SNS 社交类推广工具，跨境电商服务企业不断提升自身系统研发能力，帮助中国跨境电商企业提升营销能力，让世界重新定位中国产品，提升中国出口业务。

(2) 物流信息化和海外仓建设成为物流发展趋势。物流服务是跨境贸易的重要环节，由于其在跨境贸易产业链中的特殊地位，支持跨境贸易的物流企业纷纷建设海外仓，为外贸企业提供跨境服务。另外，物流的信息化和货物可追溯技术也是物流发展的重点，物流信息化可以有效减少跨境贸易中的纠纷和欺诈行为，对跨境电商发展非常重要。

(3) 国际电子支付业务的运用促进跨境电子商务高速发展。跨境电子商务由于牵扯到国际结算和支付，国家和央行在相关领域都是非常谨慎的。随着跨境电子商务的快速发展，国际支付规模的不断扩大，2013 年 2 月，中国人民银行颁布《支付机构跨境电子商务外汇支付业务试点指导意见》，指导各类跨境电子商务企业及相关服务机构安全、规范地进行跨境电子商务支付业务。支付宝和微信支付都已向境外商户全面开放支付功能，为跨境电商提供了便捷的支付服务。

(4) 大数据运用对跨境电子商务意义重大。一方面，在跨境贸易中，不同市场拥有各自不同的特征，商家在进行出口贸易时，对国外市场的理解和把握很重要，大数据的运用在帮助商家理解国外市场、实现精准营销方面具有非常重要的意义。另一方面，海外仓的运营同样依赖大数据的支持。

⊙ *Tips For You*

2016 年 4 月 8 日，海关新政主要针对通过跨境电商渠道进口的商品包裹，而个人行邮包裹只是在商品税率上做了细微调整，其他方面并未改变。

跨境电商包裹指的是 B2C 模式入关的包裹。一方面指经过天猫国际等业务模式，销入市场保税区内的包裹；另一方面指以境外直邮模式进口的包裹，如各清关专线等。

个人行邮包裹指的是 C2C 模式入关的包裹。通常指通过国际邮政运输的个人自用包裹，比如通过EMS、航空、经济航空(SAL)、海运等线路发送的包裹。

根据表 1-4、表 1-5，可以看出 2016.4.8 新政执行后，跨境电商成本增长近了 11.2%。

表 1-4　跨境电商包裹 4.8 新政前后对比

跨境电商包裹	包裹免征额(人民币)	单个包裹限值(人民币)	商品税费(关税、增值税、消费税)(人民币)
4.8 新政前	关税 50 元免征额，关税低于 50 元时不征收关税	个人自用数量范围，单个包裹限值 1000 元以内(若包裹内只有单个商品价值超过1000，可依情况征税放行)	按行邮税率 10%、20%、30%、50%，依据《中华人民共和国进境物品完税价格表》进行征税
4.8 新政后	取消 50 元免征额，所有跨境电商包裹都需按照价格征税	个人自用数量范围，单个包裹限值提至 2000 元以内，但个人年度交易限值 2 万元(单次或总额超过，将按一般贸易方式全额征税)	限值内按照一般贸易进口方式征收：(商品增值税+消费税)×70%(但单个商品价值超过 2000 或 1 年内消费超过 2 万限额将征收全额关税)

表 1-5　跨境电商个人行邮包裹 4.8 新政前后对比

个人行邮包裹	包裹免征额(人民币)	单个包裹限值(人民币)	商品税费(关税、增值税、消费税)(人民币)
4.8 新政前	关税 50 元免征额，关税低于 50 元时不征收关税	个人自用数量范围，单个包裹限值 1000 元以内(若包裹内只有单个商品价值超过1000，可依情况征税放行)	按行邮税率 10%、20%、30%、50%，依据《中华人民共和国进境物品完税价格表》进行征税
4.8 新政后	不变	不变	行邮税率调整为 15%、30%、60%，依据《中华人民共和国进境物品进口税率表》进行征税

(1) 关税指国家授权海关对出入关境的货物和物品征收的一种税。理论上来讲，如果关税税率不为 0，那么只要过海关进口，就要征收关税。目前限值以内进口的跨境电子商

务零售进口商品关税税率定为 0。

(2) 增值税是以商品(含应税劳务)在流转过程中产生的增值额作为计税依据而征收的一种流转税。这种税在国际上是最通用的税，征收范围广，计税方式简单，也是最主要财政收入。跨境进口的增值税按照销售货物/进口货物的适用税率来征收，即交易价值的 16%。因为跨境进口按照应纳税额的 70%征收，所以实际的增值税率为 11.2%。比如，某消费者买了 1 罐英国牛栏奶粉，一般的价值是大约 280 元人民币，该消费者需要缴纳 $280 \times 11.2\% = 31.36$ 元的增值税才可以收到货物。

(3) 消费税是以税法规定的特定产品为征税对象的税种。现行消费税的征收范围主要包括：烟、酒、化妆品、贵重首饰及珠宝玉石、高尔夫球及球具、高档手表、游艇、木制一次性筷子、实木地板、小汽车、电池等。目前海淘最火爆的奶粉、尿不湿、零食等一般商品都没有在征税范围内，所以 4.8 新政对大部分海淘交易没有影响。

总之，现在消费者从跨境进口的渠道购买一件 100 元的一般海外商品，除商品价格和运费外，需要另外支付 11.2 元，才可以把这件商品带回家。4.8 新政直接把所有跨境进口货物的成本提高了 11.2%，对市场影响很大。

案例：跨境电商的故事该怎么讲？

据艾媒咨询数据显示，2016 年中国跨境电商交易规模达 6.3 万亿人民币，可是 2016 年却有 7 成的跨境电商企业被迫关门停业，还在运营的企业利润率也在下滑。

2016 年 3 月 24 日，财务部决定税改于 2016 年 4 月 8 日落实。税改完成后，跨境电商零售进口商品由原来征收行邮税改为征收关税和进口环节增值税、消费税，单次交易限值由行邮税政策中的 1000 元(港澳台地区为 800 元)提高至 2000 元，设置个人年度交易限值为 2 万元。其中食品、保健、母婴、日用品等品类成本会上涨，电器类、个人洗护类等则相对下降。

新政最大的变化是取消了按照行邮税征收的 50 元以下免税额度，这让行业目前主流通过保税区清关的模式在税收上的优势不再具备。此次行邮税的调整，对于依赖保税的跨境电商短期内影响比较明显。这种模式下，低客单价爆款规模化运作的模式会在短期面临价格上涨压力，而其用户群又是对价格比较敏感的客群。

新政之下，跨境电商从业者的游戏规则变了。完全依赖保税备货的电商模式需要转型升级，直邮与保税双保险的平台也要考虑不同类型的供应链组合，在动态的市场中不断调整。

Scan Here

观看视频：跨境电商零售免税时代终结。

思考：零售免税政策的取消，给你带来了哪些影响？

由乱而治，这是时代的车轮，并不由某个群体控制。尽管相比过去，部分刚需高频的海外商品成本上升了，创业者处境确实艰难了，但是如果新政策对所有企业都有影响，某种程度上也等于没影响。

资料整理来源：http://www.chinaz.com/biz/2016/0330/517297.shtml

FOCUS

随着各主流政策不断地颁布，国家对于跨境电商这个行业的监管愈加严格。众多企业在竞争愈加激烈的条件下，如何快速适应市场变迁速度，提高自身竞争力，成为每个参与者急需解决的首要任务。

【Part 3.2】跨境电商发展的新趋势

随着互联网、高精尖技术的快速发展，跨境贸易与电子商务之间擦出新的合作火花。跨境电商体现出前所未有的新态势、新通道、新中心、新经济的特征。

1．新态势

在线交易趋零售化愈发明显。跨境电子商务产业结构越来越清晰，在跨境电子商务产业结构里，尤其可以注意到能够实现在线交易的部分趋零售化态势越来越明显。

跨境电商基本涉及营销、交易、交付三个环节。在这三个环节里面，真正能够实现在线交易的趋零售态势的是营销和交付环节，这两个环节里基本上都是 B2B 和 B2C 模式，并且趋零售态势里包含 B2B 终端，或者次终端。

2B 终端是什么？本身 B 端的企业购买这个商品不是再进行二次销售，而是进行自己消费或者消耗掉了。第二次终端更多的是国外中小型零售商，通过跨境电子商务方式小批量地进一些货，来补充货架。

2．新通道

品质电商促跨境电商高增长。据相关数据显示，跨境电子商务虽然始终保持着 30%左右的增长速度，但是其后面的品类支撑是有所改变的。就中国而言，原来跨境电子商务(特别是出口)高速增长背后的品类支撑主要是低质低价，甚至是易耗产品，但现在看到的新趋势是什么呢？

新的趋势是品质电商接棒拉动跨境电子商务增长。在这个过程中，可以看到跨境电子商务实质上已经打通了中国制造转型升级通道。

在跨境电商的作用下，一批早期的跨境电子商务卖家有了直接感知国外消费者的机会，当有了洞察市场和消费者的机会之后，开始从一个简单的卖家变成建立品牌和具备研发能力的品牌制造商。此外，中国新崛起的很多有实力的品牌，例如华为、小米等，也通过跨境电商渠道，将中国品质创造销往全球市场。

3．新中心

目前中国跨境电商行业呈现两级分化的马太效应[①]：强者愈强、弱者愈弱。据艾媒咨

---

① 马太效应(Matthew Effect)指强者愈强、弱者愈弱的现象，广泛应用于社会心理学、教育、金融以及科学领域。马太效应是社会学家和经济学家们常用的术语，反映的社会现象是两极分化，富的更富，穷的更穷。

询数据显示，2016 年中国跨境电商交易规模达 6.3 万亿元(人民币，下同)，至 2018 年中国进出口交易规模将达 8.8 万亿元。2016 年，不少跨境电商卖家销售额获得超过 300%以上的增长，销售额甚至高达 20 亿元，可是同时也有超 7 成的跨境电商企业被迫停业。

在此巨大反差之下，跨境电商垄断形式愈演愈烈，整个行业被几大寡头牢牢垄住。他们能够有效地利用各种电商营销工具，采用多种电商营销方案，在供应链和团队管理上能够更加精细和高效，充分享受跨境电商发展所带来的红利。

比如，电商巨头们都拥有比价功能，能够及时跟踪市场价格变动并快速做出调整；在采用同样的网络营销方式的时候，他们的应对效率是一般中小电商的 5～10 倍；与此同时，他们对新出现的网络营销工具(Facebook、Twitter 等)对接也较快。

然而，反观许多中小电商很多只是开个店，卖卖货而已，陷于价格战和同质化竞争当中，很难有所突破。

4．新经济

跨境电商实质上是一种跨越空间地理位置的新兴经济模式，通过互联网+外贸的形式将电子商务技术与传统外贸企业进行整合。通过跨境电商，生产厂家可以把本地商品销往国外，同时也可以帮助国内消费者引入国外商品，弱化“区位”概念，实现贸易行业“本地化”。

传统外贸企业利用互联网大数据优势，结合自身中国制造强势，把消费和制造、供给和需求高效连接，深化供给侧改革，通过加大数据应用，做到供需匹配。跨境电商使中国成千上万的中小企业通过互联网平台，准确、高效地搜寻到全球贸易信息。

项目演练 3

小林团队经过本节内容的学习，进一步了解了我国跨境电商的运营环境，并查阅资料回答以下问题。现在，请你们小组帮助小林团队作答。

- Q1：运用 PEST 模型，对我国跨境饰品行业做宏观分析。
- Q2：总结 2016.4.8 新政前后对各行业跨境贸易的影响。
- Q3：请阐述本章开篇【沙盘推演】当中的 A 公司是否适合做跨境电子商务。

阶段小结

经过本阶段的学习，小林团队对整个跨境电商行业市场环境、跨境电商概念流程，以及企业实施跨境电商的现实意义，都有了充分而全面的了解。小林团队根据【沙盘推演】中的任务内容，对本阶段知识点内容总结如下：

- 跨境电子商务是传统国际贸易的线上化体现形式，整个业务流程主要有六大模块参与，即商品、跨境电商企业、支付企业、物流商、海关以及用户(企业或消费者)。根据服务类型、运营方式、商品流向、交易主体，跨境电子商务可分别分为信息服务平台和在线交易平台、第三方开放平台和自营型平台，跨境进口和跨境出口以及一般贸易和跨境零售。

- ☞ 跨境电商帮助传统外贸企业解决了三个问题——市场订单不足、利润空间变小、产品价值低端，使企业全面把控产品流、信息流、资金流，实现跨境电商交易闭环和价值最大化。
- ☞ 我国跨境电商行业一直深受国家政策扶持。国家政策的支持为行业的稳健发展提供坚实后盾。

第2章

进驻跨境电商渠道

在很多人看来跨境电商流程繁琐复杂、涉及环节众多，企业转型跨境电商异常困难，但其实跨境电商无异于“把大象装进冰箱里”。看似很难的事情，其实不然，关键在于选择“什么样的冰箱”，即跨境电商企业需要在众多渠道内，选择适合产品运营的平台。

本章目标

掌握跨境电商主流 B2B、B2C 平台的进驻条件及特点
熟悉各平台针对品类，并且可以进行平台恰当选择

学习方法建议

建议按照【阶段 1】分组情况，以小组为单位，完成以下任务：
T1：总结【阶段 1】学习内容；
T2：完成【阶段 1】【项目演练】内容；
T3：由组长带领组员预习本阶段【沙盘推演】内容，了解本阶段架构。
完成上述 3 个任务后，组长带领组员开始本阶段内容的学习。

学习导航

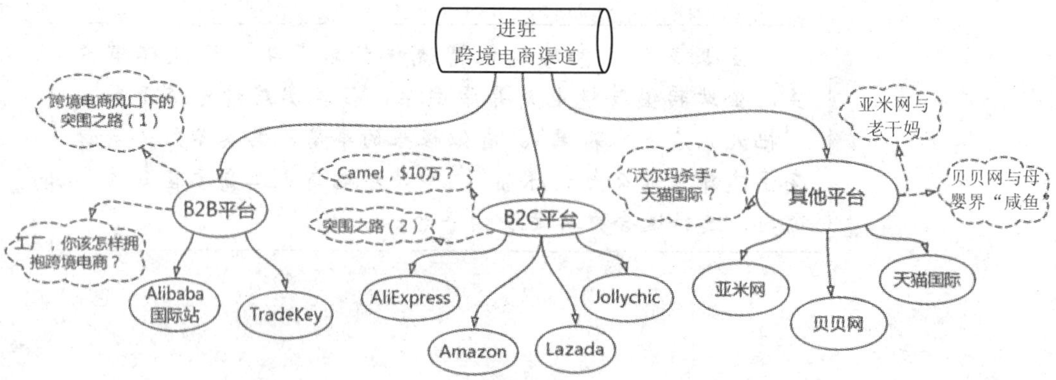

【沙盘推演】阶段 2

经过两周时间的资料搜集，小林团队对跨境电商行业有了初步的了解。他们通过整合政府数据及信息、行业公开信息、企业年报季报、行业资深专家公开发表的言论等资料，得出以下 4 点结论：

(1) 跨境电商行业深受国家政策红利支持，相关法规不断完善，行业发展趋于规范化。

(2) 跨境电商市场潜力巨大，市场交易规模激增，并且进出口零售跨境电商占比不断提升，目前此行业仍属于蓝海竞争市场。

(3) 随着国民整体生活水平的提升，愈来愈多的中国消费者热衷购买境外商品，消费者购物习惯的转变为跨境电商的发展带来新机遇。

(4) 目前，国内信息技术的飞速发展，为中小卖家进入跨境电商行业提供技术保障，免除其后顾之忧。

经过整合、研究、分析相关资料数据，小林团队认为 A 公司作为一个初具规模的饰品公司可以进驻跨境电商行业。A 公司可以借助第三方跨境电商平台逐步开展跨境 B2C 业务，进一步拓宽原有 B2B 业务范围，从而提高自身市场份额，进而提升利润空间，保证公司长远发展。

如图 2-1 所示，目前跨境电商行业存在各种各样的电商平台。面对诸多电商平台，小林团队感到无从下手，不禁思考：这些平台都面向什么样的商家呢？它们的进驻条件都有什么？有什么特点？针对哪些品类？交易流程是如何呢？这些问题都有待他们进一步调查研究。

图 2-1　跨境电商平台展示

项目任务

根据上一阶段的反应情况，小林团队面临一个新的问题，即对跨境电商平台渠道的了解和选择。因此，本阶段他们首先需要清楚各平台特性，然后进行各平台间分析对比。小林团队依据交易主体划分跨境电商模式，承接【阶段 1】继续完成以下项目任务：

- Task 4：掌握主流 B2B 跨境电商平台的特性；
- Task 5：掌握主流 B2C 跨境电商平台的特性；
- Task 6：了解其他跨境电商平台的特性。

【Task 4】掌握主流 B2B 跨境电商平台的特性

案例：跨境电商风口下的突围之路(1)

随着时间的推演，市场平台资源倾斜尤为明显，整个外贸新环境更加偏重拥有强硬供应链基础的工厂型卖家。与此同时，巨擘企业在资源上的加速积累也让人不寒而栗。传统国贸企业的迫切转型升级、跨境电商中小卖家的突围进阶，无一不牵一发而动全身，主导着跨境电商风口下的突围之路。

从 20 世纪中期艰苦创业开始，直到以安踏、七匹狼、特步、匹克等为代表的品牌兴起，闽商大多从外贸 OEM 起家，逐步创立自有品牌，继而成为行业的佼佼者。

(1) 市场激变，新一代外贸闽商崛起。

然而，在新的国内外经济环境下，OEM 的传统外贸模式逐渐呈现颓势，一场轰轰烈烈的外贸转型大战在八闽大地酝酿已久，以跨境电商为发展路径的新一代外贸闽商正在崛起。

厦门——这个经济特区经过多年发展，号称拥有 30 万外贸大军，诞生出大量的对外贸易公司，以承接泉州、漳州等周边城市的出口制造产能，将服装、鞋子、石材等产品输送至全球市场。厦门某电子商务有限公司的 CEO Mic，就曾是这 30 万外贸大军中的一员。

从 2003 年开始，Mic 就投身于外贸事业之中，其经营的品类主要为运动服装，比如说瑜伽服、滑雪服等，开始时主做美国市场，后来慢慢拓展到以色列、韩国、东南亚、欧洲等市场。

(2) 传统外贸微利时代来临，订单遭跨境电商切割。

在这十几年的 B2B 外贸出口征程之中，让 Mic 颇为自豪的一件事情就是其公司出口到韩国的棒球服，在该国市场占据了 70%的市场份额，坐上韩国这一细分品类市场的头把交椅。Mic 公司为韩国代工的棒球服，如图 2-2 所示。

图 2-2 Mic 公司代工的棒球服

然而，形势并未一直往好的方向发展，原以为仍会持续增长的传统外贸行业在近几年来却开始出现乏力、萎缩，甚至下滑的趋势。

“传统外贸发展的最高峰应该是在 2010 年。2011 年，我们就开始发现企业的利润在下滑，2012 年的利润下滑坡度较大。主要原因是因为传统少批次、大批量的外贸 B2B 出口模式已经逐渐无法适应市场真正的需求。” Mic 不无感慨地说。

在 Mic 看来，现在的传统外贸出口已经进入“微利”时代，运营的风险和困难往往不能够和企业营收成正比，传统外贸行业以后的处境会越来越难。

到 2012 年时，面对日益疲软的传统外贸局势、利润快速下滑的企业现状，Mic 感到疲惫不堪，开始寻求新的出路。

随着深入了解，Mic 发现，国外市场需求发生巨大变化：订单逐步碎片化、贸易环节趋于压缩态。其公司越来越多客户订单“化整为零”，且被国内一些做独立站的跨境电商公司“分食”。至此，一个方兴未艾的新兴行业——跨境电商，不断充盈他的大脑，影响他的思路。

“传统外贸企业都是小批次、大批量的营销模式。当客户的起订量在不断下降之时，它就会面临着跨境电商行业的分流，订单会越来越小。而且，在传统外贸的交易过程中，货物配送有可能会因为货期交接的原因而发生迟发、延误等现象，存在的风险巨大，跟单员任何一个环节的错误都会对整批货物造成致命的影响。”

此外，他也看到，在大多数民营企业的发展规模中，传统外贸企业整体规模达到 5 个亿的少之又少，但是在跨境电商的行业中，很多在平台上运营的卖家做个三年就可以实现上亿的营收，这成为 Mic 转型跨境电商的一个重要触发点。

因此，从 2012 年开始，Mic 转战跨境出口电商行业。他也成了厦门这 30 万外贸大军转型跨境电商的先驱者之一。那时，在外贸行业，其实还很少人知道跨境电商，就更不用说具体的玩法了。

(3) 从独立站到平台，跨境电商风口下的突围之路。

截至 2017 年 9 月，中国跨境电商行业已经历了两大发展历程。第一阶段为从 2007 年开始发展起来的跨境电商独立站模式；第二阶段为从 2014 年开始发展的以 Amazon、Wish、AliExpress 及 eBay 等为代表的跨境电商平台化模式。

在第一阶段中，“跨境电商”这个词其实尚未出现，那时大家都称此模式为“外贸电商”，即“外贸+电商”。外贸电商的独立站模式，由广东的一帮“海归”创立，当时的代表性企业有兰亭集势、易宝等。这些企业建立自己的网站商城，通过 Facebook、Google 等渠道投放广告，进而获得流量帮助网站进行产品销售。货源则从一些外贸工厂取得，然后经 EMS、DHL 等快递配送到国外消费者手中。这些企业在第一阶段主打销售婚纱礼服、女装、3C 数码类产品等。

第二阶段则指众多中小型卖家，在大量诸如 Amazon、Wish、AliExpress、eBay 等第三方跨境电商平台中以商家入驻的形式参与跨境电商零售行业。

资料整理来源：http://www.cifnews.com/article/28609

FOCUS

传统外贸市场的变天早已不是新鲜事，愈加碎片化及多样化的海外需求一方面倒逼着国内的传统出口贸易企业顺势而变，迈开奔向跨境电商的步伐；另一方面，国内跨境电商行业也在积极调整商业模式，以便更好地适应市场的变化。

以独立站为代表的跨境电商 B2B 模式为传统外贸企业转型带来崭新思路。目前，市场上主流跨境 B2B 平台有 Alibaba 国际站、Made-in-China、Global Sources、EC21、TradeKey 等，它们的主要特点、运营模式和入驻条件等内容会在【Task 4】中详细介绍。

【Part 4.1】Alibaba 国际站

Alibaba 的跨境电商业务模式分为国际站(B2B)和 AliExpress(B2C)。Alibaba 国际站是目前全球最大的 B2B 平台之一，截至 2017 年 9 月，其注册企业会员已超过 230 万人次，覆盖国家和地区超过 200 多个，涉及进出口行业逾 34 个，曾连续 7 年被美国《福布斯》杂志评为全球最佳 B2B 网站。

Alibaba 国际站提供包含店铺装修、产品展示、营销推广、生意洽谈及店铺管理等在内的全系列线上服务和工具。在 Alibaba 国际站，海外客户可以搜索卖家并发布采购信息，卖家可以搜索客户并发布公司产品信息。Alibaba 国际站为买卖双方提供了沟通工具、账号管理工具，为贸易撮合提供便利条件。Alibaba 国际站首页如图 2-3 所示。

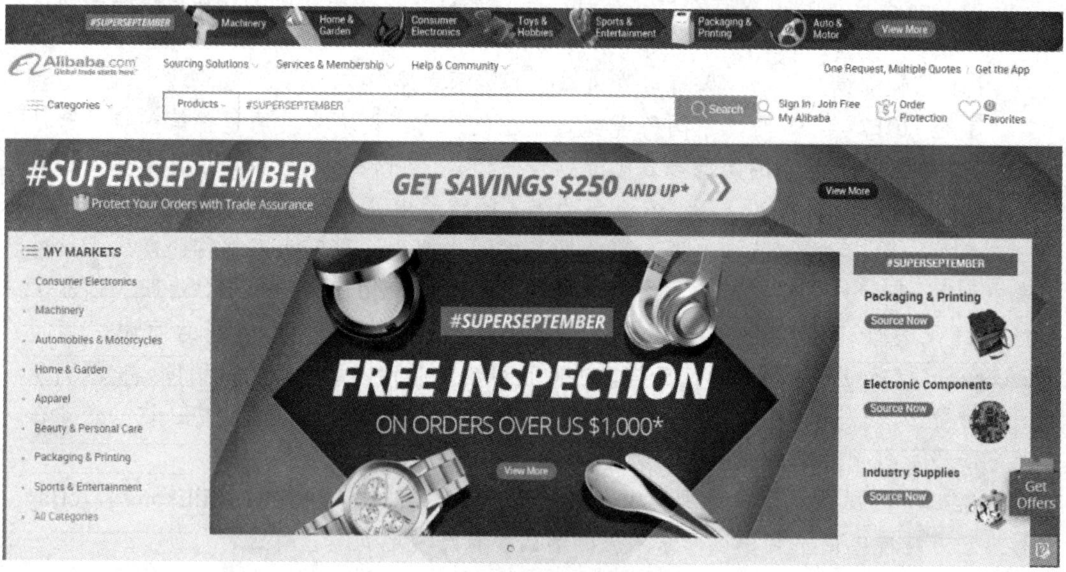

图 2-3　Alibaba 国际站首页

如图 2-4 所示，Alibaba 国际站的准入条件相对简单，需要公司营业执照，然后通过客户经理选定合作方案，即可开通平台业务。

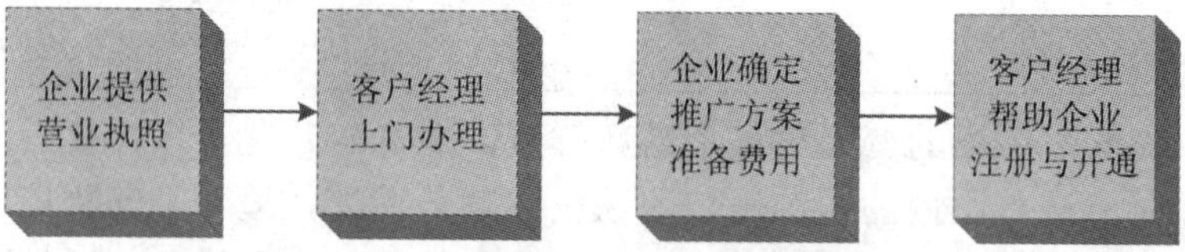

图 2-4　企业加入 Alibaba 国际站流程

Alibaba 国际站作为国内第一个全面实现跨境电商业务撮合功能的 B2B 平台，具有以下几个特点。

1．全球性

随着 Alibaba 集团业务的迅猛扩张，国际站业务已覆盖全球各大洲，并且在不同国家或地区设立了分公司或办事处。Alibaba 国际站几乎为世界各个角落内的买卖双方构建了一个平等、公平、高效的信息交换平台。

2. 交易性

2015 年下半年，Alibaba 国际站实现信用卡直接支付功能；2016 年，Alibaba 国际站实现在线 T/T(电汇)支付交易中的跨国转账功能。基于此，Alibaba 国际站已经初步具备了在线交易功能，标志着国际站正从一个交易撮合型网站迈向跨境电商在线交易网站。

3. 闭环性

2014 年，Alibaba 集团全资收购深圳一达通，实现了在线安排海运、空运等交易，因此 Alibaba 国际站具备了在线完成物流组织的特点。此外，2015 年，Alibaba 集团推出"信用保障体系"，将 Alibaba 国际站平台交易概念推到所有中国外贸企业面前。Alibaba 国际站由此完成贸易闭环和数据积累过程，将贸易撮合平台带入一个全新时代。

⊙ *Tips For You*

除了 Alibaba 国际站之外，被中国外贸行业所熟悉的跨境 B2B 网站还有：Made-in-China(中国制造网)、Global Sources(环球资源)、DHgate(敦煌网)等。

(1) Made-in-China(中国制造网)是与 Alibaba 国际站几乎同期出现的国内知名跨境 B2B 电商平台。从运营逻辑上来讲，其基本业务涉及：产品、推广、数据。但是其并不像 Alibaba 国际站拥有在线交易和在线组织安排物流的业务，仅是一个撮合平台，交易、物流等环节均于线下完成，因此 Made-in-China 是一个正在发展中的电商平台，而非一个完整的跨境电商平台。

如果说 Alibaba 国际站是将一个大网撒向大海，对于"捕捞"上来的是什么，需要进行一个筛选，然后再进行分类和归类。那么，Made-in-China 则是将每一位用户看成"钓翁"，面对大量的"鱼类"，根据放下的"诱饵"的不同，获得不同的"猎物"。因此 Made-in-China 有自己独特的业务逻辑和鲜明的运营特点。Made-in-China 网站首页如图 2-5 所示。

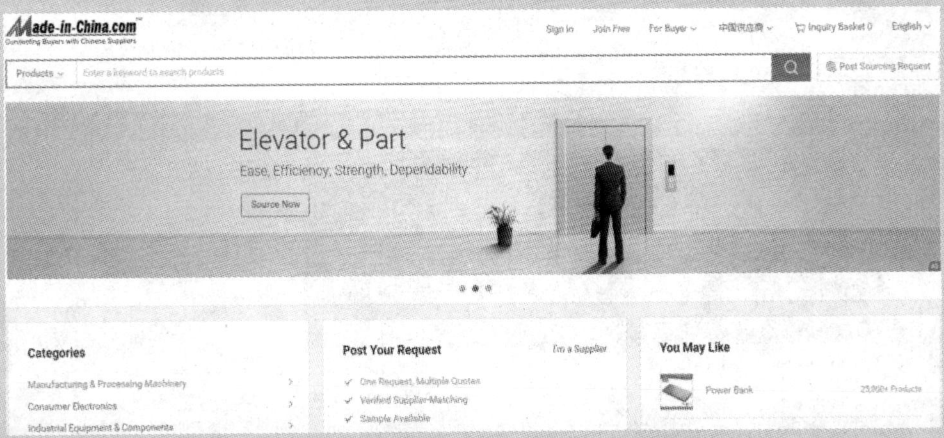

图 2-5　Made-in-China 网站首页

(2) Global Sources(环球资源)自 1970 年成立以来，一直将自己定位为一家广告公司，是以采购商为主要服务对象，为其提供内容丰富而详实的行业资讯的英国老牌企业，而非传统意义上的 B2B 平台。正是由于其本身信息资讯业务的特点，经过数十年的积累，Global Sources 拥有非常丰富的客户资源，因此 Global Sources 属于在线运营客户社群的平台。

此外，Global Sources 每年在不同国家和地区举办“China Sourcing Fair①”活动，将线下自有展会与强大的客户社群资源整合，为广大卖家提供有效、准确的服务数据。

一方面，目前有超过 140 万名国际客户，当中包括 95 家全球百强零售商，使用 Global Sources 提供的服务了解供应商及其产品资料，帮助他们在复杂的供应市场进行高效采购。另一方面，供应商借助 Global Sources 提供的整合出口推广服务提升公司形象、获得销售查询，赢得来自逾 240 个国家或地区的客户订单。Global Sources 网站首页如图 2-6 所示。

图 2-6　Global Sources 网站首页

(3) DHgate(敦煌网)与上述 3 个平台所采用的收费制会员的运营模式完全不一样，DHgate 采用的是“为成功付费”的佣金制模式。只有在成交后，DHgate 才会根据成交的金额收取一定比例的佣金，并且此佣金由客户支付，因此 DHgate 广受小批发型的供应商和客户喜爱。DHgate 网站首页如图 2-7 所示。

图 2-7　DHgate 网站首页

在 DHgate 中，买方可以根据卖家提供的具体信息生成商品订单，既可以选择直接批

---

① China Sourcing Fair，环球资源采购交易会，2013 年 7 月更名“环球交易展”，是为亚洲供应商量身定做的出口贸易平台。

量采购，也可以选择先小量购买样品，试用满意后再进行大量采购。此种线上小额批发的模式一般使用快递方式进行运输，快递公司在一定金额范围内会代理报关，可使中小企业的同等物流成本下降 50%左右。“用淘宝的方式卖 Alibaba B2B 上的货物”是对 DHgate 交易模式的有趣概括。

另外，DHgate 为企业提供拼单服务。例如，同一时间会有许多货物发往同一个地方，DHgate 便会将相关信息搜集起来，并将这些货物拼凑到一个集装箱一起发送，从而降低运输成本。

案例：工厂，你该怎样拥抱跨境电商？

工厂是跨境电商几大主角之一，但却一直都是苦情戏。2008 年，跨境电商涌现了很多大批量采购的大卖家，虽然工厂账期被压得很厉害，2 个月、3 个月……甚至 6 个月，但在金融危机的大背景下，工厂依旧咬着牙跑着龙套。

时至 2011 年，第三方分销平台崛起，工厂账期虽然短了，还有成千上万个中小卖家帮工厂销货，看似皆大欢喜，但是生产很难把控，工厂命脉掌握在分销平台、电商平台、卖家手里：今天产品在分销平台首页出现说不定明天就很靠后，今天卖家找你拿货但可能明天就找别人了。热卖的产品批量生产后，一天才出几件货，备着满满一仓库，工厂再次苦不堪言。

2014 年左右，电商平台纷纷邀请工厂入驻，大量工厂翻身转型做卖家，但是却由于产品、营销、物流等问题，绝大多数工厂月销难上 20 万美元，空叹电商为何如此艰难。

2016 年，跨境分销翻拍，有些工厂撸起袖子自己当导演，亲自搭建分销平台，这一次待遇会好一点吗？貌似这次工厂真的要幸福拥抱跨境电商了……

(1) 有了主动权。过去的采销模式要么是贸易商给工厂下单说做什么就做什么，要么是工厂跟风生产。但如今工厂自己搭建分销平台，分销商的订单信息也会反馈给工厂，因此工厂能快速获取目标消费者偏好信息、热销产品品类以及其市场走势等，从而开发出更有竞争力的产品。同时，依据自建分销平台的大数据，可以自主改进产品设计，不断进行产品的更新迭代。

(2) 有了梦想。在传统贸易中，工厂只负责生产贴牌，就算产品再好，也是别人的品牌。而分销却不一样，自己备货，品牌是自己的，不用搭建销售团队，就可以借助中小卖家的翅膀，让自己的牌子出现在美国、欧洲、中东、非洲等国家或地区，以及 Amazon、eBay 等不同平台。

比如：主营 IP camera 以及大件乐器产品的深圳某科技公司，在实现梦想的路上一直打磨自己的产品，经营自己的品牌，在 IP camera 这一品类上开发了 60 种产品，每一种都以精品品质来要求，如今拥有庞大的用户群体，其旗下的分销商已经达到 2000 多家，分布在多个国家或地区。

(3) 有了原则。在对分销商的管理上，工厂卖家相对普通贸易商会更成体系。而在让各位玩分销的工厂卖家头疼的价格管控问题上，各工厂会在不同站点指定一家或几家分销商，避免恶性价格战。

(4) 有了方向。同样，在传统分销模式中，很多卖家也意识到要跳出来自己做平台，要有工厂，要不断深挖供应链才能掌握主动权。就如某科技公司，前几年开始收购工厂，转型做分销，虽然随着身份的转变，不仅在管理工厂上存在挑战，甚至连产品思维也要重塑，但是这种转变无疑是明智的，其通过工厂来降低产品的开发成本，从月销百万美元突破到了月销两百万美元。

资料整理来源：http://www.cifnews.com/article/28649

FOCUS

现如今，传统外贸企业转型跨境电商已然成为工厂转型升级的共识。工厂如果不做适应性的调整，安于现状，很难突破订单分流的困境，甚至面临着倒闭的危机。

在以往，外贸工厂只能依靠传统的海外渠道客户群开拓海外市场，通过代工赚取微薄的产品加工费，而实际的海外分销和零售资源多数情况下掌握在渠道客户的手中。

而现在，随着跨境电商的深耕演化，线下市场遭受到前所未有的冲击，销售大幅下滑，迫于发展形势的传统线下渠道商也已经开始积极布局和参与，争夺线上跨境出口这块日益壮大的市场蛋糕。

【Part 4.2】TradeKey

TradeKey，简称 TK，沙特阿拉伯公司，成立于 2001 年，全球知名的实用性外贸 B2B 网站，其全球运营中心位于巴基斯坦，服务器在美国。截至 2017 年 9 月，TK 拥有 9 018 081 家企业会员，遍及全球 182 个国家或地区，客户主要分布于欧美、中东和东南亚等地区。

TK 一直致力于全球客户数据的采集和分析，与全球诸多实力雄厚的集团机构结成联盟的 TK 网站，专门为中小企业而设，以出口为导向，已成为全球 B2B 网站的领导者和最受外贸企业欢迎的外贸 B2B 网站之一。其一体化的网络贸易服务体系，可开展帮助注册企业在线建立网上展厅、发布商业信息、查询国际客户信息、买卖双方在线询价等业务。

此外，TK 是全球首个开发专门应用于国际贸易的搜索引擎企业，其强有力的搜索功能可以帮助用户更加快速找到所需信息，并且还拥有“自动登录相关网站”的功能。

TK 作为全球首家通过 ISO9001(质量管理体系认证)和 ISO27001(信息安全管理体系认证)双认证的 B2B 网络平台，拥有包括中、英、日、阿拉伯、西班牙、法语在内的 6 种平台语言，且提供无限次产品发布和展示权益，尽可能帮助买卖双方线上快速达成交易，为外贸企业走向全球市场提供高效工具。TradeKey 网站首页如图 2-8 所示。

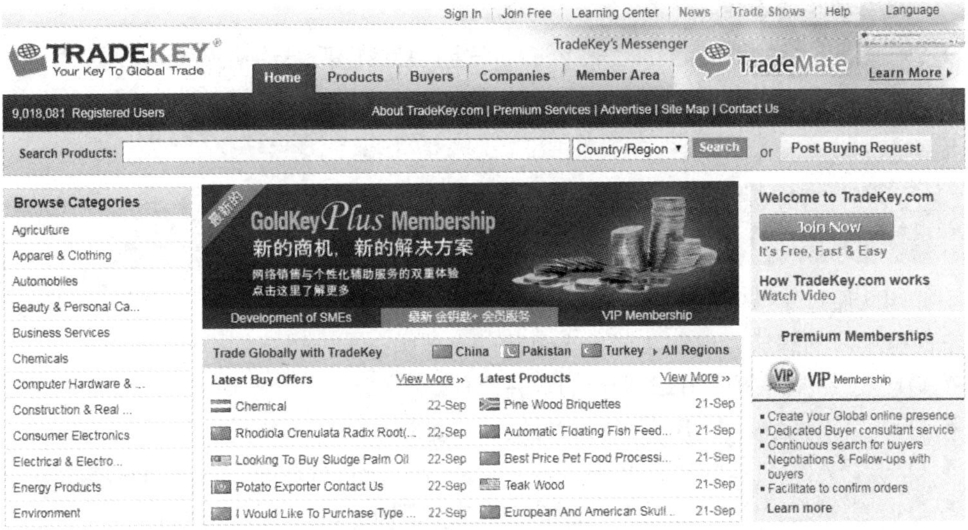

图 2-8　TradeKey 网站首页

⊙　*Tips For You*

除了 TK 外，EC21 也是应用较为普遍的实用性外贸 B2B 网站。

EC21 创立于 1997 年，总部在韩国首尔的世界贸易中心，服务器在美国，是全球拥有 10 个国家办事处的综合 B2B 外贸平台。EC21 网站首页如图 2-9 所示。

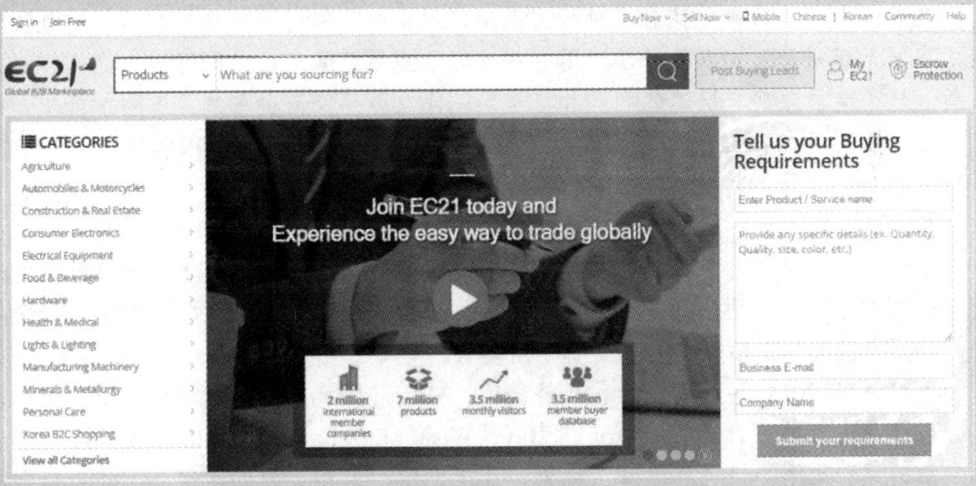

图 2-9　EC21 网站首页

相较于其他 B2B 外贸平台，EC21 有以下特点：

(1) 访问者的多样性。EC21 平台上拥有包括美国、中国、印度、英国、加拿大、澳大利亚、菲律宾等多个国家或地区的访客。

(2) 统一的高质量服务。EC21 的销售部全部是由总公司统一管理的，客户的售后工作统一由总公司直接负责。

(3) 高性价比。不同于其他以卖家为主的 B2B 平台对供应商铺天盖地的宣传，EC21 作为一个以买方为主的平台，对客户宣传投入的资金更多。EC21 常年参加展会，同时致力于与各个展会合作商合作。

(4) 界面最友好的平台。作为一个海外平台，EC21 更能够从外国人的文化入手，了解他们喜欢一个怎样的平台。因此，EC21 平台被一些外国客户评价为“用户界面最友好的平台”之一。

项目演练 4

小林团队通过本节案例及平台知识的学习后，结合相关资料，对 A 公司的 B2B 外贸平台方向有了新的想法。现在，请各小组帮助小林团队总结以下四个问题。

- Q1：总结整理每个 B2B 平台的入驻流程。
- Q2：尝试比较各 B2B 平台间的异同，并进行总结。
- Q3：若 A 公司入驻外贸 B2B 平台，选择哪个平台合适呢？并详细阐述原因。
- Q4：尝试选择 1～2 个平台完成注册，并上架 1～5 个产品。

【Task 5】掌握主流 B2C 跨境电商平台的特性

案例：跨境电商风口下的突围之路(2)

在 Mic 两年多跨境电商独立站模式的运作过程中，他逐渐发现独立站快速赚钱的方式雷同于部分莆田卖家的做法：用一些类似于国际名牌产品、国际热销品的样式来上新，只为追求短期、快速的利润和订单，一件衣服无任何自主的品牌附加价值却得到了近 50 美元的高额毛利。但是，在这种情况下，店铺和账号很容易坏死。于是 2014 年，Mic 又开始转战 Amazon 等跨境电商平台。

从 2014 年开始，中国跨境电商进入到发展的第二阶段：Amazon、eBay、Wish、AliExpress 等平台开始在跨境电商领域发力，大量卖家涌入到这些平台开始他们的跨境电商出口生意。这些平台的快速发展，则导致了国际电商市场的流量成本越来越高，外贸电商的独立站模式开始呈现下滑趋势。

不过，在 2014 年启动平台化战略之后，Mic 的跨境事业开始渐入佳境。目前，其公司产品上架的平台有 Amazon、eBay、Wish、Lazada、AliExpress 等，同时减少独立站的运营比例，但仍在运营。此外，品类则依旧聚焦于户外运动服装，包袋则主要是配套的户外运动箱包。

据 Mic 介绍，目前其公司在 Amazon 运营得最好，每日约几千单，整体销售量在厦门属于中上水平。“Amazon 是一个很适合打造品牌的平台，好产品很容易打造爆款，加上我们有海外仓的优势，补货时间快，销量增长速度快。”

其产品在 2017 年 3 月～9 月上架 eBay，这期间，在厦门同期开通的企业中排名第二，仅用时两个月就拿到“best rate seller”，店铺主页如图 2-10 所示。

值得注意的是，其产品从 2016 年 9 月上架 Lazada 以来，虽然每天仅有百来单，相较其他平台较少，但 Mic 表示十分看好 Lazada。

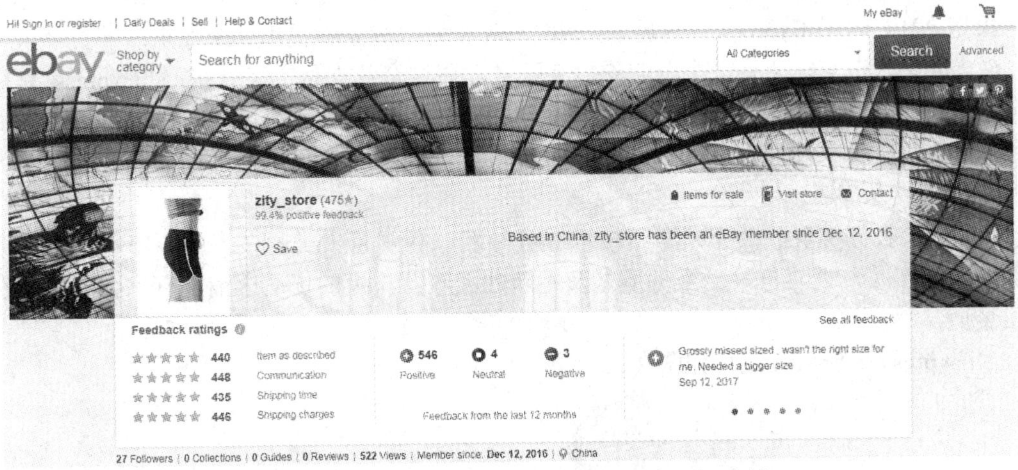

图 2-10　厦门某电子商务有限公司的 eBay 店铺

资料整理来源：http://www.cifnews.com/article/28609

FOCUS

近几年，跨境电商 B2C 模式风生水起，特别是以 Amazon 为代表的第三方平台，尤为受到工厂卖家的青睐，原因很简单。首先，轻量化的操作，不需要重资产的投入；此外，平台流量大，工厂可以通过销量累计口碑，培养品牌的初期影响力；同时，工厂可以通过 B2C 渠道获得第一手的产品反馈，帮助自己的产品进行功能、设计上的优化。

在这种外贸现状下，传统外贸工厂试图转型、升级，实际上就是为未来的发展铺设了重要道路。创立品牌、把控零售渠道，这是工厂成本自控和产品研发的绝佳机会，因此如何快速选择转型之路切入跨境电商，成为工厂战略发展的重中之重。

【Part 5.1】AliExpress

AliExpress 是 Alibaba 旗下面向全球市场打造的在线交易平台，于 2009 年成立。成立之初，AliExpress 只是 Alibaba 集团跨境 B2B 平台中的一个频道，并不对外开放，仅对 Alibaba 集团旗下中国供应商提供服务。直到 2010 年 4 月，AliExpress 独立成为一个跨境 B2C 平台，对外开放免费注册，并且此平台只面向非中国境内的客户，这也就意味着，中国籍的用户可以下载、访问这个平台，但是，无法在这个平台上购买任何商品。

经过数年的快速发展，截至 2017 年 9 月，AliExpress 的交易额以平均每年 300%的速度增长，主要交易国家包括 Russia、US、Brazil、Spain、UK、France、Canada、Australia、Ukraine、Chile 等，已覆盖超过全球 220 个国家或地区，海外客户的日访问量已超过 5000 万，最高峰值可达 1 亿。

根据 2017 年 AliExpress 官网显示，AliExpress 对入驻企业提出 3 个要求：

(1) 企业。卖家须拥有一个企业支付宝账号，通过企业支付宝账号在 AliExpress 官网完成企业认证，不接受个体工商户的入住申请。

(2) 品牌。卖家须拥有或代理一个品牌经营权，根据品牌资质，可选择经营品牌官方店、专卖店或专营店。

(3) 技术服务年费。卖家须缴纳技术服务年费，各经营大类的技术服务年费不同。经营到自然年年底，拥有良好的服务质量及不断壮大经营规模的优质店铺将有机会获得年费返还奖励。

AliExpress 平台入驻流程如图 2-11 所示。

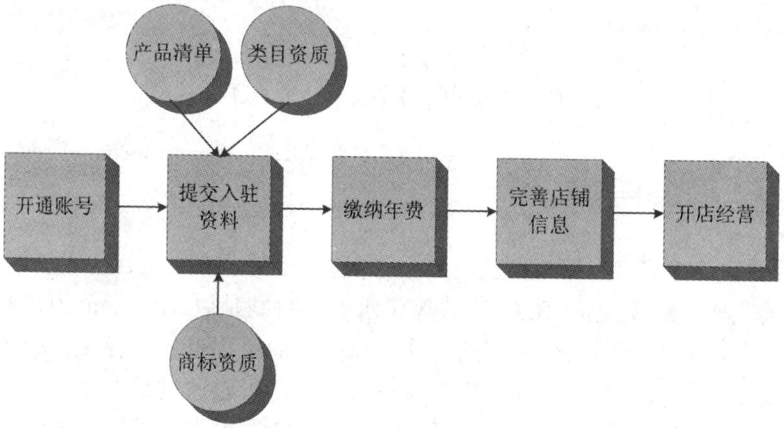

图 2-11　AliExpress 平台入驻流程

在 AliExpress 平台上，支持的物流方式包括 UPS、DHL、FedEx、TNT、EMS、顺丰、中国邮政等，并且卖家必须采用客户所选择的物流方式，未经客户同意，卖家不可以更改物流运输方式。AliExpress 网站首页如图 2-12 所示。

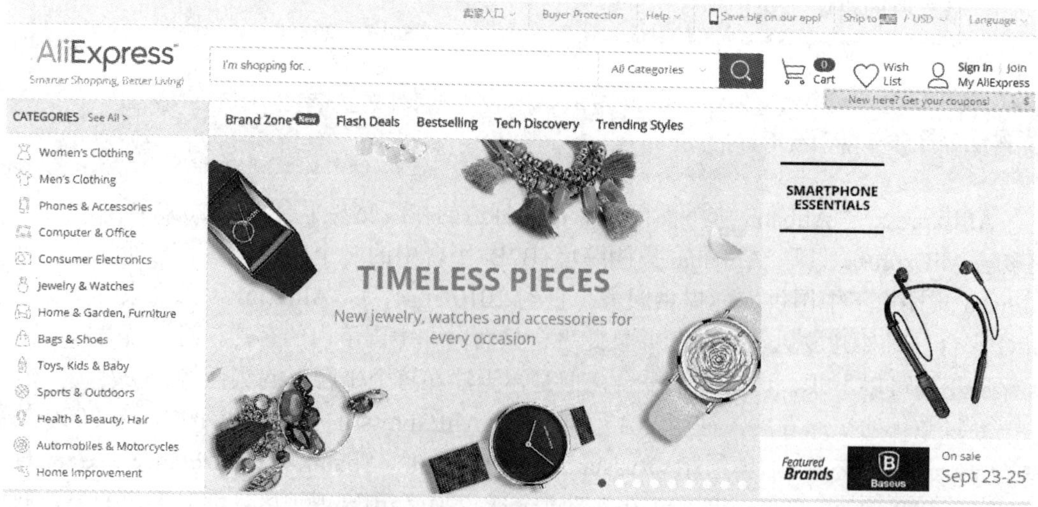

图 2-12　AliExpress 网站首页

【Part 5.2】Amazon

目前美国最大的电子商务公司——Amazon，成立于 1995 年，分为北美平台、欧洲平台、亚洲平台、澳洲平台。北美平台主要为美国 Amazon、加拿大 Amazon；欧洲平台主要为英、德、法、意、西班牙 Amazon；亚洲平台主要为日本 Amazon；澳洲平台主要为澳大利亚 Amazon。

美国 Amazon 网站首页如图 2-13 所示。

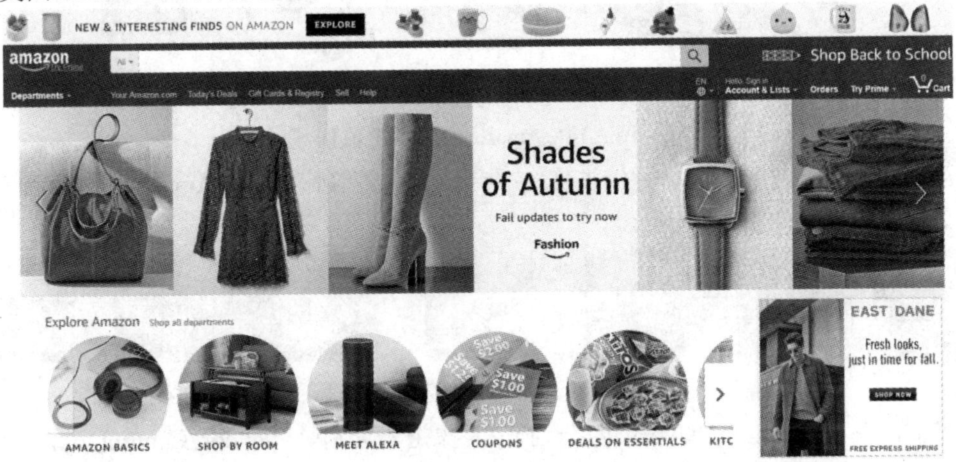

图 2-13　美国 Amazon 网站首页

Amazon 相较于其他 B2C 跨境电商平台，特点显著。

(1) 重推荐，轻广告。Amazon 不太重视各种收费广告，客户进入网站后看到的是基于后台数据的关联推荐、排行推荐。而这些推荐的依据一般都是用户的购买记录、好评度和推荐度。所以，卖家可以通过增加选品种类，优化后台数据，采取措施引导客户留好评等方法，去迎合 Amazon“重推荐”的特点。

(2) 重产品详情，轻客户咨询。Amazon 没有设置在线客服，鼓励客户自助购物。既然没有客服可以咨询，那商品详情页就更加重要了，卖家需要把它做得尽可能详尽，包含客户可能会关心的各种问题，如此才能促使客户尽快做出购物决策，避免其因产品信息不全而放弃购买。

(3) 重产品，轻店铺。在有些电商网站上，客户搜索产品的时候有可能会出现店铺名，而 Amazon 不同。Amazon 比较重视的是产品本身，一般客户搜索关键词的时候，列表里展示的都是产品。

(4) 重视客户反馈。Amazon 比较重视客户的反馈：一是对商品的评论，二是对卖家服务质量的评价。

(5) 资费较低。Amazon 卖家类型分为专业卖家和个人卖家。专业卖家每月需支付$39.99 固定费用，个人卖家需要按照每笔$0.99 支付手续费。此外，卖家还需根据产品种类支付 Amazon 一定比例的交易费。

Scan Here

观看视频：FBA 运作流程展示。

思考：FBA 相较于国内物流模式的优势及可以进一步改进的地方。

(6) 拥有自建物流体系 FBA。FBA(Fulfillment By Amazon，Amazon 物流)指由 Amazon 提供的包括仓储、拣货、打包、派送、收款、客服与退货处理的一条龙式物流服务。

FBA 除了提高 Listing 排名、帮助卖家成为特色卖家和抢夺购物车、提高客户的信任度、提高销售额之外，还可以为客户提供 7 × 24 全天候 Amazon 专业客户服务，配送时效超快(仓库大多靠近机场)，并且对单价超过$300 的产品免除所有 FBA 物流费用。

Amazon 物流服务流程如图 2-14 所示。

图 2-14　Amazon 物流服务流程

Amazon 除了具备流量高、信誉优、平台技术完备等特点外，Amazon 商家注册流程也较为简单，具体如图 2-15 所示。

图 2-15　Amazon 商家注册流程

目前，进驻 Amazon 的卖家可以选择三种渠道，分别是 Vendor Central(VC)、Vendor Express(VE，第一方卖家)和 Seller Central(第三方卖家)，不同的渠道有不同的功能、规则、限制、费用和福利。卖家进行渠道选择的流程如图 2-16 所示。

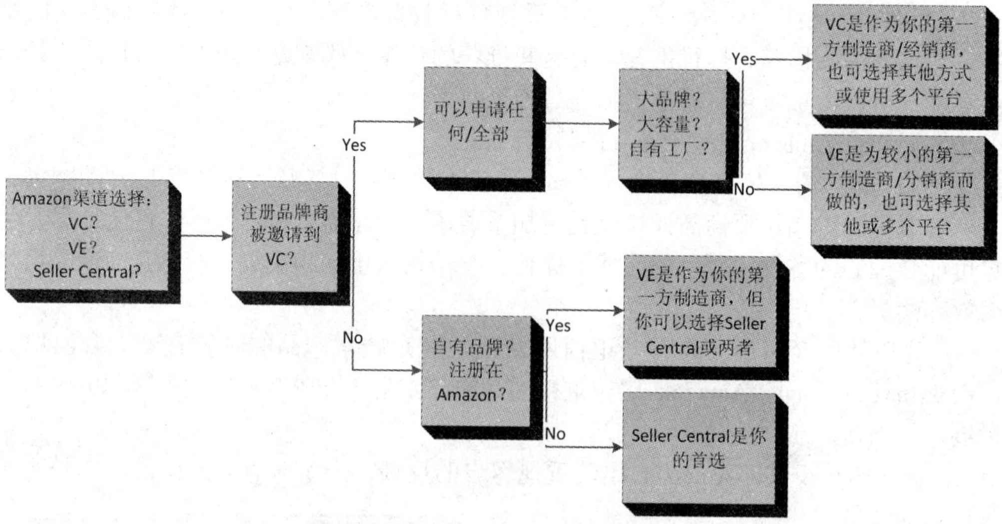

图 2-16　卖家进行渠道选择的流程

1．Vendor Central(VC)：需 Amazon 邀请

VC 是 Amazon 公司重量级的供应商系统，其功能之齐全可与 Walmart 的供应商系统媲美。VC 是只有 Amazon 邀请参与才能完成入驻的渠道，也可以理解为是 Amazon 为拥有品牌的制造商和分销商而创建的运营平台。Amazon 上面所有的自营(实物)商品几乎全

部来自这个平台的供应商。

(1) 优势如下。

✧ 免除年费。

✧ 产品展现给消费者是 Sold by Amazon。

✧ 产品页面将由 Amazon 设计(包括图片和文字的 A+页面)。据 Amazon 网站显示，A +已经被证明有助于增加购物者的参与度，并能提高 3%～10%的销售额。

✧ 如果由 Amazon 发货，Amazon 承担所有运费和处理费(没有 FBA 费用)；如果卖家发货，卖家可以从自己的美国仓库发货至终端客户(库存更可控，FBA 不再是优化的必选项)。

✧ 产品自动被列为 Amazon Prime。

✧ 获得 Amazon 营销工具(比如深度查看关键词等)。

✧ 更好的购买机会(Amazon 的算法偏爱自己的产品)。

✧ 顶级测评员可以测试卖家产品，甚至在卖家的库存被储存之前就写出来，这样卖家就可以用可信的评论来达到营销目标，使品牌和产品信誉立刻得到提升。

(2) 劣势如下。

✧ 利润低。

✧ 不能决定零售价格。

✧ 销售仅限于 Amazon 网站。

✧ 在 60 天后才能收到货款，比普通卖家的 14 天收款时间延长了将近 4 倍。

✧ 无法获得买方信息。

✧ 即使是一个很小的故障，如包装错误或没有标签的产品，也会导致退款。

如果 Amazon 邀请你加入 VC 渠道，这将是一个获得大量曝光的好机会，可以给产品带来创新、研发、生产、销售、包装、运输和客户服务等方面业务质量的提升。然而，选择加入 VC 意味着利润率较低，放弃了对数据的良好控制，而且几乎同意 Amazon 的严格规则。

2．Vendor Express(VE)：不需 Amazon 邀请

VE 是 Amazon 另一个供应商平台，此平台更加灵活，算是个轻量级的 VC。商家通过这个平台可以把产品卖给 Amazon 公司，然后产品在 Amazon.com 上是以“Sold by and ship from Amazon”销售的，也就是 Amazon 自营产品。

(1) 优势如下。

✧ 不需要 Amazon 邀请，可以自己申请。

✧ 免费加入，没有年费或月费。

✧ VE 对年轻人/小型企业是一种很好的方式，可以让其进入批发市场，促进成长。

✧ Amazon 直接从商家处购买产品，处理运输、销售、客服和客户回报等事宜。

✧ 产品自动被列为 Amazon Prime。

✧ Amazon 给卖家提供 5 个免费的 A +页面。

✧ 获得 Amazon 营销工具(如深度查看关键词等)。

(2) 劣势如下。

✧ Amazon 通常要求卖家递交产品样品，评估需求，然后再进行初始采购。

✧ 利润低。

✧ 自动化产品定价，零售价格由算法设定，价格不可协商。
✧ 商家获取收入通常需要 60～90 天，对于需要现金流的年轻人、小型企业来说资金积压严重。
✧ 无法访问买方信息。

VE 真正的优势在于，其为非大品牌提供了一个机会，这些年轻、规模较小的生产商可能会从经验、曝光、时间和数量上获得优势，但在利润率、控制成本和客户互动方面都会有所损失。

3．Seller Central：第三方卖家，不需要邀请

Seller Central 是 Amazon 提供给第三方卖家的市场计划，这些卖家可能拥有自己的品牌，也可能没有自己的品牌，都可以直接向 Amazon 消费者销售。

(1) 优势如下。
✧ 对所有人开放，不需要 Amazon 邀请。
✧ 利润高。
✧ 可以控制产品的定价。
✧ 在 7～14 天内，完成快速付款。
✧ FBA 可提供给第三方卖家，可以选择拥有 Amazon 仓库库存来完成订单，并处理客户服务和退货。
✧ 提供了一些优秀的分析和报告工具。
✧ 可以访问客户数据和获得客户反馈，并解决客户服务问题。

(2) 劣势如下。
✧ 个人和专业的计划都不是免费的。
✧ 类别/产品限制。
✧ 竞争激烈，容易引发价格战，利润低。
✧ 时间和精力的巨大投入，从定价策略到订单执行，到市场营销、客户服务，以及管理销售的各个方面，都需要卖家亲自参与。

Seller Central 是 Amazon 第三方卖家的唯一选择，但 Seller Central 并不是 Amazon 的目标，其更喜欢直接拥有产品而不是收入份额。

⊙ *Tips For You*

除了 Amazon 之外，被用户广泛使用的跨境 B2C 网站还有：eBay、Wish。

(1) eBay 成立于 1995 年，定位是全球网民买卖物品的线上拍卖及购物网站。截至 2017 年 9 月，eBay 拥有美国、德国、英国、法国、澳大利亚等 40 多个国家或地区站点，市场成熟，是遍布全球最广的购物平台和全球最大的电子商务外贸平台。平台拥有全球近 3.8 亿客户，以及每天 10 亿次的浏览量。

eBay 目前主要包括两种销售方式：“拍卖”和“一口价”。费用分为刊登费和成交费，采用 PayPal 作为支付手段。

PayPal 是目前全球使用最为广泛的网上交易工具，是国际贸易中最常用的支付工具。PayPal 支持快捷支付，并接收包括美元、加元、欧元、英镑、澳元和日元等 25 种国际主要流通货币，是集国际信用卡、借记卡、电子支票等于一身的国际支付方式，帮助买卖双

方解决交易过程中遇到的各种支付难题。在跨国交易中超过 95%的卖家和超过 85%的客户认可并正在使用 PayPal 电子支付业务。

美国 eBay 网站首页如图 2-17 所示。

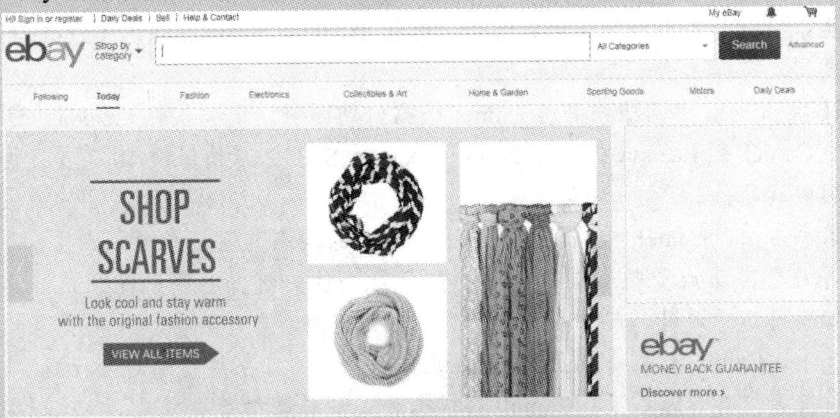

图 2-17　美国 eBay 网站首页

(2) Wish 成立于 2011 年 12 月，是一个基于移动端 App 的商业平台。起初，Wish 只是向用户推送消息，并不涉及商品交易。2013 年，升级成为购物平台。截至 2017 年 9 月，Wish 注册用户已超过 5000 万，日活跃用户量超过 120 万。其用户主要分布在欧美国家，另外，目前 80%的卖家来自中国。

Wish 平台的经营理念与 AliExpress、Amazon、eBay 完全不同，它所采用的是将平台销售完全回归消费者喜好的模式。Wish 将通过客户行为等数据进行计算，判断客户的偏好、感兴趣的产品信息，并且选择相应的产品推送给客户。在 Wish 的逻辑里，产品不是用来展示或是被搜索的，而是用来被推送的，也就是说在 Wish 里，平台所关注的是图片和产品的质量。因为不涉及 P4P 引流的形式，所以新卖家、小卖家可以在 Wish 上得到更多的机会。

但是目前，Wish 平台收费模式相对单一，统一按商品成交金额的 15%来收取，给一众卖家带来很大困扰。

美国 Wish 网站首页如图 2-18 所示。

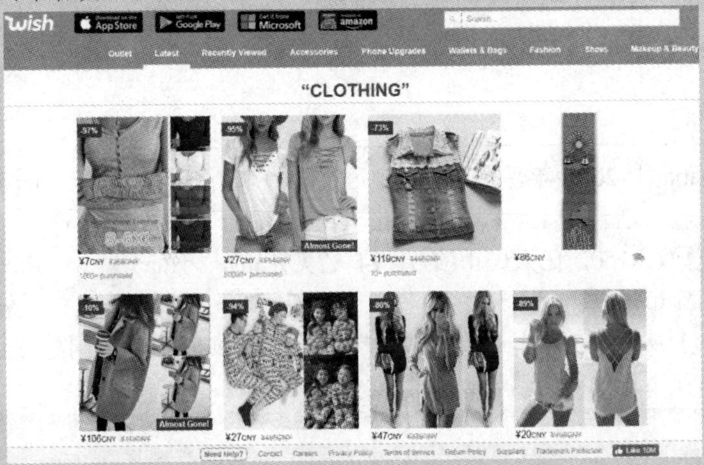

图 2-18　美国 Wish 网站首页

案例：入驻 Lazada 不到半年，Camel 月销售已达$10 万

随着近年来 Lazada、Shopee 等东南亚电商平台入华招募卖家，东南亚已渐成中国出口卖家除欧美主流市场外的新选择。而在 2016 年 Alibaba 收购 Lazada 后，该市场的热度更是持续上涨。

2016 年 8 月，中国服饰品牌 Camel 根据前期调研，正式入驻 Lazada。截至 2017 年 9 月，Camel 在 Lazada 拥有约 2000～3000 个 SKU，月销售额 10 万美元左右，增长速度稳中有升。

在选品方面，Camel 根据 Lazada 平台面向的马来西亚、泰国、印尼、菲律宾、新加坡等几个热带或亚热带国家的消费群特征，优先选择春夏产品、户外运动产品等，例如跑鞋、沙滩鞋、皮肤衣、徒步登山鞋、T 恤、户外装备。

物流上，Camel 首先将产品发往 Lazada 深圳仓库，然后再通过 Lazada 本身的物流平台发往海外客户；后期，Camel 会根据款式销量增加备货模式。物流时效方面，如马来西亚等地，预计能在 15～20 天内收到货物。

Camel 在 Lazada 网站内旗舰店首页如图 2-19 所示。

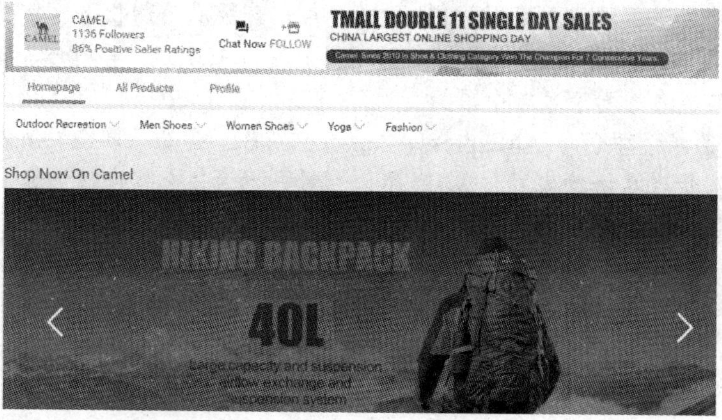

图 2-19　Camel 的 Lazada 旗舰店

资料整理来源：http://www.ebrun.com/20170123/212171.shtml

FOCUS

Alibaba 于 2016 年斥资 20 亿美元收购的东南亚电商平台 Lazada，使其国际商务收入增长了 136%，达 26 亿人民币(约合 3.89 亿美元)。尽管这只是 Alibaba 总收入 502 亿人民币(约合 74 亿美元)的一小部分，但 Alibaba 依然看好东南亚市场。

显然 Lazada 与 Alibaba 的成功结合，使 Lazada 成为中国外贸企业快速切入东南亚市场的有力武器。

【Part 5.3】Lazada

Lazada 创立于 2012 年，历时 5 年成为东南亚地区最大的在线购物网站之一。致力于为卖家提供一整套联通东南亚顾客群体的市场营销方案，通过旗舰品牌店、社交媒体和 EDM 等多种不同的营销手段活化市场推广和品牌化构建。截至 2017 年 9 月，Lazada 已销售来自本地和全球的 18 大品类，数量高达 3200 万种的商品。此外，Lazada 旗下设有包括泰国、马来西亚、新加坡、印度尼西亚、菲律宾、越南、中国香港地区在内的 7 家公司。

LazadaExpress 采用不同时段、分阶段进行产品配送的物流输送方式，帮助卖家融合东南亚的物流运送市场，在第一英里和最后一英里的运输和分拣问题上有效解决物流供应链分散的难题。并且，Lazada 运用形式多样的付款结汇方式，为卖家跨境收款提供最大的便利和安全保障。Lazada 有稳健的货到付款、VISA、网银、PayPal、银行分期付款和 seven 便利店等多种支付方式，省时省事、快速便捷。LazadaExpress 通过与支付、汇款业务的结合，采用联盟服务的方式，有效解决了复杂的条例与关税的挑战。

Lazada 网站首页如图 2-20 所示。

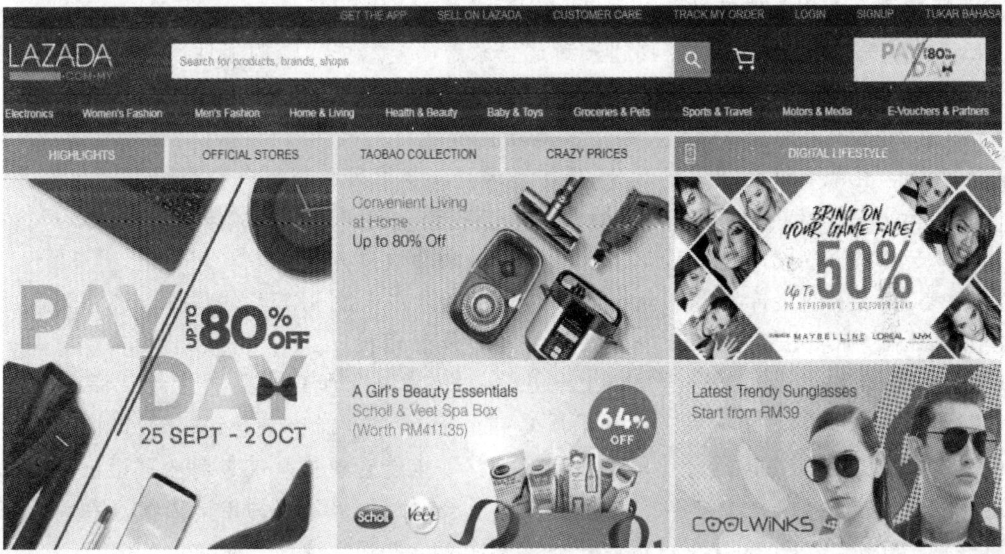

图 2-20 Lazada 网站首页

Lazada 平台没有技术费、商品展示费或其他隐藏费用，其只按订单的单价收取佣金。Lazada 费用结构为佣金加 2%交易费用(已包括信用卡、手续费、营销和驻当地客服的费用)。其只有在产品成功卖出后，才会按产品类别收取相应的佣金和交易费用。

⊙ *Tips For You*

在 Lazada 开通店铺，需要企业的营业执照和申请人的身份证复印件，具体注册流程如下。

(1) 在线注册。前往 Lazada.com/sell(如图 2-21 所示)，填写线上表格(网站默认语言是英文，可以切换到中文模式)。

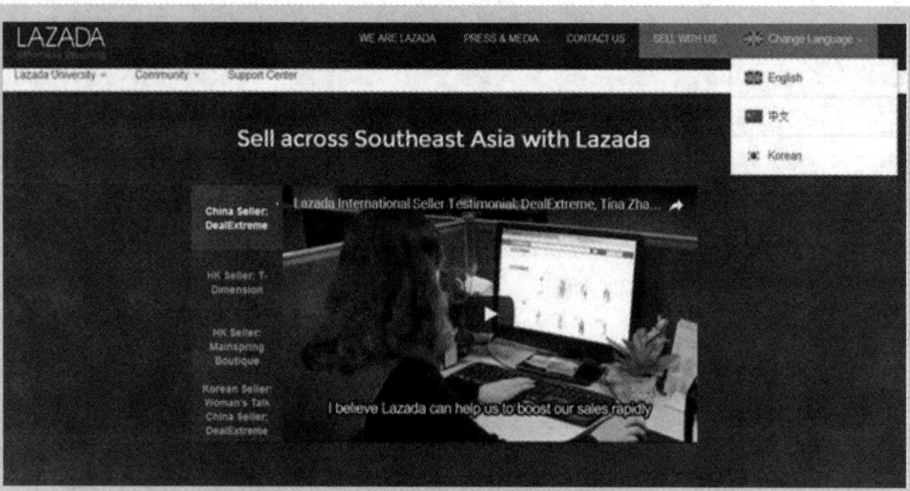

图 2-21　Lazada.com/sell 界面

(2) 申请表填写。完成第一步后，卖家会收到“欢迎注册 Lazada”的邮件，请按要求填写卖家申请表，并上传有效的公司营业执照或者商业登记证。

(3) 卖家中心激活。卖家会收到一封“登录您的卖家中心”的邮件，请登录并重新设置卖家中心密码，以激活卖家中心。

(4) 在线测试。卖家会收到一封“参加培训并通过测试”的邮件，请在线学习 Lazada 的基本规则，在线测试必须不少于 85 分才算通过。卖家可以进行多次测试。

(5) Payoneer 卡(简称 P 卡)注册。卖家会收到一封“注册收款方式 Payoneer”的邮件，请提交相关材料给 P 卡，注册 P 卡公司账号成为收款方。

(6) 50 个 SKU 上传。卖家会收到一封“上传你的首批 SKU”的邮件，请在卖家中心内按 Lazada 的要求上传至少 50 个 SKU，并通过质量审核。

(7) 加盟培训(只针对部分卖家)。Lazada 会联络卖家参加 Lazada 线上培训课程。

需要注意的是，卖家一旦上网登记成功 Lazada，请及时查看登记邮箱(包括：垃圾邮件)，收到 Lazada 邮件请及时填写在线申请表格并上传营业执照或者商业登记证。卖家完成此步骤后，会收到另一封邮件，要求接受电子合同。如果卖家的申请表信息和商业登记证都正确、有效，Lazada 会在短期内开通卖家中心，并邮件通知卖家。

【Part 5.4】Jollychic

Jollychic 是浙江执御信息技术有限公司旗下的 B2C 移动端购物平台。据雨果网数据显示，截至 2017 年 10 月，Jollychic 已拥有 2000 多万海外注册用户，覆盖中东 80%的地区，并且每年保持 3～5 倍的增涨，现已成为中东地区海湾国家排名第一的移动时尚购物 App。2016 年销售额已达数亿美元。

Jollychic 属于全品类运营平台，经营品类包括男/女性服装、鞋包、配饰、家居、母婴、美体护肤与 3C 电子产品等，其具有见效快、成本低、品类全等特点。首先，Jollychic 面向的是中东这个人均收入较高，但是电商竞争相对较小的蓝海市场。数据统计，该地区出单快，并且客单价较高，此外用户黏性也较高。再者，Jollychic 采用自营模式，商家以供货方形式入驻平台。Jollychic 免使用费、免保证金、免销售佣金、免推广费、免国内及海外物流费、免翻译、免客服，对于跨境电商企业而言可谓 0 成本入驻。

Jollychic 网站首页如图 2-22 所示。

图 2-22　Jollychic 网站首页

项目演练 5

小林团队通过本节案例及平台知识的学习后，结合相关资料，对 A 公司的 B2C 外贸平台方向有了新的想法。现在，请各小组帮助小林团队总结以下四个问题。

- Q1：总结整理每个 B2C 平台的入驻流程。
- Q2：尝试比较各 B2C 平台间的异同，并进行总结。
- Q3：若 A 公司入驻外贸 B2C 平台，选择哪个平台合适呢？并详细阐述原因。
- Q4：尝试选择 1～2 个平台完成注册。

【Task 6】了解其他跨境电商平台的特性

案例：亚米网——让“老干妈”成为美国标配

亚米网是一家不在中国本土消费者视野内，但在海外华人圈中知名度极高的电商平台，据不完全数据统计显示：每十个华人中就有一人是亚米网的用户。

2013 年，对于出国游学多年的周游来讲，深刻体会到：作为一个在外华人对家乡美食的渴望。因此 2013 年年初，一个初期仅有十几万美元投资的专门面向亚裔族群服务的网上超市“亚米网”创立。

至今创办四年，在北美地区，亚米网已经成为最大的亚洲商品购物平台，主要面向北美华人及整个亚裔群体，为其提供来自日本、韩国、中国、中国台湾地区、中国香港地区等最具特色的亚洲品牌型商品，主要包含食品、美妆、养生、电器、图书等多种类别。

据悉，是中国“老干妈”帮助亚米网打开了名气。不到三美元一瓶的“老干妈”香辣酱不仅缓解了在外漂泊的华人的思乡情绪，也让人迅速记住了亚米网的名字。“老干妈”在亚米网搜索结果如图 2-23 所示。

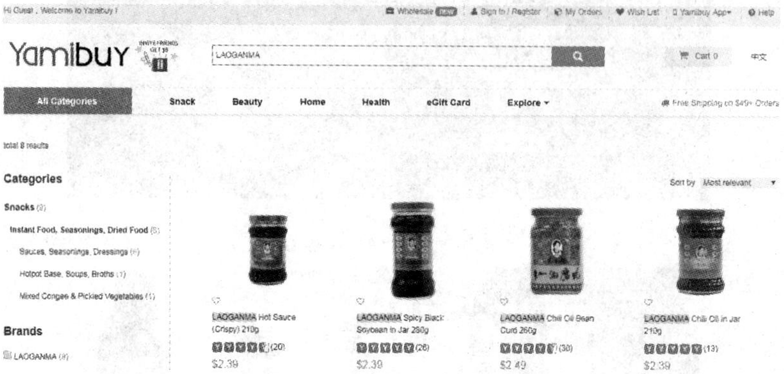

图 2-23 亚米网“老干妈”界面

亚米网作为定位精准人群的垂直电商，更理解和专注亚裔消费者的消费习惯和心理需求。例如，熬夜写论文要吃夜宵，于是方便面酸辣粉成了亚米网的标配；小姑娘要美白，亚米网就进了日本美妆产品；来美国后吃胖了，韩国燃脂瘦身系列产品也最终摆上了亚米网的货架。亚米网从最初只有 300 多种产品，边学边做，经过几年发展，SKU 已经超过 5000，实现年销量 1000 万美元，日订单峰值破万。

面对日益强盛的市场竞争，周游对自己的网站充满信心。“首先在进货上，我有话语权。‘我的美丽秘密’面膜，亚米是网销全美第一。之前有消费者质疑过产品的真伪和质量，中国台湾地区厂家第一时间愿意给我们出具认证材料，表明货品的真实性。他们愿意这么配合我，更别提议价能力了。而这些，是由销量做保证的。”

其次，在客户服务质量上难以模仿。周游称，亚米网客户服务标准全部参考 Amazon：买满 49 美元就包邮、5.99 美元统一运费、退货不收任何费用。亚米网敢这么做，一方面是认定以客户需求为中心是核心竞争力；另外一方面则是订单量大，从物流商拿到的折扣力度很高。“我觉得能像我们这么做的电商，特别是针对华人族群的电商，应该很少。”周游的自信源自美国的物流市场长期被 UPS、FedEx 和美国邮政所盘踞，并不能像国内的很多物流公司一样，靠低价赔钱去抢单子，所以在美国的电商行业中，邮费一直是一个不能被忽略的因素。没有订单量的保证，降不下来的邮费自然也就转嫁到了消费者身上，所以这也是一个积累的优势。

然而，作为一家只是在网上针对某个特殊人群(族裔)的日用品电商来说，亚米网背负的期望和期许或许要更多一些，竞争也会更加激烈。

资料整理来源：http://www.ebrun.com/20141016/112468_3.shtml

http://www.ebrun.com/20170731/240340.shtml

FOCUS

作为一家美国本土的华人购物网站，前有 Amazon，后有 AliExpress 和 Wish，亚米网看起来不可避免处在巨头平台们的生存夹缝中。但是随着用户规模的增长、供应链的完善、采购成本的降低以及数据的沉淀，亚米网作为垂直电商网站，在用户忠诚度不断提高的情况下，核心竞争力越来越强。加之，亚裔留学、移民群体的全球化流动，亚米网拥有巨大的用户基础和扩张条件。

如何从商品角度打通中国和海外的联系，更好地管理商品，服务跨境人群，都成为亚米网部署未来战略规划的核心问题。

【Part 6.1】亚米网

亚米网是目前北美最大的亚洲商品购物平台，上线于 2013 年 3 月，总部位于洛杉矶工业市，自主运营 20 万平方英尺的仓库以及自动化物流系统。亚米网自主销售商品万余种，第三方商家也在迅速拓展中，商品涵盖数十个品类，包括零食饮品、方便速食、调料干货、护肤彩妆、身体保养、中西药、保健品、母婴用品、厨房电器、家居百货等，并与多数知名品牌建立了深度合作关系、签署正品保障协议，为品牌和商家在北美的销售和推广起到了关键性作用。

作为垂直电商平台，截至 2017 年 9 月，亚米网拥有超过 50 万遍布全美的注册用户。

亚米网网站首页如图 2-24 所示。

图 2-24　亚米网网站首页

案例：做母婴界“闲鱼”？贝贝网布局母婴二手市场

截至 2017 年 8 月，闲鱼总访问量破 2 亿、转转获 2 亿美元投资……当二手闲置平台的价值被市场所认可，什么时候能出现一个针对母婴二手交易的平台，成为不少人的心中疑惑。确实，相对其他品类，母婴商品的使用年限受限于宝宝年龄，如婴儿床、学步车、安全座椅等，往往使用两三年就因为宝宝的长大而被束之高阁，闲置二手交易需求庞大。

因此，贝贝网 App 内增加了一项“闲置”业务，如图 2-25 所示。其针对平台 8000 万妈妈用户解决闲置二手转卖问题，成为首个提供二手交易服务的母婴平台。而据贝贝网打造的母婴社群矩阵生态来看，“闲置”业务或将作为其电商业务的下游补充，成为贝贝网生态的重要一环。

图 2-25　贝贝网“闲置集市”

(1) 深挖妈妈需求，布局母婴二手市场。

从母婴电商到育儿社交，再到同城生活和早教健康，对妈妈群体需求的深挖，是贝贝网一直以来业务布局的重要准则之一。解决妈妈们买买买之后的闲置物处理，则是“闲置”业务的主要功能。

打开贝贝网的“闲置”入口可以发现，其功能和闲鱼类似，妈妈们可以发布各类商品寻求转让，也可以基于搜索功能寻购其他妈妈转手的物品。但与闲鱼海量繁杂的二手信息不同，“闲置”的主要用户群为年轻妈妈群体，发布的闲置商品也以母婴用品为主，更精准的用户群和更细分的闲置资源，让妈妈用户的闲置买卖找到了大本营。

目前来看，童装、玩具、育儿用品等是妈妈们主要的闲置物件。贝贝网相关负责人表示，母婴相对其他品类有更大的处理闲置的需求，“宝宝用品的使用时长相对较短，一方面大部分被闲置的用品都还有七八成新，却因为宝宝的长大而变得不需要，这对家庭本身来说是一种浪费；另一方面，通过闲置二次分配的手段让这些用品得到有效复用，也能让产品发挥更大使用价值，同时降低另一组家庭的养娃成本，可谓双赢”。

(2) 用社群力量驱动“闲置”价值。

2017 年以来，社群是贝贝网战略布局的关键词之一。贝贝网 CEO 张良伦曾预言，社群力量将是未来 10 年整个母婴行业排名第一位的驱动力，而没有社群思维的电商和品牌商在未来一定会被淘汰。因此，“闲置”业务同样少不了社群的驱动力。

据悉，除了发布货品信息，“闲置”还接入了社群功能，用户可以将自己的发布页面通过社群实现分享，利用人与人的力量实现商品在用户间的不断传播，最终实现闲置的快速交易。“通过激励分享，我们希望利用人与人的力量，将社群的驱动力价值发挥到最大，搅活母婴二手市场。”张良伦说。

未来贝贝网“闲置”业务或将附带轻社区、轻社交的属性，甚至与贝贝网的另一款王牌育儿 App——育儿宝实现关联。

(3) 聚焦产业价值，布局母婴社群矩阵生态。

在张良伦看来，母婴是一个包罗万象的行业，除了购物、生活服务、育儿之外，还有早教、健康等领域。而这些业务，如果用社群的思维去重构，都能用很低的成本完成社群化的建立和改造。他将这作为贝贝网未来主攻的方向，并围绕母婴社群进行矩阵生态的建立。

“育儿宝”上线仅一年就稳居行业第二，并与贝贝网共同进入中国市场，母婴 App 活跃渗透率 TOP 10，其他如“同城生活”“早教健康”“闲置二手”等业务也已经相继上线，这些业务通过新人的裂变完成用户的建立，在社群驱动下实现了内容与用户的自我架构，一个具有明显贝贝网标签的母婴矩阵生态正在建立。

资料整理来源：http://www.ebrun.com/20170801/240566.shtml

FOCUS

根据目前行业数据和市场环境来看，选对行业、选对顾客，是跨境 B2C 电商平台切入的重要一环。

自 2012 年红孩子被苏宁收购起，母婴市场垂直电商一直没有出现领头羊，但随着京东、天猫、当当众多综合性平台涉足，母婴市场的竞争呈愈演愈烈趋势。2014 年，贝贝网作为一个专注母婴类产品、针对妈妈群体的分众电商，逐步走近消费者。

【Part 6.2】贝贝网

贝贝网成立于 2014 年，定位分众电商，针对妈妈群体提供细致深入的产品与服务。相较于传统电商卖货运营模式，贝贝网则是以消费者电商的思路，从妈妈群体的需求出发，专门提供她们需要的产品与服务。

⊙　*Tips For You*

分众电商是典型的“圈人模式”，体现了“以人为本”的思路。其以目标用户群为中心，为他们提供解决一揽子的生活服务方案，所有产品和服务都符合目标用户的消费偏好和性格特征，这样的生意既具有精准性，又具有丰富性，是效率与规模兼具、美誉和效益兼得的商业模式。

不同于垂直电商“给所有人卖一类东西”的特点(比如针对所有人卖鞋、卖书、卖衣服等)，分众电商只给“一类人卖所有东西”(比如给孕妇卖母婴用品、给宠物爱好者卖宠物用品)。

贝贝网主要以品牌正品、独家折扣、限时抢购为特色，提供包括童装、童鞋、玩具、用品等商品在内的特卖服务。为 0～12 岁的婴童以及生产前后的妈妈们，提供 1～7 折超低折扣，并且每天 10 点准时开抢，抢完即止。

截至 2017 年 9 月，贝贝网资费包括技术服务费、保证金和年费。商家在平台运营，平台会按商品的最终成交金额与对应商品所属类目的费率收取技术服务费。并且，商家在申请入驻贝贝网并获得批准时，需一次性缴纳保证金。此外，对于国内商家，平台年费标准为 9600 元人民币/年，全球购境外商家为 1440 美元/年。

贝贝网网站首页如图 2-26 所示。

图 2-26　贝贝网网站首页

商家入驻需要提供公司资质和品牌资质。公司资质包括：营业执照、税务登记证、组织机构代码证、法人身份证。若公司资质三证合一，只上传营业执照即可。品牌资质包括：商标注册证、品牌授权书、质检报告或 3C 认证证书、报关单和检验检疫证明。商家具体入驻流程如图 2-27 所示。

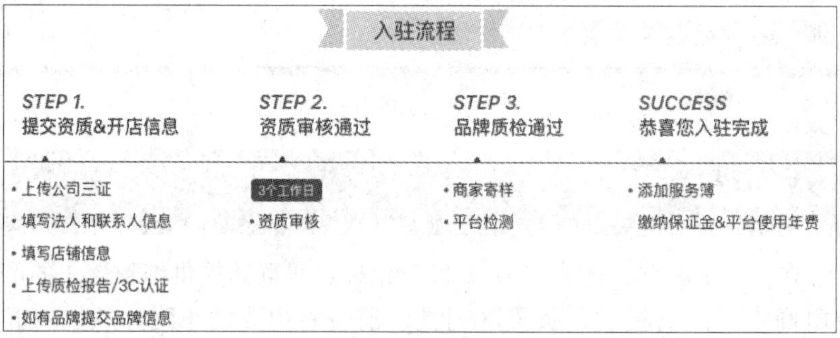

图 2-27　贝贝网商家入驻流程

⊙　*Tips For You*

除了贝贝网，还有一些被人们熟知的跨境进口平台，如聚美优品和小红书。

(1) 聚美优品(简称聚美)创立于 2010 年 3 月，首创“化妆品团购”模式，每天在网站推荐十几款热门化妆品，是一家化妆品限时特卖商城。2014 年 9 月，聚美全面发力海外购，并在首页开通独立频道。聚美极速免税店页面如图 2-28 所示。

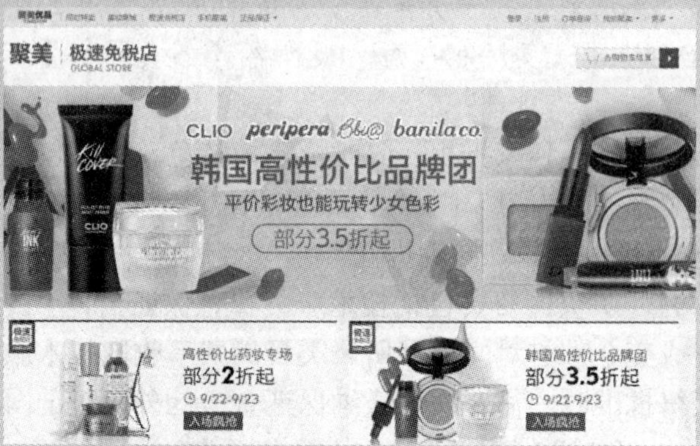

图 2-28　聚美极速免税店页面

为了满足中国消费者不断提升的消费品位和消费能力，聚美旗下的聚美海外购定位中国高端消费者群，入驻商家皆为国际卖家，并且经过严格的筛选。商家合作模式以聚美海外购平台为核心，具体如图 2-29 所示。商家入驻流程如图 2-30 所示。

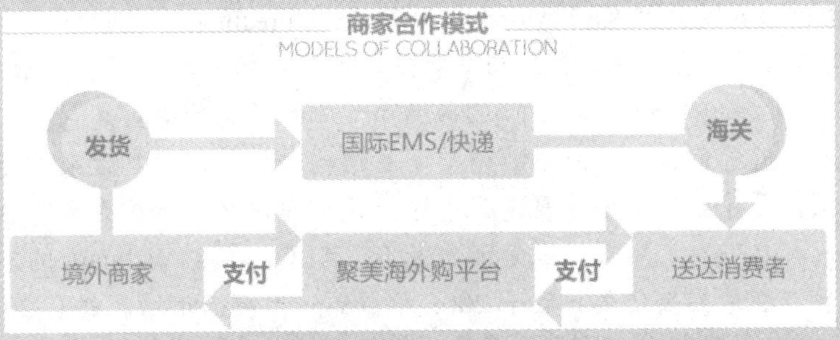

图 2-29　聚美海外购商家合作模式

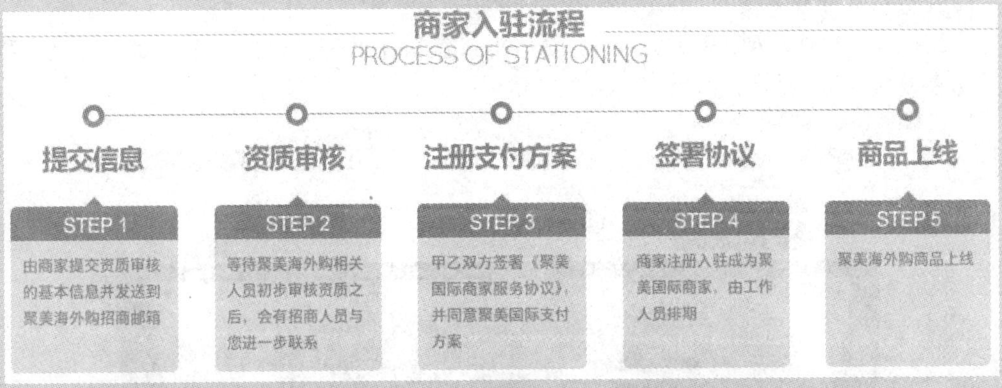

图 2-30　聚美海外购商家入驻流程

(2) 小红书是中国最大的内容社交电商 App，专注于消费升级大潮中的年轻时尚群体，通过独有的社区口碑营销和品牌内容推广，帮助品牌更有效地渗透优质用户，从而实现销售额快速且可持续地增长。

小红书作为一个拥有优质目标客户群、活跃用户互动、高效流量产出、专业内容运营、“零”固定成本的内容社交电商 App，其没有其他任何营销、流量和资源位费用，销售佣金是唯一的收费模式。此外，以境内主体签约，并且从境内发货的商家，须缴纳保证金 5000 元人民币；以境外主体签约，从境外发货的商家，须缴纳保证金 1000 美元。小红书网站首页如图 2-31 所示。

图 2-31　小红书网站首页

案例：“沃尔玛杀手”进驻天猫国际

ALDI 由一对德国兄弟 Karl Albrecht 和 Theo Albrecht 在二战后创办，但最早可追溯至 1913 年，其母亲在德国西部城市埃森(Essen)开办的一家小商店。ALDI 的名字取自 Albrecht 和 Diskont(德语意为折扣)的前两个字母。物美价廉正是它获胜的法宝。

ALDI 采用低价策略，同时不断调整商品结构和档次，为其带来了强大的品牌忠诚度。在德国，无论是穷人还是富人都是这家超市的粉丝，开着豪车到 ALDI 排队购物几乎是每天都在发生的事情。也是因为低价，ALDI 在与 Walmart 的本土遭遇战中轻松胜出，后者在亏损数亿美元后于 2006 年黯然退出德国市场。截至 2017 年 9 月，ALDI 的低价攻势已经帮助它成了全球最大的折扣连锁店，在 18 个国家拥有 10000 多家门店，年营业收入超过 300 亿美元。

2017 年 7 月，ALDI 开始接触 Alibaba，仅用了两个月时间就基本敲定方案，以旗舰店形式入驻天猫国际，如图 2-32 所示。

图 2-32　ALDI 天猫旗舰店

从店铺的情况来看，目前上线的产品以食品为主，约有近百个 SKU，品类涵盖早餐、零食、酒类、有机食品和佐料，自有品牌是其中最主要的卖点。

ALDI 在中国销售的第一批产品由澳大利亚经营方直接供货。商品详情页显示，部分商品已经提前备入菜鸟宁波保税仓，另有部分商品从澳大利亚仓直邮发货。ALDI 与 Alibaba 合作物流，“最后一公里”交给合作方，配送范围覆盖全国。

跟普通超市相比，ALDI 售卖的商品价格要低出 30%～50%。相对于当今中国人的收入水平来说，大部分 ALDI 超市的商品即使折算成人民币也依然算得上低价：1 公斤面粉 1.8 元、1 升盒装苹果汁 3.5 元、1 公升盒装牛奶 3 元。对消费水平更高的德国人来说，这样的价格无疑意味着巨大的吸引力。

(4) 与国际商超同台竞技。

嗅觉灵敏的业内人士早已发现了一个有趣的趋势：越来越多的国际商超选择通过跨境电商进入中国，而巧合的是，曾经挑战 Walmart 的全球超市双雄不约而同地选择通过天猫国际试水中国市场。

2014 年 10 月，美国超市巨头 Costco 通过天猫国际第一次进入中国市场，那一年是 Alibaba 的全球化双 11 元年。三年后，德国超市传奇 ALDI 也选择通过天猫国际进入中国市场，这一年是 Alibaba 的新零售元年。

自 2014 年上线以来，天猫国际先后与 Costco、ALDI 等海外巨头建立起了亲密共创的关系，依托 Alibaba 强大的生态体系，在推动品牌精准化运营顾客、线上线下体系打通、建立全球化供应链等方面，帮助海外商家直面全球化新零售浪潮。

海外品牌探路中国市场，需要经历入驻、竞争、落地等一系列环节。如今，天猫国际正在成为全球零售巨头在中国市场首选的“试验场”。从入驻到打通全球供应链、实现全球化新零售，这是一场激烈的竞争，海外商家需要做好充分的准备，与全球知名品牌同台竞技。

资料整理来源：http://www.cifnews.com/article/25543

FOCUS

通过天猫国际，更多类似生鲜、红酒、宠物食品等细分类目的商品正在不断涌入国内，中国新中产成为拥有全球供应链优势的超市精选进口产品的拥趸，天猫国际将继续和全球品牌深入合作，持续服务一亿新中产。

天猫国际服务的一亿新中产，其中有一部分是 80、90 后群体，他们想要优质的产品和合理的定价，而 ALDI 的定位正好契合他们的需求。凭借独特的商业模式和强大的全球供应链，ALDI 把优质低价的海外产品通过天猫国际带给中国消费者。

【Part 6.3】天猫国际

2014 年，天猫国际正式上线，主要是为国内消费者直供海外原装进口商品。目前，天猫国际拥有包括俄罗斯、美国、法国、澳大利亚等在内的 17 个国家馆，及 Costco、METRO 等在内的多家全球连锁超市。天猫国际的进口方式以“保税进口”为主，部分为“海外直邮”。天猫国际首页如图 2-33 所示。

客服方面，所有店铺支持中文旺旺咨询，页面信息采用中文，产品尺码等数据换算成中国消费者熟悉的相关参数，如鞋码表一律要求放置中国码对照表。同时提供周一到周日 09:00～18:00 电话客户服务。相较于自营型平台的客服，天猫国际的优势主要在于商家旺旺承担大部分客户服务工作，响应更为及时，互动效果好，而劣势也恰恰在于商家客服质量难以监督，经常出现消费者投诉商家服务态度的事件。

图 2-33　天猫国际首页

支付方面，天猫国际已接入其自身支付工具支付宝与消费金融产品蚂蚁花呗，相较于其他自营型电商平台，支付更为快捷方便。

在退货方式上，相较于自营型电商平台，天猫国际具有一定的劣势。由于商家操作的不规范性，很难如自营型那样实施 7 天无理由退货规则。即使已经实施 7 天退货规则的淘宝，也经常出现商家不愿意执行使得消费者不满或投诉的现象。

⊙ *Tips For You*

(1) 京东海外购于 2015 年上线，首批上线商品超过 15 万种，品牌数量超过 1200 个，商铺超过 450 家，涵盖来自美、法、英、日、韩、德、新西兰等国家和地区的母婴用品、服装鞋靴、礼品箱包等众多品类。网站首页如图 2-34 所示。

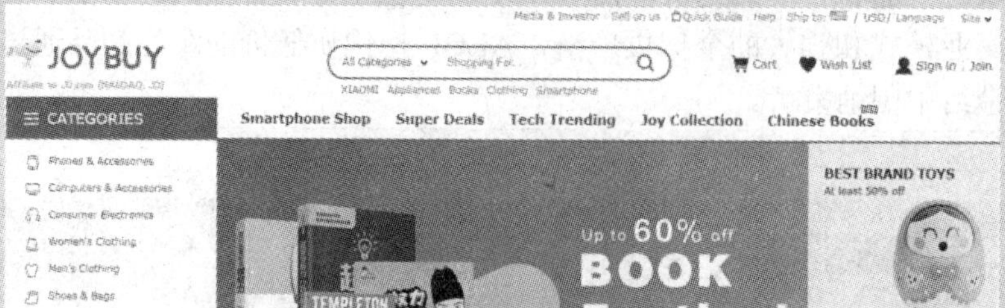

图 2-34　京东海外购网站首页

京东全球购与海外商家的合作更为自由，包括自营模式和平台模式。其中，自营模式是京东自主采购，由保税区内专业服务商提供支持；平台模式则是通过跨境电商模式引入海外品牌商品，销售的主体为海外的公司。

京东海外购自 2017 年 7 月 1 日起，采取阶梯佣金政策，销量越高，佣金越低，最高不超过 7%，以支持优质商家发展。商家入驻流程如图 2-35 所示。

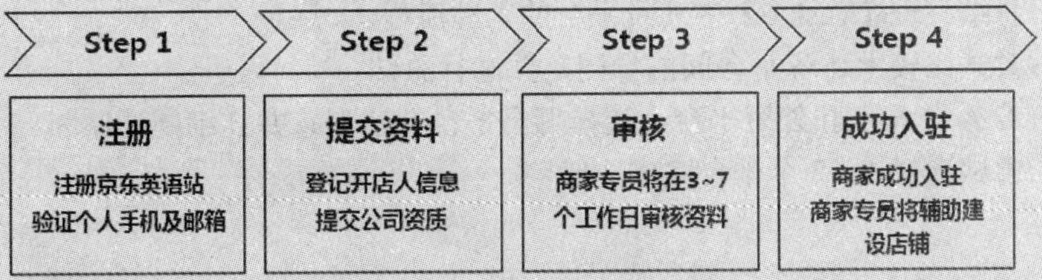

图 2-35　京东海外购商家入驻流程

(2) 网易考拉海购是网易旗下以跨境业务为主的综合型电商平台，于 2015 年 1 月 9 日公测，销售品类涵盖母婴、美容彩妆、家居生活、营养保健、环球美食、服饰箱包、数码家电等。

网易考拉海购主打自营直采的理念，在美国、德国、意大利、日本、韩国、澳大利亚、中国香港地区、中国台湾地区设有分公司或办事处。其深入产品原产地直采高品质的、适合中国市场的商品，从源头杜绝假货，保障商品品质的同时省去诸多中间环节。其产品直接从原产地运抵国内，在海关和国检的监控下，储存在保税区仓库。除此之外，网易考拉海购还与海关联合开发二维码溯源系统，严格把控产品质量。网易考拉海购网站首页如图 2-36 所示。

图 2-36　网易考拉海购网站首页

网易考拉海购依靠其自营模式、定价优势、全球布点、仓储优势、海外物流优势、充沛现金和保姆式服务，以及网易考拉海购媒体型电商的媒体基因、与网易大平台共通海量用户等资本优势，形成网易考拉海购独特而持续的核心优势。商家入驻流程如图 2-37 所示。

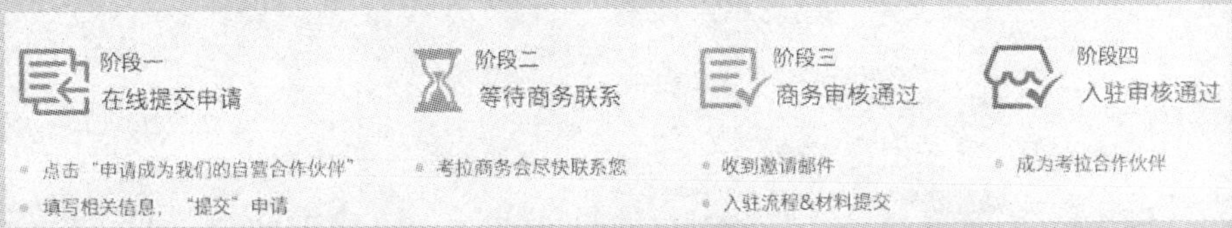

图 2-37　网易考拉海购商家入驻流程

项目演练 6

小林团队通过本节案例及平台知识的学习后，结合相关资料，对 A 公司的外贸平台方向有了新的想法。现在，请各小组帮助小林团队总结以下四个问题。

- Q1：总结整理【Task 6】中涉及平台的入驻流程。
- Q2：尝试比较上述各平台间的异同，并进行总结。
- Q3：若 A 公司入驻外贸平台，选择哪个平台合适呢？并详细阐述原因。
- Q4：尝试选择 1～2 个平台完成注册。

阶段小结

经过本阶段的学习，小林及团队成员对主流跨境 B2B、B2C 以及其他跨境电商平台的业务流程、经营范围、商家入驻流程等都有了充分的了解。小林带领团队成员根据【沙盘推演】中的任务内容，对本章知识点内容总结如下：

- 主流跨境 B2B 电商平台主要有 Alibaba 国际站、Made-in-China、Global Sources、DHgate，以及 TradeKey 和 EC21，每个平台都有自己的特色和存在的受众群体。
- 主流跨境 B2C 电商平台主要有 AliExpress、Amazon、eBay、Wish、Lazada、Jollychic。
- 目前，垂直类跨境电商平台有亚米网、贝贝网、聚美优品、小红书等。综合性跨境电商平台有天猫国际、京东海外购、网易考拉海购等。

第3章

做好跨境产品选择

在选好“冰箱”之后，把什么样的“大象”放进这个“冰箱”里面，成为新的问题。换言之，跨境电商企业如何在纷繁复杂的国际市场中，选出适合自己企业经营的优质产品，并且能够进行合理优化，是整个产品生命周期中重要的一环。

本章目标

- 掌握跨境电商的市场分析内容
- 掌握跨境电商的选品技巧
- 掌握跨境电商的产品优化技巧

学习方法建议

- 建议按照【阶段 1】分组情况，以小组为单位，完成以下任务：
  T1：重新选定组长；
  T2：复习【阶段 2】主要内容，并完成【阶段 2】【项目演练】内容；
  T3：由组长带领组员预习本阶段【沙盘推演】内容，了解本阶段架构。
- 完成上述 3 个任务后，组长带领组员开始本阶段内容的学习。

学习导航

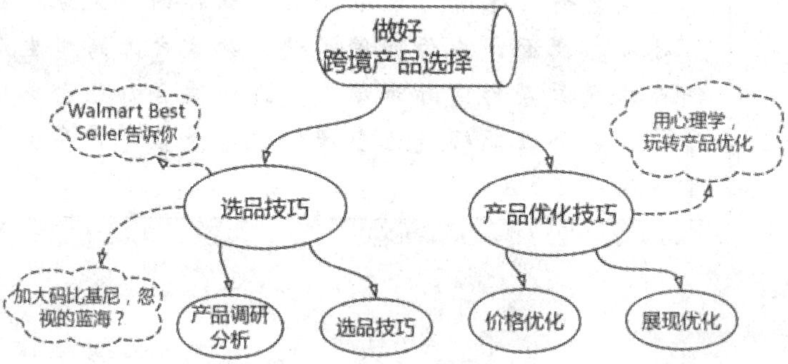

【沙盘推演】阶段 3

小林团队在【阶段 2】经过对 Alibaba 国际站、Made-in-China、Global Sources、DHgate、Amazon、eBay、Wish 等主流跨境电商平台分析测评后，对平台的进驻条件、入驻流程、经营品类、主要特点等都有了详尽的了解。

目前，小林团队决定抛弃以前根据经验选品的方式，决定在【阶段 3】先进行产品调研分析，然后进行产品优化，最终选出适合 A 公司运营的产品。

经过了解，A 公司产品跟同类产品相比，价廉质优，款式新颖，具体产品实物，如图 3-1 和图 3-2 所示。

图 3-1　A 公司产品实物(1)

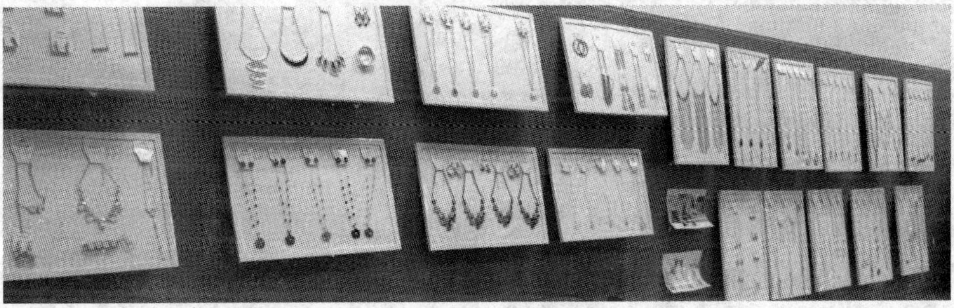

图 3-2　A 公司产品实物(2)

项目任务

经过团队商议、论证，并且结合 A 公司实际生产情况，小林团队决定从海外市场特征入手，全面了解不同地区消费者的行为习惯。此外，依据数据电商理念，抓取全新市场信息。同时，在产品选取、产品定价等方面，做出有理可依、有据可查的决策。因此，小林团队承接【阶段 2】内容，继续完成以下任务：

- Task 7：掌握跨境贸易选品技巧；
- Task 8：掌握跨境产品优化技巧。

【Task 7】掌握跨境贸易选品技巧

案例：Walmart Best Seller of 2017 in US 告诉你
——他们喜欢 Flamin' Hot Cheetos！

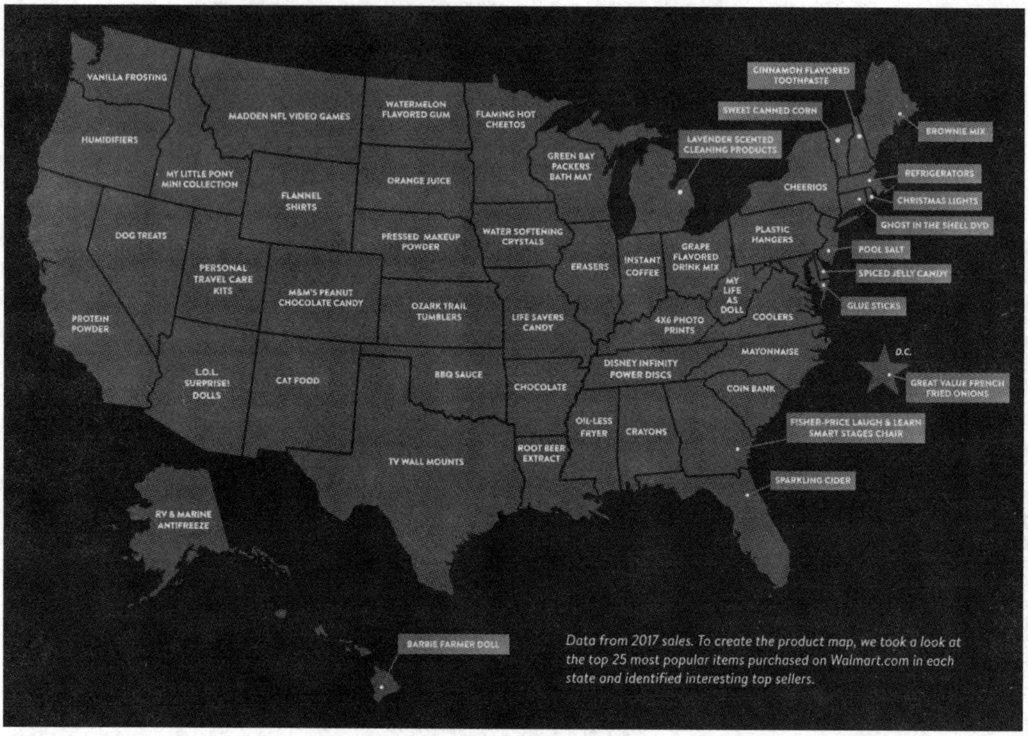

图 3-3　Walmart Best Seller of 2017 in US

2018 年初，Walmart 电商平台根据线上数据分析，公布了 2017 年美国各州畅销产品明细。其中，除了水、纸巾和干货等常见畅销产品之外，2017 年也出现了一些独特的畅销产品。

据 Walmart 数据显示，Indiana 消费者从 Walmart 电商平台购买了很多速溶咖啡，但是对品牌没有特殊偏好。Alabama 消费者喜欢购买蜡笔，Illinois 消费者购买了很多橡皮擦，而 Maryland 消费者则是买了很多胶棒。此外，Minnesota 消费者非常喜欢奇多火辣味粟米脆条(Flamin'Hot Cheetos)。Kentucky 消费者喜欢在网上打印 4×6 英寸的照片，Connecticut 消费者喜欢《攻壳机动队》DVD。Nevada 消费者喜欢狗粮，New Mexico 消费者则更喜欢猫粮。

数据来源：Walmart-reveals-top-selling-items-sold-online-in-each-state-of-2017

FOCUS

跨境电子商务是一项风险极高的贸易活动。买卖双方分属不同交易关境，市场环境千差万别，卖家容易因对市场分析偏差造成产品选择失误。因此，运营团队需要对目标市场进行充分的调研分析，了解当地市场环境、产品受众情况，经过充分考量后，再进行产品运营策划。

通常情况下，产品调研分析主要是为了了解目标市场的运营环境以及产品的需求情况等。

【Part 7.1】产品调研分析

产品调研分析即“知己知彼”，是企业进行选品的第一步。不论企业规模大小，是否有运营经验，在进入海外市场前，都需要对目标市场进行深入分析，了解市场特征和消费者需求，以便结合自身产品优势，有效切入市场。

1．市场分析

通常跨境电商市场分析以货物移动方向为标准，可以分成出口市场分析和进口市场分析。

(1) 出口市场分析。根据 PayPal 数据，截至 2017 年，中国、美国、英国、德国和日本分别是全球排名前五的跨境电商出口国，并且随着跨境电商业务的飞速发展，更多新兴的跨境电商出口市场正在崛起。2016 年，中国超越美国成为世界第一大跨境电商出口国，市场占有率达到 21%；美国的跨境电商出口额占比下降至 17%；英国、德国和日本的出口额占比均有不同程度的下降；世界其他国家的跨境电商出口额大幅增加，市场占有率达到 38%，如图 3-4 所示。

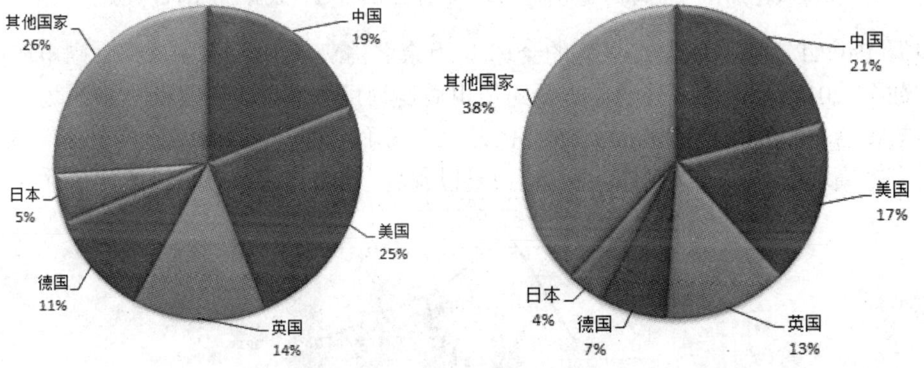

图 3-4　全球跨境电商主要出口国市场占有率(左：2015 年，右：2016 年)(数据来源：PayPal 数据)

PayPal 统计数据显示，虽然不同地区喜爱的商品类型有所不同，但服饰鞋类和消费电子的全球跨境电商销售量居首。如图 3-5、图 3-6 所示，2016 年服饰鞋类是最受消费者欢迎的出口商品，占全球出口电商市场的 25%，并且在全球不同市场中的份额均超过 40%；消费电子是第二大出口电商消费品，全球跨境电商销售额占比达到 15%，在东欧、中东、拉丁美洲和非洲等地区市场份额最高；数字娱乐、户外用品和图书音像等商品在北美、西欧等发达国家地区的市场份额较高；化妆品和母婴玩具则在亚太、东欧地区的市场份额较高。

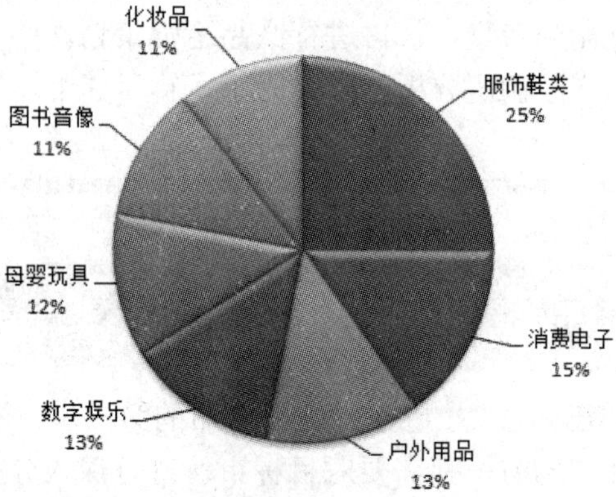

图 3-5　2016 年全球跨境电商出口商品种类销售量占比(数据来源：PayPal 数据)

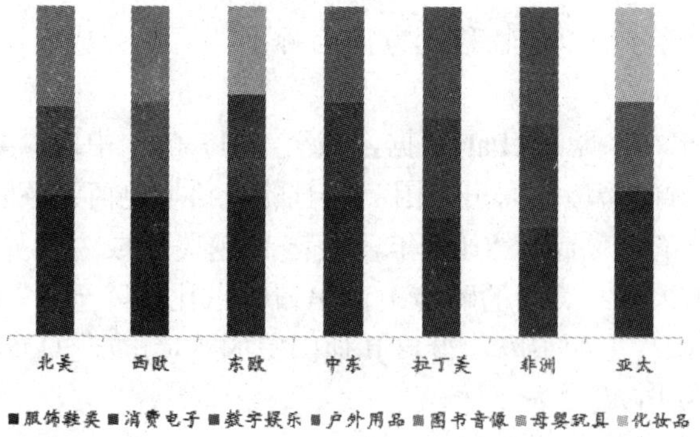

图 3-6　2016 年全球跨境电商出口商品种类分布(数据来源：PayPal 数据)

根据 PayPal 数据显示，在受访的全球 3 万余名消费者中，约 21%在中国电商网站购过物。截至 2017 年，中国是全球重要跨境电商购物目的地。对于我国出口市场而言，跨境出口规模稳步上升，2016 年达到 5.4 亿万元人民币(如图 3-7 所示)。其中出口 3C 电子商品最多，高达 38%，其次是服装服饰、户外用品、健康与美容等，如图 3-8 所示。

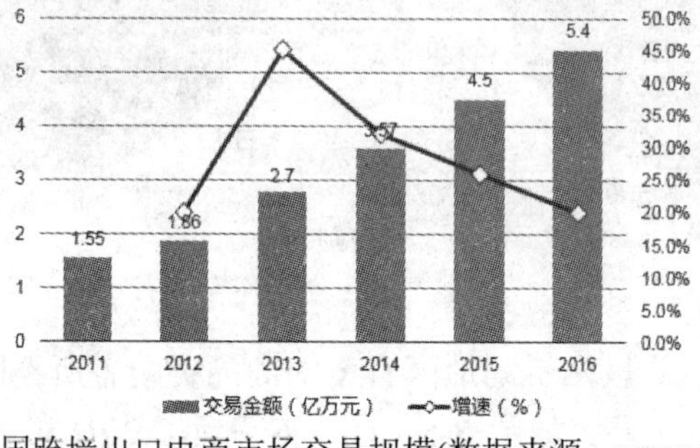

图 3-7　中国跨境出口电商市场交易规模(数据来源：www.chyxx.com)

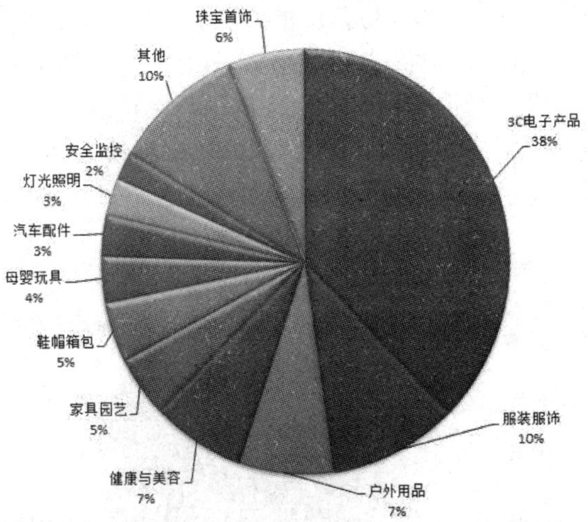

图 3-8　2016 年中国跨境电商出口商品种类销售量占比(数据来源：中国产业信息)

2016 年，尼尔森公司根据跨境电商平台提供的全球总交易额数据为依据，统计出一份全球网购消费者对中国商品的兴趣清单。其中，美国市场的跨境消费者是“中国制造”主力的购买群体。最热门的五大细分品类依次为服装及配饰，手机及配件，珠宝、首饰、手表，电脑，电子消费产品。在英国市场，最畅销的产品除了鞋子服装及配饰，还包括家装用品、电脑和通讯类产品。而在澳大利亚，汽车配件则挺进了细分品类 TOP5 的榜单。

从新兴市场来看，服装、手机、电子消费产品等仍是最主要的商品，基本与其他成熟市场重合，但在排名上有所差别。

另外，在以挪威为代表的北欧市场中，汽车配件成为第二大受欢迎品类。

值得关注的是，对中国在线出口商品需求增长最为迅速的是巴西。2013 年至 2018 年期间，巴西消费者从中国跨境网购商品的价值总额从 18 亿人民币升至 114 亿元人民币，增幅近 7 倍。预计 2018 年，美、英、德、澳和巴西这五大跨境电商目标市场，对中国商品的网购需求将激增至 1440 亿元人民币，较 2013 年增长两倍。

(2) 进口市场分析。根据 Analysys 易观发布的《中国跨境进口零售电商市场季度监测报告》数据显示，2017 年第 3 季度，我国跨境进口零售电商市场规模为 815.7 亿元人民币，环比下跌 13.1%，如图 3-9 所示。

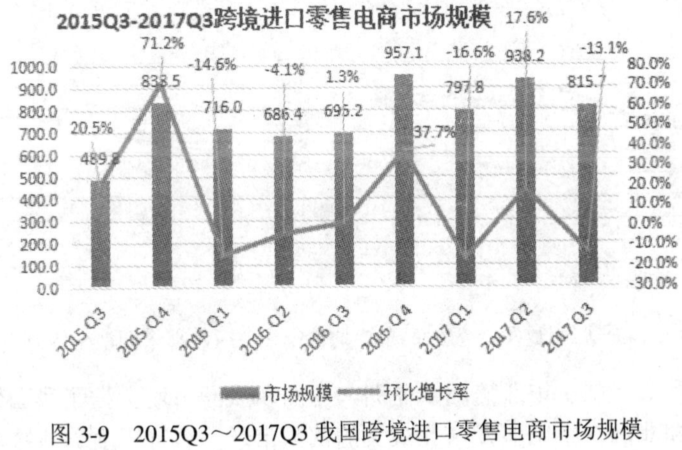

图 3-9　2015Q3～2017Q3 我国跨境进口零售电商市场规模

2017年第3季度，各厂商在结束了618的年中大促之后，虽然在7月、8月有部分厂商又进行了各式各样的活动，但尚未形成全行业跟风的促销节点，整个市场趋于平静。2017年第3季度，天猫国际依然继续领跑，市场份额达到25%；网易考拉海购排在第二位，占据了17%的份额；京东全球购排在第三位，份额为15%，如图3-10所示。排名前三的厂商，除了天猫国际的市场份额环比有所增长以外，其余两家均有所下滑。

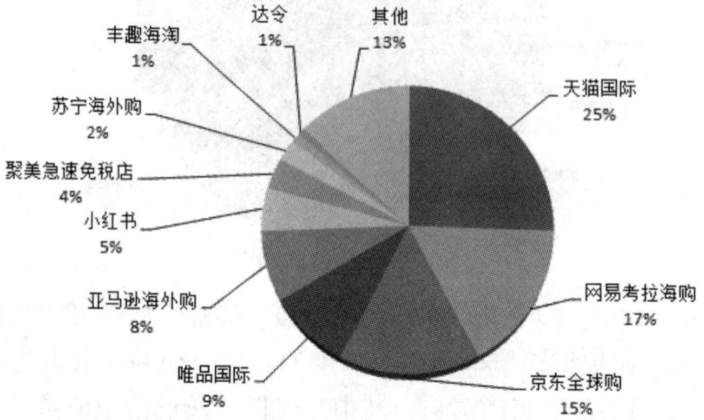

图3-10　2017Q3我国跨境进口零售电商市场份额占比

在消费者购买偏好方面，根据iiMedia Research(艾媒咨询)发布的《2017上半年中国跨境电子商务市场研究报告》数据显示，日韩和欧美等发达地区的优质商品更受我国消费者青睐。其中，选择日本地区商品的用户比例高达43.9%，其中美容彩妆、洗护用品居多，这是因为日本地区的时尚潮流更符合我国消费者偏好。而在欧美地区，海淘用户则倾向于购买营养保健品、母婴用品，主要是由于欧美地区保健品及母婴产品更具品牌知名度。

2. 产品分析

在产品方面，根据我国跨境电商市场发展情况来看，主要热销品类为发制品。如图3-11所示，我国2016年发制品出口总额33.3亿美元，同比下降15.83%，这是从2010年开始发制品对外出口贸易的首次增速下降。并且，由于国际形势下滑、国内生产企业产能过剩、税负增加，以及受价格竞争等因素影响，2016年发制品出口单价也回落到2013年水平。

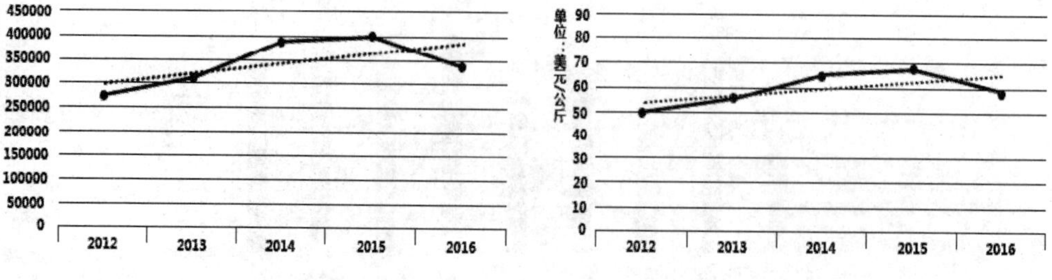

图3-11　发制品出口金额统计(左)、发制品出口均价统计(右)(数据来源：全国海关电子通关中心)

如图3-12所示，2016年北美洲、非洲、亚洲和欧洲市场占据了我国假发97%的出口额，其中北美洲和非洲是中国假发产品最大的贸易市场，合计占到总规模的75%。

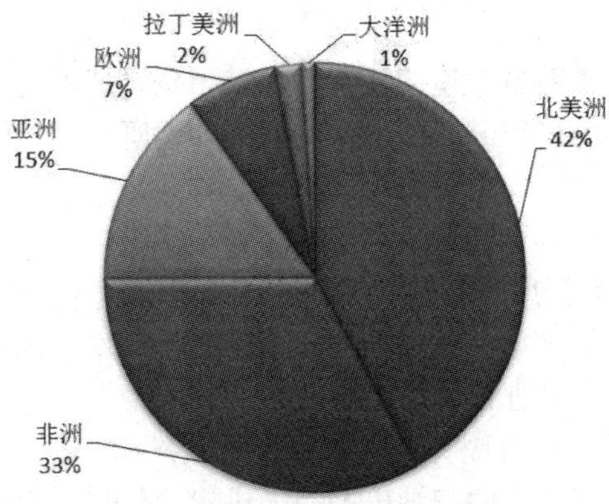

图 3-12　我国假发 2016 各大洲的出口贸易份额统计(数据来源：公开资料整理)

据相关数据统计，北美洲发制品在 2008 年金融危机之后，消费总额逐年增长。2009 至 2011 年，消费总额分别增长 16.91%、27.15%和 25.26%。2012 年受全球经济不景气影响，北美发制品消费额增长率虽然有所下降，但仍增长 6.54%。2008 至 2012 年，北美地区发制品消费总额年均增长率达到 18.68%，保守预计北美地区发制品消费市场规模仍将以 14%的速度增长，到 2018 年消费总额达到 80 亿美元。

不同地区需求的假发产品特点也与各人种间的发质特点有很大的关系。

白种人的发质细软、毛发卷曲呈大波浪状。男性秃顶者多。由于头发细软易断，所以欧美地区有使用假发的传统。欧美市场的社交聚会、宴会活动多，因此能够改变发长和发量的接发类产品最受白人市场欢迎，并且对造型变化的需求强烈，接发类产品在欧美市场基本属于时尚快消品。另外，欧美地区对产品质量要求较高，接发类产品多选用高品质人发，使用寿命一般在 3 个月左右；头套、发块多选用高档手工钩织产品，对逼真度和质量要求高。

黑种人的头发呈小卷曲状，头发稀疏，每根卷发周围都有许多空隙，空隙充满空气，空气传热性差，因此，卷发有隔热作用，保护头脑不受热伤害。黑人从小蓄发，头发只能长到 10 公分左右，所以黑人男性大多光头。而黑人女性爱美，想要一头长发，则一生当中都离不开假发。假发对于黑人属于刚性需求的消耗品，头套类和接发类产品都属于黑人女性的必需品。因此，黑人市场以中低档的化纤、人发为主，需求量大，消费者对价格比较敏感。但是分布在欧美和南非的黑人富裕阶层女性对品质要求较高，对中高端产品更加青睐。

而黄种人大部分分布在亚洲，不易脱发。资料显示，亚洲已成为假发市场最大的原料供应地区，其中，中国凭借原料和加工优势，成为全球最大的假发制作产地和出口国。黄种人对发套、发块类产品需求较大，且中高端产品以刚性的装饰需求为主。

⊙　*Tips For You*

随着跨境电商市场的飞速发展，许多新兴品类也值得众多卖家关注，比如鸡尿布、狗狗服饰、圣诞装饰等。

企业在做产品选择时，需要根据市场情况，走进消费者，了解他们的消费需求，并挖掘出核心需求，进而完成产品分析。

3. 调研方法

由于跨境电商业务链条跨越关境的特殊性，其市场调研的方法也与国内市场的调研方法有一定区别。通常，市场调研分为线上和线下两种调研形式。

1) 线上方法

线上模式主要包括购买、查询有关数据库，以及使用数据工具进行数据提取。

(1) 购买、查询有关数据库。目前，市场内有很多大型数据机构会定期整理资料，发布数据报告，这些报告数据采集会比较全面，内容较为新颖。因此，虽然这些数据报告可能需要付费，但对于运营人员进行市场分析的参考价值较大。

再者，海关数据也是一个非常重要的参考依据。企业可以购买进口国的海关数据，或者中国海关统计的出口数据。从中归纳出产品的进出口价格、数量、不同国别地区的市场规模等。有些国家的海关系统甚至可以查到相关收货人的详细信息，可以找到产品在目的国的主要进口商的联系方式、年进口量、平均进口价格等。这些对目标市场分析都非常有帮助。此外，联合国数据、全球贸易数据库的数据也非常有参考价值。

(2) 使用数据工具。除了购买成型的数据之外，运营人员还可以运用各种数据分析工具，借助互联网即时、海量、全球、互动、多媒体和新媒体性的特征，进行市场调研分析。

例如，GooSeeker 是一款不错的数据爬虫软件，可以在开源网站内进行数据抓取。提取完成的数据，导入 EXCEL 工作表中，利用图表功能，进行数据分析，得到有效市场特征采样。

⊙ *Tips For You*

以“饰品”在某国内网站销售情况为例，应用 GooSeeker 进行数据爬取。

(1) 进入 GooSeeker 官方网站(http://www.gooseeker.com)进行软件下载，并完成软件安装。

(2) 打开软件，使用邮箱进行会员注册。注册成功后，登录账号。操作界面如图 3-13 所示。

图 3-13　GooSeeker 操作界面

(3) 单击“MS 谋数台”，弹出 MS 谋数台、工作台操作界面，如图 3-14 所示。

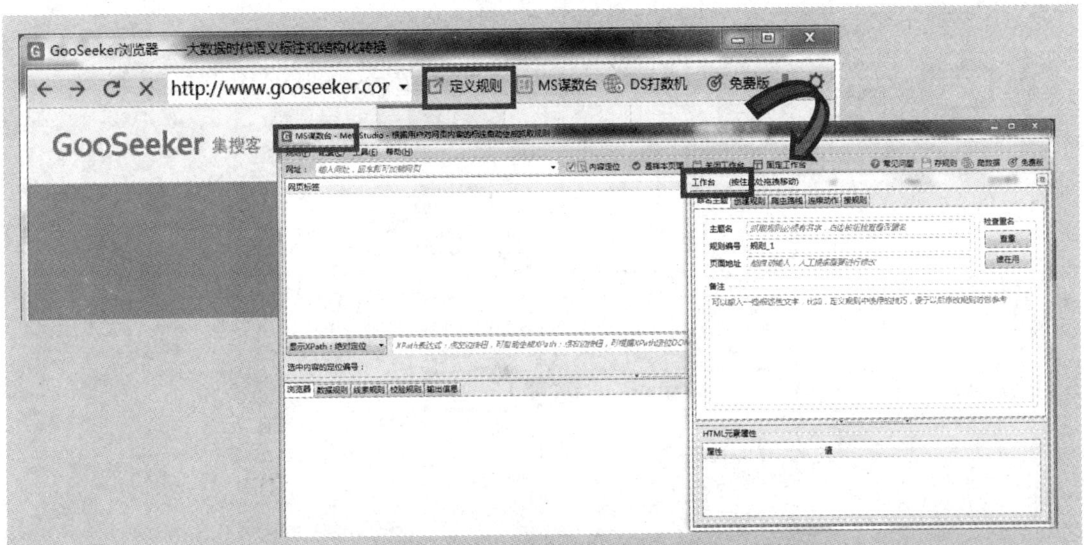

图 3-14　MS 谋数台操作界面

MS 谋数台会根据用户在“工作台”内设定的抓取规则，对数据进行抓取。

(4) 在 MS 谋数台输入网页网址，然后在网页搜索框内输入“饰品”，得到所搜界面，如图 3-15 所示。

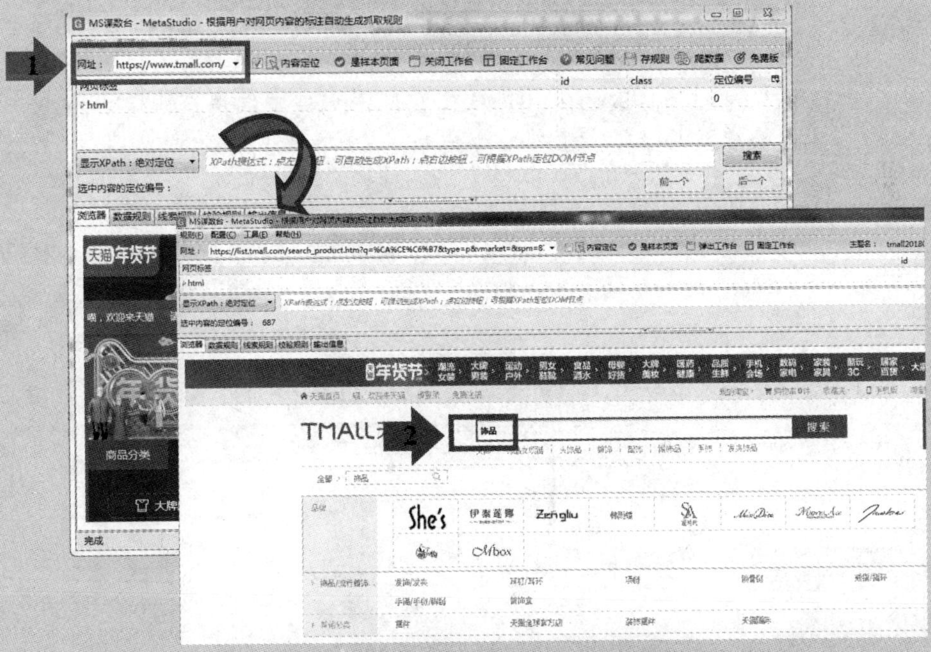

图 3-15　“饰品”搜索界面

(5) 在“工作台”内命名抓取主题，然后创建“整理箱”和抓取规则，如图 3-16 所示。

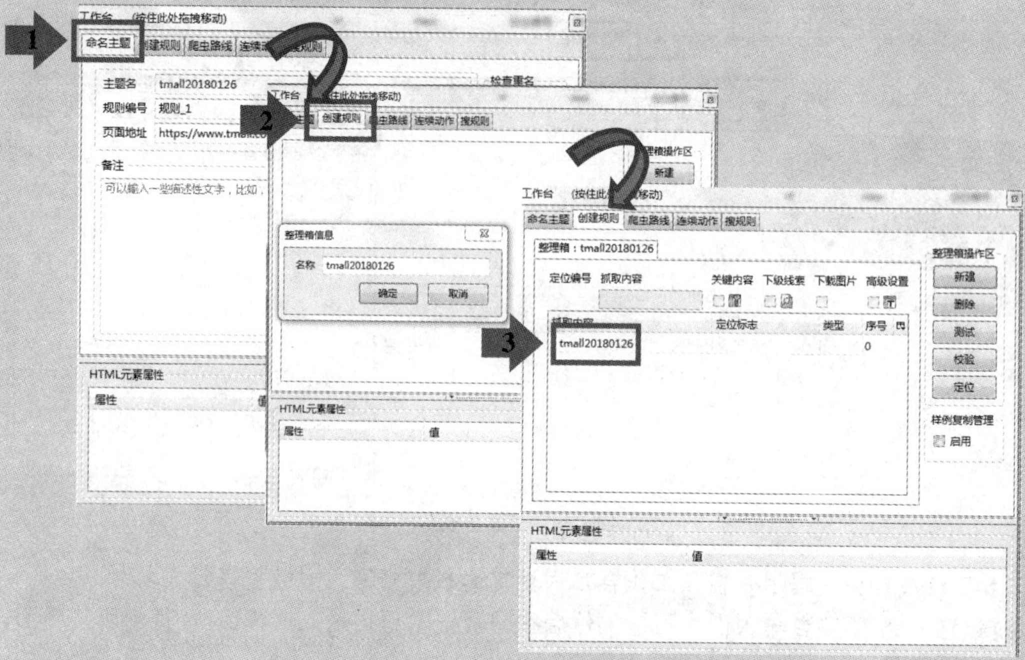

图 3-16　创建抓取规则(1)

(6) 在“整理箱”内添加抓取内容，进行位置设定。设定完成后，依次单击“存规则”“爬数据”，完成数据爬取过程，如图 3-17 所示。

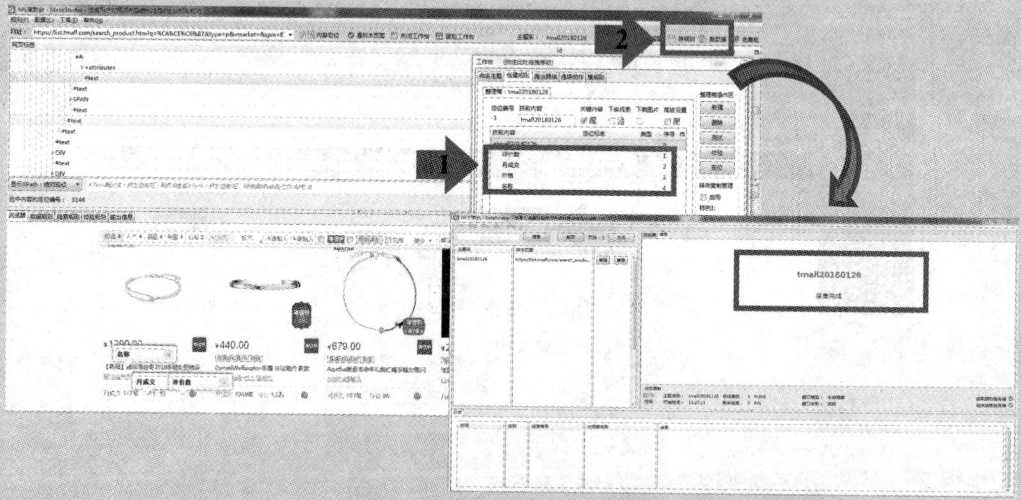

图 3-17　创建抓取规则(2)，完成数据爬虫

(7) 打开数据存储路径，将“.XML”文件导入至 EXCEL 工作表中，如图 3-18 所示。

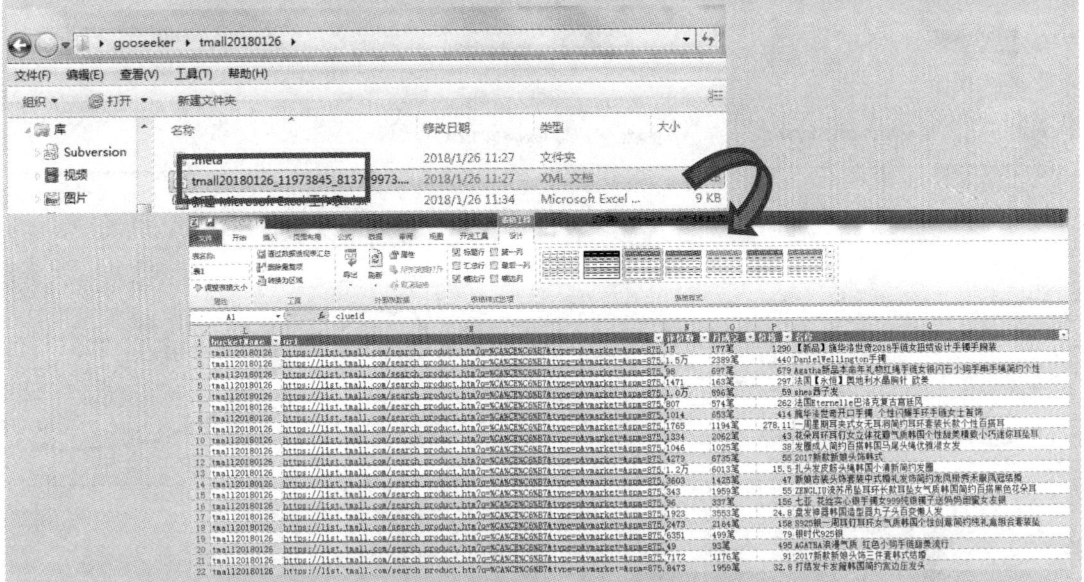

图 3-18　导入 EXCEL 工作表

在 EXCEL 工作表中，分析人员可以对运营数据进行操作，得出相应数据分析报告。

观看视频：GooSeeker 操作视频。

请读者根据视频和上述【*Tips For You*】操作步骤，学习使用 GooSeeker 软件。并且在熟练之后，依据 GooSeeker 网站教程，练习使用跨多页抓取数据。

Scan Here

除此之外，市场调研分析人员可以通过 Google Trends 工具分析品类的周期性特点，把握产品开发先机；借助 Keyword Spy 工具发现品类搜索热度和品类关键词，同时借助 Alexa 工具，选择出至少 3 家该品类的竞争对手网站，作为对目标市场产品品相分析和选择的参考。

⊙　*Tips For You*

Google Trends、Keyword Spy、Alexa 等工具，在市场分析领域使用频率也较高。

(1) Google Trends。

工具地址：http://www.google.com/trends

查询条件：关键词、国家、时间

举例：以关键词泳装 Swimwear 为例，选择国家分别为美国和澳大利亚，搜索结果如图 3-19、图 3-20 所示。结果表明，在北半球的美国，5～7 月为泳装搜索的高峰期；而在南半球的澳大利亚，9～1 月为泳装搜索的高峰期。因此，对于美国市场的产品开发，运营人员要在 3～4 月完成，而对于澳大利亚市场的产品开发，则需要在 8～9 月完成。如果不知道目标市场品类热度的周期规律，则容易错过市场需求高峰期。

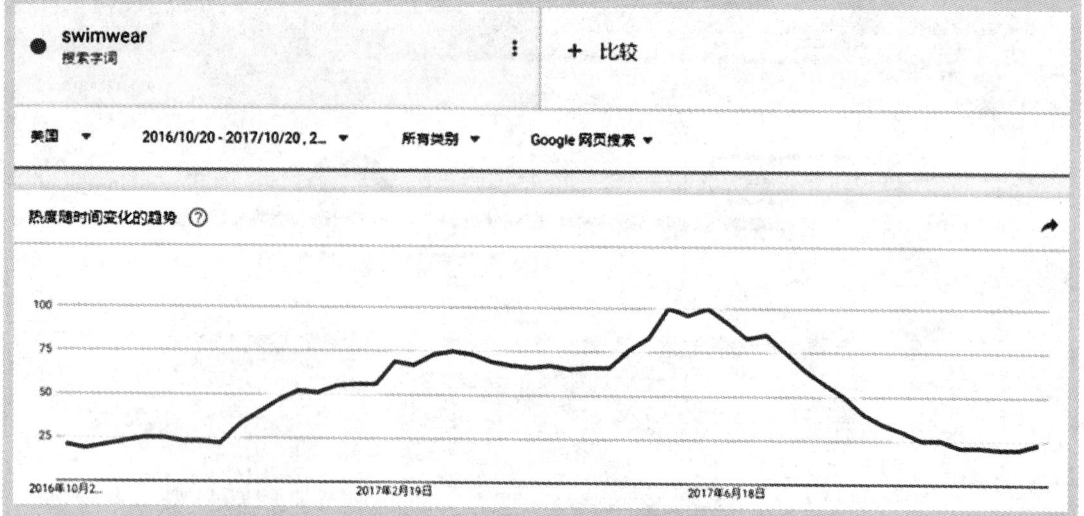

图 3-19　Swimwear 在美国地区销售趋势图

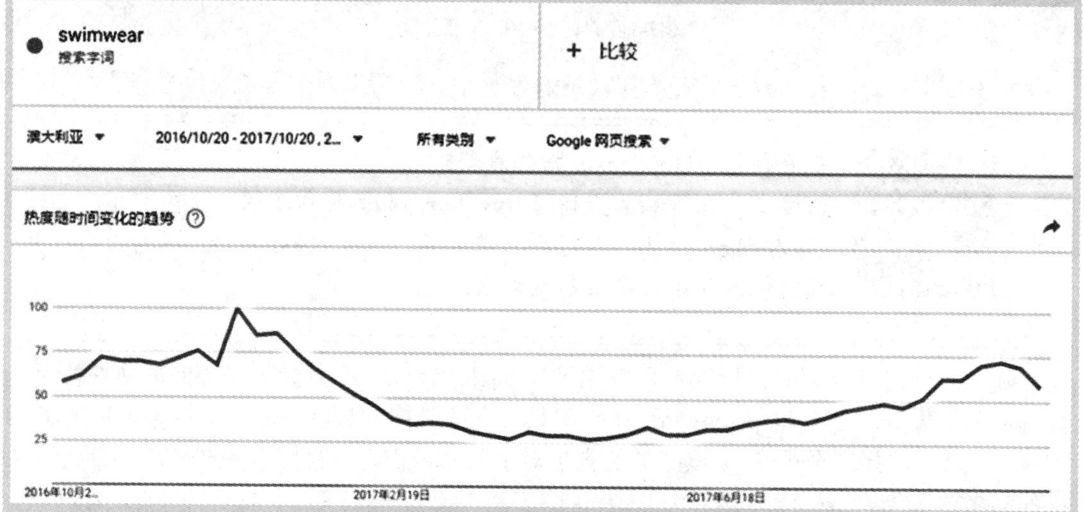

图 3-20　Swimwear 在澳大利亚地区销售趋势图

(2) Keyword Spy。

工具地址：http://www.keywordspy.com/

查询条件：关键词、站点、国家

举例：以 Swimwear 为例，选择美国为分析市场，查询条件选择 Keywords。在美国市场，Swimwear 月搜索量达到约 274 万次，市场热度较高，如图 3-21 所示。搜索量最大的几个关键词是泳装的主关键词，如 Swimwear、Swim Wear、Swimsuit、Bathing Suit 等，而其他关键词可以作为长尾关键词。这些关键词用于产品搜索、产品信息加工中的命名及描述，能够提升 SEO 的优化水平。

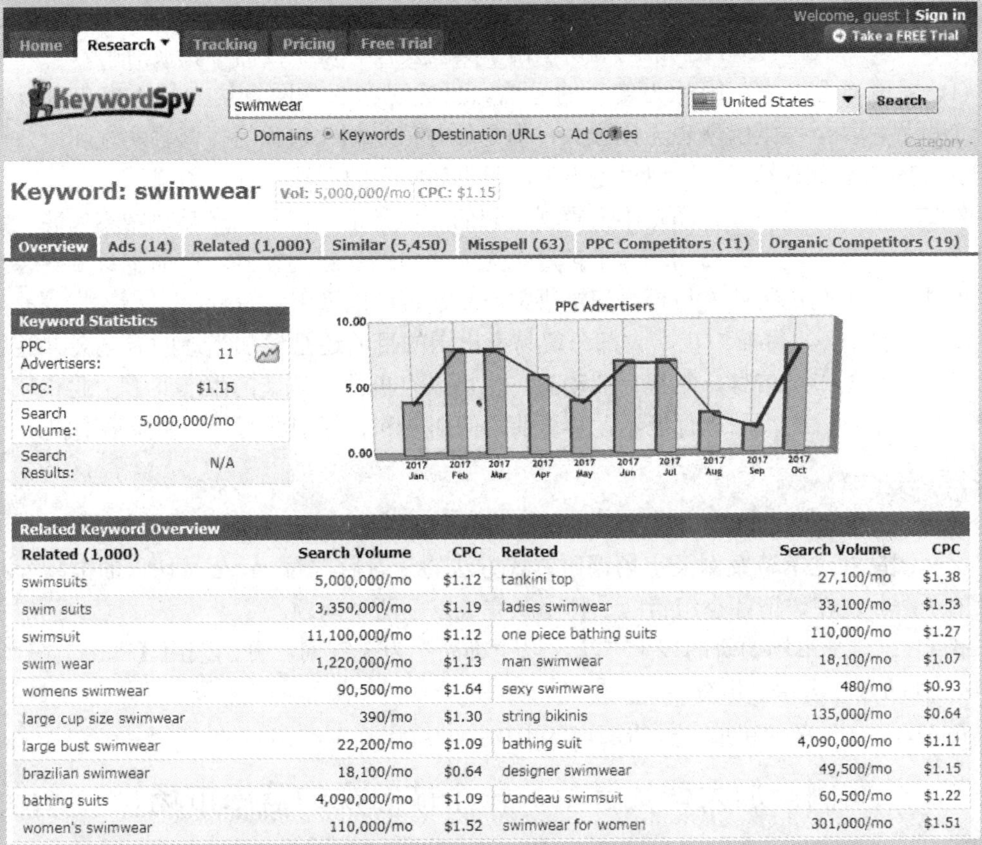

Related (1,000)	Search Volume	CPC	Related	Search Volume	CPC
swimsuits	5,000,000/mo	$1.12	tankini top	27,100/mo	$1.38
swim suits	3,350,000/mo	$1.19	ladies swimwear	33,100/mo	$1.53
swimsuit	11,100,000/mo	$1.12	one piece bathing suits	110,000/mo	$1.27
swim wear	1,220,000/mo	$1.13	man swimwear	18,100/mo	$1.07
womens swimwear	90,500/mo	$1.64	sexy swimware	480/mo	$0.93
large cup size swimwear	390/mo	$1.30	string bikinis	135,000/mo	$0.64
large bust swimwear	22,200/mo	$1.09	bathing suit	4,090,000/mo	$1.11
brazilian swimwear	18,100/mo	$0.64	designer swimwear	49,500/mo	$1.15
bathing suits	4,090,000/mo	$1.09	bandeau swimsuit	60,500/mo	$1.22
women's swimwear	110,000/mo	$1.52	swimwear for women	301,000/mo	$1.51

图 3-21　Swimwear 搜索热度图

(3) Alexa 网站目标市场及分布。

工具地址：http://alexa.chinaz.com/

举例：以 www.landsend.com 为例，在查询结果页面，重点关注 www.landsend.com 这个网站的日均 IP 流量(代表网站的整体知名度)及该网站在各个地区的排名(代表网站在各个地区的知名度)，如图 3-22 所示。

国家/地区排名、访问比例

国家/地区名称 [5 个]	国家/地区代码	国家/地区排名	页面浏览比例	网站访问比例
美国	US	2,082	91.3%	91.2%
法国	FR	47,990	0.4%	0.5%
意大利	IT	32,180	0.5%	0.6%
加拿大	CA	8,720	1.5%	2.0%
其他	O	--	6.2%	5.7%

图 3-22　www.landsend.com 日均 IP 流量图

可以得出结论：www.landsend.com 这个网站以美国为主要目标市场且享有较高知名度。结合 Keyword Spy 工具的分析，可以确定 www.landsend.com 作为在美国乃至北美市场的泳装类别的参考网站，可用于研究适合美国市场的泳装产品的品相及价格。

2) 线下方法

除了线上方式，传统线下市场调研也由于其真实性、可塑性而一直被沿用。

(1) 采用“走出去，眼见为实”的方法。虽然现在互联网发达，足不出户可以“走遍”全世界，甚至搜索引擎也无比强大，但是这些信息相比较而言，其真实性和时效性还是稍弱，因此不少贸易商仍采用“走出去，眼见为实”的方法进行市场调研。

例如，中国的大部分产品是不太重视包装的，但是销往国外的产品要精美包装，这是为什么呢？原来，国外的商超基本上都属于无人“自助”管理模式，产品本身要有会“说话”的能力，因此包装精美与否，间接决定产品是否可以吸引消费者。

(2) 参加展会。目前为止，大部分贸易商出国的目的还是参加当地的展览会。通过展览会了解当地的市场信息，掌握行业动态，也可以有机会认识新的生产商、企业和产品。同时也可以将自己的货品进行展示，拜访业内的朋友和目标消费者，寻求发展商机。

项目演练 7

小林团队经过本节案例及市场调研方式方法的学习后，对 A 公司切入的饰品行业有了新的了解。现在，请各小组帮助小林团队完成以下两个问题。

- Q1：对于市场调研的线上方法，以“饰品”为关键词，分别采用【Part 7.1】所提到的方法进行上机练习。
- Q2：分析 A 公司适合销售的地区市场，并给出详细理由。

案例：加大码比基尼，一个被忽视的蓝海市场！

CorissaEnneking 身材尺码为 26 码(如表 3-1 所示，相当于国际码 XXXL)，面对着平均尺寸 16 码的比基尼市场，几年前对她来讲，买到一件女式合身的加大码比基尼是一件非常困难的事。然而，随着时尚界“体型多样化”理念的提出，加大码比基尼市场的迅猛发展，CorissaEnneking 的泳衣梦终于实现了。

表 3-1 服装尺码换算参照表

女装（外衣、裙装、恤装、上装、套装）							
标准	尺码明细						
中国（CM）	160-165/84-86	165-170/88-90	167-172/92-96	168-173/98-102	170-176/106-110	174-180/110-114	178-185/114-120
国际	XS	S	M	L	XL	XXL	XXXL
美国	2	4-6	8-10	12-14	16-18	20-22	24-26

2014 年，时尚博主 Gabi Gregg 在博客发起了一项“胖基尼”(Fatkini)活动，号召全球的胖妹子们穿上自己心爱的比基尼，拍照并发到网上分享，瞬时在网上掀起一股新热潮。品牌商迅速意识到此市场需求的庞大，纷纷进军加大码比基尼市场。据市场调研公司 Technavio2017 报告显示，2020 年美国泳衣销量将达到 100 亿件，其中大部分增长都来自加大码泳衣。

泳装品牌 Swimsuits for All(线上首页展示，如图 3-23 所示)，产品尺码范围为 4～34 码，是目前加大码比基尼市场的主导品牌之一。该品牌现在提供包括三角形、胸罩款、复古高腰款等款式在内的 100 多款比基尼，可以满足各种身材女性对产品的需求。

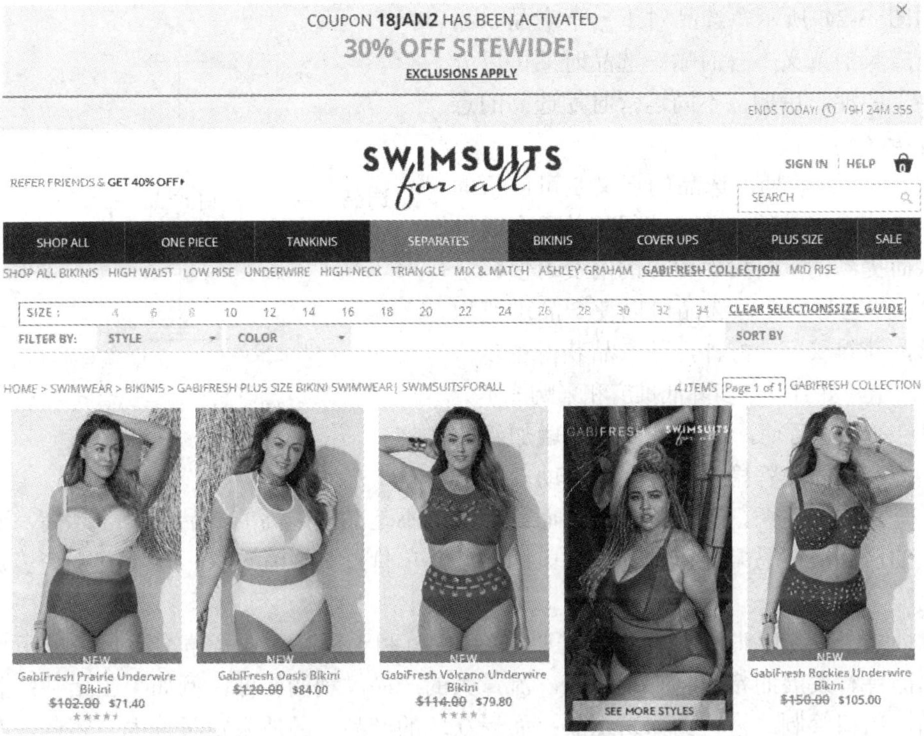

图 3-23　泳装品牌 Swimsuits for All 线上主页

Swimsuits for All 创意和品牌推广副总裁 Sara Mitzner 说：“2013 年我们开始生产少量比基尼，猜测着，这种产品会有市场吗？但事实证明，它让我们的业务一飞冲天。”

数据来源：http://www.cifnews.com/article/25914

FOCUS

运营团队在经过缜密的市场调研后，结合企业自身情况进行产品选择。面对众多产品，选择一款好的产品，一款可以为店铺带来流量的产品至关重要。选品的精髓在于以什么方法选定产品，以及选品策略的制定。

【Part 7.2】选品技巧

选品是指从供应市场中选择适合目标市场需求产品的过程。从用户的角度来看，选品需要满足用户的某种效用需求，如使用方便、带来愉悦等方面的心理或生理需求。从产品的角度来看，选出的产品在外观、质量和价格等方面要符合用户需求。但是需要注意，由于需求和供应都处于不断变化之中，因此选品阶段也是一个不断变化的过程。

如图 3-24 所示，选品对于一个产品、品牌快速成长的意义不言而喻。选品时期可以分为前期、中期、后期，不同运营时期选品的意义也有所区别。

(1) 在运营前期，选品的意义是可以帮助产品轻松获得买家的订单，获得相关平台的推荐，从而提高销量，培养用户的消费习惯。

(2) 在运营中期，选品可以使产品迅速积累销量，获得买家的好评，使产品获得更多自然搜索流量，并且进一步降低推广和采购成本。

(3) 在运营后期，选品可以定期增加新的流量，为产品和品牌稳定发展提供帮助。

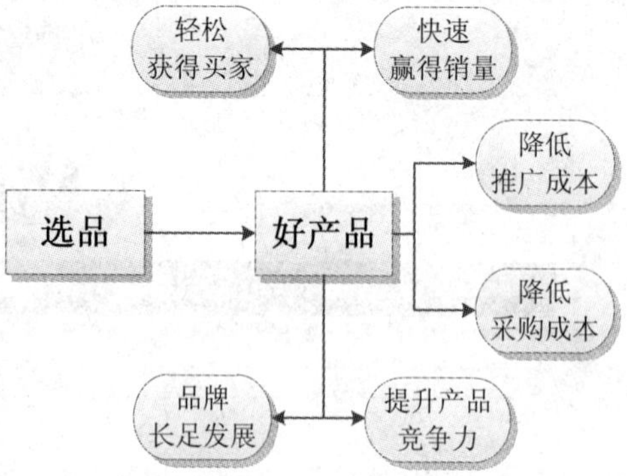

图 3-24　选品意义

但是，需要注意，对于跨境贸易而言，绝对不是品质越高的产品销量会越高，而是质优价廉的产品更容易敲开市场的大门。因此产品单价过高或者过低，均不利于跨境贸易的达成。

除此之外，选品时要“避红海进蓝海”，也有利于提高企业竞争力。如今的市场，利润和产品并行发展的希望越来越渺茫。流量大的产品，利润较低，例如手工蜡烛；利润高的产品，出口管制严格，例如纺织品；而受众广的产品，品质限定又较大。因此，在国际市场竞争白热化的情况下，如何为市场创造新需求，为产品增加利润点，另辟蹊径，完成商品贸易，成为立足市场的关键点之一。

1. 选品的技巧

随着跨境电子商务行业竞争愈演愈烈，贸易企业如何在行业立足发展成为棘手问题，因此，作为跨境电子商务企业迈入行业的第一步，选择合适的产品显得尤为重要。对于跨境电商卖家而言，用本国消费习惯和行为偏好类比外国人的喜好，这种跟风、碰运气、漫无目的的传统选品模式已然被时代淘汰。根据经验，本书归纳总结 5 个选品技巧，即刚需化选品、差异化选品、产品组合策略、数据化选品、打造跨境产品线。

1) 刚需化选品

通常，企业会优先选择刚需产品，然后根据反复试销的结果，逐渐进行产品升级。

(1) 刚需选品。对于刚需产品，用户一般只关注直接需求功能方面的满足，反而不太在意属性上的差异，而且刚需产品也不会存在太多属性(例如颜色、尺码、容量等)方面的差异，便于单款打造。

然而对于刚需产品的选择，也并非表面上看起来那么简单。例如，有的卖家觉得手机壳是刚需品，因为人人都需要。手机壳固然是刚需产品，但是每个人的需求点却各不相同，有的人喜欢浮雕镶钻、有的人喜欢简单防摔，有的可能选择硬壳、有的可能选择软壳。消费者选择的多样性，造成的结果就是，卖家即便准备 1000 款产品，也未必能够满足消费者的需求。新款的手机出来时，风向瞬间变了，卖家只能守着一堆库存发呆。

(2) 产品升级。当一个产品只有 1 家企业独家拥有时，跟卖者解决不了货源的问题，自然也就不再跟卖了。因此，选品时要选择“我有，你没有”的产品，采用开模、专供或者包销等技术手段。对于开模而言，因为模具所有权归开模者，因此为避免被供应商挟持，需要提前做好供应预案。再者，如果有好的供应商资源，可以通过专供和包销的方式，降低前期的资金投入。

2) 差异化选品

跨境电商产品运营成功的核心在于差异化选品、品牌化经营。卖家通过选择特定的目标市场，差异化地满足消费者需求，利用“微创新”设计产品的款式、阶梯式定价策略，从而提升产品利润，进而提升产品核心竞争力。在竞争愈演愈烈的跨境市场，越来越多的企业采用“微创新”的竞争模式，帮助产品形成竞争优势。

(1) 功能创新。这种创新模式具有能满足从未出现过的需求的能力。例如，美国 Edwin Land 发明了一种即时摄影成像技术，它满足了人们在拍照后能马上看到相片的需求，于是出现了 Polaroid(宝丽来)。

功能创新所获得竞争上的差异化优势，有赖于通过专利权或商业机密进行优势保持，否则很快会被复制，从而市场产品由差异化走向非差异化。Polaroid 就是不断发明、发展即时成相技术，不断申请专利保护，以求维持合法技术垄断，保持差异化优势。

(2) 改善性能。同功能创新相比，这是对产品性能或服务进行的改良。

(3) 量身定制。这是产品走向差异化的最高形式，也是目前最流行的差异化供给模式之一。这种模式的产品生产针对每个群体甚至每个人的不同需求，如量体裁衣、度身订造，可使消费者的需求得到最大满足。

例如，Caterpiller 属于建筑设备商，其产品同竞争者的产品没有太大差异，但它注意消费者需求细节，走量身定制途径。同一设备，Caterpiller 能提供比竞争对手更多的模具，以便满足消费者更细致的需求。此外，Caterpiller 设备设计的主要原则是耐用性，他们通过这一点以进一步同竞争对手进行区分，并以此来提高价格。

通常，差异化的来源主要有两处：其一，通过市场调查后，发现消费者的需求，生产相应的产品来满足它，即需求决定论；其二，发明崭新的产品，在市场上创造出新的需求并满足它，即创造决定论。两者均产生差异化优势，但不同的决定论将导致不同的决策。

3) 产品组合策略

跨境电商中，SKU 布局似乎是每个大卖家的必经之路。在实际运营中，需要对店铺内产品进行分类，即产品线中需要有核心产品、补充性产品，这就是产品组合策略。

如图 3-25 所示，在不考虑品牌因素的影响下，通常可以从两个维度分析产品——搜索量和利润率，产品可以分为 4 类——明星产品、引流产品、利润产品、问题产品。

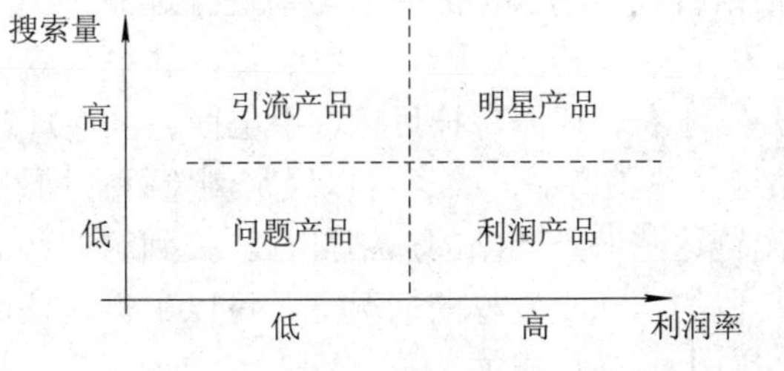

图 3-25　产品类型

(1) 明星产品。

这类产品位于竞争蓝海，但从市场环境来看，明星产品很少。如果考虑品牌因素，数量会增加很多。例如，Anker 在美国市场拥有不错的知名度，那么 Anker 很有可能就是一个高搜索量并且高利润的明星产品。因此，对于卖家而言，打造明星产品，需从品牌入手。

(2) 引流产品。这类产品的搜索量很高，但是整体利润率偏低。实际上，这类产品依靠其高搜索量，辅以非常低的价格，吸引消费者光顾店铺，进而带动店铺其他产品的销量。

例如，苹果手机壳的搜索量很大，卖家可以尝试平价甚至零利润销售该产品，消费者进店后，向其推介其他周边商品。

(3) 利润产品。这类产品搜索量不大，但是利润率较高。例如，如果苹果手机壳作为引流产品，那么其他周边产品则可以作为利润产品进行主推。

(4) 问题产品。这类产品搜索量低，利润率也不高。如果店铺中出现此类产品，应尽快优化或者下架，避免资源浪费。

综上所述，在产品组合策略中，明星产品应作为核心产品，且多多益善；引流产品虽然不能带来利润，但是可以带来流量，也应作为核心产品；利润产品，如果跟引流产品相关性极高，则也可作为核心产品，反之作为补充性产品。一般而言，店铺 80%的销量来自 20%的核心产品。

4) 数据化选品

随着跨境电商的飞速发展，愈来愈多的企业开始重视运用电商平台产生的后台数据，通过平台的数据积累，为产品做出精准的用户画像。

(1) 从生活日常入手选品。根据目标市场分析，卖家可以在平时多了解目标市场四季的天气变化、人群的饮食习惯、业余爱好以及节假日等日常生活习惯。

以美国站点为例，节假日爆款最为常见。对于西方国家民众而言，在圣诞节来临之前，会大量采购圣诞产品来装饰家、商超、餐饮店等；万圣节来临前，会选择较多恐怖面具、服装、道具等符合节日气氛的产品，通常这些产品都会迅速脱销。

⊙ *Tips For You*

需要注意，节假日产品大部分都会提前一个月开发、上架，卖家需要提前备货，另外就是要注意对物流时间的合理把控。季节产品同样需要分析，冬天来临前开发帽子、手套、围巾等保暖产品；夏季来临前准备迷你风扇、笔记本冰垫、散热器等降温产品。

另外，卖家可以根据目标市场人群的生活习惯进行选品。例如在美国，根据相关数据统计，年龄在 18～65 岁之间的成年人大约有 1.98 亿，其中有 60%的人属于户外消费者，针对这些人群，可以开发泳衣、球网、护目镜、手电筒、帐篷灯等产品。

(2) 浏览国外网站选择热销产品。卖家可以经常浏览行业网站，如通过 Google 搜索目标海外市场的网站，浏览这些海外网站的热销排行。找到这些产品之后，比对自有产品类目，如果有相同的或相似的，在不侵权的情况下，可以主推这些产品；如果没有，需要在产品开发方面下功夫，向上游寻找相关产品。

在自主开发产品的过程中，须拥有自己的商标，以在知识产权方面占得先机。对于优质的品牌商产品，要主动去联系品牌商，获得相应授权进行分销。

曾经有一个 Wish 卖家，她选择品类的方式就是高度模仿英国的一个行业网站的产品，因为这个英国网站的产品大部分都是通过中国进口，她通过关注这个国外网站，选择最热销的产品，市场效果非常好。

(3) 掌握社交媒体的热词。跨境企业生命力的核心在于抓住终端消费者，而现在最大市场需求信息聚集地就是在社交媒体，如 Facebook、Twitter。参与跨境贸易的企业和卖家，应该主动接触国外社交媒体，并且时时关注这些社交媒体的热词，了解国外市场的真实情况。例如，卖家在进行美妆产品选品时，就可以关注社交媒体谈论最多的款式和品类。

(4) Google 数据。选品调研时，可以使用“Google Adwords”工具了解行业热词的点击情况、销售情况、市场竞争度等数据。通过平台数据，可以基本判别“红海”和“蓝海”，并且通过关键词找到蓝海类目中的蓝海产品，进一步结合卖家的供应链优势，找到企业主推产品。

5) 打造跨境产品线

跨境产品的选品，一般采用 20%引流产品、20%核心赢利产品、60%常规产品的组合模式。此外，产品线应该有关联性，帮助消费者“一站式”购物，也可以增加用户黏性。但是产品线不能拖太长，因为产品线太长会有库存积压问题，同时对于运营成本也会造成很大压力。

打造跨境产品线的核心是在市场实践中不断优化调整，即“试错策略”。例如，FocalPrice 是从 3C 数码起家，后来发展很快，上线了很多非 3C 类产品。然而，在 2014 年 5 月，FocalPrice 砍掉了其他不重要的品类，专注于 3C 数码类产品。“试错”就是一个品类扩展和收缩的过程，卖家需根据经验数据、消费者反馈情况、竞争对手销售能力以及数据统计结果，从大量商品中发掘精品，进而创造出符合企业竞争能力的产品线。

2. 选品工具

目前，国内熟知的选品工具有：Terepeak、CamelCamelCamel(三只骆驼)、VOTOBO 等。

1) Terepeak

Terepeak 是一款研究 eBay、Amazon、Shopify、Alibaba 数据的产品，其主要是配合 Google Keywords 开发新产品、热门产品使用。一方面，Terapeak 可以查出产品合适的关键字，利于选择产品标题，可以有效提高产品售价及成功售出率。另一方面，Terapeak 可以列出不同种类产品的销售记录，卖家能够从中了解季节等要素对产品销售的影响，以便重点部署上架产品。Terepeak 官方网站首页如图 3-26 所示。

图 3-26　Terepeak 官网首页

Terepeak 作为 eBay 唯一授权的数据分析软件，通过研究 eBay 数据库，分析热门产品、竞争对手情况、同类产品的交易数据，以及热门产品的类别，从而可以快速帮助卖家回答卖什么、怎么卖、卖多少钱等决策性问题。除此之外，Terapeak 作为 eBay 的搜索研究工具，有利于帮助卖家了解产品平均价格、总收入、产品成交率等多个电商经营指标。Terepeak 产品的相关指标如图 3-27 所示。

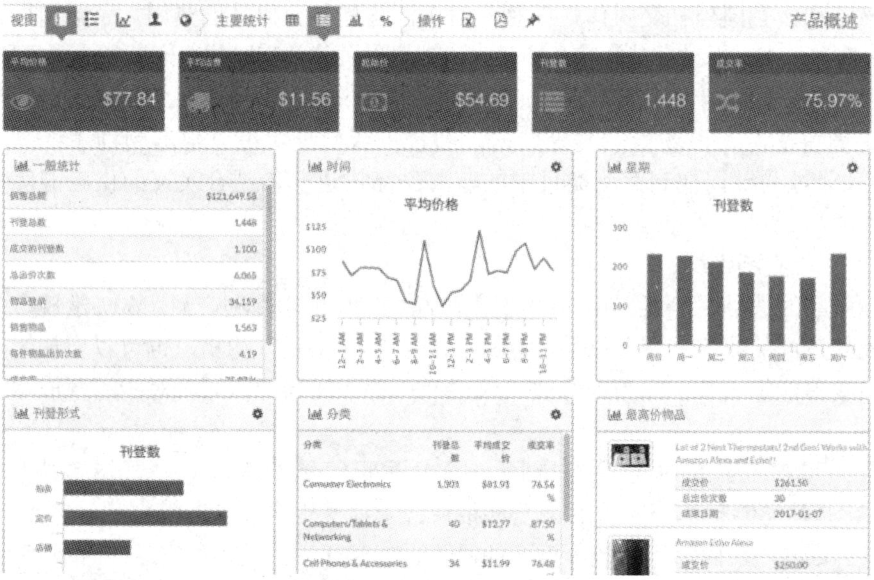

图 3-27　Terepeak 产品的相关指标

⊙　*Tips For You*

Terapeak 的 5 项基本功能可以帮助 eBay 卖家快速定位热门产品。

(1) 关注热门搜索。它是热门关键词、热销产品、热门图书音像游戏制品、热门类别，以及热门标题的集结地。

(2) 查看竞争对手热门产品。如果你和你的竞争对手售卖的产品类型相像，那你的竞争对手的热门产品有很大机会会成为你的下一个爆款产品。

在竞争对手调研的功能中，输入竞争对手 ID，可以快速查看他们的热销产品。分析对比几家店铺后找到共性，即可大致找到自己的下一个 Best Seller。

(3) 查看感兴趣类别中的最佳标题。当了解自己对什么类型的产品感兴趣后，在一步步细化产品类别的分类调研中就会对每一个热门类别中的热销品了如指掌。

例如：Business & Industrial→Electrical & Test Equipment→Connectors，Switches & Wire→ Wire& Cable。

在精确类目中，点击查看这个类别中的最佳标题，在 Wire & Cable 这个类别中，出价次数最高的标题(在 7 天内出价总数达 74 次)是 FEP COATED HIGH TEMPERATURE FLAT RIBBON CABLE 10 CONDUCTIORS(per FOOT)。

(4) 使用标题生成器。其实这是一个很强大的辅助功能，可以帮助卖家在茫茫词海中找到能够使产品热销的关键词，从而组成最吸引人的产品标题。

(5) 利用分类调研功能确定产品趋势。在分类调研中，卖家可以根据销售总额、刊登总数、售出刊登、总出价次数、成交率、每件物品出价次数以及平均售价来对各个 eBay 分类下的子分类进行排序，从而可以了解到销售总额最高的产品类别、成交率最高的产品类别，又或者平均售价最高的产品类别。

2) CamelCamelCamel

2015 年经相关部门调查统计，CamelCamelCamel 位列“The Best Price Tracking Tool for Amazon”的第一位，如图 3-28 所示。

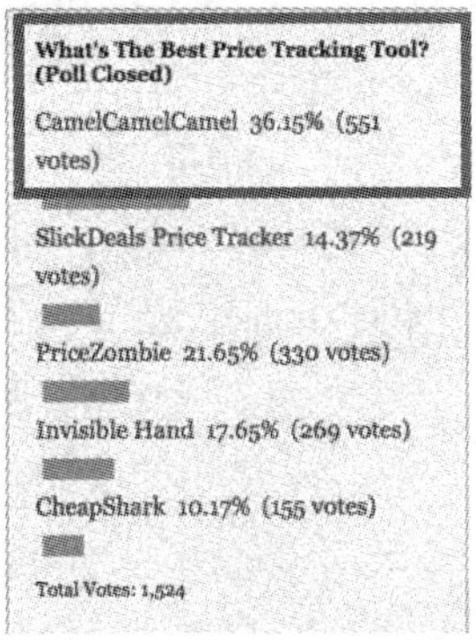

图 3-28　The Best Price Tracking Tool for Amazon

CamelCamelCamel 成立于 2008 年，是致力于为购物者追踪 Amazon 产品价格变动的工具网站。CamelCamelCamel 为网站使用者免费提供所有 Amazon 正在销售的产品价格下降通知和价格历史走势图，如图 3-29 所示。

CamelCamelCamel 除了提供美国版的 Amazon 外，还提供加拿大、中国、法国、德国、意大利、日本、西班牙、英国版数据支持。CamelCamelCamel 基本上不用注册，可以直接使用 Your Price Watches、Browse Products、Popular Products、Top Price Drops、Community Deals 等功能，但是如需追踪在售商品信息，建议进行用户注册。

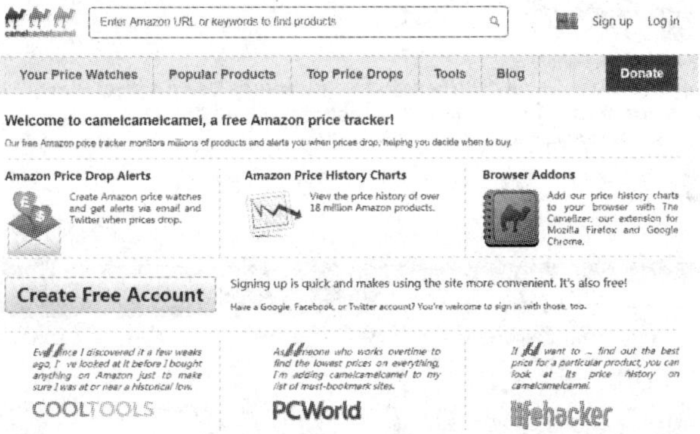

图 3-29　CamelCamelCame 官方网站首页

⊙　*Tips For You*

本书以 Your Price Watches 功能为例，CamelCamelCamel 操作过程如下。

(1) 注册 CamelCamelCamel 账号。注册完成后，即可输入 ASIN(Amazon Standard Identification Number，亚马逊自有商品编号)，针对特定品类进行查询。

本书以一个跟卖竞争较激烈的 ASIN(B00HDEMTDC)为例，如图 3-30 所示。

图 3-30　输入指定 ASIN

输入之后，会弹出对话框，如图 3-31 所示。其中“Amazon”，表示 Amazon 自己有在卖；“3rd Party New”，表示非 Amazon 的第三方卖家(新品)。也就是一般的 Amazon 卖家；“3rd Party Used”，表示非 Amazon 的第三方卖家(二手品)。

图 3-31　ASIN 搜索结果

(2) 点击 Start Tracking，设定追踪价格。设定之后，CamelCamelCamel 会根据价格给出建议，并且提示目前最好价格和目前 Buy Box 拥有者。

如图 3-32 所示，在 Desired Price 里面输入“1.8”之后，可以根据上方显示的建议与提示进行调价。此外，可以在“Best Price”查询历史最优价格，目前 Buy box 的拥有者是：“The Buy Box offer appears to belong to a 3rd Party”。

图 3-32　追踪价格结果

(3) 分析追踪结果。追踪结果分成 3 个部分：Price History、Sales Rank、Product Details。

① Price History。由于 B00HDEMTDC 跟卖众多，竞争异常激烈，所以有些卖家甚至以$1(指 Your Price，并没有加入运费，因此实际价格高于$1)的价格抢占购物车，导致价格直线下降，如图 3-33 所示。

因此，使用调价软件及时进行 Buy Box 抢占，很容易达到预期效果。一方面，自动调价软件能够实现 24 小时全天候随竞争对手价格的变化而自动调整价格，省时省力，增加商品价格竞争力。另一方面，Amazon 自动调价软件可以一次批量完成商品价格调整。通过智能化调价操作，店铺可以形成自身竞争优势，从而提高产品销量。

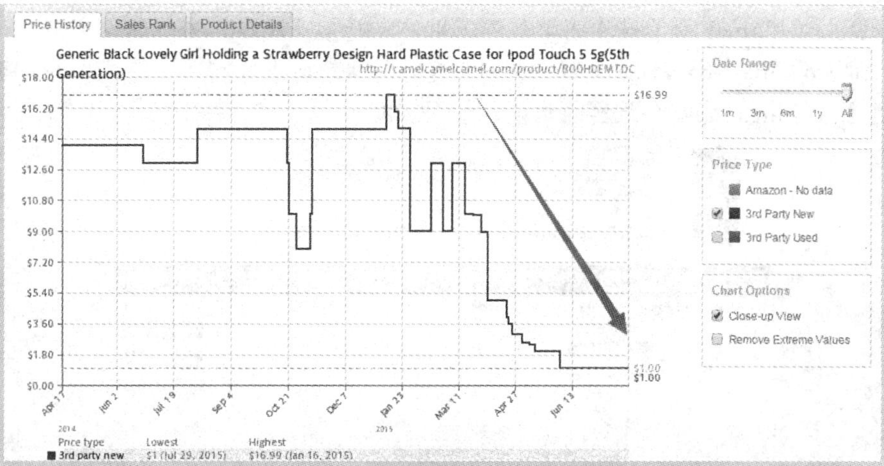

图 3-33　Price History

② Sales Rank。虽然 B00HDEMTDC 价格大幅下降，但是 Sales Rank 爬升速度异常迅猛。由此看来，跟卖对于提升 Listings 排名，还是非常有帮助的，如图 3-34 所示。

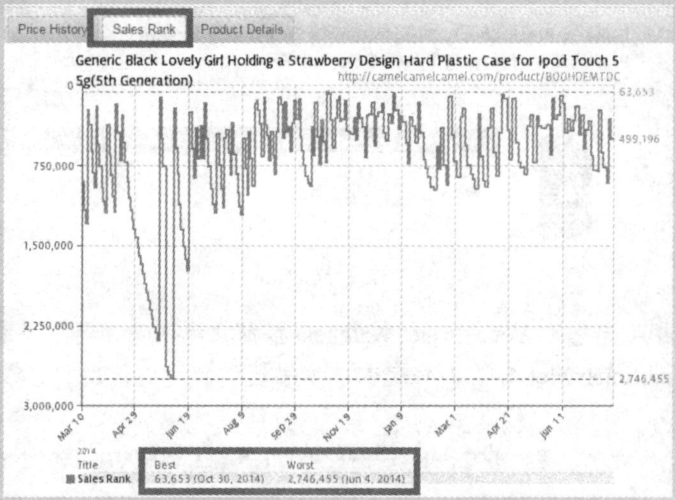

图 3-34　Sales Rank

③ Product Details。如图 3-35 所示，Product Details 里面主要有简单的 ASIN 信息以及最后 Update 时间。

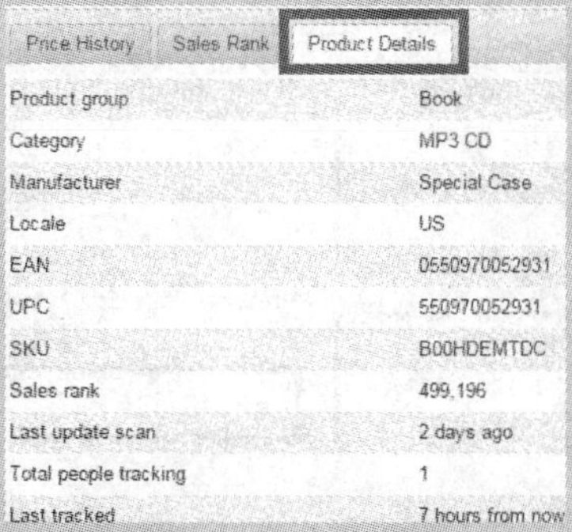

Price History	Sales Rank	Product Details

Product group	Book
Category	MP3 CD
Manufacturer	Special Case
Locale	US
EAN	0550970052931
UPC	550970052931
SKU	B00HDEMTDC
Sales rank	499,196
Last update scan	2 days ago
Total people tracking	1
Last tracked	7 hours from now

图 3-35　Product Details

CamelCamelCamel 除了操作简单之外，用户友好性也较强。当买家设定 Desired Price 为$1.2，而 3rd Party New Price 已经到$1.0，这时网站就会提醒购买。除此之外，卖家也可以观测这个 Listings 是否有跟卖的价值，如图 3-36 所示。

图 3-36　网站提醒购买

另外，当 Desired Price 被达到之后，CamelCamelCamel 还会给买家寄出提醒购买的 E-mail，或者提醒卖家价格被超越，需要及时调整价格，如图 3-37 所示。

图 3-37　提醒 E-mail

此时，用户再点击进入 Your Price Watches 界面，就可以看到价格是否匹配。如果条件匹配的话，Conditions Met 就会打绿色勾；如果还没有达到，就会打红色叉，如图 3-38 所示。

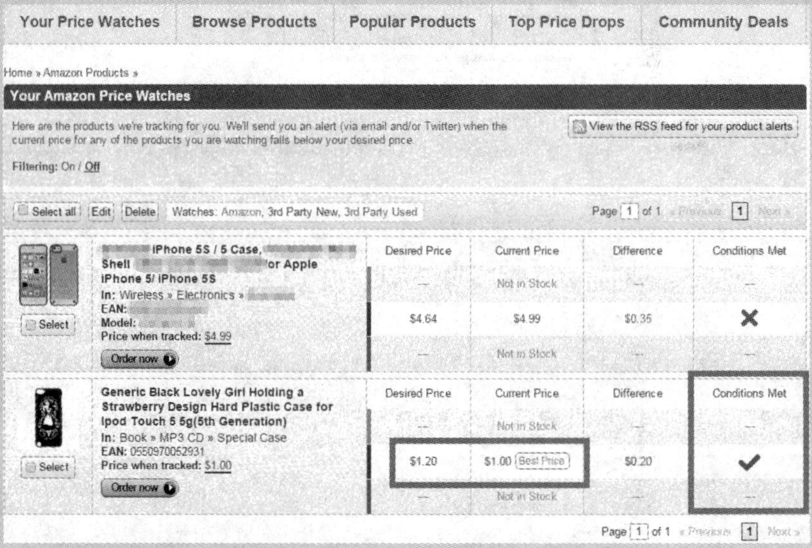

图 3-38　Conditions Met

3) VOTOBO

VOTOBO 是专为 Google Chrome 浏览器开发的，方便 VOTOBO 的用户查看、分析和跟踪销售网站上热门的商品。其中，VOTOBO 的产品趋势图数据来源于网络爬虫；销售额以及销量由对应产品的大致转化率以及 30 天以内的价格变化计算得出，但是不排除同时存在上位卖家提供产品及销量形成数据库进行估算得出的情况。VOTOBO 官方网站首页如图 3-39 所示。

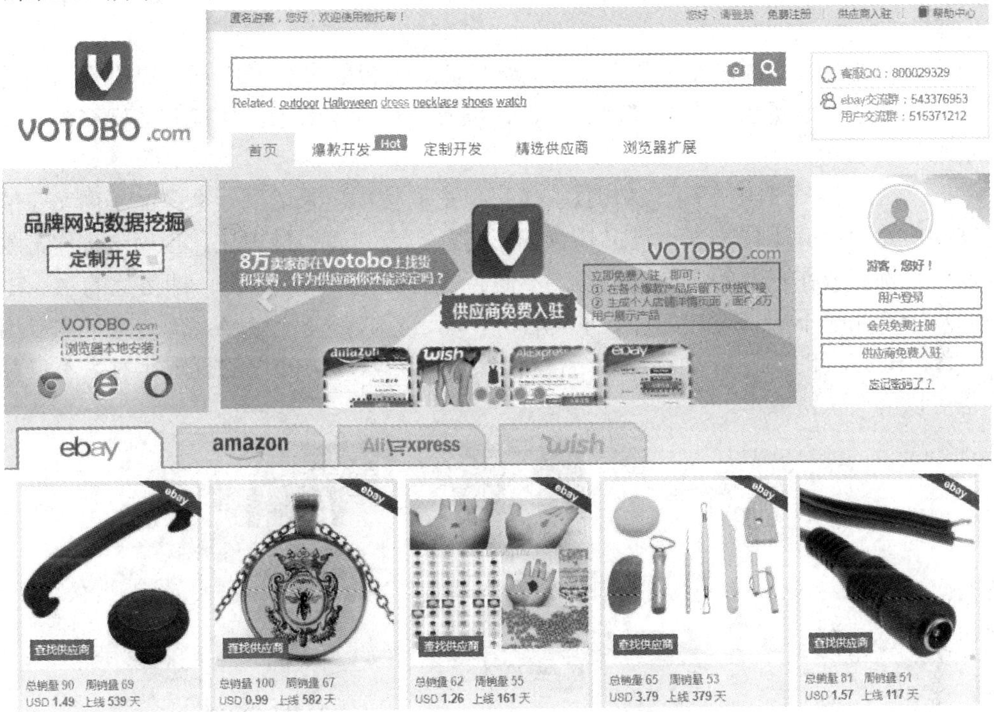

图 3-39　VOTOBO 官方网站首页

2016 年 12 月底，VOTOBO 作为跨境电商行业首款爆款开发引擎工具，正式推出五大新功能，帮助跨境电商卖家通过大数据进行高效精准的选品，更快、更高效地提升效率，抢占全球市场。

(1) 新品推荐。针对平台 8 周内新上架，且出过单的最新、最优潜力的商品，默认按近 7 天销量从高到低的排序实时抓取数据展示给用户。此外可以根据用户需求来选择筛选条件，搜索新品来选品。

(2) 爆款推荐。选取上架周期在 6 个月内，总售出大于 50 件，并且前 7 天中至少有 6 天出单的畅销商品。同时，卖家可以按照自身需求选择筛选条件，搜索需要的爆款产品数据。

(3) 店铺热销。“爬取”平台的热销店铺，实时跟踪和查看该类店铺的各项数据(如动销率、好评率和差评率、商品总数量和总销量、爆款总数、爆款率、近 7 天的销量、交易涨幅)。

(4) 我的收藏。该功能板块分为商品收藏和店铺收藏，不仅可以针对 VOTOBO 已经抓取的商品和店铺进行收藏关注，实现实时追踪数据和数据分析；也可将未抓取的商品和店铺直接添加到收藏夹，方便后续实时查看数据。

这个功能不仅方便跨境卖家观察平台热卖款的趋势，更大的亮点是帮助卖家们观察竞争对手或者大卖家们的商品和店铺的实时数据。

(5) 已开发产品。根据新增产品的时间，可以实时筛选查看已开发产品的编辑进度(如是否拍照、是否采样)，并支持一键采集新增开发产品信息、批量下载图片与删除产品。同时，VOTOBO 支持将已开发的产品一键同步到 ERP，也可以批量导出适应于各大 ERP 的 EXCEL 文件。

总之，VOTOBO 的五大功能板块，主要是针对平台的爆款产品开发提供数据支持功能、新品和爆款产品提供一键刊登上架功能，以及针对竞争对手的店铺和热卖产品提供数据分析功能。

除此之外，如图 3-40 所示，VOTOBO 可以根据搜索出来的同一个产品不同卖家的销售方案的对比，明确不同方案对产品销量的影响，实现利润的最大化。当确定推广某款产品后，一般都会放在不同的店铺去销售，不同店铺的销售策略有差异，即俗称的 A、B 方案，同一个产品在不同店铺的图片数量、售价、配送方式都是制定 A、B 方案的主导因素之一。A、B 方案的制订本身就是一个试错的过程，“VOTOBO”的直观比对，不仅可借鉴，也可以降低试错成本。

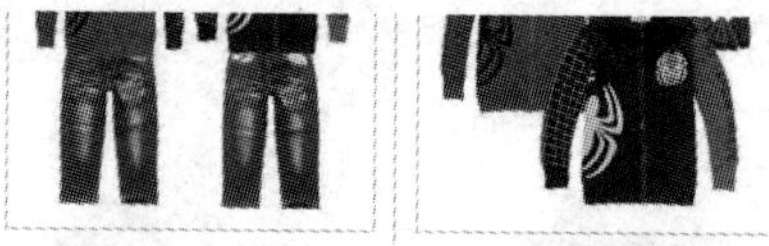

产品信息	New Spider Man Clothes Kids Boys Outfits Sets Hooded 移除	New Design Spider-Man Clothes 2Y-8Y Kids Boys 移除
售价	AUD 19.99	AUD 11.99
默认运费	AUD 11.99	AUD 7.99
合计	AUD 31.98	AUD 19.98
折合美元/人民币	$24.66/￥154.50	$15.40/￥96.53
昨天销量/转化率	0/NA	0/NA
周销量/转化率	1/1.01%	3/6.52%
月销量/转化率	4/2.25%	4/7.02%
总访问量	986	772
上架时间	2014年7月26日/共226天	2014年6月7日/共275天

图 3-40 产品销售方案对比

VOTOBO 作为一个反向爆款开发工具，卖家能够通过 VOTOBO 爆款开发工具对各大平台热销产品进行数据分析、销量跟踪，并可以通过 VOTOBO 一键采集开发产品，为卖家选择爆款提供精准数据支撑，提高开发效率。

⊙ *Tips For You*

跨境电商选品渠道还有以下几种。

(1) 淘宝与 1688 选货。优点是海量产品，供应商选择多，方便挖掘特色产品和蓝海产品；缺点是方向缺乏、工作量大、成效低。

(2) 代销网站。供应商可一键上传数据包，比如环球易购、赛维和递四方的代销网站。优点是产品编辑不需要自己做，一键上传海量产品，新款、爆款应有尽有，还可以代发货；缺点是产品重复铺货，描述千篇一律严重，而且价格高，也容易出现断货。

(3) 线下合作工厂，经销品牌产品。此种模式比较适合要打造品牌和提升利润的企业，建立自己的供应链和品牌，如果能拿到优质的品牌授权，销售额就会比较有保障；缺点是选择少，产品单一，不适合起步阶段的公司和小团队。

(4) 捕捉市场信息。在一个行业经营时间长了，自然会形成对行业和市场的敏锐度；缺点是需要时间和实践来积累经验。

总之，随着科技的发展，跨境电商的选品工具愈来愈多，功能也愈来愈强大，只要适合产品品类、上架网站，并且可以快速做出选品决策的工具，就是对的工具。

3. 测品技巧

当产品选定后，卖家需要进行产品数据积累。通常情况下，卖家可根据需要选择 5～10 款产品进行试销。在产品的前期销售中，卖家根据销售情况和消费者反馈情况，过滤后保留 3～5 款产品。同时，在淘汰试销不成功的产品后，卖家需要补充新的产品继续进行销售与淘汰。如此计算，打造 1 个 20 款产品且每款都销量不错的品牌店铺，大概需要进行 60 款左右的产品试销，需要查看评估的总产品数量，则有可能达五六百款。

项目演练 8

小林团队通过对本节案例及选品知识的学习后，结合相关资料，对 A 公司经营的饰品类目进行了重新规划。现在，请各小组帮助小林团队完成以下三个问题。

- Q1：练习使用【Task 7】内提到的 3 种选品工具。
- Q2：尝试设计 A 公司饰品的选品方案。
- Q3：根据 A 公司实际情况，选择测品品类。

【Task 8】掌握跨境产品优化技巧

案例：用心理学玩转产品优化

跨境电商主要特点在于商品交易完成于线上，买卖双方通过互联网进行沟通洽谈，因此产品线上展示的成功与否，是影响交易进程是否顺利进行的重要因素之一。

产品优化通常包括产品价格优化和展现优化两个方面，本例通过介绍 10 个产品价格优化策略，帮助企业巧妙运用心理学，击破消费者心理防线。

策略 1：结合“魅力定价”与“左边数字减 1”。

某公司产品销售情况如图 3-41 所示。通过该组数据，可以明显看出末尾为“9”的价格产品转化率较高。此即谓“魅力定价”，末尾数是 9、99、95 的价格。

price	conversion rate	price	conversion rate
0.98	1.88%	1.98	5.30%
0.99	3.06%	1.99	5.20%
1	1.88%	2	2.39%
2.98	2.23%	3.98	3.28%
2.99	3.44%	3.99	3.21%
3	2.11%	4	2.39%
4.98	4.66%	5.98	1.41%
4.99	4.67%	5.99	1.56%
5	3.84%	6	1.42%

图 3-41　某公司产品销售情况

而当“魅力定价”与“左边数字减 1”结合在一

起时，效果更佳。例如，$4.98 和$4.99 相比，1 美分的差别，效果甚微；但同样是 1 美分，$4.99 和$5.00 转化率差异明显。

那么，为什么左边的数字作用这么大？据相关理论显示，这涉及我们大脑在处理数字信息时辨别其价值的惯性方式。

我们的大脑处理数字信息特别快速，其结果完全依赖下意识产生，有时我们甚至还没有把数字信息解读完毕，就已经将其编码输出。例如，当评估 4.99 这个数字大小时，我们的眼睛先扫过的是 4，那么就立刻把这个数字大小先行做了定位。于是觉得 4.99 比 5.00 要小得多。

因此，定价时，要有效将“魅力定价”与“左边数字减 1”相结合，将$20 调至$19.99，如图 3-42 所示。

图 3-42 “魅力定价”与将“左边数字减 1”

策略 2：构成“流畅及圆润性”。

流畅性即指处理信息的容易程度。比如$100 就是一个信息处理时非常圆润，也非常流畅的数字，而$98.76 则为不流畅的数字。

据相关研究者发现：如果商品价格能够被流畅地念出来，那么会有利于情绪化购买。即当消费者能够快速地处理这个价格数字，那么这个价格在他的心目中就是“正确的”。

而对于“非圆润”数字，消费者需要更多的精力来处理，所以这些价格更适合于理性化的购买决策。

但是，尽管上述结论有非常牢靠的数据支撑，但经事实证明：由于消费者主观意识的影响，卖家定价时仍需避开$100、$5000 这样的整数。

那么什么时候“圆润性”才能发挥作用呢？当你的消费者都是感性消费时，那么可以适时抹去小数点后面的零头；而当你的消费者是理性购买，则须在小数点后面添加上美分，如图 3-43 所示。

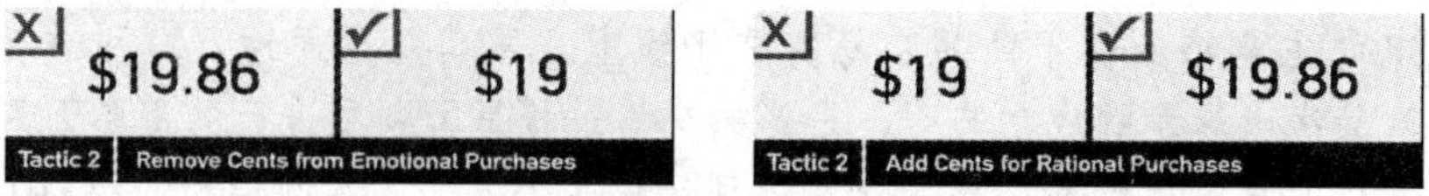

图 3-43 感性消费(左)与理性消费(右)

策略 3：减少发音音节。

如果产品价格数字发音很长，那么消费者下意识会认为这个数字很大。因此，定价时，尽量选择那些具有较少音节的数字，这样消费者倾向于觉得这个价格较便宜，如图 3-44 所示。

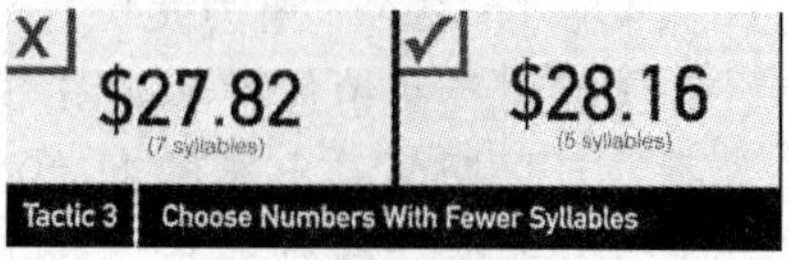

图 3-44 减少发音音节

策略 4：分离运费和手续费。

根据数据，不包含运费和手续费的产品价格更受消费者青睐。

研究者曾利用 eBay 平台拍卖方式进行测试。测试产品为一场音乐会的 CD。测试两种拍卖方式，如图 3-45 所示。第 1 种底价是$18，运费全免；第 2 种底价是$15，外加运费$2.99。测试结果显示：第 2 种拍卖方式获得大家认可。

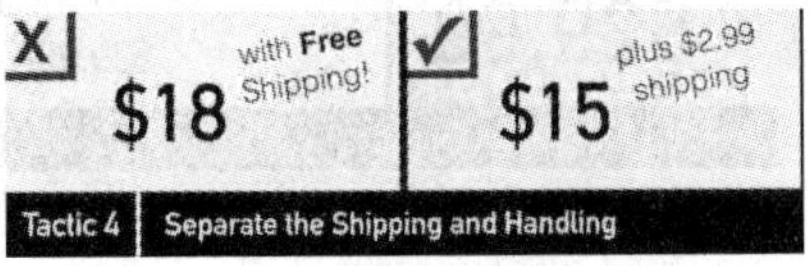

图 3-45　分离运费和手续费

通常消费者会以基础价格，而不是以完全到手价格来进行比较，因此当将运费和手续费与产品价格分离时，会更容易激发消费者购买冲动。

策略 5：推出分期付款方式。

分期付款方式是引发消费者购买产品的另一种模式。因为消费者容易将每次分期的价格错认为产品的实际价格，会有一种产品价格较便宜的错觉，从而产生购买动作。

如图 3-46 所示，假设卖家正在出售一款价值$499 的线上课程，此时可以设定允许消费者通过 5 次分期付款，每次付 $99 的方式买入。这样，产品用户会觉得这款课程非常便宜，并且很有可能将 $99 跟竞争对手的总价 $500 进行比较，从而心里会更加偏向分期 $99。

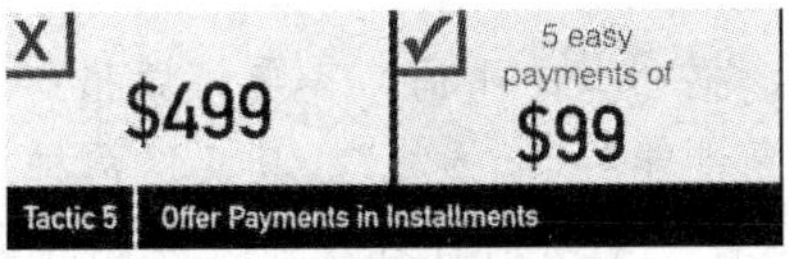

图 3-46　推出分期付款方式

策略 6：平摊价格到每一天。

卖家可以通过将价格平摊到每一天的策略，以调低数字在人们心中的位置。如图 3-47 所示，将每月$14.99 调至每天$0.49。

图 3-47　平摊价格到每一天

除了数字本身做文章之外，数字放置的形式也会对消费者是否产生购买行为有一定影响。

策略 7：摆放价格于页面的左下角。

研究发现：方向位置跟某些概念有着紧密联系。比如向上的箭头意味着好，朝下的箭头意味着不好；数字从左到右，在人们的观念里是逐渐变大的。因此，结合以上观点，一个置于左下角的价格会显得更便宜一些，如图 3-48 所示。

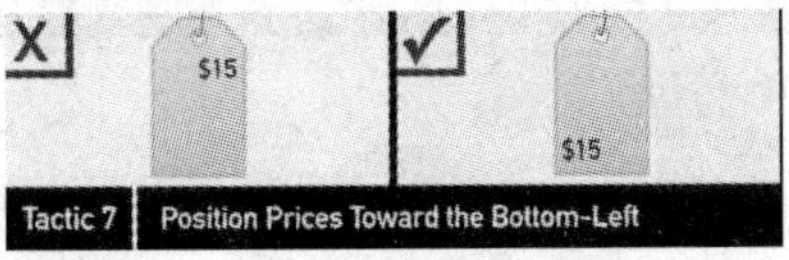

图 3-48　摆放价格于页面的左下角

策略 8：缩小字体。

如图 3-49 所示，消费者会对缩小价格字体的产品青眼相加。

图 3-49　缩小字体

策略 9：去掉逗号。

研究发现，去掉逗号也会影响人们对数字的认知。如图 3-50 所示，$1,499 和 $1,499 给人的感觉是不一样的，带来的产品转化率也是不同的。人们在识别$1,499 时，心里想的是 One-thousand four hundred and ninety-nine(10 个音节)，而$1,499 给人的感觉仅是 Fourteen ninety-nine(5 个音节)。结合策略 2 和策略 3，人们会倾向于把后者的数字价格认知的更低。

图 3-50　去掉逗号

策略 10：谨慎措辞。

针对价格的一些介绍、描述型的用语，需要谨慎措辞。如图 3-51 所示，某单排滑轮价格的两种表述为“高性能”“低损耗”。其实这两种描述指的都是单排滑轮的优势，但经测试表明，“低损耗”更受消费者欢迎。因此，在措辞上，产品描述应尽可能选取跟“低价”对等的词语，例如“小”“低”“迷你”等。

图 3-51　谨慎措辞

资料整理来源：http://www.cifnews.com/article/32517

FOCUS

价格优化是产品优化的重要组成部分，某种意义上，亦是决定成交与否的关键因素。据资料显示，随着消费者从冲动购物到理性购物的观念转变，定价过高或过低的产品，转化率均不尽如人意。因此卖家需要明确价格构成，搭建自有价格体系，合理定价。从而在纷繁复杂的国际贸易竞争中，形成价格竞争优势。

【Part 8.1】价格优化

通常新卖家在产品定价方面经常面临高价不出单、低价没利润的窘境，因此卖家首先需要认识定价对于店铺运营的影响，即产品定价的重要性。

产品定价的高低可以直接反映店铺的定位。店铺定位可以分为：全品类店铺、精品店铺、垂直系精品店铺。

⊙　*Tips For You*

(1) 全品类店铺指店铺同时运营多个大类目，这些大类目之间基本没有关联。比如，店铺同时运营女装、3C、假发等类目。

(2) 精品店铺指店铺精细化单做某个类目的店铺。比如，店铺只销售各种类型的男士牛仔裤。

(3) 垂直系精品店铺指店铺同时运营多个类目，但是这些类目都是相关联的垂直系类目。比如，店铺同时运营男士牛仔裤、男士休闲裤、男士 T 恤等。

产品价格的高低除了可以反映店铺定位外，还直接影响产品销量。此外，合理的价格可以更好地体现产品的价值。大部分买家在购买商品时都会货比三家，在同等质量的情况下，优先选择价格比较便宜的产品。因此，物美价廉的产品销量通常较高。产品定价也会直接影响店铺的营销方式，包括营销推广的受众人群和策略。

1．产品价格架构

跨境电商产品价格架构指的是店铺产品在不同时期或者不同营销方法的价格分类。以 AliExpress 为例，通常卖家会将产品分为基础的新款、老款、清仓款，从而进一步细分成引流款、利润款、直通车款、联盟营销款、活动款和站外推广款，进而打造出店铺的爆款，如图 3-52 所示。其实，最终目的就是寻找到消费者最喜欢的产品，带动产品销量，提高产品转化率。

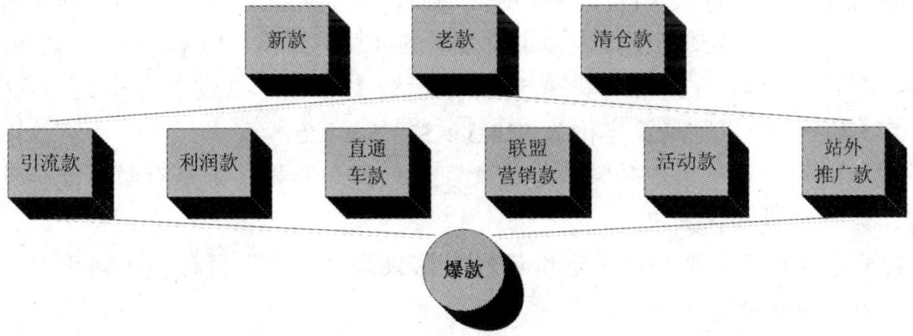

图 3-52　产品价格架构示意图

(1) 引流款指店铺定位用来吸引流量的款式，这类产品的定价非常低，基本上接近成本价。

(2) 利润款指店铺正常销售的产品，通常这些产品利润会比引流款高一些，采用打折和关联营销模式配合引流款带来的流量，最终实现关联销售。

(3) 活动款指专门为了参加平台活动而选择的产品。这些款式在定价时需要考虑到平台活动的折扣力度，以免产生不必要的亏损。

(4) 直通车款、联盟营销款、站外推广款在定价时要考虑到产品的推广费用。

2．产品成本构成

一般来讲，产品利润=零售价格−供应商报价−产品综合成本(包括：国内外物流成本、包装成本、人工成本、平台费用、产品推广费用等)。因此，在确定产品定价之前，卖家首先要清楚产品成本构成。

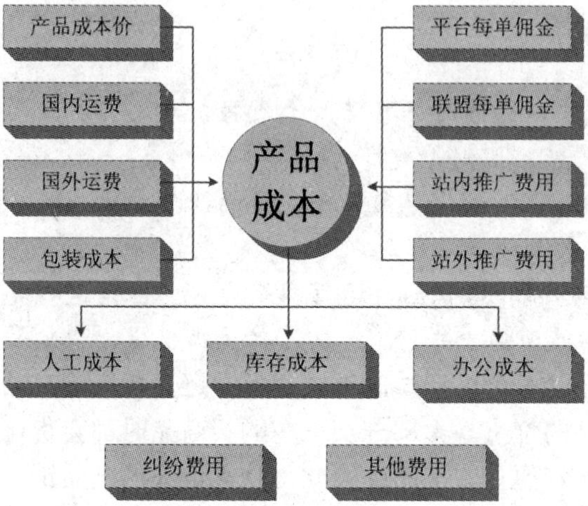

图 3-53　产品成本构成示意图

产品成本包括从产品上传到销售产生的各种各样的费用，如图 3-53 所示。其中，产品成本构成重要的部分就是产品成本价。另外，运费和推广费在计算成本时也需要考虑进去。

2．产品定价技巧

常用的产品定价策略有：基于成本定价、基于竞争对手定价和基于产品价值定价。

(1) 基于成本定价。这是零售行业最受欢迎的定价模式，该模式最大的优点是简单直接。这种模式不需要进行大量的市场和用户调研，只需明确产品的成本，即可根据成本直接设定价格，并确保产品最低回报。该定价策略的计算方式为：成本+期望的利润额=价格。

例如，1 件 T 恤，采购和打样需 \$11.5，运费 \$3。该产品成本为 \$11.5 + \$3 = \$14.5。而卖家既定利润 \$10.5，则最终定价为 \$14.5 + \$10.5 = \$25。

基于成本的定价策略可以使零售电商卖家有效避免亏损，但是有时可能会使产品定价过于固定，影响销量和利润。

(2) 基于竞争对手定价。这种定价策略卖家只需“监控”直接竞争对手的产品价格，并设置与其相对应的价格即可。

但是这种定价策略容易带来价格竞争，有些人称之为“向下竞争”。例如，卖家 A 在 Amazon 上销售某产品，A 在其他网站上销售同样的产品标价为\$299.99，因此 A 将 Amazon 上该产品的价格也设定为\$299.99。但是随着时间的推移，产品转化量惨淡。于是，A 寻找原因。经过调研发现，A 的竞争对手以\$289.99 的价格出售与 A 相同的产品，为了产品订单，A 将价格降至\$279.99。而竞争对手发现后，也进行相应调价。经过一段时间，A 和竞争对手均因为双方不断降价，造成产品利润空间不断压缩。因此，卖家需要谨慎使用基于竞争对手的定价策略。

(3) 基于产品价值定价。这种模式下产品价格的高低以消费者的感知价值为基础，也是较为复杂的一种定价策略。应用此策略时，卖家需要进行市场调研和消费者分析，了解产品受众群体特征、产品购买原因、产品功能影响等。并且卖家需要随着对产品市场和价值理解的加深，不断对价格进行反复、细微的改动。因此，此种策略可以为卖家带来更多的利润。

例如，某商街出售雨伞的便利店，在天气好时，人们对雨伞的感知价值较低，需要依靠降低价格，产生促销行为达到薄利多销的目的；而在雨天，雨伞成为人们出行必需品，此时消费者对雨伞感知价值极高，因此卖家可通过提高价格，进而获取更多利润。

项目演练 9

小林团队通过本节案例及定价原则知识的学习后，结合相关资料，决定对饰品的产品定价重新进行优化。现在，请各小组帮助小林团队总结以下两个问题。

✈ Q1：总结 A 公司产品的成本架构，并大致核算出产品成本。

✈ Q2：制定 A 公司产品定价。

【Part 8.2】展现优化

消费者浏览跨境电商网站时，看到感兴趣的产品，通常会进入产品详情页进行细致了解，因此促成交易达成的关键就是产品详情页的产品描述。产品详情页描述包括文字描述、图片描述和视频描述，通常展现优化也会从这三个方面着手。

1．文字优化

在撰写跨境电商产品文案时要使用“最容易理解的方式”，帮助消费者快速了解产品性能和核心竞争优势。优秀的产品页面描述可以增进卖家和潜在消费者之间的关系，鼓励他们重复购买。

产品文字优化方法主要有以下 4 种：

(1) 精准定位消费者群体。一方面，任何产品都会有特定的受众群体，在开始构思文字描述时，卖家就需要精准地定位消费者群体，了解消费者需求。

例如，母婴产品的消费人群是宝妈，那么在编写文案时，风格需要清新欢快，突出产品安全性等因素；而潮牌服饰的消费人群是追求时尚的年轻人，则文案风格需要潮流时尚，加入大量流行元素，突出产品的前沿性等。

(2) 优化关键字。在编辑产品页面文案时，需结合关键字在搜索引擎中的流量占比，进行关键词布局。简单来讲，编辑人员需要将核心关键字合理地放置在页面的各个位置，并且使核心关键字达到一定的数量和密度，进而提升关键字在搜索引擎中的排名。

优化关键字一般可以从以下几个方面进行。

✧ 尽量将产品的重点关键字展现在主标题和产品描述中。

✧ 使用通俗易懂的文字，避免专业的行业术语，引起读者理解偏差。

✧ 注意页面内容的创新，避免呆板无趣的页面内容。

(3) 连接产品特征与消费者受益点。在进行产品销售时，要不遗余力地介绍产品的优势和使用方法，使消费者快速了解产品情况，卖家同时需要将产品特征与消费者诉求相联系，让消费者找到自己的受益点。

例如，Kindle 电子书阅读器具有 Highest Resolution(高分辨)、No Glare(屏幕不会炫光)、With One Hand(单手操作)、Without Eyestrain(眼睛不会疲劳)等功能特点，这些功能给消费者使用 Kindle 提供了便利，其文案如图 3-54 所示。

Kindle Paperwhite
Our best-selling Kindle
Highest resolution e-reader display
With twice as many pixels as the previous generation, Kindle Paperwhite has an improved high-resolution 300 ppi display for crisp, laser quality text.
No glare in bright sunlight
Unlike reflective tablet and smartphone screens, Kindle Paperwhite reads like paper.
Read comfortably with one hand
Lighter than a paperback, comfortably hold Kindle Paperwhite in one hand for those times when you can't put the book down.
Charge monthly, not daily
Kindle Paperwhite won't leave you tethered to an outlet. A single charge can last up to six weeks (based on a half hour of reading per day with wireless turned off and the light setting at ten).
Won't tire your eyes in the dark
Kindle Paperwhite guides light toward the surface of the display with its built-in front light—unlike back-lit tablets that shine in your eyes—so you can read comfortably for hours without eyestrain. Adjust your screen's brightness for great reading in any light.
Next-generation reading experience
Kindle Paperwhite offers Bookerly, an exclusive font crafted from the ground up for reading on digital screens. Warm and contemporary, Bookerly is inspired by the artistry of the best fonts in modern print books, but is hand-crafted for great readability at any font size.
Typesetting engine lays out words just as the author intended for beautiful rendering of pages. With improved character spacing and the addition of hyphenation, justification, kerning, ligatures, and drop cap support, our best-in-class typography helps you read faster with less eyestrain.
Enjoy reading with larger font sizes without compromising your reading experience. Page layout and margins automatically adapt to work well at even the largest font sizes. The typography and layout improvements are available on over half a million books, including many best sellers, with thousands more being added every week.
Lose yourself in a book
By design, Kindle Paperwhite is purpose-built for reading and creates a sanctuary so you can lose yourself in a book. Unlike tablets and phones, Kindle doesn't distract you with social media, emails, and text messages.

图 3-54　Kindle 产品文案介绍

(4) 拥有个性的语言风格。产品描述是说明产品的文字，不是枯燥繁琐的说明书。除了包含产品的基本情况以外，幽默风趣的语言会给消费者一种友善、亲近的感觉。卖家拥有独特的语言风格，不仅可以更好地建立品牌形象、沉淀企业文化，而且还可以清晰地传达以用户为中心的经营理念，从而增加消费者购物的愉悦感。

例如，一双毛绒鞋在 ThinkGeek 上的产品描述，如图 3-55 所示。

- Plush slippers turn your feet into furry adventure feet
- Have hairy feet and be adorable, not gross
- Great for hanging around the house or as part of a furry adventurer costume
- Love your slippers: Spot clean with a damp cloth
- One size fits most adult feet

图 3-55　毛绒鞋在 ThinkGeek 上的产品描述

“毛茸茸的拖鞋让脚也变成毛茸茸的，好像在丛林里面探险一样，而且毛茸茸的脚(拖鞋)很可爱。它可以挂在房子的周围当作探险的装饰，清洁方式只需要用干布清洁就好。此外，一个尺寸就可以符合所有人的脚。”

通过这段产品描述可以看出，略带幽默感与情境的文字，会更能引起消费者的关注。

2．图片优化

由于跨境电商属于线上交易，买家主要依据“眼缘”选择产品，因此图片营销成为提升产品转化率和促进销售额增长的关键性因素。图片的质量优劣直接影响网页的曝光量、点击率，间接影响产品转化率。

通常，跨境电商图片优化需要根据进口、出口电商的特点，有针对性地进行调整。进口电商是将国外的产品引入国内销售，因此在店铺设计方面要满足本国消费者的审美和消费心理，并且要保留原有品牌的定位和形象特色。

⊙ *Tips For You*

例如，某进口跨境电商平台“日本馆”的 Banner[①]设计。

该 Banner 设计整体结合日本产品特征，运用手绘、摄影等手法，设计出风格多变、富有创意和艺术感的页面。页面展现着一种清爽、舒适、平静的视觉感，字体、符号等元素都可以作为情感意识的表达，如图 3-56 所示。

图 3-56　某平台“日本馆”Banner

对于出口电商而言，是将本国产品售往不同国家或地区，因此在设计产品图片时，需要考虑当地消费者的消费心理、审美习惯等实际情况。例如，欧美地区的产品展示多以简洁、清晰为主，图片不需要过多的修饰。

⊙ *Tips For You*

例如，某出口跨境电商平台页面图(如图 3-57 所示)。

该平台页面风格简洁，突出产品主体，底色以白色为主，使消费者可以第一时间看到产品，了解产品功能。

图 3-57　某出口跨境电商平台页面图

通常，卖家可以通过图片处理软件 Photoshop 进行以下三方面的图片优化工作。

(1) 背景设计。卖家可以根据平台要求和产品特点，利用 Photoshop 进行产品背景色设计、背景合成等方面的优化，使产品图片更贴合市场需求，并且适当添加创意，以此提高产品背景美观度，进而提高店铺的曝光量和成交量。

(2) 图片美化。在电子商务活动中，由于拍摄水平和拍摄条件限制，普通照片难以精

① Banner(横幅广告)可以作为网站页面的横幅广告，也可以作为游行活动时用的旗帜，还可以是报纸杂志上的大标题。Banner 主要体现中心意旨，形象鲜明地表达最主要的情感思想或宣传中心。

准表达产品的特性，因此需要卖家使用 Photoshop 对拍摄的图片进行调整，使其更接近产品的真实相貌。

(3) 元素添加。卖家可以利用 Photoshop 对图片进行水印等方面的元素添加，声明产品商标的同时，通过其他元素增加产品展示的趣味性，提升消费者购物体验。

Scan Here

观看视频：学习 Banner 制作。

本视频介绍如何应用 Photoshop 软件进行 Banner 制作。读者可以跟随视频步骤，边看边练，进行 Photoshop 实际操作。操作完成后，根据视频，自己制作一幅 Banner。

项目演练 10

小林团队通过本部分案例的学习后，对 Photoshop 有了一定的了解。现在，请各小组帮助小林团队制作 A 公司 Banner 广告图。

3. 视频优化

视频营销作为新兴的网络营销方式越来越受人们欢迎，其主要基于视频网站生成，以内容为核心、创意为导向，利用精细策划的视频内容，从而实现产品营销与品牌推广的目的。可以说，视频营销是“视频+网络”的结合体。

1) 视频营销在店铺中的应用

通常视频营销在店铺中的应用主要体现在以下几个方面：

(1) 展示产品生产流程。通过对生产制作细节的特写镜头拍摄，可以使产品的质量更具有说服力。

(2) 展示产品使用流程。对比以前厚厚的产品说明书，用视频来展示产品的使用流程会更形象具体，也更具学习性和模仿性。在网站产品详情页中，附带上产品使用的短视频，会让消费者感觉到卖家对用户的用心服务。

(3) 展示产品性能测试。类似于“散热架”“蓝牙音箱”等产品，利用视频可以轻松演示产品的使用效果，让消费者亲眼证实卖家所说的产品性能。

(4) 展示产品应用场景。展示产品应用场景的视频，是让消费者看到卖家的产品在某时间、某地点的表现。例如，某产品使消费者萌发了某种需要，且这种需求可以通过此种产品得到满足的场景。

除以上几点外，视频还可展示产品品牌故事的诉说、产品情感的表达等内容，卖家可以根据自己的需求制作各类创意视频，进而吸引消费者的眼球，提升产品曝光量。

2) 产品视频的制作要求

一个优质的视频，需要从背景、内容、时长、展示等几个方面进行优化。

(1) 视频拍摄背景要求。视频拍摄画面的背景尽量使用素色，或者将背景虚化处理，避免干扰。另外建议视频中不要出现与产品本身信息不相关的内容，以免产生信息混乱或者造成侵权，如图 3-58 所示。

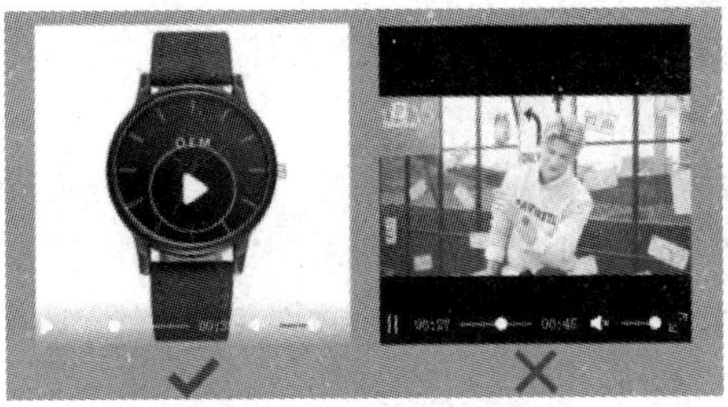

图 3-58　产品拍摄背景

(2) 视频拍摄内容。在电子商务活动中，视频拍摄内容多以产品拍摄为主。产品展现主要包括展示型产品和操作型产品，如图 3-59 所示。

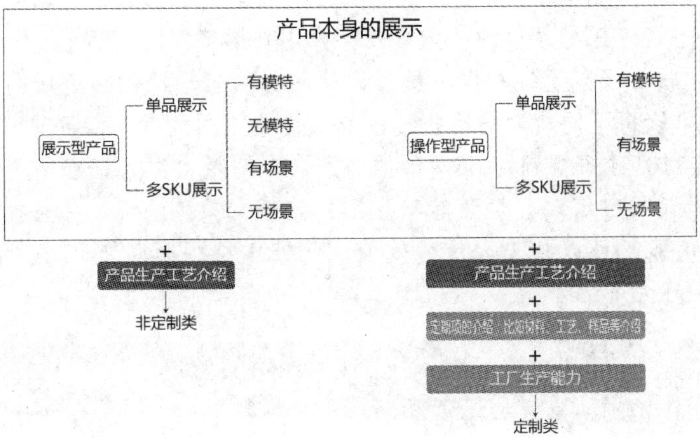

图 3-59　产品拍摄内容

展示型产品多是静物展示，不受模特和场景局限；而操作型产品，则需选择有模特以及场景拍摄。

非定制类产品拍摄内容是展示型产品的拍摄内容加上产品生产工艺的介绍；而定制类的产品拍摄内容，是在非定制类产品拍摄基础上，还需考虑产品定制项的介绍、工厂生产能力等方面内容。

(3) 视频拍摄时长。产品视频多分布在社交媒体或者电商平台上，所以制作短视频更能够获取消费者有效的注意力，也会给消费者带来最佳的观看体验，进而提升视频营销的效果。

经过相关数据统计，60 s 左右的视频较受消费者欢迎。这个时间长度的视频，既不会浪费观看者过多的时间，也不会因为视频容量过大造成加载速度缓慢而流失消费者。其中，产品展示视频时长建议不少于 20 s，其他画面(如公司介绍、厂房等)占整体视频时长的 1/3 以下。

(4) 视频人物展示。视频展示产品的操作流程、性能测试等内容，应尽可能使用真人拍摄。因为视频中人与产品的互动能缩短消费者与产品的距离，从而会使产品更具说服力。

另外，视频中的真人模特优先选择目标市场的模特，需要人声语言时也使用当地官方语言，给观看者以亲切感和真实感，如图 3-60 所示。

(5) 视频文件大小。视频需要在保证清晰度的情况下，尽可能压缩文件，确保视频播放的流畅性。

(6) 做好消费者互动与评论回复。视频营销的目的是为了提高产品与消费者之间的交互体验。因此应该时刻关注消费者对视频的讨论，对产品的建议，并且应及时回复消费者的评论、增强消费者的黏度。

除此之外，定期做数据分析，包括视频播放时段、视频类型、视频评价等，根据分析结果进行产品、视频优化。

图 3-60　视频人物展示

⊙ *Tips For You*

目前，很多智能手机的拍摄质量都很高，一些简单的短视频也可以应用手机软件进行拍摄和编辑。其中，VUE 和“秒拍”两个软件应用较为广泛。

(1) VUE。此软件可以直接拍摄，也可以调用手机里已经拍摄完成的图片进行画面剪辑。此外，VUE 可以将不同视频进行拼接，分别设置不同的效果，并且可以去除水印。

(2) “秒拍”。10 秒短视频 App“秒拍”是众多明星、红人都在使用的新潮短视频分享 App。其支持高清视频编码、炫酷 MV 主题、清新文艺范滤镜，并且拥有个性化水印和独创的智能变声功能，可以拍出大片的效果，此外支持视频同步分享到微博、微信朋友圈、QQ 空间等 SNS 社区。

项目演练 11

小林带领团队成员通过本节案例的学习后，对产品优化技巧有了一定的掌握。现在，请各小组帮助小林的团队，完成以下两个问题：

- Q1：为 A 公司制作一个产品推介视频。
- Q2：制定 A 公司产品优化方案。

阶段小结

经过本阶段的学习，小林团队对跨境选品技巧、产品优化技巧有了进一步的了解。小林带领团队成员根据【沙盘推演】中的任务内容，对如何做好跨境产品选择知识点内容总结如下：

- 海外市场不同于中国国内市场，海外消费者习惯与我们千差万别，因此跨境卖家需要结合目标市场的特征，做出详尽的市场调研，以便准确地切入海外市场。
- 完成海外市场调研之后，跨境卖家需要结合线上数据分析工具，选出适合自己经营的产品。
- 跨境卖家选好产品之后，需要从产品价格、展现方式等方面进行产品优化。

第4章

优化客户管理体系

随着生产力的提高，21 世纪进入“生产过剩”时代，传统卖方市场正向买方市场悄然转移，客户在商业买卖中地位逐步提高，卖方愈来愈关注客户行为习惯的分析与研究，因此客户逐步成为商品交易供应链中的重要角色。在此种国际市场环境下，卖方如何进行客户关系管理维护，展开行之有效的商务洽谈显得尤为重要。

本章目标

- 掌握客户服务的概念、内容、技巧以及评价指标
- 掌握 CRM 内容、流程、应用
- 熟悉商务洽谈的礼仪、洽谈利益以及商务用语

学习方法建议

- 建议按照【阶段 1】分组情况，以小组为单位，完成以下任务：
  T1：总结【阶段 3】主要内容；
  T2：完成【阶段 3】【项目演练】内容；
  T3：由组长带领组员预习本阶段【沙盘推演】内容，了解本阶段架构。
- 完成上述 3 个任务后，组长带领组员开始本阶段内容的学习。

学习导航

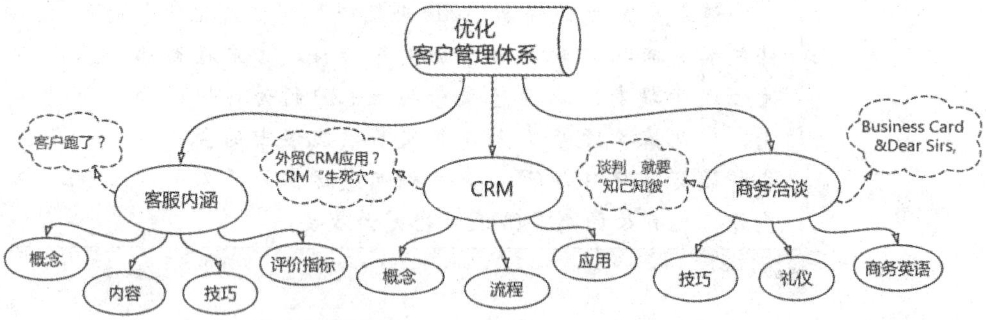

【沙盘推演】阶段 4

小林团队在【阶段 3】对跨境选品方面有了全面了解。他们根据团队目标完成了 A 公司海外市场分析、品类选择，以及产品价格架构、定价模板的设定和选品竞价分析。

目前，经过前 3 个阶段的学习，小林团队对 A 公司转型线上业务、企业进驻渠道和品类选择方面，基本上已经规划完毕。

现阶段，小林团队根据饰品行业特征，决定针对客户开发、关系维护等方面进行分析调研。目前，A 公司没有独立的 CRM(Customer Relationship Management，客户关系管理系统)，而是将 CRM 嵌入在公司运营管理系统中，如图 4-1 所示。

图 4-1　A 公司运营管理系统首页

A 公司依托该平台对客户进行管理，但是随着市场的拓展，尤其是团队转战跨境线上业务后，愈来愈觉得公司现有 CRM 模块难以支撑整个业务体系。

小林团队经过调研分析，觉得 A 公司的客户管理应从整个业务生命周期起点开始进行优化改革。因此，小林团队会从客户开发技巧、跨境商务洽谈等方面出发，进行客户管理体系优化。

项目任务

经过团队商议、论证，并结合 A 公司实际生产情况，小林团队决定依据跨境电商特征，从理解电商客户服务内涵开始，对客户管理流程进行分析规划。其中包括客户服务内涵、客户关系管理以及商务洽谈活动。根据需求，小林团队承接【阶段 3】内容，继续完成以下项目任务：

- Task 9：掌握客户服务内涵；
- Task 10：掌握 CRM；
- Task 11：熟悉商务洽谈活动。

【Task 9】掌握客户服务内涵

案例：客户跑了，因为客服未拿准客户的关切点

一个好的客服人员需要拿准客户的关切点，妥善处理好客户关切的问题。所以通常情况下，客服人员需要阅读两遍以上客户邮件或诉求函件，以便吃透客户的意思再回复客户；写好之后，需要再看客户函件，检查是否妥善回应客户关切的问题，润色修改好后，才能发出。

举个探寻客户关切的例子：

客户的邮件：

Dear Judy,

For the quality and finish of the bags I am sorry but the prices are too high. My target prices of 8-11 USD are based after including hardware and packing details.

I don't believe we can work together.

The problem is the bags are already not what we would work with so I need to make many changes to improve and then the price will not work.

Thanks

客服人员的回复：

Dear Anandie,

Thank you for your prompt feedback.

Could you please let us know the styles that you will make the changes?

Then we will check with our cost department and see whether we can meet your price range. Thanks.

Well, we also have our customers, which prices were also in your price range.

And we still keep the cooperation till now.

So I mean we can meet your price range and we really want to cooperate with you. Thanks.

Looking forward to your reply.

Best Regards,

Judy

(客服人员问客户需要做如何的改动？然后会向本部确认下看能不能做，然后告诉客户我们有其他的客户也在这个价格范围之内，所以他们的价格范围我们可以做，而且我们也很想跟你们合作。)

【点评】

客服人员一直没有关注客户发出的第一个信号，就是质量还没有能满足客户的要求，一直把目光放在价格谈判上。

客户给的反馈，其实包含三层含义。

(1) 你的“quality and finish”目前达不到我的要求。

(2) 如果你达到我的要求，你的价格就高了。

(3) 要让你达到我的要求还是有点麻烦的，如果不是有利可图，我可不想费这个事。

案例中数据来源：http://www.cifnews.com/article/20869

FOCUS

订单小额化、碎片化以及订单数量增长迅速，是目前跨境电商行业运营的显著特点。跨境电商的客户服务工作，面临的环节较多、情况复杂，且涉及多种跨境运输渠道，以及不同国别在语言、文化、产品标规上的各种差异。因此，从业卖方需要明确客户服务内涵、服务对象、服务技巧、评价指标，通过理解客户要求(理解什么，缺少成分)，进行纠纷的预防及处理。

【Part 9.1】客户服务概念

客户服务(Customer Service)指以客户为导向，为其提供服务并使之满意的服务。它有广义和狭义之分。广义指可以提高客户满意度的服务内容，一般客服沟通方式为邮件、电话、即时通讯工具；狭义指承接客户咨询、订单业务处理、投诉，并通过各种沟通方式了解客户需求，与客户直接联系解决问题的电商服务人员，简称客服。

【Part 9.2】客户服务内容

客户服务过程可分为售前服务、售中服务和售后服务。

1. 售前服务

售前服务指在订单成交前为客户购物提供相关指导，包括对购物流程、产品、支付方式等的介绍。售前服务包括四个方面：

(1) 产品相关。关于产品的功能和兼容性、相关细节明细、包裹内件详情等情况的介绍。

(2) 交易相关。关于付款方式和付款时间等交易流程的介绍。

(3) 物流相关。关于运送地区和运送时间、能否提供快递、是否挂号等物流问题的介绍。

(4) 费用相关。关于合并邮费、批发购买、关税、优惠等问题的介绍。

2. 售中服务

售中服务指在订单交易过程中为客户提供相关信息咨询的服务。售中服务包括四个方面：

(1) 未付款订单跟进。通常情况，客服人员需要通过订单留言、邮件、电话等方式，采用持续跟进的方法，解决客户疑问，以完成订单付款动作。

(2) 信息确认。向客户确认订单信息、收货地址。

(3) 发货通知。向客户发送物流方式、发货时间、货物预计到达时间。

(4) 收货确认。提醒客户签收货物，进行客户满意度调查，确认订单完成。

3. 售后服务

售后服务指在产品销售之后为客户提供订单查询跟踪指导、包裹预期到货时间咨询，以及产品售后服务对接等工作。

优质的售后服务是提升客户满意度、获取良好口碑的重要措施。在电商交易环节中，商品在交付客户之前，客户只能感知到产品价值，而对商品价值的体验则发生在交付商品之后，此时，售后服务承担了将客户对商品的价值感知和价值体验统一的责任。

此外，良好的售后服务也会使商品产生溢价。在商品种类极其丰富，且同质化日益严重的电商时代，客户具有绝对的博弈优势。因此，传达给客户良好的商品体验至关重要。而此过程中，售后服务充当了客户与卖方之间的沟通桥梁，其作用不可忽视。

另外，在线上购物时，很多客户在首次购买后，如果在整个购物过程中出现不满意体验，首先想到的沟通出口即在线售后客服。这时，优质的售后服务会解决交易前期的不愉快，对客户深入接触，甚至有可能将对店铺有不满情绪的客户转化成重要客户。因此，做好售后服务可以有效提升客户的产品复购率。

售后服务承载着整个接待过程中的沟通和交易完结后跟踪服务监控的重要使命，因此优质的售后服务可以使店铺规避风险，降低负面影响，为客户留下良好的产品印象，从而提升客户满意度。

售后服务环节如图 4-2 所示。售后服务人员在接到售后问题之后，首先需要找到售后问题产生的原因；然后与客户积极沟通协调，提出解决方案；最后需要进行持续跟踪，直到解决问题、客户满意为止。

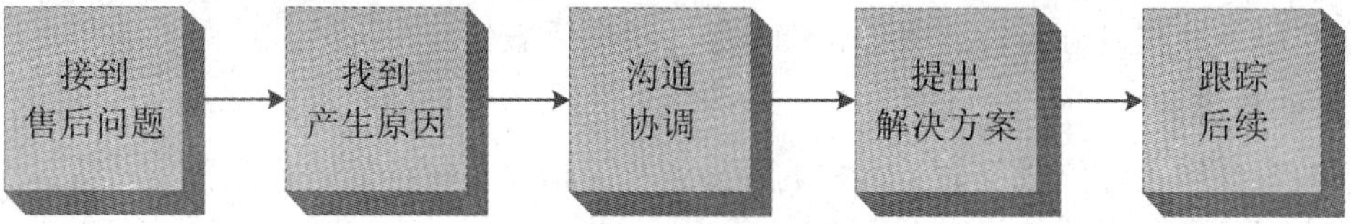

图 4-2　售后服务环节

⊙ *Tips For You*

订单跟进流程，如图 4-3 所示。

图 4-3　订单跟进流程

(1) 未付款订单跟进。包括留言+其他方式确认，每天早上第一件事就是对未付款订单进行跟进，直至确认订单交易已达成。

针对未付款订单跟进，留言举例如下：

Hi friend,

Thanks for your order. You didn't finish the payment yet, did u meet any problem, or what can we do for u?

(2) 付款后订单确认。包括产品信息确认、地址确认、备货时间确认、运输时间确认等。可订单留言或电话沟通，重点是效率，尽早录入系统开始走下单或发货流程。

留言举例如下：

① 产品信息确认。

Friend,

Please notice the product we have is medium brown lace color and medium cap size with adjustable straps. It is ok for you?

② 备货时间确认。

Thanks for payment, kindly remind you the hair we need about 3–5 days to prepare to make sure the quality. If you need urgently or have a date must get it, please let us know here, we will do our best to help you.

③ 运输时间确认。

Thanks for payment. We will ship out once payment was approved by AliExpress in 24 hours. Package will usually arrive at you in 3–5 days. Any questions OR demand, please feel free to contact me. Thank you so much!

④ 其他特殊事项确认(如颜色确认)。

Kindly remind you, the color you selected can't be dyed, if you want to dye hair, please choose natural black color.

(3) 货物发出提醒：验货→拍照→发货通知。

【验货】发货前，务必验货。要求至少拍摄一张产品照片和运单 label 照片。看完货，立即做发货通知。务必在订单留言中做发货通知，附上两张图片，其他有效联系方式也应通知。发货通知之后，务必体现到跟进表格里，并大致确认一下预计到达时间。

发货通知留言模板举例如下：

① E-packet 发货通知。

Dear friend,

We have shipped out your order by E-packet, tracking number is xxx. After 1 week, you can check the status on USPS website. About 10-15 days you will receive it. Please pay more your attention to delivery cause they will LEAVE PACKAGE ON MAIL BOX.

If you meet any issue, please feel free to contact me, any problem can be solved.

Best Wishes

② DHL 发货通知。

Dear friend,

We have shipped out your package by DHL, tracking number is xxx. You can track the information on www.dhl.com, usually 3-5 business days arrive at you. Please pay attention to the delivery and make sure if there is someone sign for your package.

Any problems, contact us freely.

Best Wishes

(4) 到货前通知。在预计到达当地时间的早上，通过有效的联系方式做简单的提醒。提醒留言举例如下：

Hi friend,

I notice the shipping man will delivery your package this afternoon, please pay attention to it. Any problem, I will do my best to help you.

(5) 收货确认。提醒消费者，在收到货物24小时内确认收货，以防产生问题。

① 刚收到货就能留评的，要一个追加图片的分享。

② 需要使用之后再留评，要再次告知：I will waiting for your review with your gorgeous picture share. Any problems, please let me know first.

并在几天后进行再次跟进。

发送产品使用Tips，可作为确认收货的操作技巧之一，例如：

Here are some tips for you to take care of the hair, please have a look. Any problems please keep me in touch.

① Please never try to brush the kinky curly wig, it will make the wig lose its curls and gets very bad, just use finger manage it.

② Washing it once a week, use shampoo and conditioner which for your own natural hair.

③ Let it air dry, never use the hair dryer. When it is half wet, adding some protection products like Olive oil will protect hair from the salty water, wind, dirty things.

④ You need to do one time deep conditioner at least every 2-3 weeks, please search "how to make deep conditioner on hair" on YouTube, you will get even more tips here.

【Part 9.3】客户服务技巧

在清楚客户服务内容核心基本理念之后，客户服务人员还需从“情绪引导”“谈判技巧”等方面掌握相应的服务技巧。

1. 掌握语言沟通技巧

⊙ *E.G.*

对比以下两个案例，推测哪种回复方式效果更好。

【案例1】

Dear friend!

We are glad to tell you that actually your parcel arrived at your Country on Feb-06. Your tracking number is RA**0321465CN, and now you can track it on this website: http://www.track-trace.com/post. The newest information from Australia post is: “RA**0321465CN Status: arrival at inward office of exchange, Location: SYDNEY, Time: 2019-01-28.” Since the parcel arrived at your Country and now it is being handled by Australian post office, we believe you will get it very soon. Thus, is that OK for you to give a little more time for the post system? Or, you can also try to connect with your local post office for faster “Customs

Clearance" and dispatching. If you need any further help, please feel free to connect with us again.

Best regards!

Sincerely

×××

【案例 2】

Dear friend!

We are glad to tell you that actually your parcel arrived at your Country on Feb-06.

Your tracking number is RA**0321465CN, and now you can track it on this website:

http://www.track-trace.com/post.

The newest information from Australia post is:

"RA**0321465CN

Status: arrival at inward office of exchange

Location: SYDNEY

Time: 2019-01-28."

Since the parcel arrived at your Country and now it is being handled by Australian post office, we believe you will get it very soon.

Thus, is that OK for you to give a little more time for the post system?

Or, you can also try to connect with your local post office for faster "Customs Clearance" and dispatching.

If you need any further help, please feel free to connect with us again.

Best regards!

Sincerely

×××

【分析】

在这两个案例中，可以明显看到区别。案例 1 中，所有文字挤在 1 个自然段中，可读性较差，使读者易产生疲倦和烦躁。

案例 2 中，所有文字按照逻辑自然分段，可以使读者跳过非重点信息，直达重点信息，进而将有效信息快速而准确地传递给客户，从而提高客户购物体验。

在实际应用当中，客服人员应该具备扎实的基本功，尽量避免拼写和语法错误。此外，在邮件中避免成段的单词大写，因为在英语世界中，文本中成段的大写表达的往往是愤怒、暴躁等激动情绪，是一种缺乏礼貌的书写方式。再者，与客户沟通时，尽量使用结构简单、用词平实的短句，这可以使客户在短时间内理解客服人员所要表达的意思。最后，客服人员撰写回复信时，要巧用分段和空行，使客户尽快找到想看到的重点。

2. 情绪引导，控制节奏

⊙　*E.G.*

本例中，客户向客服反映收到产品时，产品有明显被打开的痕迹，外包装及内部的销售包装是破损的，此时应该怎样回复呢？

Dear friend!

Thanks for shopping with us!

Really sorry to hear that and surely we will help you solve this problem.

(在邮件的开头展示感恩的心态，并明确地表明将会帮助客户解决问题，以便安抚客户情绪，让客户有耐心，继续看下面提出的解释与解决方案。)

You know, when parcels are sent to the Customs, it will be opened to finish the "Customs Inspection". That's the reason why your parcel opened and the retail package damaged.

(通过向客户解释，当包裹通过海关时有可能面临开包查验，为包装的破损提出合理的理由。)

As sellers, we really don't want to give you an unpleasant shopping experience.

Thus, if you need, we would like to resend you a new retail package. And you don't have to afford extra shipping cost.

What's your opinion?

Sincerely apologize for causing you any inconvenience.

And thanks for your kindness and tolerance for this problem.

(再次向客户致以歉意，并感谢客户理解与宽容。)

Looking forward to hearing from you.

Best regards!

Sincerely

×××

跨境零售电商客户一般采用“静默”式下单方式，即在购买前，不与卖方进行联系，也就是说，大部分联系卖方的客户邮件或者留言是发生在售后阶段。通常情况下，是产品出现了问题，例如货不对板、产品瑕疵、物流配送等。这就意味着，跨境零售电商客户与卖方之间的沟通往往带着情绪，因此，在沟通时，客服人员如何引导客户情绪，控制沟通节奏至关重要。

对于此阶段，客服人员首先应换位思考，推己及人。跨境零售沟通中，客户作为不专业的一方，不熟悉复杂的国际物流，也有可能很难清晰理解某些英文产品说明。因此，在出现问题时，客户普遍会感到问题很棘手，容易出现焦躁心态。针对这种情况，卖方需要在沟通的每一个环节，特别是在与客户第一次的接触中，想办法淡化事件的严重性，在第一时间帮助客户顺利解决问题。

然后，向客户展示永远感恩的态度。在实际客服工作中，每一个字里行间的“感恩”，均对顺利解决投诉等问题起到一定作用，说服客户接受卖方提出的解决方案，甚至降低卖方解决问题的成本，都是非常有效的。

其次，用专业的角度解决问题。客服人员需要从专业的角度，利用专业的知识与方法解决客户遇到的难题。一方面，在解释问题发生原因时，客服人员需要清楚明了地向客户解释问题产生的真实原因；另一方面，无论是物流还是产品中涉及的一些专业术语或行业专用的概念，客服人员需要进行适当的简化，用通俗易懂的方式简洁地向客户进行说明。并且，在提出解决方案时，客服人员需要基于对问题产生的真实原因，提出负责而有效的解决方案。

最后，沟通过程中，最后一次的邮件回复一定来自客服人员。在和客户进行沟通的过程中，绝大部分情况下会使用电子邮件、站内信或订单留言的方式。从礼貌角度而言，对客户及时答复、致谢，会增加客户对卖方的好感度。从技术角度而言，许多跨境电商平台都会在后台系统中自动监控卖方对客户站内信或订单留言的平均回复时间，平均回复时间越短，时效越高，卖方服务水平相应较高。

3. 承担“责任”，错在第三方

⊙ *E.G.*

【案例 1】 客户在收到货物后，投诉货物损坏、电子产品接触不良。

Dear friend!

We feel so sorry to hear this information!

Don’t worry, surely we will try our best to help you solve all problems you met.

(告诉客户不要担心，提出的问题会被解决。)

Although we checked every item before sending, it’s still possible to be damaged by crash or jolt on the post way. You know, sometimes the postmen just throw parcels down from truck.

(客服人员尝试为产品损坏这一问题寻找一个可能的合理解释。虽然在实际操作中，很难认证此种损坏是在发货前已经产生，还是在运输途中出现的。)

So, to help you solve this problem, shall we resend you a new one?

(为客户提出解决方案。)

【案例 2】 客户投诉多件货物部分漏发，或成套产品零件缺失。

We just carefully checked our “warehouse sending memo” and confirmed that on Jan-15, we did send out 2 pcs of these products to your address. You know, for security reasons, all Countries’ Customs would randomly choose some imported parcels and open them to do “Customs Inspection”. Sometimes, some small parts would be lost in this procedure. Maybe that’s the problem your parcel met.

(为客户提出的问题，尝试寻找合理解释。)

However, as we said before, we still would like to help you solve the problem. If you accept, we will resend you a new one with totally free.

What’s your opinion?

(提出解决方案。)

【分析】

在这两个案例中，可以明显感觉到，客服采用的服务技巧都是先承担责任，然后采用委婉的方式将错误划分给第三方。这种处理方式，可以有效地解决客户提出的疑义。

在商务谈判中，遇到客户对产品或服务提出疑问，客服人员应找出一个合理并且可以接受的理由，以便客户可以同意解决方案，快速地解决纠纷和争议。此时，客服人员提出的解决方案，并不代表卖方可以逃避责任，只是为了让客户可以更容易地接受，进而更好地服务客户。

4. 提供可信赖的数据与证据

⊙ *E.G.*

【案例 1】 “我的包裹在哪呢？”

You can track your parcel’s tracking number (LN**0321465CN) on this page:

www.usps.com

Now the newest information is:

“01/15/2019 2.04PM Arrived at USPS Facility, January 15, 2019, 2.04 pm, SAN FRANCISCO, CA 94128.

01/14/2019 8.13PM Processed Through Sort Facility, January 14, 2019, 8.13pm, ISC SAN FRANCISCO (USPS).”

这一段内容，卖方为客户提供的 3 条信息，具体如下。

(1) 追踪网站地址。

(2) 追踪编号。

(3) 最新的追踪信息。

此 3 条信息，非常具有说服力，且方便客户验证。

【案例 2】 为客户提供通俗易懂的解释。

Now the newest information is:

“RA**0321465CN.

Departure from outward office of exchange, Jan 12, 2019, 3.09PM, BEIJING.”

That means: on Jan-12, the parcel passed the China Customs and arranged cargo flight to your Country.

【案例 3】 需要客户联系邮政加速清关派送。

Dear friend!

We are glad to tell you that actually your parcel have arrived your Country on Jan-28.

Your tracking number is RA**0321465CN, and now you can track it on Russian Post website:

http://www.russianpost.ru/

The newest information from Russian post is:

“2019-01-30 21:22 Mr Lc Vnukovo cex-1 102976, Import of international mail, Ufa, Bashkortostan resp. 450005.

2019-01-28 01:59 Moskva PCI-7 104007, Processing, Arrived to Russian Federation.”

Since the parcel has arrived at your Country and now it is being handled by Russian post office, we believe you will receive it very soon.

Thus, is that OK for you to pay a little more time for the post system?

Or, you can also try to contact with your local post office for faster “Customs Clearance” and dispatching.

If you need any further help, please feel free to contact us again.

对于客户而言，收到卖方提供的有效数据和证据，可以快速消除心中疑虑。因此，解决此类问题时，卖方应尽量提供可以让客户“看得见，摸得着”的证据。

但是，提供时需要注意：① 物流信息务必完整，包括可以追踪到包裹信息的网站、可追踪的包裹单号、最新的追踪信息；② 追踪网站最好是国外客户所在地区的本土网站；③ 涉及专业技术环节数据时，卖方客服人员需为客户提供通俗易懂的解释，避免信息传递错误。

5. 提供多样化的解决方案

⊙ *E.G.*

【案例】 客户提出疑问：包裹寄出 10 天还未收到，但是没有超过卖方承诺的运达时间。

As we mentioned in item's page, it will take 7 ~ 20 business days to your country.

International shipping requires more complicated logistic procedures, that make the post time between two Countries always longer than domestic shipping.

Thank you so much for your understanding about this matter!

Now since the parcel's shipping time has been only 10 days which is still in normal time and procedures, there's no need to worry about the parcel's lost. Also we will keep checking your parcel's post status.

On the other hand, if you haven't received your item until the 20th working day, or whenever you don't want to wait any longer, please do contact us.

We will help you refund all money and cancel the delivery.

【分析】

为客户提供三个解决方案。

在处理跨境客户的询问时，忌问客户“你觉得应该怎样解决呢”，解决方案应由卖方提供，并且一次性提供两个及以上的方案。一方面，给客户提供备选，使之充分体会到被尊重的感觉及感受到安全感；另一方面，提供 1 个主推方案，加上 1～2 个备选方案，可以防止客户不接受主推方案时，也没有备选方案，从而引起买卖双方的纠纷。

6. 多样化回复

⊙ *E.G.*

【案例 1】 产品图片形式的安装说明书。

Dear friend!

Thanks for your letter!

We took some photos and made an illustration for you to show how to assemble this product.

Please look at the illustration in the attachment.

If you have any further questions, please feel free to connect with us again.

Yours sincerely

× × ×

【分析】

如图 4-4 所示，卖方向客户提供产品图片形式的安装说明书。这种形式，可以使客户清晰地了解产品的安装过程，减少咨询频率。

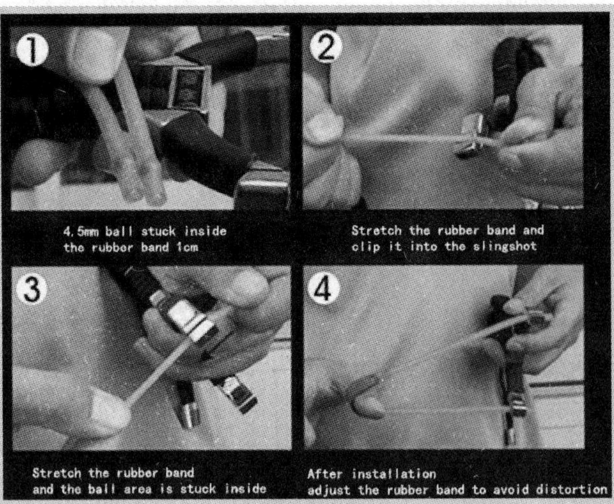

图 4-4 产品图片形式的安装说明书

当客户询问较为复杂的、技术性的问题时，客服人员与其不厌其烦地对各种技术参数、使用方法等进行大段文字描述与解释，不如花时间制作图片或视频安装说明书，会达到事半功倍的效果。

这种解决方式，不仅可以直观有效地解决复杂的技术问题，而且可以显著地超越客户的预期值，进而提升满意度。更重要的是，解决方案可以重复使用，进而提高客服人员的工作效率。

【Part 9.4】客户服务评价指标

客户服务评价指标涵盖 8 个维度，即成交不卖率、纠纷提起率、货不对板仲裁提起率、货不对板仲裁有责率、好评率、DSR[①]商品描述、DSR 卖方服务和 DSR 物流服务，如图 4-5 所示。

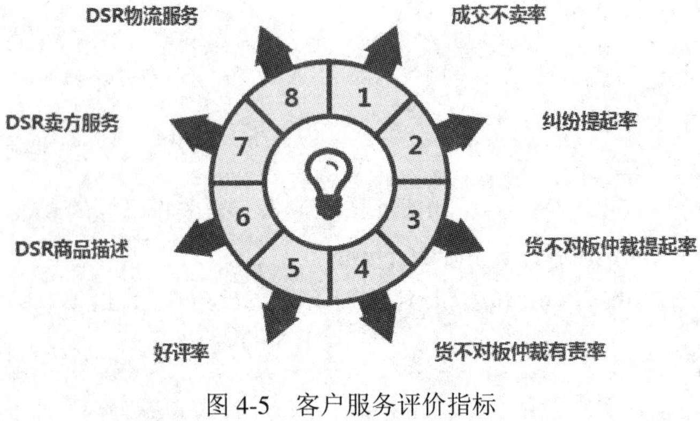

图 4-5 客户服务评价指标

1. 成交不卖率

成交不卖通常有两种情况：客户对订单付款后，卖方未在其设置的发货期内发货导致

① DSR：Detail Seller Ratings，卖方服务等级评分系统。

订单关闭；客户对订单付款后，客户在卖方发货前申请取消订单，同时选择是卖方原因。

卖方可以从三个方面降低成交不卖率：

(1) 确保商品的准确性。特别需要注意产品价格、销售(打包)方式、库存情况、发货期等信息是否准确无误。

(2) 及时填写发货通知。卖方要及时发货，设置合理发货期，以便有充足时间寻找货源，也可以跟客户及时联系沟通。

(3) 及时联系客户。使用订单留言、站内信，WhatsApp、Skype 等工具及时联系客户。

2. 纠纷提起率

纠纷通常指客户未收到货物、收到货物与约定不符两种情况。

一般而言，客户会因为运单号无效、发错地址、海关扣关、包裹退回等原因收不到货物。而货物与约定不符的原因，则有货物与描述不符、质量问题、货物破损等。

卖方可以从四个方面降低纠纷提起率：

(1) 发布产品时，对产品描述恰当，不夸大，性能参数表述清楚，不引起歧义，配件标准准确，列明发货方式和发货周期，并且配备专业技术客服。

(2) 发货过程中，对拣货进行复核、妥善包装、合理申报、出货抽检等。

(3) 运输过程中，及时对包裹进行定位跟踪，有错误信息及时通知客户及相关部门。对于物流延迟的订单，应及时对客户进行情绪安抚，并提供切实可行的解决方案。

(4) 妥投后，针对某些特定产品需要配以使用方法；针对有品质问题的产品要及时与客户沟通解决。此过程中，尽量不要提交纠纷。

3. 货不对板仲裁提起率

货不对板指客户收到的商品与达成交易时卖方对商品的描述或承诺在类别、参数、材质、规格等方面不相符。如提出仲裁，则指客户提出纠纷后，买卖双方无法达成一致协议，从而提交到平台裁决。

卖方可以从以下三个方面，降低货不对板纠纷发生的可能性：

(1) 针对质量问题，发货前做好品质检查。

(2) 针对货物短装问题，发货时尽可能检查仔细，缺货的产品须提前与客户沟通。

(3) 针对货物破损问题，此问题虽然卖方不可控，但可以通过改良包裹包装等途径，减少货物破损率。

4. 货不对板仲裁有责率

货不对板有责率指经过货不对板仲裁后，责任方在卖方。

此种纠纷，卖方尽量从源头做起，把控货物品质，减少纠纷提起率。

5. 好评率

好评率是反映客户服务质量如何的指标。

卖方需要从完善服务、发货后及时做好发货提醒、及时回复订单、解决好海关扣关问题等方面提高产品好评率。此外，需在交易过程中，与客户保持及时、有效的沟通，提供关怀式服务。并且严格把控自身产品，保证质量，真实描述产品性能。

6. DSR 考核

DSR 包括三项评分原则：商品描述准确性、沟通质量及回应速度、物品运送时间合理性。

卖方可以通过 3 方面提升 DSR 分值。

(1) 针对 DSR 商品的描述要真实准确。很多卖方为了提高店铺转化率，做出的产品动态图和详情页描述都非常精致，往往造成实物与描述相差较远，进而产生纠纷。因此，跨境电商在上传产品时，要做到标题描述与产品一致，尺码、颜色描述准确，图片展示完整(以实物图为佳)，尽量增加产品信息的描述。

(2) 针对 DSR 沟通质量要快速有效应答。跨境电商客服人员需要在尽可能短的时间内，快速有效地回复客户信息，对经常出现的问题建立模板，实现自动回复功能。

(3) 针对 DSR 物流服务要尽量选择“线上发货”物流方式，有效保证物流时效性。在物流方面，选择专业跨境物流服务系统，保证订单可追踪性，尽可能提升时效性，如遇问题应及时借助追踪信息为客户提供有效回复，进而提升客户的购物体验。

项目演练 12

小林团队通过对本节案例及客户服务知识的学习后，结合相关资料，对客户服务概念有了新的理解。现在，请各小组帮助小林团队总结以下两个问题。

- Q1：在跨境平台内，选择饰品类目，整理可能出现的纠纷问题，并提出客服人员处理的方式，进而设计客服人员处理纠纷问题的模板。
- Q2：总结 A 公司产品可能产生纠纷的情况，并针对每种情况，提出 2～3 种解决方案。

【Task 10】掌握 CRM

案例：外贸行业 CRM 应用案例

宁波某 B 国际贸易有限公司(以下简称 B 公司)是一家成立于 2010 年 3 月份，拥有外贸进出口自营的外贸电商公司，其产品远销美国、日本、欧洲等地。B 公司在经过近一年的产品转型之后，在众多解决方案中选择 GC 实施的微软 CRM。

GC 针对 B 公司情况，解决方案设计如下:

(1) 选择一款市场使用率极高、适合客户的卓越且权威的品牌产品。

(2) 选择实施周期短、见效快的计划。

(3) 保证对客户(B 公司)不做大量改变习惯的变更。

(4) 在商务过程中，B 公司可以对现有客户资源进行固化和整合。

(5) 用 Outlook 邮件系统和 CRM 的完美集成及权限的设置，重塑领导审批和归档流程。

(6) 重整一系列流程，包括归档、查询、审批等，使之无纸化且高效。

(7) 今后 B 公司相关业务活动将被 CRM 进行记录、分析和跟踪。

(8) 实施时，GC 将提供强大而稳定的专家顾问和技术支持队伍。

系统实施前，B 公司工作效率低、监管不及时、科学查询无法进行、纸张印刷消耗量大、人工操作错误率高。

系统实施后，B 公司管理效率极大提高，具体表现如下：

(1) CRM 对产品相关文件自动进行归类、归档，方便查询。

(2) CRM 帮助 B 公司挖掘潜在客户，扩大客户资源，同时有效保护客户信息。

(3) B 公司内部权责分明。通过 CRM 权限设置，强化了企业监督力度，员工各司其事，进而节约不必要的人力成本。

FOCUS

> 对于竞争激烈、百花齐放的跨境电商行业，需要企业内部人员有意识地针对不断变化的市场，调整运营策略，挖掘企业自身资源的潜力。这不仅需要相关人员拥有敏锐的洞察力、良好的分析力，更需要使用数据化的管理工具，进而实现科学管理。

【Part 10.1】CRM 概念

CRM(Customer Relationship Management，客户关系管理)是指基于客户的信息进行深入分析，挖掘客户潜在需求，提高客户满意度，增加客户黏性，提高运营效益的一种方法。CRM 是以客户为中心，利用 IT 技术和互联网技术实现整合营销的经营策略。

在方式和内容上，CRM 需要对信息、资源、流程、渠道、管理、技术等进行合理高效的整合利用。

在目的上，CRM 是为了使企业能够获得较高的利润回报，并从长远角度出发，在赢得、巩固客户和市场等方面获得利益。

在技术上，CRM 应用数据挖掘、数据仓库、商业智能、呼叫中心、电子商务等，将数据进行集成，有效挖掘潜在客户信息。

1. CRM 目标

随着在线客户时代的到来，电商运营逐步迈入微利时代，企业与客户之间的距离愈加缩短，客户的行为模式和价值观亦发生巨大转变，因此客户价值分析显得尤为重要，CRM 应运而生。CRM 应用核心在于提升客户满意度和忠诚度，为企业创造利润。

如图 4-6 所示，CRM 目标具体实施在以下四个方面：

(1) 企业 CRM 着眼于优化客户体验，清晰理解客户当前、未来的需求，提高客户满意度，以便谋求竞争优势和企业利润最大化。

(2) 在建立客户关系基础上，不断对客户价值进行评估，挖掘具有价值的潜在客户，提高现有客户的满意度，对客户群体进行细分，实现企业资源最优配置。

(3) 企业通过对在线客户价值的管理，不断加强对自身产品及服务核心理念的理解，不断地进行创新，寻求新的差异化的竞争优势，以满足客户的个性化需求。

(4) 快速应答客户的需求，以赢取较高的客户忠诚度。

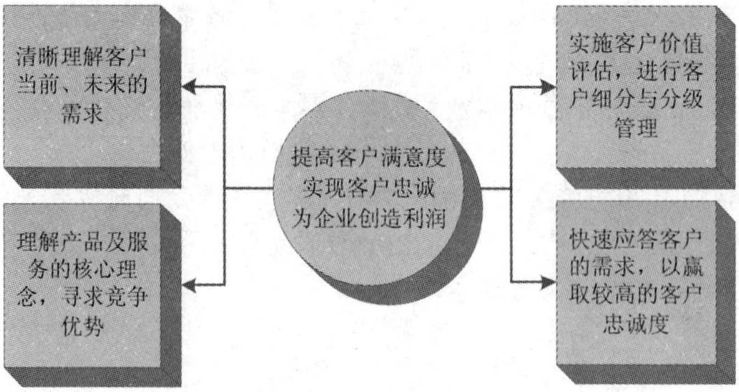

图 4-6　CRM 目标

需要注意的是，对于不同的企业，CRM 目标不同，应具体问题具体分析。企业应当确定 CRM 目标的层次性和分解性，并且各职能部门要清晰分解出自己的目标。

2. CRM 作用

互联网的飞速发展给企业带来了前所未有的机遇和挑战，其包含的巨大在线客户资源可以帮助企业赢得竞争优势，对在线客户价值的管理势必将成为企业的核心任务。

(1) 巨大的在线客户资源是未来企业价值的源泉，管理好与在线客户的关系将会为企业创造出源源不断的利润。根据调查显示，成功使用 CRM 的企业，每个销售人员的销售额平均增加 51%，客户满意度增加 20%，销售和服务成本则下降 21%，销售周期缩短 1/3，利润增加 2%。

CRM 通过对客户信息分析，识别高价值客户群。根据此信息，有针对性地制定营销策略。根据管理二八原则——即 20%客户带来 80%利润，企业利用有限资源，留住最有价值客户。企业为忠诚、持久而稳定的客户群提供优质快速服务及个性化的产品、方案和服务，以建立相互信任、稳定的双向沟通的互动买卖关系，实现顾客忠诚。

(2) 整合资源、优化流程，为客户提供更加快速而周到的优质服务，提高客户满意度。CRM 通过确立“提高客户满意度”的目标，整合客户、公司、员工等企业内部的经营要素，对这些资源进行有效的、结构化的分配与重组，使企业内部各部门统筹合作，更加合理地利用以客户资源为主的企业外部资源，尽可能改善、提高整个客户关系生命周期的绩效。此外，CRM 的成功实施会对企业传统业务流程进行科学化设计，优化流程、规范流程，进而提高企业运作效率，降低运营成本，扩展盈利空间。

《哈弗商业评论》报告指出：1 个满意的客户会带来 8 个潜在的客户，其中至少有 1 笔成交；1 个不满意的客户会影响到 25 个客户的购买意向；争取 1 位新客户的成本是保住 1 位老客户的 5 倍。因此，如何使客户满意并成为忠诚客户，是企业盈利的核心问题。CRM 通过对在线客户的信息整合，探索客户核心需求，了解客户的购买习惯、付款偏好、购物意向等，掌握客户信息，有针对性地满足不同客户的不同需求，从而为客户提供更加快速优质的服务，进而提高客户满意度。

(3) 推动企业创新与变革。CRM 的核心之一在于数据仓库与数据挖掘。企业通过 CRM 收集整理的资料来了解客户，发现客户的共性需求，合理分析客户的个性化需求，从而挖掘存在市场需求而企业未提供的产品品种、产品功能以及需要完善和改进的服务，为企业生产研发创新环节提供决策支持。

与此同时，CRM 作为支持新型企业文化的有力工具为企业内部带来变革。CRM 基本功能包括客户信息管理、市场营销管理、销售管理、服务管理，将公司组织架构整合重组，各部门各司其职，明确权责义务，有效提高企业运营决策效率，降低生产成本。

【Part 10.2】CRM 流程

CRM 是跨境电商企业一系列管理活动的集合，是一个系统性的工程，其基本流程如图 4-7 所示。

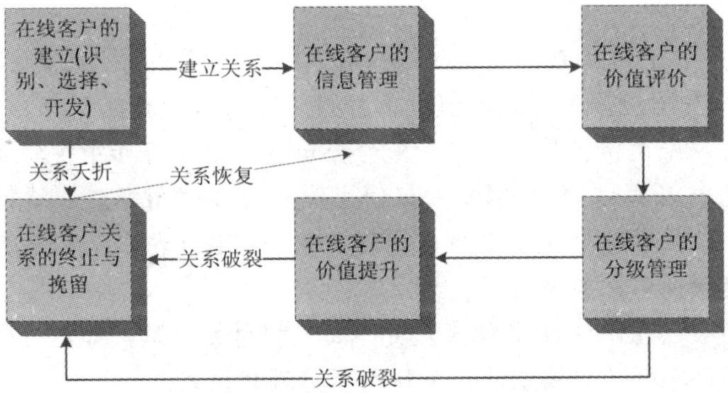

图 4-7　CRM 流程图

1. 在线客户关系的建立

在线客户关系的建立是指企业通过互联网与客户建立关系，分三个环节：在线客户的识别、选择、开发。首先，识别对企业有价值的客户；其次，选择有价值的客户；最后，开发客户，与客户建立关系。

2. 在线客户的信息管理

在线客户的信息管理是实施在线客户价值管理的基础。信息是企业经营决策的基础，若要对在线客户的价值进行管理，则须充分掌握客户的信息。如果企业对在线客户的信息掌握不全，或者不准确，判断则有可能失误，产生决策偏差。而如果企业无法制定准确的经营战略和策略，则极有可能失去已经建立起来的在线客户关系。

3. 在线客户的价值评价

在线客户价值评价主要指对客户的价值进行定性、定量的衡量，运用科学的方法和工具衡量客户的现实价值和潜在价值，从而为企业提供决策支持。不同的客户会给企业带来不同的商业价值，不同价值的客户也有不同的产品需求，企业须根据客户的不同价值分配不同的资源，根据客户需求制定经营策略。

4. 在线客户的分级管理

在线客户分级管理指根据客户价值评价结果，对不同价值的客户群实施不同管理策略。在对在线客户价值进行评价后，企业需对客户进行分级管理，制定自身资源分配策略和市场策略，有针对性地对客户进行服务。

5. 在线客户的价值提升

在具体的管理活动中，企业需与客户进行充分的沟通与互动，提高在线客户的满意度忠诚度，从而为企业创造更大的价值。

6. 在线客户关系的终止与挽留

在线客户价值管理的过程中有一部分客户会流失，企业需要分析客户流失的原因，衡量该客户的挽回价值及可能性，实施挽回策略。对一些关键客户，实施挽回策略可以减少企业损失。

案例：CRM“生死穴”

1992 年 10 月 2 日，在美国上映的知名电影——《拜金一族》(*Glengarry Glenn Ross*)是客户关系管理应用的经典案例。影片讲述了房地产萧条时期，一个拥有 4 名销售员且经营几块毫无价值地皮的房产中介公司老板为了打开销售局面采用销售激励政策鼓励员工士气，而这 4 名销售人员使出浑身解数试图完成业绩指标的故事。片中，激励政策为：业绩竞赛第 1 名可以得到 1 辆 Cadillac 轿车；第 2 名可以获得 1 套切牛排餐刀；其余两名则被解雇。

这部电影的看点在于这 4 名销售人员，如何利用数据库，如何在萧条期包装房地产，如何瞄准新婚家庭的住房需求，最后将房屋销售出去。

通过《拜金一族》，可以得出以下四点结论：

- ✧ 成交潜在客户是 CRM 的目标之一。
- ✧ 数据库是 CRM 的基础。
- ✧ 发觉目标群体、了解客户的核心需求是 CRM 的重要内容。
- ✧ 有效的策略是 CRM 制胜的关键。

FOCUS

CRM 几乎在所有领域都是不容忽视的，但是仅仅漫无目的地推送给客户资讯并不是真正的 CRM。CRM 的核心在于挖掘客户的核心需求，这也是 CRM 的核心推动力。CRM 的目的不是为了获取客户，而是为了通过提升关联购买、增加复购率、提高客单价、降低客户流失等方面维护客户关系。

【Part 10.3】CRM 应用

跨境电商 CRM 更具有立体感，卖方以产品作为媒介，与客户保持及时沟通，挖掘客户潜在需求，塑造店铺或品牌的形象，赋予店铺活力，有助提高店铺效益。CRM 是利润的新生力，其本质是以客户为中心，对客户数据进行搜集和整理，融合营销、管理、数据、软件等辅助工具，主动且有选择地建立客户关系，以营销思想为支撑，进一步提升客户再次购买次数，从而有效维护客户关系。

1. 新老客户的购买流程分析

如图 4-8 所示，新客户一般是通过关键词搜索、类目浏览、网络广告等渠道进入店铺，入店后对产品的款式、详情细节、评价情况、价格折扣、店铺信誉等进行主观判断，在这个过程中，极其容易产生客户跳失。如果有用户感兴趣的产品，则用户会将该产品添加购物车或收藏，比较咨询后下单购买，成交之后还可能因为服务、物流等问题，产生一系列售后问题。

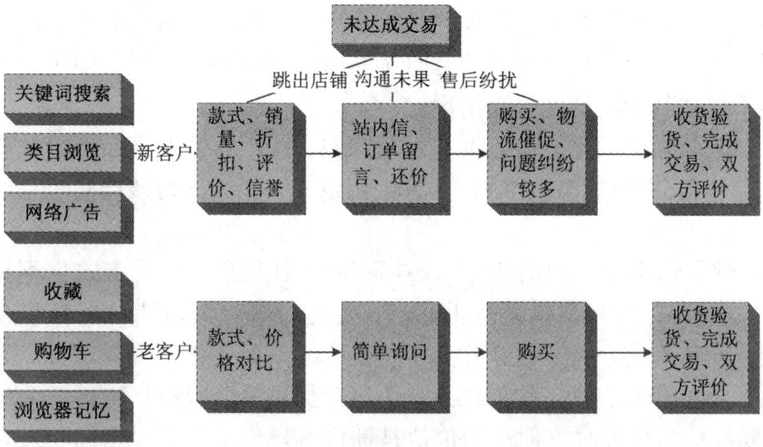

图 4-8　新老客户购买流程分析

对于已经在店铺中购买过产品的客户，称为老客户或回头客。老客户通常对店铺的产品质量和服务已经产生客观认同，当老客户看到感兴趣的产品时，通常会直接付款或者简单咨询，即可达成交易。如果发生服务、物流等问题，也相对容易解决。收到货之后，老客户会对产品更倾向于感性评价，也非常乐意把自己购买的产品和经历分享到社交圈，以期获得朋友们的认可。

2. 老客户的潜在价值分析

对于店铺而言，老客户的潜在价值可以有效降低营销成本，提高利润率。在新客户的购买流程中可以看出，老客户的购买流程相对新客户要缩短很多。据相关数据表明，开发 1 个新客户的成本是维护 1 个老客户的 5 倍左右。1 次交易的完成并不意味着结束，而是与客户再次沟通的开始。挖掘客户及客户圈内的潜在价值，增加老客户购买次数，是提高店铺销量、增加利润率的有效途径之一。

老客户可以更加有效快捷地沟通，辅助优化产品。相对于新客户，老客户具有信任基础，卖方如果注重加强与老客户线上和线下沟通，可以更直接地获取老客户对产品的意见和建议，从而选择或开发符合客户真正需求的产品，进而在竞争日益激烈的电商环境中占领优势。

老客户口碑的积累，可以帮助店铺建立品牌。若产品在老客户社交圈享有赞誉，则可有效增加客户黏性。那么，每增加 1 个客户对产品或店铺的分享，则意味着产品受到更多客户的认可，这也是获得品牌建设的重要渠道。

3. 客户分层管理

相比国内电商，跨境电商的客户管理更具有挑战性。通常情况下，卖方会根据客户特征对客户进行分层管理，以便更好地开展服务。客户分层管理的方法主要有以下两种。

1) *客户属性分类方法*

与传统国贸相比，电商客户每笔订单都会有详细的消费记录，包括下单时间、联系方式、购买产品、价格、发货方式等。CRM 可以根据这些信息，按照客户的社会属性、行为属性、价值属性对客户进行分类，把拥有相似属性的客户归入一类，然后根据客户群特征调整产品和店铺定位。

(1) 社会属性。社会属性不同的来源主要是因为地域不同，地域性是跨境电商与国内电商非常明显的区别，不同的国家或地区拥有不同的文化背景和消费需求。

订单批量导出后，卖方可以以客户地址为基准，按照国家分类，即可直观地分析出自身店铺主要客户群体位置、地区分布情况。

例如，一款销量较好的运动鞋，如果发现来自美国的客户对产品评价较高，而来自巴西的客户对产品评价并不理想，此时，卖方则可以究其原因针对该产品进行调整，改善现有状况。

(2) 行为属性。每个客户的消费行为不尽相同，体现出的消费方式也不相同。例如，在经营过程中发现，有些客户偏爱打折商品、免运费等行为习惯，而有些客户喜高价商品。因此，要求卖方在客户维护过程中以不同的方式有针对性地提供服务。此外，卖方在经营过程中，需要了解客户真正的需求点，为客户提供精准服务。

(3) 价值属性。客户为卖方创造的价值是评价客户价值的重要指标。卖方可以根据客户的购买行为、成交金额、评价情况等给客户做出标识，以便卖方识别客户，进而准确进行客户挖掘。

2) RFM 模型分类方法

在众多客户细分模型中，RFM 一直被卖方广泛运用，其通过客户近期购买行为、购买频率、消费金额描述客户的价值状态。

- R(Recency)：最近的一次消费，客户上一次在店铺成交的时间和成交的产品。从理论上来讲，客户购买的时间越近，对店铺的记忆程度越高，在这期间，如果卖方能够进行相应的引导和服务，客户二次回购率极有可能提高。
- F(Frequency)：消费频率，客户在单位时间内的购买次数。消费次数越多，说明客户的满意度越高，倘若卖方始终保持优质的产品及服务，客户易产生黏性，对店铺的忠诚度也会愈来愈高，进而卖方占有的市场份额也会愈来愈大。
- M(Monetary)：消费金额，指单位时间内的消费总额与平均消费额的比值。对于消费金额较高的客户，店铺需要利用有限的资源进行及时的客户关系维护，以提升客户忠诚度。

如表 4-1 所示，RFM 分段的数值基于每个店铺实际情况而定，通常情况下划分 3～5 段：R 值可以参考开店的时间、产品本身的特性及运送周期制定；F 值可参考店铺的客户评价和购买频次制定；M 值可参考产品单价。

表 4-1 RFM 模型分值结构图(举例)

分数	R(天)	F(次)	M(USD)
1	R>720	F=1	M<100
2	360<R≤720	F=2	100≤M<200
3	180<R≤360	F=3	200≤M<500
4	90<R≤180	F=4	500≤M<1000
5	R≤90	F≥5	1000≤M

根据确定的 RFM 模型框架，卖方可以对客户 RFM 值进行打分，如表 4-2 所示。据此得出，分值高的客户不一定意味着成交金额最高，分值低的客户也不意味着成交金额最低。所以，客户的价值并不是单单指成交金额的高低，还有其他因素的影响。RFM 模型可以对每个客户的质量和价值进行全方位的考量，从而筛选出优质客户，为精细化营销提前做好准备。

表 4-2　RFM 模型应用(举例)

客户	R		F		M		RFM 总分值
	值	得分值	值	得分值	值	得分值	
Tony	730	1	5	5	23	1	7
Mike	504	2	3	3	400	3	8
John	205	3	1	1	150	2	6
Poll	110	4	2	2	2000	5	11
Lucy	36	5	4	4	800	4	13

客户是企业最宝贵的财富，从不同的角度对客户进行分析，有利于商家有针对性地进行客户维护和营销。作为商家，不能仅仅从客户本身属性进行分析，还要分析客户的满意度、忠诚度、购物行为习惯、流失原因等。只有掌握越多的信息，才能越了解客户，从而精准地调整产品及服务。

4. 客户维护

客户维护的目的是加强客户对店铺的记忆，卖方在对客户进行维护时，需要注意方式方法，维护内容及频率，与客户保持长期稳定的合作关系。

根据人的记忆规律，卖方需抓住 1、2、4、7、15 这些时间点。例如，某客户拍下产品，卖方需要在第 1 天发出致谢和关联产品推荐，第 2 天告知货物状态及定向优惠券，第 4 天告知货物动态及店铺活动，第 7 天告知物流状态及优惠券使用提醒，第 15 天更新物流状态及节假日问候。

据相关数据显示，客户满意度提高 5 个百分点，企业的利润可以增加 1 倍。所以，恰当的客户维护显得尤为重要。目前，常见的客户维护方式有售后维护、情感维护、节日维护及促销推送。

(1) 售后维护。客户下单后，卖方发货时需要给客户发送提醒信息，告知发货时间、使用的快递等。并且及时向客户更新物流信息，使客户实时了解货物情况。

售后维护能够帮助客户清楚地知道自己所购买产品的物流情况，从而提高客户的购买体验，提升满意度。需要注意的是，通常情况下，客户购买产品使用 1 周左右的时间后，卖方应询问客户使用产品的感受，听取客户的意见。这样不但能够使客户认为卖方注重客户体验，也能够了解客户的真实想法，从而改进卖方的产品及服务。

(2) 情感维护。卖方做 CRM 的目的是培养客户的忠诚度与满意度，除了资金投入外，情感投资也十分重要。因此，卖方客服人员在与客户沟通时需要更加人性化，注重客户的情绪。当客户生日、重要纪念日时，需要有针对性地发送问候。

(3) 节日维护。关注客户所在国家的节假日情况，通过邮件等形式发送祝福，也可以适当推送促销信息，有时也会得到不错的效果。

(4) 促销推送。卖方发布新品、店铺庆典、日常促销时，可以给客户适当发送优惠券或红包，及时告知客户相关活动信息。但此类信息不宜频率过高、语言太直白，否则容易引起客户不满，效果适得其反。

项目演练 13

小林团队经过本节内容学习后，对 CRM 知识在跨境电商领域的应用有所理解。现在，请各小组帮助小林团队完成以下两个问题。

- Q1：结合【Task 10】内容，设计 A 公司 CRM 应用流程。
- Q2：设计 A 公司店铺 RFM 模型。

【Task 11】熟悉商务洽谈活动

案例：谈判，就要“知己知彼”！

中国某冶金公司需向外商购买一套先进的组合炉设备，中方公司派一位高级工程师与外方代表进行谈判。为了不负使命，这位高工提前做了充分的准备工作，他查找了大量有关冶炼组合炉的资料，花费很大精力对国际市场上组合炉的行情及对方公司的历史和目前经营状况做出详细评估。

谈判开始，外方代表一开口要价$150 万。中方工程师列举各国成交价格，使外方代表目瞪口呆，终以$80 万达成协议。

当谈判购买冶炼自动设备时，外商报价$230 万，经过讨价还价压到$130 万，中方仍不同意，坚持出价$100 万。

外方表示不愿继续谈下去了，把合同往中方工程师面前一扔，说“我们已经做了这么大的让步，贵公司仍不能合作，看来你们没有诚意，这笔生意就算了，明天我们回国了”。中方工程师微微一笑，把手一伸，做了一个优雅的“请”的动作。外商真的走了，冶金公司其他人有些着急，甚至略微埋怨该工程师。工程师说：“放心吧，他们会回来的。同样的设备，去年他们卖给法国只有$95 万，国际市场上这种设备的价格$100 万是正常价格。”果然不出所料，一个星期后，外方代表又回来继续谈判了。

此时，中方工程师向外方点明了他们与法国的成交价格，外方又愣住了，没有想到这位工程师如此了解国际行情，于是不敢再报虚价，只得说：“现在物价上涨的厉害，比不了去年。”工程师说：“每年物价上涨指数没有超过 6%。仅 1 年时间，你们算算，该涨多少？”外方被问得哑口无言，在事实面前，不得不让步，最终以$101 万达成了这笔交易。

【思考】中方在谈判中取得成功的原因，及外方处于不利地位的原因是什么？

【分析】在这个案例中明显可以看出，中方工程师对于谈判技巧的运用更为恰当准确，赢得有利于己方利益的谈判结果。

【分析：外方】外方在此次谈判中处于劣势地位，具体分析如下。

(1) 谈判信息准备不全面，收集、整理对方信息上没有做到准确、详尽。从案例可以看出，其中一个重要的原因是没有认清谈判对象的位置。外方凭借其技术的优势性以及多次进行相类似交易的经验，轻视对手，谈判前没有做好信息收集工作，于是在谈判中步步在对方大量信息的面前陷于被动，一开始就丧失了整个谈判的主动权。

(2) 谈判方案准备不充分。在与对方多次交涉的过程中，外方一直仓促应对，谈判方式较为单一化。产生这种形势的原因有可能是对于此次谈判掉以轻心，没有做充分的市场调研。

(3) 谈判技巧应用不当。在谈判过程中，外方希望使用佯装退出谈判的技巧，迫使中方做出让步，无奈被中方识破，该策略失败。

【分析：中方】中方在此次谈判中，处于绝对优势地位，用大量客观数据给对方施加压力。

(1) 谈判前，评估正确。中方人员对双方依赖关系预测准确，识别对方佯装退出的技巧，使谈判得以顺利进行。

(2) 谈判中，依靠数据掌握主动权。谈判时，援引对方与其他国家合作价格，也提前设想了对方可能反驳的内容，并且运用相关数据加以反击，客观地改变了谈判伊始不合理的双方地位。

(3) 回盘策略较好。从结果价大概处于对方开价一半略低的情况可以推测，中方回盘策略应用较好。

FOCUS

> 商务谈判中的各种技巧，对于在各种商战中为自己赢得有利位置，实现自己利益最大化有着极其重要的作用。需要注意的是，技巧与诡计、花招并不相同，商务谈判技巧要恰如其分，要有理有据。

【Part 11.1】商务洽谈技巧

随着全球一体化的推进，国际、企业间的商务谈判规模、数量均在不断增长。谈判是双方语言交流的过程，语言是谈判的媒介，其传递着诸多信息，因此，如何运用谈判语言技巧对谈判的成败有着关键性作用。商务谈判具体技巧如下。

1. 如何倾听

(1) 适当附和。当客户陈述公事时，谈判人员应注意倾听，并逐条记录，偶尔用强调的语气应和：我同意您(Yes, I agree with you)；您说的对，事情就是那样的(Yes, you are right, it is like that)。

(2) 不懂就问。当谈判人员，遇到听不懂的词汇或句子时，不妨礼貌地“打断”对方，譬如说：对不起，刚才您提到了×××，我没有明白，您可以解释一下吗？(Sorry, you just mentioned about ×××, I did not understand very well, can you kindly explain it to me again?)

客人最忌讳的就是对方不断地点头、微笑，满口“Yes”，但是当他问对方问题时，却回答不上来，这说明他之前的陈述根本没有效果。

(3) 复述重点。当客户陈述完毕时，谈判人员可以简要复述对方所说要点，例如：您刚才所说的重点是这个吗？(Did you mean that we should ×××?)。

2. 如何回答客户的提问

(1) 预前准备。见面前，谈判人员应想好客户会问什么问题，事先准备好答案。

(2) 明确答复。当某个问题，谈判人员不确定如何作答时，一定要告诉客户：我不太确定，等我回去后(打个电话)确认一下，晚上用邮件答复您好吗？(Sorry, I am not sure about this issue, when I go back to the office, I will check it (make several calls) and let you know by mail, is that ok?)

(3) 切中要害。回答问题时，要尽量围绕客户的问题，不要答非所问，东拉西扯。

3. 如何承诺

(1) 爽快答应。当客户提出某个要求，确实是在自己个人能力范围内、不违反公司章程的，可以马上答应客户。可以说：您提的这个要求，我们应该可以做到，很乐意协助您(Yes, it is not a problem, we will be pleased to help you on this issue)。

(2) 切忌爽快答应。当客户要求涉及需要与老板或其他同事沟通协调时，或者提出一些较为苛刻的要求时，一定不要爽快答应。应说：我可以试试(I am not sure but I will try)。也可以说：我会尽力满足您的要求，但我需要与老板还有生产经理沟通一下(I will try to meet your requirements, but I might need to talk to my boss and production manager about this to make sure)。

说这些话的时候，不是为了推诿客户，而是要表现出，谈判人员不管遇到什么困难，都会帮助对方尝试解决的决心。

4. 不纠正、不争辩

(1) 不纠正。谈判是要与客户达成一致，取得合作机会，并不是为了证明谁更专业或者聪明，因此，即使客户在某项专业术语表达上有误，除非影响到报价或合约，否则没有必要进行纠正。

(2) 不争辩。当客户提出某项要求时，即使心存异议，但在能力范围内，尽量解决，不要做无谓的争辩。

Scan Here

观看视频：The business of English。

思考：商务谈判应该注意什么？如何有效开展一次商务谈判？

5. 如何陈述

(1) 认准关键人物。陈述时，目光主要对准决策者，但同时也要顾及其他在场人员。此外，对照自己的清单，出示相应图片、样品、数据资料等，给决策者。

(2) 了解对方个性。如果对方不喜欢啰嗦的陈述，那应以简洁明了的风格阐述。如果对方有兴趣多听，则需详细阐述。

(3) 非英文母语客户，应尽量配合。当客户母语非英文时，应尽量使用简单、易懂的词汇进行陈述，并时不时地关注对方的反应，看他有没有听懂。如果对方并未听懂，应耐心解释。

6. 如何记录

做好会议记录。开始会谈时，应在笔记本上方记下当天日期、公司名、会谈人员等，会谈内容记在上半部分；需要事后确认或回复的，记在下半部分；如客户再三强调的事务，应重点记录。具体会谈内容经整理后，应在当天以邮件形式发送给客户。

7. 如何促成

商务谈判的目的是为了拿到订单，所以以上技巧均是辅助，关键是要及时促成订单。一旦就各项条款达成共识，业务员就可以适时发出促成订单信息。很多业务员不知道如何开口，其实很简单，只要和客户说：您看如果这个条款没有问题，回去后我是不是就可以给你们发个“形式发票”了呢？(If you agree on this term, maybe I can send you the Proforma Invoice when I go back to the office?)

8. 如何结束

(1) 主动提出。假如双方都有结束之意，但是客户不主动提出，我方谈判人员可以主动提出，例如说：我复述一下我们刚才谈过的问题，好吗？(If you don’t mind, I’d like to repeat the key points which we just discussed and make sure we understand each other completely...)

(2) 约定下次会面时间。可以约定下次会面时间，例如：我们下周再见一次，如何？(What about if we have a meeting again next week?)

案例：“Hi, this is my business card”

【客户接待实例 1】

客户：瑞典客户两位。

客户描述：客户在瑞典刚开始经营我公司同类产品，以前是从英国的 Furniture World 进的货，现在想在中国寻找实惠的供应商合作。今天，已去过两家其他工厂。

接待地点：客户看完竞争对手的工厂，驱车到达入住酒店。我要求客户坐地铁过来，竞争工厂用车将客户送到我公司。

时间：2019 年 1 月 28 日，晚 7 时。

以下是接待时的对话，(以下为对话实例，难免有错误)。

Customer (C): Hi, Tom. Where can I see the products, where are we heading for? Factory, office or showroom?

Tom (T): This is our company along with the showroom. You can meet all products there.

C: Where is your factory?

T: Outside downtown, and another one in Guangzhou. We have three factories, we are professional wooden/fiberglass/upholstery producers.

C: How long have you been established?

T: 1998.

C: Well. Such a long time.

此时，我递上名片。

T: Yes. Now our turnover of exportation is around 7 million dollars. We have been in this area for a long time. This is a sofa manufacturer with 3 years history.

C: Do you have catalogue?

T: Yes, besides the web we have catalogue too.

C: Are you a manufacturer or just trading company?

T: We are belonging to a design company. Cooperated with the professional wooden/hardware/fiberglass/veneer furniture manufacturers with a 5 years agreement of design & production. They cannot sell to anyone. So our market towards to the premium market. We offer the stock and material to keep basic sales rate.

C: That sounds great, but if there is any opportunity to see your factory?

T: Maybe after cooperation, but the majority of products that you can see in our warehouse in your inspection. And our producers are dividedly in different cities. For example, this chair was produced in Shaoguan, about 400 kms far. This office chair produced in Zhongshan, about 200 kms far. But usually our QC① and buyer lived in factory to control everything. All packaging must be controlled in our warehouse before being loaded on truck and container. Except for the quality and service, we have competitive point on price because we kept a buying rate each year. Regarding the quantity of each product we can see the currency now and give a nicer price to you.

C: Definitely you are professional. So we will see if we can inspect your goods at your warehouse then.

(1) 到了展厅之后，我先让采购人员准备了水、图册、皮板图册和价格表。客户告诉我，想看某种产品，于是我搬出样品。

T: This piping are full Italian leather with aniline dyed.

C: The leather is better than your competitors, but it seems the cushions are not very thick.

T: Original vintage is 9 cm. This is copied by vintage and if you saw a thick cushion that is wrong production. If the sample is bigger than original, you can only sell 1/5 of original vintage price, but if the sample more like original, it will make it at least 1/3 of original vintage price.

C: Why is there fabric under the cushion?

T: Original is also fabric, but the back cushion is full leather.

将靠垫递给客户，客户表示满意。

T: You see this bend part and angle between saddle leather straps and seat cushion. If you saw original, you will know that.

C: Although I like the thicker one, but you told your goods more like original vintage, perhaps you are right.

T: Please check the polish work and piping.

C: Yes, it is good.

---

① QC：Quality Control 的缩写，中文即“质量控制”。

(2) 客户看第2个产品，脚踏。

C: Very nice. It seems that you really did a long time on this.

T: You see this full leather. The cushion is made of polyurethane foam. Clear curve and clean connection.

C: Sure, can I see its back?

我转了过来，给他看了深胡桃色的背面。

C: Nice.

T: This is full alu. Herman Miller version. We used to receive lawyer letters because as similar as original.

C: Can you do any other colors?

T: We can do 8 colors more. There is color pads at our wed.

C: Thank you.

T: We also can do 4 colors of leather.

(3) 客户看第3个产品，办公椅。

C: Yes, it is very nice quality.

T: You see this is hot seam as original, many people do stitching. And this base is a molded model, many supplier do combinations.

C: Yes, I have seen original vintage at Stockholm, it is hot seam. I believe that you bought an original vintage.

T: You see this ellipse part, it does say "VITRA".

C: You are very familiar with original vintage, too.

T: This chair can do 3 heights. And 120# is more suitable for North European Market.

C: Yes. I was about to ask this question.

T: Please try and feel it.

C: Thank you very much.

(4) 客户看第4个产品，皮垫。

C: Are there any wooden parts downstairs?

T: This is like original vintage, combined by leather cushion. (我拿出一块皮垫)

C: This is exactly what I want.

T: Sorry, this is small space and I cannot get it out.

C: It is enough to see only the part below. It is good.

(5) 客户看第5个产品。

C: Can you do plastics instead of nylon fabric?

T: Yes, but it is more stable when you use the elastic cloth.

C: The chaise is just so so. And price is a little higher.

T: We used 2mm thickness stainless steel tubular and many people used 1.5mm, and we are more stable and our leather is different.

C: Sure. But I have to consider about it. Maybe your company doesn't focus on this item.

T: When you buy together, we can offer a better quote. I am sure you can sell with a nicer price.

C: Sure.

(6) 客户跟我去谈价格。

C: I need 40 chairs with 20 ottomans, what price can you offer me?

T: In actual currency this chair we usually quoted $220/pc, $120/pc for ottoman.

C: Can you do $200/pc for chair and $100/pc for ottoman?

T: If we do sample order, we will quote $400/pc. You saw quality and we never sacrifice quality for price war.

C: This is fine $210/pc and $115/pc.

T: Currency calculated as 1:7.1.

C: It will come back again.

T: When it is back, we will adjust to the rate today.

C: What about CF021?

T: Normally $380/pc. But we can offer $360/pc.

C: Maybe $345/pc then I can take more.

T: What type of container?

C: 40ft or 40hq.

T: OK, I accepted.

C: What about CF035 and CF018?

T: Whole price is normally $230.

C: How is $210?

T: More than 20pcs, we can do.

C: OK, I will try my best for this!

T: Can you do $170 at CF005?

C: Lowest $210, and we only have $10 as profit.

T: I will think about it.

C: OK. That is good. Currently I am very satisfied, nice quality and nice company. I will reply you this week to see if I can place order. Of course I will compare everything then make a decision. By the way, can you send me to the hotel? I visited 2 factories, they all picked me up.

(7) 打电话给司机。

T: I am sorry he seems not here. Can I send you to the railway station? By metro only half an hour. Maybe it will take the whole hour by vehicle.

C: OK. It is fine. But you can get better at customer service.

T: I am very sorry. Because it is our rest time. May I buy ticket for you? When you arrived, there is signal to ×××, directly to the destination.

C: It does not matter. You can leave me at station.

(8) 送客户到地铁站后买了票。

T: Such a shame and next time for inspection I will drive you to.

C: Thank you. You are so kind.

C: What payment method do you accept? What about long-dated letter of credit?

T: Irrevocable letter of credit at sight. And 30% deposit, balance after inspection. In CIF term you can pay when you see scanned bill of lading. If you cannot come, you can send an inspection team.

C: That is fine. But your factory can do better ways.

T: And give the charge until you see your name on the bill of lading.

C: We can think about it, and we talk it later. But I think we have great chance to do business because your quality is very nice.

T: Thank you.

【客户接待实例 2】

办公室迎接+工厂参观+生意洽谈+宴请(以下为对话实例，难免有错误)。

某日，浙江某链条厂的外贸经理 Tom(以下简称 T)接待了一位伊朗客户 Mr. Charles (以下简称 C)，Tom 先安排司机和他的助手 Amanda 把客户从火车站接到了工厂，然后提前在办公楼门口等候。车子到了，Tom 上前替客户打开车门，等客户走出车门后，因为不确定对方有没有宗教禁忌，所以只是把两手合拢搭在小腹前，微微做了个躬礼。

T: Hi, how are you Mr. Charles, nice to meet you, I am Tom.

C: Hi, nice to meet you, Tom.

T: How was the trip, Mr. Charles?

C: Ah, it was ok.

T: That is good.

(1) 会议室座谈。来到会议室，Tom 安排客户坐下，然后坐在客户的邻位。

T: Mr. Charles, What would you like to drink? Coffee, tea or water?

C: Tea will be good.

Amanda 起身去倒茶。Tom 从椅子上半抬起身体，双手将自己的名片递给客户。

T: This is my business card.

Mr. C 接过名片，然后回了一张自己的名片给 Tom。Tom 接过名片后默读了一会儿，把它放在自己的名片夹里，再把公司的宣传册递给了客户。

T: Mr. Charles, this is our brochure.

C: OK.

开始翻看。

Tom 顺着 Mr. C 翻看的顺序，不时用手指着相关画面进行解说。

T: This is our old factory, now we have got bigger workshop. Besides these machines, we just bought another two stamping machines which are imported from Italy. This is our main product and this is the product you are interested in, A120.

Mr. C 边看边点头，表示明白 Tom 的解说。看完宣传册后，Tom 又拿过一本相册，边翻边向 Mr. C 介绍。

T: This is a new machine, this is a different packing way as per clients' requirements.

This is the packing way we will use for your order, what do you think?

C: Yes, it looks nice.

T: So if you like, I can show you around our factory.

C: Good. I'd like to see it.

(2) 工厂参观。Tom 一直保持距离客户前半个身位，边走边向客户介绍设备和车间，同时还要提醒客户留意脚下(因为车间有些地方有较多油渍，并有堆放的链条块)。

T: Mr. Charles, this is our melting workshop, now we have got two melting furnaces, each of them can melt around 10 tons per day. This is our molding workshop. This is our assembly workshop. This is our packing area. Mr. Charles, these products will be shipped to USA and these products will be shipped to Germany. This product is quite similar to your order, what do you think?

C: Yes, it looks nice, but I can see the color of each chain differ from each other, and for my clients, they don't like this problem.

T: I understand what you mean, actually the color has nothing to do with the quality, but if you don't like the color variation, we can have a sample confirmed and then we will try to follow the sample color.

C: That will be good for us.

T: So let's go back to the office and discuss on the new orders.

(3) 会议室第二次座谈。

Tom 的助手已经提前准备好了链条样品、包装样品、文件清单、计算器等物品。

Tom 先检查了一下清单，然后说道：So Mr. Charles, this is the small samples we especially made for you, some are darker and some are lighter, can you confirm to me which one you prefer?

Mr. C 仔细地看了看几个样品。

C: I think this one will be OK.

T: OK, Amanda, let's put a label on each sample confirmed by Mr. Charles.

Amanda 拿来标签，贴在链条上，并注明日期。

T: Mr. Charles, can you check this packing box to see if it is to your requirement.

Mr. C 拿出自己带来的包装盒，与样品进行比对。

C: Tom, you see here, here, and here, they looks not so nice.

T: Can you kindly leave this box to me so that I can follow exactly what you want?

C: Yes, I will leave it to you.

T: Because this is the first time for us to work together, so I will make another box and send it to you by DHL for your final confirmation to be sure no mistakes or misunderstanding.

C: OK, if you do it, I will be happy.

T: So any other questions about our new order? 注意用“我们的”，代替“我的”。

C: Yes, how long do you think we can get the goods?

T: Normally we need two or three weeks, but because this is the first order between us, we will appreciate it if you can give us 4 weeks to ensure the quality.

C: So... (暗暗计算什么时候能收到货物)

T: So, if you confirm the order this week and send the advance payments to us next week, the products can be shipped by the end of September and you will receive them by the end of October in your warehouse.

C: Mmm... OK, I think it is ok.

T: Good. Mr. Charles, if you don't mind, maybe we can sign the PI today so that I can push our purchasing department to prepare the raw materials as soon as possible even before your advance payment arrives.

C: No, I don't mind. I can sign it here.

Tom 拿出事先准备好的两份 PI，用笔填上 "Surface color as per confirmed sample" (也可以重新打印一份，但切不可把客户单独丢在会客室)，然后递给 Mr. Charles。

T: Please check if this PI is ok.

Mr. Charles 仔细检查了 PI，然后签上了名字，自己留一份，递一份给 Tom。

T: Thank you very much, I hope this is the good starting for both of us.

Tom 再次检查了清单，然后提醒 Mr. Charles。

T: Please kindly send me a mail about your consignee and notify party, so that we can book the vessel as soon as possible.

C: Ah, yes, I forgot, I will send it to you tonight when I go back to the hotel.

Tom 把封好的样品递了一个给 Mr. Charles。

T: Maybe you want to bring one piece back to show it to your client. (这样做的好处是让对方放心，但措词应委婉一些。)

C: Ah, yes, I want to.

Tom 看表: Mr. Charles, it is almost lunch time, let's go for lunch!

C: OK.

(4) 与客户进餐。Tom 找了个附近的餐厅，包了一个小房间，安排自己坐在客户的右手边，助手坐在客户的左手边，司机坐在客户的对面。

Tom 手上拿着菜单。

T: Mr. Charles, do you have any special restriction?

C: No, except for pork, the other things will be OK.

T: What about spicy?

C: Ah, I like spicy.

T: So do you have anything you really want to try in China?

C: Mmm, I heard that you have very good shrimp.

T: Ah, maybe I can show you what kind of sea food we have here.

Tom 带 Mr. Charles 到前厅海鲜部(记得带客户选海鲜的时候要考虑到自己的预算，有的客户因为不了解中国餐厅的食物价格，可能会点比较贵的东西)。Mr. Charles 把水箱里的鱼、虾、蟹都看了一遍。

C: Can we try this?

T: Yes, no problem.

吩咐用芝士焗(就烹调方式方面，可以按自己的经验来定，不要事事问客户)，然后主动走到小炒部的样品台前。

T: Mr. Charles, let's look around here, see what you like.

Mr. Charles 跟了过来，好奇地问了各种菜的成分，然后指着一份杭椒牛柳。

C: Maybe this is good.

T: OK. Now we have one shrimp, maybe we can have some vegetables and soup, what do you think Mr. Charles?

这样问客户既表示了尊重，又可以把菜品限制在一定数量内，节省开支。

C: Sounds good.

于是 Tom 点了一盘西兰花和一份菌菇汤，然后和客户一起回到包房内。

T: Mr. Charles, what would you like to drink? Beer or wine?

C: Beer will be OK.

T: So what about Tsingtao beer? Have you tried before?

C: No, never, but I have heard about it.

T: OK, let's try Tsingtao, you might like it.

吩咐服务员来一瓶青岛啤酒(注意中饭时间不要点太多酒，否则会让客户质疑你的职业素质)。

T: Mr. Charles, can you use chopstick or do you want knife and fork?

C: No, chopsticks will be OK for me, it is not the first time for me to come to China.

T: OK. So how many times have you come to China?

C: Mmm... this is the third time.

T: Good. So how many cities have you been before?

C: I have been to Shanghai, Nanjing and Hangzhou.

T: So which city do you like the best?

C: All of them are nice, but I like Hangzhou better.

这时候酒倒好了，Tom 举杯示意。

T: Mr. Charles, Salamati! (波斯语祝您健康的意思，有时候学一两句对方国家的语言，会让客户有意想不到的惊喜，很容易拉近距离。)

客户颇感惊讶，大笑起来。

C: Salamati, Salamati! (气氛变得颇为愉快。)

T: So tell me what you like about Hangzhou.

C: Western Lake is beautiful, especially in summer time.

T: Yes, I agree with you. I like Hangzhou, too. So what do you do in spare time?

C: Normally I will stay at home, watching TV, drinking and talking to my family.

T: You must have a happy family.

C: Yes, I think so.

客户 Mr. Charles 拿家人的照片给 Tom 看。

T: Is this your daughter? She looks beautiful.

C: Thank you.

T: So what does she do?

C: She is still studying in the university.

T: That is good. And what about your son?

C: He is working with me, helping at our store.

T: Good for you.

聊完了家庭，龙虾也上来了。Tom 让服务员用蟹钳把龙虾先分解好。

C: Mr. Charles, please try one. (只要示意就可以了，不要主动为客户夹菜。)

在吃的过程中，Tom 不时与客户举杯 Salamati。等客户停下筷子，Tom 也适时停下筷子。

T: Hosimaze? (波斯语：好吃吗？)

客户又是一个惊奇。

C: Hosimaze, Hosimaze!

T: I am glad you like the food. So after such a long trip, you might want to go back to the hotel and have a rest.

C: Yes, I would like to.

T: So let's drive you to the hotel and then say goodbye to you.

C: It's nice of you. Thank you.

FOCUS

商务礼仪是商业活动中重要的一个环节，是一门交往艺术、沟通礼仪、行为技巧。其通常指的是礼仪在商务行业之内的具体运用，主要泛指商务人员在自己的工作岗位上所应当遵守的行为规范。学习礼仪，可以内强素质、外塑形象、增进交往。

【Part 11.2】商务洽谈礼仪

荀子曰："人无礼则不生，事无礼则不成。"于个人而言，礼仪是一个人文化修养和思想道德的外在表现；于社会而言，礼仪是一个国家总体道德水平和社会文明发展程度的集中体现，是人类文明和社会进步的重要标志。

作为礼仪的一方面，商务礼仪是人们在长期的商务活动中形成的一种约定俗成的行为方式和行为准则，以互相尊重、互相理解为前提，用来约束交易双方的语言和行为，是一门交往艺术。

1. 商务礼仪的基本内容

(1) 仪表仪态。仪表是一个人的外在形象；仪态是一个人的行为和风度。从一个人的衣着是否整洁美观、妆容是否大方得体，可以看出其精神面貌是否积极向上；从一个人的一举一动、面部表情、走路和站立的姿势等，可以感受到其品质和内在修养。

(2) 言谈举止。体现在一个人与他人面对面、电话、邮件交流时的语言习惯和方式，以及在商务活动中的行为习惯和方式。言谈举止是人们日常交往的基本途径，谈话的内容和水平取决于谈话者的思想道德水平和内在修养。

(3) 会客礼仪。会客礼仪指两个或两个以上的公司或企业人员，在商务会谈或访问中要遵循的语言和行为举止的礼仪。

(4) 餐桌礼仪。餐桌礼仪是商务礼仪的重要内容，文明的餐桌礼仪是一个人拥有良好修养的最佳体现。参会人员在和客人共同进餐时，要举止文明，用餐优雅。

2. 商务礼仪的基本原则

(1) 仪表仪态规范。在商务活动中，要做到仪表仪态规范，即衣着整洁美观、仪态端庄大方、待人礼貌亲切。这是对自己的尊重，更是对他人的尊重。着装在个人形象的塑造上起着非常重要的作用，要注意不同的商务场合对于着装的不同要求。

女士着装：发型大方，淡妆，衣着得体，裙子长度适宜，鞋子整洁，面带微笑。切忌浓妆艳抹或不化妆；裙子不应过长或过短；衣服颜色要搭配得当，不能过于花哨；穿裙子时，最好着肤色丝袜，且丝袜不能破洞。

男士着装：发型清爽大方，面部整洁干净，西装平整，鞋子光亮，面带微笑。男士应在大部分商务场合，着西装和皮鞋，颜色以深色系为主，且全身衣服颜色不能超过 3 种，一般来讲，腰带、鞋子、公文包颜色一致。切忌在正式场合着颜色过于鲜艳的衬衫或袜子。

(2) 相互尊重和理解。由于历史和文化的差异，东西方在人生观、价值观等方面都有着相当大的差异，不能以本国风俗习惯强行要求对方。在跨境电商中，可以通过网络或书籍等途径，了解对方国家的风俗习惯和禁忌，做好合作之前的充分准备。在交流沟通的过程中，要尊重和理解对方的文化和信念，尊重文化多样性，使对方感受到己方的企业文化，促进双方的长期合作。

(3) 待人真诚友好。真诚是双方合作的基础。跨境电商的从业人员必须时刻以友好真诚的态度对待他人，给人留下好的印象，提高企业形象。跨境电商的大部分环节在线上完成，双方距离遥远，不可能时刻观测到产品和服务的优劣好坏，因此，更要保持真诚，不能欺骗合作方，具有良好信誉的企业才能获得长足发展。

3. 商务礼仪的基本要求

(1) 注重个人和企业形象。在跨境电商活动中，要时刻注意维护个人和企业的形象，良好的个人形象是企业形象的缩影，而良好的企业形象是企业的无形资产。在现代愈发激烈的市场环境中，一个具有良好形象和信誉的企业，更容易获得社会与各国的信任和支持。

(2) 遵循国内法律法规。我国发布了一系列关于电子商务的相关法律法规，电商企业在商务活动中必须遵循相关法律法规，一切行为都要合乎国际法律，不能有扰乱国家秩序的行为。

(3) 遵循国际准则和规范。跨境电商是涉及多个国家或地区间进行的商品交易，其必须遵循国际准则和规范，不能扰乱国际贸易秩序。

案例：“Dear Sirs,”

发盘(Offers)为例。

Dear Sirs,

We thank you for your email enquiry for our product-leather bags dated January 10th.

In reply, we take pleasure in offering you, subject to our final confirmation, 400 dozen of cow leather bags No. MA 81style at 130 dollars per dozen CIF Los Angeles. Shipment will be effected within 30 days after receipt of the relevant L/C issued by your first class bank in your favor upon signing Sales Contract.

Please note that we have quoted our most favorable price and are unable to entertain any counter-offer.

The offer is firm for two weeks.

Yours truly.

FOCUS

在商务英语对话时，除了电话或当面会谈，还需要和对方时刻保持邮件联系。在双方邮件沟通时，要使用规范而准确的英语表达，尽量避免使用口语化的英语表达方式。

【Part 11.3】商务英语

一般来讲，外贸商务函电，主要包括 8 项内容：标题(The Subject)、称呼(The Salutation)、开头语(The Opening Sentences)、正文(The Body)、结尾语(The Closing Sentence)、祝福语(The Greetings)、签名(The Signature)及附件(Enclosure)。

1. 标题

标题，即发邮件时的主题，位于邮件的“收件人”一栏下面。

主题应该清晰明了，简单说明邮件大意，使收件人看到后可以把邮件迅速转发给相关负责人，不需要读完邮件全部内容才能确定该邮件的主题。对于业务繁忙的公司来讲，这样可以节省很多不必要的时间；对于发件人来讲，可以更快地得到回复。

2. 称呼

称呼，即写信人对邮件接收人的一种称谓，一般的通用称呼语，有几下几种：

✧ 如果知道对方的名字：“Dear ××”。

✧ 如果不知道对方的名字，但是了解对方的职位：“Dear+职位”。例如：“Dear Manager”。

✧ 如果不知道对方的名字，且不了解对方的职位：“Dear Sirs”或“Dear Friend”。

3. 开头语

开头语，没有统一固定的格式，习惯上是客套语和简单必要的自我介绍。开头语一般要和邮件的正文分开，自成一节，语言要尽量简洁明了，避免出现过长的问候语和繁冗复杂的自我介绍。

4. 正文

正文需要遵循简洁明晰的原则，如果开头语没有自我介绍，在正文部分可以对公司和自己做一个简单的介绍。紧接着要表明该邮件的主题和发送邮件的来意，开门见山。

5. 结尾语

结尾语一般用来总结邮件里所谈的事项，再次表达对收件人的请求，例如希望来函、答复询问或寄送样品等。一般在正文结束后，另起一段时也会附加一些官方语言，例如“Looking forward to you reply”或“We hope to receive your early reply”等。

6. 祝福语

祝福语需要单独成行，是在邮件结束时的一种官方客套，与前面的称呼相呼应。祝福语一般不能省略，这是对收件人的一种尊重。常用的几个祝福语，为“Yours faithfully”“Sincerely yours”“Very truly yours”等。

7. 签名

签名，即在祝福语的下方写明发件人的名字，可以在名字后方加上自己的职务和所在公司名称。常常紧随公司名称之后的是公司的办公电话、传真、网站、地址、品牌 logo，以及个人的邮箱和手机号码。签名栏目下的信息可在大方得体、简洁美观的情况下适当调整。

8. 附件

如果邮件中标注“详情请见附件 X”之类的话，要在邮件里添加附件。如果附件不止一个，应该注明“2 Encls.”或“3 Encls.”等。

项目演练 14

小林团队通过本节案例及商务洽谈活动知识的学习后，结合相关资料，对商务洽谈活动技巧、礼仪和用语有了更深入的了解。现在，请各小组帮助小林团队：结合 A 公司产品，模拟商务谈判。

阶段小结

经过本阶段的学习，小林团队对跨境电商客户管理体系进行了重新规划。小林团队根据【沙盘推演】中的任务内容，对优化客户管理体系内容总结如下。

- 电子商务客服，指承接客户咨询、订单业务处理、投诉，并通过各种沟通方式了解客户需求，与客户直接联系解决问题的电商服务人员。电商服务人员需要在售前、售中、售后，及时地进行有技巧的服务。
- CRM 是一种以客户为中心，利用 IT 技术和互联网技术实现整合营销的经营策略。核心在于提升客户满意度和忠诚度，为企业创造利润。
- 随着跨境电商市场的迅猛增长，国际、企业间的商务谈判规模、数量均在不断增长，如何恰如其分、有理有据地利用适当的商务礼仪、技巧和语言，成为保障商务活动顺利进行的重要因素。

第5章 构思优质营销活动

对于这种依靠线上沟通达成商品交易的业务操作流程而言，跨境电商做好网络营销工作显得至关重要。一个优质的营销方案，可以为产品带来流量，为店铺带来活力，为企业带来长足发展，因此构思优质的营销活动是跨境电商业务顺利进行的重要因素。

本章目标

- ☞ 熟悉网络营销理论
- ☞ 掌握优质营销技巧

学习方法建议

☞ 建议按照成员分组情况，以小组为单位，完成以下任务：

T1：重新选定组长；

T2：完成【阶段 4】【项目演练】内容；

T3：由组长带领组员预习本阶段【沙盘推演】内容。

☞ 完成上述 3 个任务后，组长带领组员开始本阶段内容的学习。

学习导航

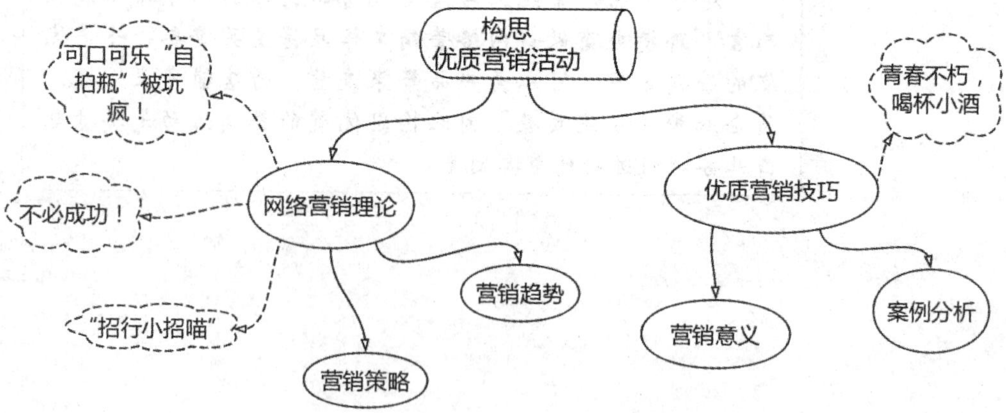

【沙盘推演】阶段 5

小林团队经过前 4 个阶段的跨境知识学习，对跨境电商内涵、渠道优化、产品选择、用户管理等方面进行深入探讨。他们明确了跨境电商是什么；渠道有哪些，每个渠道的特点是什么，跨境人要如何进行渠道选择；跨境电商产品怎么选择，从哪些方面着手进行优化；客户应怎样被管理，CRM 搭建的方案及优化。

随着学习目标的达成，小林团队将工作重心转移至营销活动的策划上。经过团队调研，他们发现跨境电商营销活动种类异常丰富，参与者众多，并且活动时间灵活多变。DHgate 会定期开放活动征集入口，以平台作为组织单位，协调开展营销活动，如图 5-1 所示。

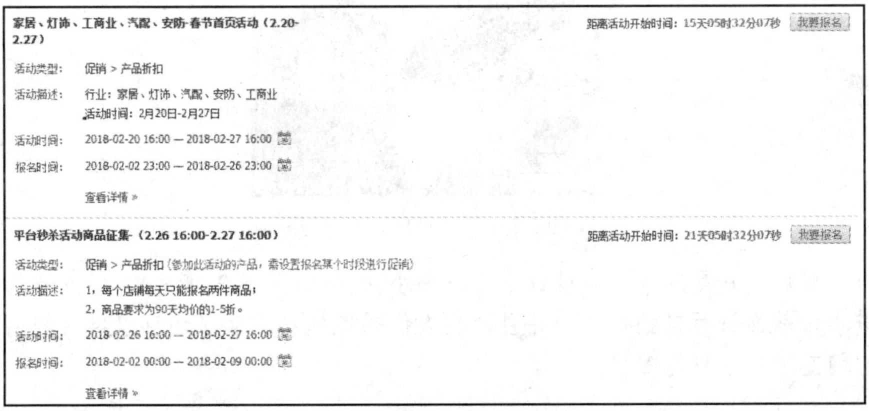

图 5-1　DHgate 平台活动内容

面对各具特点的平台活动，小林团队想针对 A 公司的具体情况，结合行业特征和产品实际，帮助公司选择平台活动并提出优质营销活动方案。

项目任务

经过团队商议、论证，并且结合 A 公司实际生产产品情况，小林团队决定依据跨境电商线上营销特征，从网络营销理论出发，结合营销方法和属性，对产品营销活动进行策划。根据项目任务目标，小林团队承接【阶段 4】内容，继续完成以下项目任务：

- Task 12：熟悉网络营销理论；
- Task 13：掌握优质营销技巧。

【Task 12】熟悉网络营销理论

案例：可口可乐“自拍瓶”被玩疯！

2016 年，由可口可乐发起的“超嗨，自拍可乐瓶”活动，再次开起霸屏模式。会自拍的瓶盖如图 5-2 所示。瞬时，大街上举起可乐瓶 45° 仰望自拍的人随处可见，并且想拍什么背景都可以顺利入镜。

图 5-2　可口可乐：自拍瓶

至于原理，则是瓶盖上多设计出了一个小凹槽(如图 5-3 所示)，以方便用户将手机放进去，从而进行自拍行为。并且，当人们喝完饮料之后，还可以再次利用，解决人们出门忘带自拍杆的困扰。

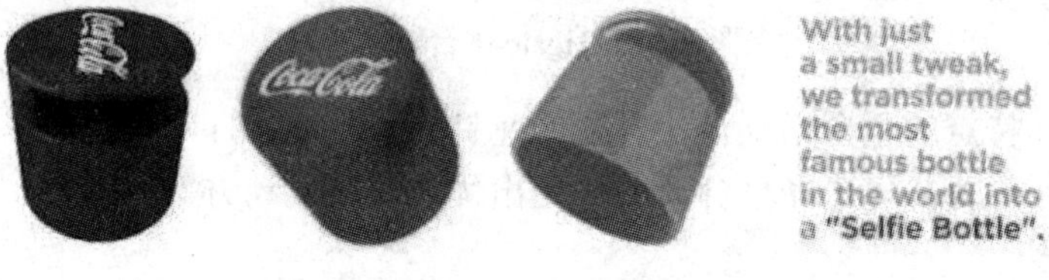

图 5-3　带有小凹槽的可口可乐瓶盖

对于可口可乐公司而言，会将公司 Logo 留在用户照片中，这样在用户将照片分享在 Facebook、Instagram、Snapchat 等社交网站内时，可以让更多的人关注到其品牌可口可乐。

其实，我们对可口可乐的社会化营销思路并不陌生。从礼花瓶、昵称瓶、歌词瓶到台词瓶，可口可乐每一次的营销创意都击中人心。

(1) 礼花瓶。2015 年，可口可乐在日本推出圣诞限量包装版，如图 5-4 所示。用户只需将瓶身包装纸轻轻一拉，包装纸就会折叠成一朵丝带花。

礼花瓶一经推出，迅速走红。很多国内客户纷纷表示，现在连买可口可乐都想找日本代购了。早在 2013 年，这款圣诞礼花瓶就已诞生，最先在哥伦比亚尝试推出时已大受欢迎。2015 年，礼花瓶进入英国、日本市场，均大获好评，销量攀升。

图 5-4　礼花瓶使用方法

(2) 昵称瓶。2013 年夏天，可口可乐模仿其在澳大利亚的营销动作，在中国推出昵称瓶，如图 5-5 所示。昵称中有：白富美、天然呆、高富帅、邻家女孩、纯爷们、有为青年、文艺青年、小萝莉等。昵称瓶的创意迎合了中国的网络文化，促使当季可口可乐独享装销量提升 20%，并一举摘得艾菲奖①全场大奖。

图 5-5　可口可乐：昵称瓶

(3) 歌词瓶。2014 年夏天，“你是我最重要的决定”“阳光总在风雨后”“我和我最后的倔强”“我愿意为你”等几十款流行歌曲歌词，被印在可口可乐的瓶身和易拉罐上，再次引来无数粉丝纷纷抢购可口可乐。这一次出现在瓶身上的歌词，大多来自当下最受欢迎的明星和他们的热门单曲，如图 5-6 所示。

图 5-6　可口可乐：歌词瓶

如果说二十几款昵称瓶已经足够令人眼花缭乱，那么歌词瓶简直是想要多少有多少的节奏。并且，出现的这些歌词均经过精心挑选，从周杰伦到五月天、从世界杯主题曲到毕业季应景歌，歌词瓶考虑到了不同年龄段、不同性别，以及特定人群的喜好。

① 艾菲奖(EFFIE AWARDS)创立于 1968 年，是纽约美国营销协会为表彰每年度投放广告达到目标，并获得优异成绩的广告主、广告公司所专门设置的特别广告奖项。

据可口可乐公司提供的数据显示，仅在当年六月份一个月，歌词瓶就为可口可乐整个汽水饮料带来10%的销量增长。

经过昵称瓶一役，可口可乐对歌词瓶的一系列推广举措可谓轻车熟路，首轮营销节奏极为相似：首先针对 KOL(Key Opinion Leader，意见领袖)进行定制化产品投放，利用 KOL 在社会化网络上的活跃度和影响力，制造信息高点，然后再通过社交媒体引发活跃粉丝的跟进，进而利用社交媒体的扩散作用影响到更多客户。

(4) 台词瓶。2015 年，可口可乐台词瓶来了，如图 5-7 所示。瓶身上的台词均出自中外经典及热门电影电视剧："万万没想到""咱们结婚吧""给你 32 个赞""你是风儿我是沙"等。其再次用社会化营销将客户彻底征服。

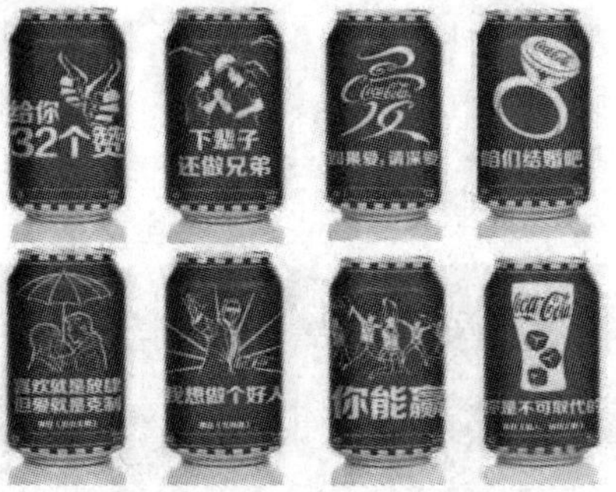

图 5-7　可口可乐：台词瓶

资料整理来源：http://wwv.cyzone.cn/a/20161212/306433.html

FOCUS

在这个网络飞速发展的年代，仅靠单纯的宣传是远远不够的，商家还需把握好热度、掌握住热点，应用恰当的营销手段，达到更好的营销效果。然而，随着买卖双方市场的位移，市场经济下的买方市场愈加被推崇，一个好的商家需要迎合客户需求，从客户角度出发，切实为客户解决问题，并且不断提高产品附加值。

【Part 12.1】营销策略

跨境电子商务网络营销，即伴随世界范围内电子商务的崛起和迅猛发展，许多跨境贸易企业欲开拓国际市场，进而通过互联网平台，利用信息技术与营销推广工具满足企业与客户之间交换概念、产品、服务的需求，并且通过在线活动创造、宣传、传递客户价值，从而对客户关系进行管理，以达到一定营销目的的新型、高效、可行的营销活动。目前，被人们熟知的营销策略分析方法有：5W2H、SWOT、STP、4P、4C、4R、4S 等。

1．5W2H：提问式分析策略

5W2H 策略分析法是以提问的方式给使用者以启发。由于其简单、方便，并且易于理解和使用的特性，5W2H 策略被广泛应用于企业管理和技术活动，其对决策和执行性的活动策划有很强的适用性。

5W2H 是 7 个策略因素首字母的缩写，如图 5-8 所示。

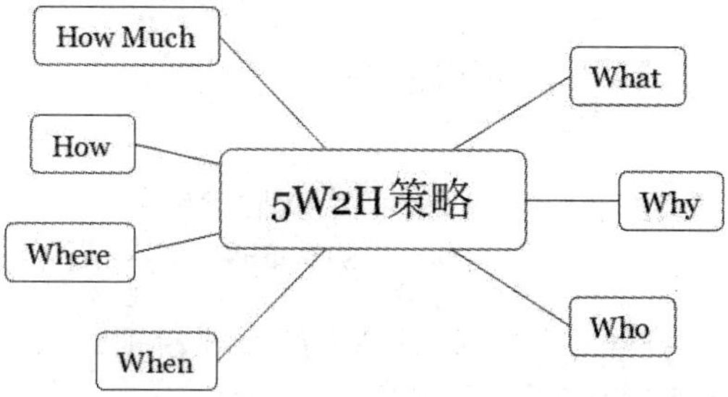

图 5-8　5W2H 策略

✧ What：项目是什么？目的是什么？主要做什么工作？

✧ Why：为什么要做？可不可以做？有没有替代方案？

✧ Who：由谁来做？面向对象是谁？

✧ When：何时？什么时间做？什么时机最适宜？

✧ Where：何处？在哪里做？

✧ How：怎么做？如何提高效率？如何实施？方法是什么？

✧ How Much：做到什么程度？数量如何？质量水平如何？费用产出如何？

5W2H 策略可以准确界定和清晰表述问题，从而提高工作效率，并且其可以帮助使用者有效掌控事件的本质，抓住事件的主干问题。运营者在进行营销方案设计之前，可以应用 5W2H 策略条理化运营思路，更加全面地思考问题，以查漏补缺，进行方案梳理。

2．SWOT：商家自我剖析策略

SWOT 策略分析法即态势分析，指将与研究对象密切相关的各种主要内部 Strengths(优势)、Weaknesses(劣势)和外部的 Opportunities(机会)、Threats(威胁)等，通过调查列举出来，并依照矩阵形式排列，然后用系统分析的思想，把各种因素相互匹配起来加以分析，从中得出一系列相应的结论，而结论通常带有一定决策性的营销策略分析方法，如图 5-9 所示。

运用这种方法可以对研究对象所处的情景进行全面、系统、准确的研究，从而根据研究结果制定相应的发展战略、计划以及对策等。SWOT 策略常常被用于制定商家发展战略和分析竞争对手情况。在战略分析中，它是最常用的方法之一。

图 5-9　SWOT 策略

3．STP：市场定位分析策略

STP 策略是商家战略营销的核心内容，包括 Segmentation(市场细分)、Targeting(目标市场)、Positioning(市场定位)，如图 5-10 所示。它是指企业在一定市场细分的基础上，确定自己的目标市场，然后将产品或服务定位在确定位置的一种营销策略。

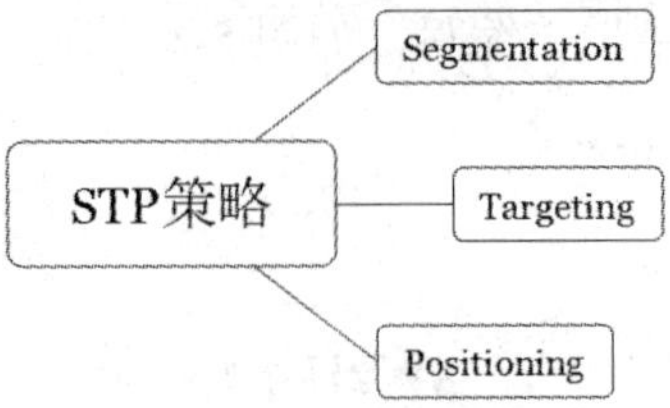

图 5-10　STP 策略

- ✧ Segmentation：指商家根据客户对某个产品或营销组合的不同需求，将市场细分为若干不同群体的过程。
- ✧ Targeting：指企业经过市场评估，从细分市场中选出的目标市场。
- ✧ Positioning：指在营销过程中，企业将其产品或服务确定在目标市场中的某一位置，即确定自己的产品或服务在目标市场中的竞争地位，亦称“竞争性定位”。

STP 策略的根本要义在于市场定位。市场是一个综合体，是多层次、多元化的消费需求集合体，任何企业都无法满足客户所有的需求，因此商家应根据不同需求、购买力等因素把市场细分为由相似需求构成的消费群，即若干子市场。然后，商家可以根据自身战略和产品情况从子市场中选取有一定规模和发展前景，并且符合商家目标和能力的细分市场作为商家的目标市场。最后，商家需要将产品定位在目标客户所偏好的位置上，并通过一系列营销活动向目标客户传达这一定位信息，让他们注意到品牌，并感知到这就是他们所需要的产品。

⊙　*E.G.*

美国米勒公司营销案。

在 20 世纪 60 年代末，米勒啤酒公司在美国啤酒业排名第八，市场份额仅为 8%，与百威、蓝带等知名品牌相距甚远。为了改变这种现状，米勒公司决定采取积极进攻的市场战略。

他们首先进行了市场调查。通过调查发现，若按使用率对啤酒市场进行细分，啤酒饮用者可细分为轻度饮用者和重度饮用者，而前者人数虽多，但饮用量却只有后者的 1/8。

他们还发现，重度饮用者有着以下特征：多是蓝领阶层；每天看电视 3 个小时以上；爱好体育运动。米勒公司决定把目标市场定在重度饮用者身上，并果断决定对米勒的“海雷夫”牌啤酒进行重新定位。

重新定位从广告开始。他们首先在电视台特约了一个“米勒天地”的栏目，广告主题变成了“你有多少时间，我们就有多少啤酒”，以吸引那些“啤酒坛子”。广告画面中出现的尽是些激动人心的场面：船员们神情专注地在迷雾中驾驶轮船，年青人骑着摩托冲下陡坡，钻井工人奋力止住井喷等。结果，“海雷夫”的重新定位战略取得了很大的成功。到了 1978 年，这个牌子的啤酒年销售达 2000 万箱，仅次于 AB 公司的百威啤酒，在美名列第二。

总体来说，STP 策略有助于商家发掘市场机会、开拓市场，并且商家能够充分利用现有资源，获得竞争优势，还有利于商家了解各细分市场的特点，制定并调整营销策略。

4．4P：以产品销售为导向

4P 营销策略，从商家角度出发，以产品销售为导向，包含 Product(产品)、Price(价格)、Place(渠道)、Promotion(促销)，如图 5-11 所示。

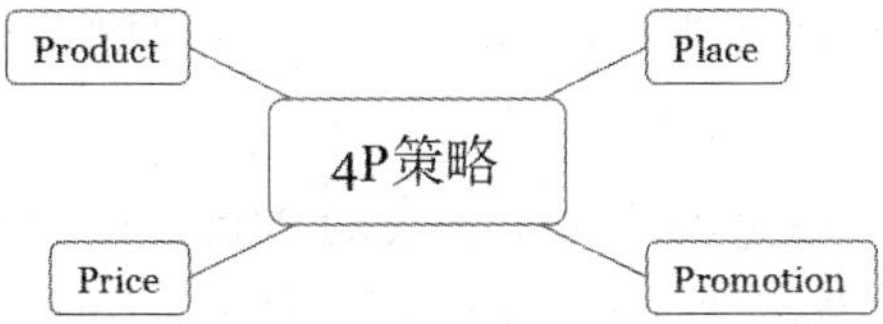

图 5-11　4P 策略

- ✧ Product：指商家提供给目标市场的货物、服务的集合，主要包括产品的实体、服务、品牌、包装等。
- ✧ Price：指商家出售产品所追求的经济回报，主要包括产品基本价格、折扣价格、付款时间、借贷条件等。
- ✧ Place：指商家为使其产品进入目标市场所组织、实施的各种活动，主要包括分销渠道、储存设施、运输设施、存货控制等。
- ✧ Promotion：指商家利用各种信息载体与目标市场进行沟通的传播活动，包括广告、人员推销、营业推广与公共关系等。

⊙　*E.G.*

宜家产品定位：“提供种类繁多、美观实用、百姓买得起的家居用品。”

宜家在追求产品美观实用的基础上，保持低价策略，并且此种策略贯穿于产品设计(造型、选材等)、OEM 厂商的选择管理、物流设计、物流管理的整个流程。宜家的渠道策略表现在宜家卖场的成功运营。

宜家品牌的真正核心，是让客户成为品牌传播者。就像英国一家媒体评价宜家：“它不仅仅是一个店，它是一个宗教；它不是在卖家具，它在为你搭起一个梦想。”

宜家深谙口碑传播之道，并进行着看似原始、笨拙，实则高效、完美的运作。

由于 4P 策略基本涵盖商家营销的整个生命周期，可以清楚直观地解析商家价值营销的过程，并且紧密联系产品，从产品的生产加工一直到交换消费，其都可以完整地体现商品交易的整个环节。因此，4P 策略对于商家而言，可以帮助商家更容易掌握和监控产品运营环节，并随市场变化及时做出相应反馈。

但是，4P 营销策略是以商家利益为导向，以追求商家利润最大化为原则，难以避免商家与客户之间的矛盾。由于 4P 策略并不从客户需求出发，其成本加利润法则往往不被客户所采纳，而商家也不会将客户利益放于首位，只是通过各种渠道让客户了解他们的产品，所以这种做法会加剧商家与客户之间的距离。

5．4C：以满足客户需求为导向

4C 营销策略，从客户角度出发，以满足客户需求为导向，包含 Consumer(客户)、Cost(成本)、Convenience(便利)、Communication(沟通)，如图 5-12 所示。

- ✧ Consumer：指客户的需要和欲望(The Needs and Wants of Consumer)。商家要把客户需求放在首位，满足客户的需求和欲望比产品功能更重要，不能仅仅卖商家想制造的产品，而是要提供客户确实想买的产品。

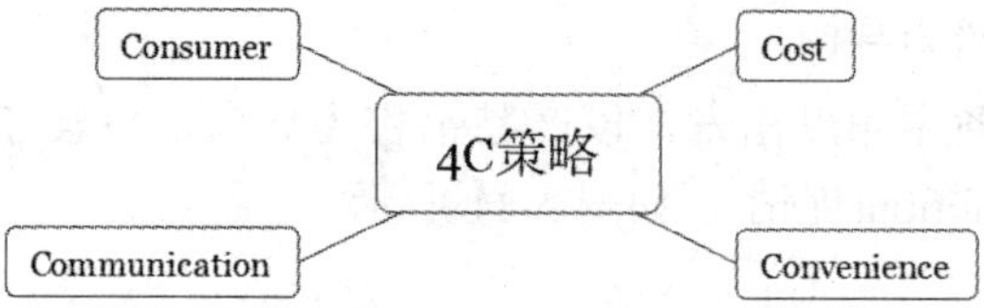

图 5-12　4C 策略

✧ Cost：指客户获得满足的成本(Cost and Value to Satisfy Consumer Needs and Wants)，或是客户满足自己的需要和欲望愿意付出的成本价格。

✧ Convenience：指购买的方便性(Convenience to Buy)。比之传统的营销渠道，4C 策略的观念更重视服务环节在销售过程中的表现，强调为客户提供便利，使客户不仅购买到商品也能购买到便利。

✧ Communication：指与客户沟通(Communication with Consumer)。商家在产品销售时，不能仅依靠单向劝导客户，更要着眼于双向沟通的加强。

⊙ *E.G.*

宝洁以客户愿意付出的成本为定价原则。

宝洁最初进入中国市场时，主打高品质、高价位品牌形象。虽然当时中国客户的收入并不高，但宝洁仍将自己的产品定位高价，价格是国内品牌的 3～5 倍，但要比进口品牌便宜 1～2 元。而这正切中了我国客户崇尚名牌的购买心理，愿意以较高的价格购买这些产品，这使宝洁拥有着强大的市场竞争力，使其得以在洗护用品商场内脱颖而出。而现阶段，宝洁根据市场调节，其产品继续保持高品质，但价格却更为大众化。

4C 营销策略注重以客户需求为导向，克服了 4P 策略只从商家角度考虑问题的局限。但是其立足的是客户导向而不是竞争导向，而在实际市场竞争中，商家不仅要考虑到客户，也需要考虑到竞争对手。另外，4C 策略在强调满足客户需求时，忽略了商家实际的产品情况。更为重要的是，4C 策略仍然没有体现既可以赢得客户又可以长期拥有客户的关系营销思想，只是被动迎合客户需求，没有解决满足客户需求的实质性问题。

6．4R：以竞争为导向

4R 营销策略，从客户角度出发，以竞争为导向，包含 Relevance(关联)、Reaction(反应)、Relationship(关系)、Reward(回报)，如图 5-13 所示。该策略提出，随着市场的发展，商家需要与客户之间建立新型互动关系。

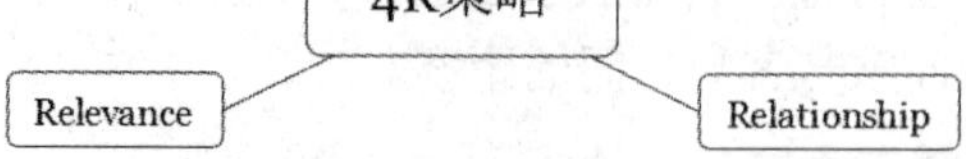

图 5-13　4R 策略

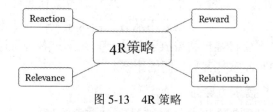

✧ Relevance：商家须紧密联系客户。商家通过某些有效的方式在业务、需求等方面与客户建立关联，形成一种互助、互求、互需的关系。从而减少客户的流失，以此来提高客户忠诚度，赢得长期而稳定的市场。

✧ Reaction：商家须提高对市场的反应速度。在相互渗透、相互影响的市场中，对商家来说最现实的问题不在于如何制定、实施计划，而在于如何及时地倾听客户的反馈，并及时做出反馈来应答客户的需求。

✧ Relationship：商家须重视与客户间的互动关系。如今抢占市场的关键已逐渐转变为与客户建立长期而稳固的关系，建立起与客户的互动关系。

✧ Reward：回报是营销的源泉。由于营销目标需要注重产出，注重商家在营销活动中的回报，所以商家要满足客户需求，为客户提供价值，不能做无用的事情。一方面，回报是维持市场关系的必要条件；另一方面，追求回报是营销发展的动力，营销的最终价值在于其是否能给商家带来短期或长期的收入能力。

⊙ *E.G.*

ZARA 不只是卖服装。

“一流的形象，二流的产品，三流的价格”是 ZARA 与客户建立稳定需求关系的前提和基础。对于 ZARA 而言，他们不仅仅是卖服装，而是将对流行时尚的承诺兑现给客户。经市场证明，ZARA 依靠其独特的“少量、多款”销售策略与客户建立起稳定而良好的关系。ZARA 几乎不做广告宣传，广告成本仅占销售额的 0～0.3%，而行业平均水平在 3.2%左右，但是 ZARA 公司却以 16.2%的利润率将美国第一大服装零售商 GAP(利润率为 10.9%)远远抛于身后。

4R 营销策略以竞争为导向，弥补了 4C 策略的不足，着眼于在商家与客户之间建立互动双赢的关系，不仅积极地满足客户的需求，而且主动地创造需求，通过关联、关系、反应等形式建立与客户独特的关系，把商家与客户联系在一起，形成竞争优势。

此外，4R 策略提出了如何建立关系、长期拥有客户、保证长期利益的具体操作方式，真正体现并落实了关系营销的思想。但是 4R 策略要求与客户建立关联，需要实力基础或某些特殊条件，并不是任何商家都可以轻易做到的。

7. 4S：以“客户占有”为导向

4S 营销策略，从客户角度出发，以“客户占有”为导向，包含 Satisfaction(满意)、Service(服务)、Speed(速度)、Sincerity(诚意)，如图 5-14 所示。

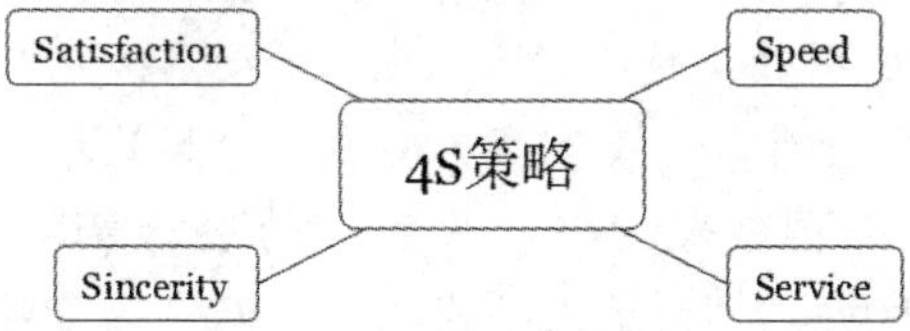

图 5-14　4S 策略

✧ Satisfaction：指以客户满意为中心，商家站在客户立场上考虑和解决问题。

✧ Service：指服务人员随时以笑脸相迎客户。

✧ Speed：指不让客户久等，服务人员可以迅速地接待、办理业务。

✧ Sincerity：指商家以具体化的微笑与速度，通过实际行动与诚意打动每一位客户。

⊙ *E.G.*

宝洁做到了尽一切可能了解客户需求，使客户满意。

早在 1924 年，宝洁就成立了客户研究机构，成为在美国工业领域率先运用科学分析方法了解客户需求的公司之一。此外，为了了解商家与客户的关联程度，宝洁公司每年运用多种市场调研工具和技术，切实了解他们的需求。

宝洁一直立足为客户提供方便，建立了包括公司网站与产品网站在内的完善体系，将其作为信息发布、品牌推广、服务支持的平台，目前客户还可以通过网络实名到宝洁的产品网站快速了解所需要的信息。

宝洁公司为了给客户提供最便利的服务，雇佣“现场调查员”进行逐门逐户的访问，向客户了解他们对于宝洁产品的各种意见，这种方法一直沿用至今。

此外，宝洁公司还是世界上最早采用免费电话与客户沟通的公司之一，他们建立了庞大的数据库，把客户意见及时反馈给产品开发部，以求产品的改进。迄今为止，宝洁公司每年用多种工具和技术与全世界超过700万客户进行了交流。

4S的营销战略强调从客户需求出发，打破商家传统的市场占有率推销模式，建立起一种全新的“客户占有”的营销导向思路。要求商家对产品、服务、品牌不断进行定期定量以及对客户的满意指数进行综合性的测评，以服务品质最优化为目标，使客户满意度最大化，进而提升客户忠诚度。

然而，对于一个商家来讲，要想达到客户满意，并且树立起商家的独特品牌，有相当大的难度。这不仅涉及企业的决策层，也关系到内部上上下下每一位员工的态度，更对企业文化提出了非常高的要求。因此，鲜有商家可以达到4S营销策略的要求。

⊙ *Tips For You*

4P、4C、4R、4S这四种营销理论，在实际应用当中并不冲突，也不存在替代关系。商家在应用时，需结合自身情况，进行策略选择，也可以同时应用多种策略。

案例：你不必背负那么多，也不必成功！——京东这支广告扎心了！

2017年9月18日，在处处宣传“成功学”的当下，一支由京东小金库推出的扎心广告“你不必成功”，“得罪”了所有的“成功人士”，却赢得“挫败人士”全网迅速转发。据爱奇艺数据显示，视频一经播出，9月20日已获得6944的播放次数，10月20日仍然有1.6万次的播放次数。

京东近几年营销广告一直以这类洞察人心式的“风油精”长文案形式出现。此次这篇《你不必》，整篇文案围绕着“个人兴趣”“办公场景”“街坊邻里”“心怀梦想”“改变自己”“精于人情世故”“为他人活出精彩”7个场景娓娓道来，唤起人们心中的共鸣，让看到的人自愿与之站在一起，从而分享出去。

Scan Here

观看视频：京东广告——你不必成功。

思考：这支广告扎心何处？长文案应该怎样“走心”？

因为每一个文字的背后，都是一个曾经的你。

面对生活，背对自己。把“不必”二字去掉，其实才是赤裸的生活真相。不过，京东小金库这组文案好在最后落点清晰——别用所谓的成功，定义你的人生。

逐步稀释成功的分量，再一并瓦解成功的释义。

这组文案假装与人同仇敌忾，再在一片混乱中占据利益关联点，打动那些为了成功，而与生活锱铢必较(对金钱分文必争)的人，吃得下这颗“安利”的，便是京东小金库的潜在用户。

资料整理来源：http://www.sohu.com/a/193595501_99967244

http://www.ylwl9277.com/qdd5201/vip_doc/6503806.htm

FOCUS

数据统计，2015 年网络营销广告收入规模达到 2136.3 亿元人民币，同比增长 36.5%，连续六年增速保持在 35%以上，稳坐国内第一大广告媒体宝座，成为社会媒体中的焦点。并且，内容营销、关系营销和数据营销成为网络营销新趋势。

【Part 12.2】网络营销趋势

从营销渠道变迁和发展来看，对于跨境电商营销而言，内容营销是基础，关系营销是必然，数据营销是趋势。

内容营销专注于信息本身，使产品变得更具有吸引力；关系营销在于关系搭建，使产品更深入人心；数据营销改变的是营销方式，使产品变得更加精准有效。跨境电商营销的根本不在于使用什么样的营销渠道，而在于用什么样的方式来使用这些营销渠道。目前，跨境电商企业需以内容营销为基础，加强企业与客户间的关系建立，使各营销渠道上传递的信息更能吸引客户眼球。未来，跨境电商企业需抓住数据营销的趋势，构建自有数据处理平台，达到个性化精准营销的目的。

1. 内容营销是基础

对于跨境电商而言，传递给潜在客户的信息内容是关键，即内容营销是基础。内容营销是一种“巧”营销，其通过创造和传播相关性较强、有价值的内容，以吸引目标人群的关注，进而达到品牌推广和销量提升的目的。

内容营销无处不在：在 SEM(Search Engine Marketing，搜索引擎营销)中，SEO(Search Engine Optimization，搜索引擎优化)和关键词竞价都与网站的内容质量高度相关，网站联盟广告的内容也是提高点击率的关键；在 SNS(Social Network Site，社交媒体)中，只有发布有创意的、有趣的或者有用的内容，才能吸引粉丝并留住粉丝；在 EDM(E-mail Direct Marketing，电子邮件营销)中，如果邮件内容仅是优惠促销信息，必然引起用户退订……无论是跨境电商平台、独立站，还是平台卖家，都应重视内容营销，做好基础的信息内容优化。

案例：24 小时曝光超 3000 万，“招行小招喵”又刷屏了

2018 年 7 月 10 日 14 时讯，世界杯休息这两天，朋友圈被一个“储蓄罐”刷屏了。这个“储蓄罐”戳中了很多人的泪点，尤其是职场爸爸、职场妈妈，引发了微博和朋友圈又一轮刷屏。

视频的名字叫做《这一刻，你会如何选择》，是招商银行小招喵智能储蓄罐的广告片，和招行此前的广告片一脉相承，讲述的故事依旧很动人。

视频讲述一个叫做哆哆的小姑娘，希望爸爸能够多陪陪自己，但爸爸工作太忙总是要加班，错过了哆哆很多重要的日子。在哆哆的生日会上，爸爸因为临时加班再次缺席，哆哆在电话中向爸爸要了一份生日礼物：一个智能存钱罐。哆哆表现好的时候，就可以通过储蓄罐上的小屏幕，看到爸爸妈妈发送的零花钱。其中，帮忙做家务 5 元，按时睡觉 10 元，得到老师表扬 20 元……当别的小朋友来家里玩，想带走存钱罐时，哆哆不肯，妈妈说她不愿意分享，她终于忍不住大哭，原来她那么在意这个存钱罐，是因为妈妈曾问爸爸“你是不是卖给公司了”，而哆哆想存够了钱“把爸爸买回来”。看到 3 分 20 秒时哆哆的委屈与眼泪，相信很多父母都泪盈于睫。视频看完了，不禁想起一句话：父母总想给孩子全世界，但孩子更想留住你。

不得不说，这就是当前很多人的现状——努力工作，为孩子创造更好的条件？还是将物质条件放在第二位，先陪伴在孩子左右？这是一道爱的无解题。世界很大，我们的心却很小。给她更高档的玩具，更丰盛的美食，更优越的物质条件就是幸福，或许只是父母的一厢情愿，但摆在现实面前，很多时候又是父母必须为孩子做的。

从番茄炒蛋的“你的世界大于全世界”到智能存钱罐的“存下的不止世界”，招行的广告片总是能够洞察人性，温情而不煽情，引发受众内心深处的共鸣。

Scan Here

观看视频：招行留学信用卡——“你的世界大于全世界”。

思考：这支广告扎心之处在哪里？结合哪种社会现象，引起共鸣？

Scan Here

观看视频：招行小招喵——“这一刻，你会如何选择”。

思考：这支广告扎心之处在哪里？内容营销，究竟应如何操作？

从各大平台不完全统计的数据来看，不到 24 小时，这个“储蓄罐”视频在各个平台的曝光量就接近 3000 万，点击量接近 700 万。并不是每一次让你哭的广告才算是洞察人性，有时候，那些对于人与人之间感情的洞察与挖掘，往往更能够打动人心。“番茄炒蛋”对于留学生的洞察，触动了“慈母手中线”“游子身上衣”两代人的心；这一次“储蓄罐”对于成长与陪伴的洞察，又再次印证了那句“陪伴是最长情的告白”。正是凭借精准的受众洞察和细腻走心的文案和故事情节，招行的广告才会引发大众共鸣，让潜在客户对其产生价值观上的认同感。

资料整理来源：http://t.cn/RdQPtM6

FOCUS

根据案例，内容营销与关系营销的结合势在必行。内容营销是基础，将产品与市场、社会结合，通过精准的受众洞察、细腻的文案、走心的故事引发大众共鸣，使潜在客户对产品价值产生共鸣，进而认同产品，即产生关系营销。

1. 关系营销是必然

关系营销的概念，最早由学者 Berry 于 1983 年提出，他将其界定为“吸引、保持以及加强客户关系”，这一概念的提出促使企业纷纷从简单的交易性营销转向关系营销模式，即在企业与客户和其他利益相关者之间建立、保持并稳固一种长远的关系，进而实现信息及其他价值的相互交换。1996 年，他又进一步把关系营销定义为“通过满足客户的想法和需求，进而赢得客户的偏爱和忠诚”的一种营销方式。

关系营销区别于传统营销模式，体现在以下三点：

(1) 营销核心。传统营销的核心是交易，关心如何实现交易和吸引新客户；关系营销的核心是关系，强调如何保持与客户友好关系，获取忠诚客户。

(2) 营销对象。传统营销的营销对象只是客户；关系营销的营销对象则包括客户、供应商、员工、分销商等与企业利益相关的多重市场。

(3) 营销部门。传统的营销部门职责就是完成企业的营销任务，其他的部门很少直接参与企业营销活动；奉行关系营销思想的企业，其营销任务不仅仅由营销部门完成，许多其他部门也积极参与和各方建立良好关系，营销部门成了关系营销的协调中心。

2. 数据营销是趋势

传统营销中，企业通过抽样统计来了解客户需求，其获得的客户需求信息往往是粗糙的，甚至是误导性的。而如今，在云计算等技术的推动下，大数据发展日趋成熟。利用大数据，企业可以获取每一个客户的信息，进行分析并预测客户行为，从而真正做到以客户为中心。

数据营销正是基于大量的数据，依托大数据技术来进行营销活动。期望实现数据营销的企业，一方面，需要拥有大量的数据，当前的跨境电商企业，通过网站、平台等都能获取大量的数据；另一方面，企业需要有数据处理平台，然而构建数据处理平台的软硬件投资巨大，非一般公司所能承受。因此，直接利用数据营销的是少数大型平台企业(例如 Amazon)，大部分企业仅仅是通过第三方营销服务机构间接使用大数据。

但是随着高新技术的发展，数据营销是跨境电商营销新趋势。区别于传统营销，数据营销的优势体现在以下三点：

(1) 提升营销效果。数据营销可以让营销信息在合适的时间，通过合适的载体，以合适的方式，传递给合适的客户，这将有效帮助跨境电商企业提升营销效果。

(2) 深入了解客户。数据营销将使跨境电商企业克服跨文化交流障碍，让企业真正了解客户，实现“本土化”营销。

(3) 降低成本。随着技术的发展，构建大数据平台的成本将会逐渐下降，更多企业会引进数据营销模式。企业通过采用此种模式，营销方向将会更加精准，营销对象将会更加明确，因而有效降低营销成本。

项目演练 15

小林团队经过本节案例及营销方法的学习后，对 A 公司网络营销策划方案有了基本构想。现在，请各小组帮助小林团队：应用适当的营销策略，为 A 公司策划营销方案。

【Task 13】掌握优质营销技巧

案例：青春不朽，喝杯小酒——我是江小白，生活很简单

2013 年，“我是江小白”青春小酒扑面袭来。一改近几年白酒市场的不景气现象，一款单价 20 元的白酒品牌——江小白，以黑马之势席卷市场，公司年销售额保持几近 100%增长，年销售额达到 3 亿元人民币。江小白的包装如图 5-15 所示。

图 5-15　江小白

中国的白酒市场一直由传统五大巨头——茅台、五粮液、泸州老窖、沱牌郎酒、洋河等名酒品牌占据，后期品牌能够发挥的空间并不大，很多新兴品牌奋斗多年依然无法撕开一个市场的缺口。但江小白却在努力重新定义一个市场空间，而非攫取已有的。

江小白有这么一段简介：

江小白提倡直面青春，不回避、不惧怕。与其让情绪煎熬压抑，不如任其释放。

从这段简介中可以看出，江小白将目标人群定位在“有情绪”“青春”的年轻群体，江小白按照年轻人的喜好打造了全新的品牌，无论是产品的外包装，还是产品口感等方面，都进行了大胆的尝试，极力吸引这群年轻用户群体的注意力。

经过调研发现，这群年轻人处在毕业与进入社会的过渡期，事业还未发展稳定，友情和爱情都经受着巨大的考验，正是充满了情绪却无处释放的时候，需要借助一个渠道去宣泄，这就是江小白定位的目标客户群体。

我把所有人都喝趴下，只为和你说句悄悄话。

走一些弯路，也好过原地踏步。

这些文艺的文案，直接击中用户的情感痛点，让白酒成为疏解压力的窗口。

在江小白问世之前，白酒在人们心中的印象一直是：圆桌文化、身份和阶层的象征、父辈交际必需品、与年轻人无关、一醉方休……

在江小白的“表达瓶”上市之后，白酒也可以成为三五好友小聚小饮，或者一个人自斟自酌的饮品，简单纯粹。

单瓶重达 2L，只有 25° 的清淡型高粱酒“拾人饮”(如图 5-16 所示)的上市，针对的则是单位的团队建设、年会、部门聚餐等，来满足团队在一起沟通感情，其文案也更简单、立志，具有激励性。

图 5-16　江小白“拾人饮”

江小白几乎从不在主流媒体做广告。除去地铁广告，江小白基本没有传统的营销方式，利用得最多的是免费的社交媒体。对于社交媒体的使用，江小白的微博营销显示出几个鲜明的特点：

首先，长文案的植入，将有意思的话题与江小白的产品联系在一起。

其次，对应自己的品牌形象，将微博的运营完全拟人化。在所有的热点事件时发声，表明自己的态度。

最后，利用微博互动作为线上工具，组织线下活动，并与线上形成互动，以增强粉丝黏性。除了微博，微信也成为江小白的营销渠道之一。

> Scan Here
>
> 观看视频：江小白营销渠道。
>
> 思考：如何更好地结合新媒体策划营销方案？

资料整理来源：http://www.sohu.com/a/202810261_482568

FOCUS

> 网络营销，通俗来讲，即企业通过网络渠道来宣传自己、推广自己的产品或服务。在这个网络飞速发展的年代，仅靠单纯的宣传往往是不够的，重要的是把握好市场热度，辅之以恰当的营销手段，在适当的时候，进行适宜的宣传，推出合适的产品，是网络营销达到爆炸性效果的精髓所在。

【Part 13.1】网络营销意义

网络营销是以互联网为主要手段的一种新型营销手段，在企业经营策略中发挥着越来越重要的作用，网络营销的价值也被越来越多的实践应用所证实。其是以现代电子技术和通信技术的应用与发展为基础，与市场的变革和竞争及营销观念的转变密切相关的一门新学科。

网络营销相对于传统的市场营销，在许多方面存在着明显的优势，更重要的是，网络营销对企业实现营销目标、降低营销成本、提高市场占有率、有效服务客户等方面具有非常重要的现实意义。

1. 实现营销目标

网络营销具有极强的互动性，可以帮助企业实现全程营销的目标。不论是传统营销管理强调的 4P 策略，还是现代营销管理所追求的 4C 策略，都需要遵循一个前提，即企业须实行全程营销，需要从产品的设计阶段开始充分考虑客户的需求和意愿。

但是，由于企业和客户之间缺乏合适的沟通渠道或沟通成本过高，客户一般只能针对现有产品提出建议或批评，对策划、构思、设计中的产品则难以涉足。此外，大多数中小企业也缺乏足够的资本用于了解客户的各种潜在需求，这些企业只能靠自身能力或参照市场领导者的策略，甚至根据遇到的偶然机会进行产品开发。

而在网络环境下，这种状况将会有较大的改观。不管是大型企业，还是中小企业，均可以通过电子布告栏、线上讨论社区和电子邮件等方式，以极低的成本在营销的全过程中对客户进行即时的信息搜集。同时，客户也可以借助线上渠道，对产品的设计、包装、定价、服务等提出自己的建议。

网络营销通过这种双向互动的沟通方式，使客户提高对产品设计的参与性和积极性，企业提高营销策略的针对性和准确性，从而帮助企业实现全程营销的目标。

2. 降低营销成本

网络营销有利于降低企业的营销成本。尽管建立和维护公司的线上渠道需要一定的资本投入，但是与其他销售渠道相比，网络营销的成本已经降低了。

(1) 降低材料等费用。网络营销所有的营销材料都存储在网络里，不仅产品特征、公司简介等信息可供客户随时查询，而且可以实现实时更新功能，从而节省打印、包装、存储、交通等费用。

(2) 节省广告宣传费用。与传统渠道宣传相比，网络营销在宣传范围的广度和内容深度方面均具有优越性，并且效果好。据相关研究显示，使用互联网作为广告媒介进行营销活动，其结果是增加 10 倍销量的同时，花费却仅为传统广告预算的 1/10，其中，广告发布费用仅为传统媒体的 3%。

(3) 降低调研费用。随着数据时代的逼近，营销调研愈加重要。而互联网的引入，为市场调研范围的扩大和调研费用的降低提供了有利条件。

(4) 节约运作成本。网络营销不仅可以提高售后服务效率，也可以有效降低企业运作成本。传统的售后服务主要运用电话、书信等通信手段，不但需要的人多，还常常会造成延误，引起纠纷。而在应用网络营销之后，企业可在网页上提供精心设计的“商品注意事项”“问题解答”“使用程序”等资料，这样，客户可随时查询，企业几乎不需要多少费用就能把小问题“扼杀在摇篮里”，将大问题在低成本条件下及时解决掉。

3. 提高市场占有率

网络营销能够帮助企业增加销售、提高市场占有率。

一方面，企业可以通过网络营销模式，为客户提供 24 小时不间断的零距离售后服务，增加企业与客户的接触机会，从而更好地维护商客关系。

另一方面，网络营销可以把广告和订购连为一体，促成购买意愿。传统的广告与订购是分开的，虽然广告媒体可能抓住了客户的注意力，使客户产生购买意愿，但需要客户以另外的方式主动表达或亲自去实体店购买，这就导致有些客户因不方便前往店铺购买而放弃此次行为。而在线上渠道，客户可选择打印订购单或直接点击跳转产品页面，即可进入更加快速、直接的购买渠道，完成购买行为。

除此之外，企业通过互联网络，可以即时连通国际市场、减少市场壁垒，以提高市场占有率。互联网络为企业创造了一个即时全球社区，削弱了不同国家或地区间企业与客户的地域等沟通障碍，为国际市场竞争带来了更多的公平，提供了更自由活跃的市场竞争环境。

4. 有效服务客户

通过互联网络可以有效地服务于客户，满足客户的需要。网络营销是一种以满足客户需求为导向，强调个性化的营销模式。客户处于营销模式的中心位置，拥有强大的自主选择权利。他们可以根据自己的个性特点和各种需求，在全球范围内不受限制地寻找心仪产品。例如，有一家销售户外用品的商家，在网络上开展了定制旅行袋的业务，客户可以根据自己的喜好，自行设计或修改旅行袋的样式、颜色、材料、尺寸、装饰品附件等，还可以绣上自己的姓名或标志。该企业推出的个性化定制服务，深受客户喜爱。

不仅如此，网络营销还可以有效帮助客户提高购物效率。减轻传统购物中“引起需要→收集信息→看样→选择商品→确定所需购买的商品→付款结算→包装商品→取货(或送货)”等一系列购物过程的沉重负担，使购物过程“简单化”。客户在消费之前，可以通过线上丰富生动的产品信息及相关资料，全面了解产品。在买卖过程中，客户无需花费时间去实体店进行购买，也不需与送货、商场工作人员进行繁杂沟通，只需要在网络上点击产品、比较产品、选定产品，然后进行电子支付，即完成交易。而且，购买后，若发生问题，也可随时与厂家联系，得到卖方及时的技术支持和产品服务。

【Part 13.2】网络营销案例分析

2013 年 12 月 16 日至 2014 年 1 月 24 日，脑白金开展了为期 40 天的“#脑白金体#”春节强档网络营销活动，收获颇丰。该活动是以高创意爆点、新媒体活动、线上线下结合为营销手段，以网络事件营销、五大平台炒作、形成热点话题、打造全网影响力为推广目的的营销活动。“脑白金体”营销广告图如图 5-17 所示。

图 5-17　“脑白金体”营销广告图

脑白金精准定位两类目标消费人群。第一类，送礼保守派人群，即年龄 20～40 岁的人群，将脑白金作为著名畅销保健品送至 50 岁以上的长者。第二类，部分脑白金长期服用者的儿女，即年龄 20～50 岁的人群，是家中有已经服用过脑白金，并且卓有成效的服用者的儿女。目前，这两类人群已经成为脑白金的长期客户。

结合春节档营销特点，脑白金一方面稳稳占据互联网和央视平台头条进行广告轰炸；另一方面，结合新媒体终端特点进行策划及促销，直接拉动终端销售业绩。并且，在天猫等电商渠道发放购买优惠券，引导客户入店消费，如图 5-18 所示。

图 5-18　脑白金春节电商活动页面

脑白金精心策划“一个爆点、五大平台、六大新闻点”的营销策略，如图 5-19 所示。2013 年底，脑白金在各大数字营销平台推出“#脑白金体#”整合营销活动，活动上线第一天即吸引 10 万粉丝热捧，当天活动整体曝光量超过 1000 万人次，充分利用了新媒体平台的裂变传播效应。

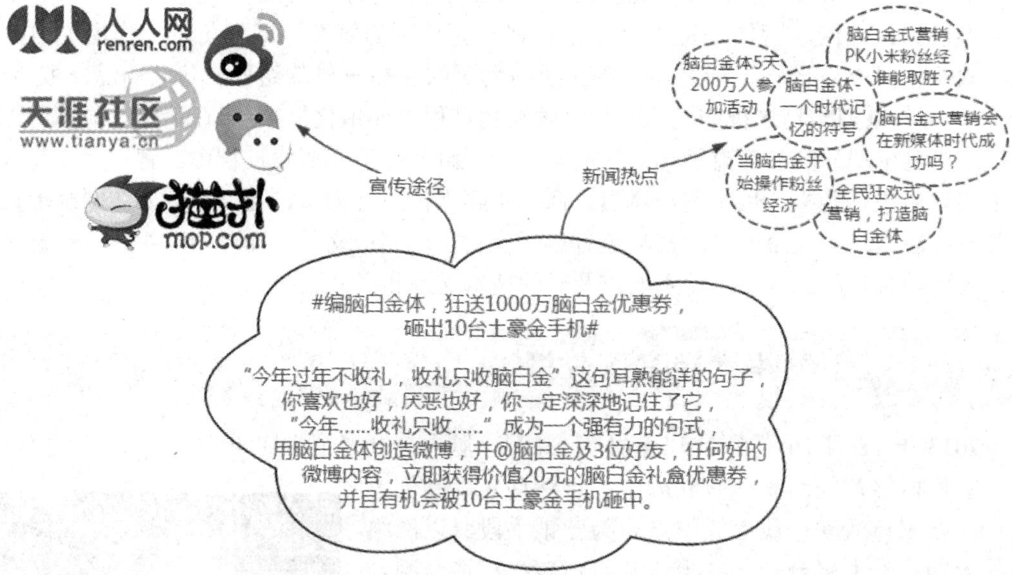

图 5-19　脑白金营销策略

其率先在微博上参考荣威 W5 创意 Slogan“每个人都是自己的英雄”活动，进行集中散发和传播，发动红人效应，进行微博话题热炒。具体做法是在活动期间邀请微博 KOL 策划撰写 12 条 140 字以内具有传播性的微博内容，发布在红人微博上，适时邀请红人粉丝二度转发并进行正面评论。与此同时，策划与品牌有关的微博活动，吸引网友参加。该活动上线 3 天即荣登微博热门话题榜，转发数 30 万，各类脑白金体版本 300 多，3 天曝光量超过 3000 万次。神一样的数据，神一样的话题，无论是论坛上还是微博上，“脑白金体”创意狂欢活动均拥有超乎寻常的热度。

观看视频：脑白金广告合集。
思考：优质网络营销具备哪些基本要素？
Scan Here

脑白金在微信平台建立公众号，并于 2014 年 1 月 15 日，活动进行至第 5 周时，发布 6 条 500 字以内与品牌有关具有传播性的微信内容，吸引网友转发，如图 5-20 所示。

图 5-20　脑白金公众号(图片来源：http://www.bbcyw.com/p-1519479.html)

而在人人网、开心网，脑白金一直定期发布动态、日记及转帖，并且在问题回复、机构平台内评论、红人内容转发等方面与粉丝实时互动。

此外，脑白金瞄准豆瓣，在其上发布 4 个话题。这 4 个话题均覆盖了 5 个热门相关小组，发帖 20 余篇。

经过数据统计，共有 3 204 645 人参与脑白金微博活动，100 582 人参与人人网活动，均超额完成营销任务。

脑白金在线下终端导流，为客户提供四重礼，如图 5-21 所示。

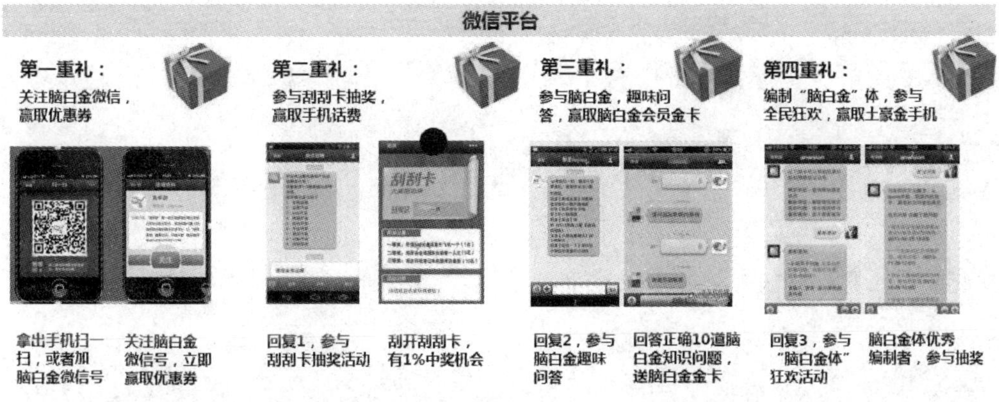

图 5-21　脑白金微信四重礼(图片来源：http://www.bbcyw.com/p-1519479.html)

在广告投放比例方面，脑白金将 35%投在 QQ 移动端，25%用于 SEM 广告、广告联盟，20%用在线上视频广告，而 20%投入了相关平台。经计算，在 PC 屏幕投放比例 30%，而手机端投放比例高达 70%。

经过营销运作，脑白金在各大媒体内上演了营销奇迹。对于那句“今年过节不收礼，收礼只收脑白金”的广告语，国内从老到少几近无人不知，网络上流行的“脑白金体”则把这一奇迹延续至今。

项目演练 16

小林团队通过对本节案例及营销知识的学习后，结合相关资料，对 A 公司经营的饰品营销方案进行了重新规划。现在，请各小组帮助小林团队总结以下两个问题。

- Q1：举出 1～2 例网络营销成功的案例并进行分析。
- Q2：策划 A 公司线上营销方案。

阶段小结

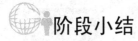

经过本阶段的学习，小林团队对网络营销理论、营销技巧有了进一步的了解。小林团队根据【沙盘推演】中的任务内容，对如何构思优质营销活动内容总结如下：

- 网络营销策略需要适当选择。目前常用的营销策略有：提问式分析策略 5W2H、商家自我剖析策略 SWOT、市场定位分析策略 STP、以产品销售为导向策略 4P、以满足客户需求为导向策略 4C、以竞争为导向策略 4R、以“客户占用”为导向策略 4S 等。
- 从营销渠道变迁和发展来看，对于跨境电商营销而言，内容营销是基础，关系营销是必然，数据营销是趋势。
- 网络营销对企业实现营销目标、降低营销成本、提高市场占有率、有效服务客户具有非常重要的现实意义。

第6章

实施有效线上推广

在跨境电商运营中，控制流量的是搜索引擎，掌握客户的是QQ、微博、微信、讨论社区、论坛等社交媒体，掌握内容的是各大门户网站及专业网站，因此SEM、SNS、EDM是网络营销推广的核心。换言之，SEM是主流的推广方式，SNS是有效的推广方式，而EDM则是较为直接的推广方式。

本章目标

- ☞ 掌握 SEM
- ☞ 掌握 SNS
- ☞ 掌握 EDM

学习方法建议

☞ 建议按照分组情况，以小组为单位，完成以下任务：

T1：总结【阶段 5】主要内容；

T2：完成【阶段 5】【项目演练】内容；

T3：由组长带领组员预习本阶段【沙盘推演】内容，了解本阶段架构。

☞ 完成上述 3 个任务后，组长带领组员开始本阶段内容的学习。

学习导航

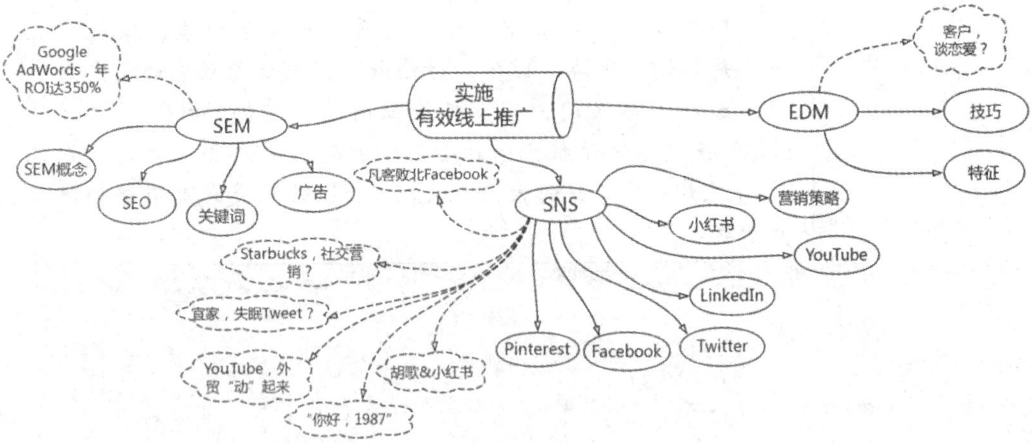

【沙盘推演】阶段 6

跨境电商作为“看不见，摸不着”的贸易行为，操盘者有时更像一个“职业掮客”，可能他既见不到产品也见不到客户，那么在这种情况下，怎样才能把产品运营好呢？小林团队经过前 5 个阶段的学习，已经发现了网络营销和推广在跨境电商业务闭环中的重要性。但是面对市场中诸多营销方法，企业应该如何趋利避害，进行合理化选择，找到适合的产品推广模式呢？这些问题即是本阶段研究的内容。

小林团队明白重点之后，想采用社交工具推广。于是他们在社交平台内搜索优质广告，并且在 Facebook 中发现某饰品公司公共主页，如图 6-1 所示。小林团队也想采用类似的推广形式，但是苦于不得要领，难以精准推出，引爆产品。

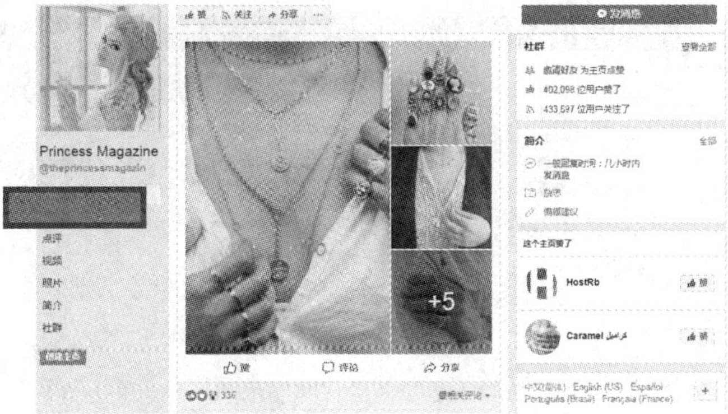

图 6-1　某饰品公司在 Facebook 中公共主页(照片来源：http://bit.ly/2ChADW7)

项目任务

经过团队商议、论证，结合 A 公司实际生产情况，小林团队决定依据饰品市场情况，从 SEM、SNS、EDM 等方面帮助 A 公司制定营销策略。根据需求，小林团队承接【阶段 5】内容，继续完成以下项目任务：

- Task 14：掌握 SEM；
- Task 15：掌握 SNS；
- Task 16：掌握 EDM。

【Task 14】掌握 SEM

案例：使用 Google AdWords，年 ROI[①]达 350%

作为一家从事眼镜交易的跨境电商企业，唯视良品三位创始人从 2006 年公司创立伊始分别在上海、中国香港地区和悉尼各自的卧室办公。发展到现在，业务范围已经覆盖全球 30 多个国家，网站发布了 15 个语言版本，员工数达到 180 人。据资料显示，我国跨境电子商务的年均复合增长率均在 40%左右，而让人吃惊的是唯视良品 2010～2014 复合增长率竟达到了 80%。唯视良品官网展示图如图 6-2 所示。

图 6-2　唯视良品官网展示图

唯视良品联合创始人庄栩栩在接受某杂志采访时表示，唯视良品能取得如此喜人的成绩与一些技术合作伙伴的帮助是分不开的，其中 Google 处于第一位。“我们跟 Google 有非常多的推广营销及其他技术方面的合作。”据悉，早在 2007 年，唯视良品创立之初，公司便利用不同的营销工具在全球范围内提升品牌知名度，以提高产品销售额。从 2007 年 4 月起，其开始使用 Google AdWords 进行产品营销。截至 2017 年，唯视良品使用 Google AdWords 进行营销已连续四年获得 350%的 ROI。

FOCUS

> 互联网时代，人们已经习惯通过搜索引擎获得信息。例如，某客户想购买一个咖啡杯，其百度或者 Google 一下，众多产品便会呈现在该客户面前。对于线上产品运营者来讲，怎样利用搜索引擎使潜在客户快速关注、搜索到自己的产品或者网站，即如何做好 SEM，掌握 SEM 方法，是非常关键的一个环节。

① ROI(Return On Investment，投资回报率)指通过投资而应返回的价值，即企业从一项投资活动中得到的经济回报。通常是年度利润占投资总额的百分比。

【Part 14.1】SEM

搜索引擎(Search Engines)是一个提供信息“检索”服务的网站，其对互联网上的信息资源进行搜集整理，然后提供查询功能。而对于跨境电商运营人员而言，如何将自己的产品或者网站排在搜索引擎前页，对于提高产品曝光度和成交额而言非常关键。因此，SEM应运而生。

SEM(Search Engine Marketing，搜索引擎营销)是一种营销方法，其根据客户使用搜索引擎的习惯，采用付费方式或者技术优化手段，使网页在关键词搜索结果中排名靠前，引导客户点击，从而达到品牌展示和促进销售的目的。

SEM 的基本思想是让客户发现信息，并通过(搜索引擎)搜索、点击进入网站或网页进一步了解他们所需要的信息。简言之，SEM 追求的是高性价比，即以较少的投入，获取较多的来自搜索引擎的访问量，并产生商业价值。

2016 年 1 月，据美国 SEM 专业服务商 iProspect 和市场研究公司 Jupiter Research 联合调查结果显示：62%的搜索客户只点击搜索结果第 1 页的链接，2012 年这个比率是 48%，2014 年是 60%；90%的搜索者只查看搜索结果前 3 页的链接，2012 年和 2014 年分别是 81%和 87%。由此可以看出，互联网客户使用搜索引擎越来越没有耐心，更多的客户只关心搜索引擎前几页的结果。

因此，通过 SEM 使自己的网站在搜索结果中排到靠前的位置十分必要。目前，根据跨境出口电商特点，以 Google 为例，SEM 主要方法有 SEO、关键词竞价排名、网站联盟广告，如图 6-3 所示。

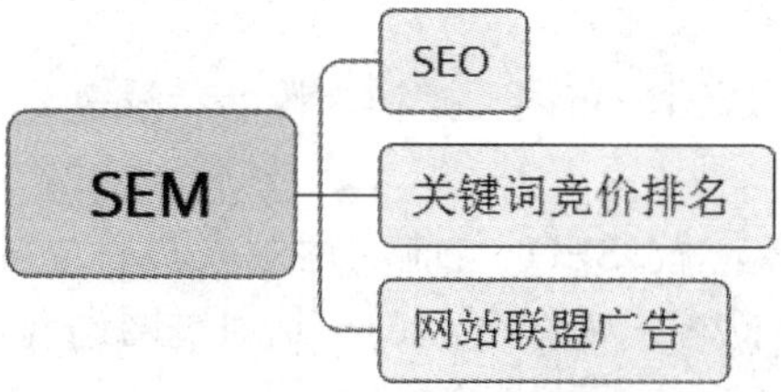

图 6-3　SEM 主要方法

【Part 14.2】SEO

SEO(Search Engine Optimization，搜索引擎优化)主要原理是网站运营人员通过一些技巧或技术性手段，使网站更容易被搜索引擎抓取，从而提升网站在搜索页面的自然排名。一般而言，SEO 包含网站内部优化和网站外部优化两个方面。

1. SEO 网站优化

1) 网站内部优化

在网站质量方面，搜索引擎普遍青睐结构清晰、运行稳定且速度快的高质量网站。在关键词的布置方面，搜索引擎乐于抓取与网站内容相关性较高的关键词。因此，运营人员在做网站内部优化时，需要具有一定技巧性，既要在网页标题、标签、正文等位置多次布置相关性较高的关键词，又要根据网站结构和页面的重要性，合理匹配关键词和分配关键词的个数。

2) 网站外部优化

网站外部优化的主要工作是建立高品质的外部链接，主要有三种途径：购买链接、交换链接、自建链接。

对于购买链接和交换链接，运营人员需要注意链接网站的安全性和相关性，否则，很可能遭到搜索引擎的“惩罚”。前几年，国内的外贸电商巨头兰亭集势和米兰网都因为过度的 SEO 被 Google 认定为作弊，造成网站一度无法在自然搜索结果中显示的后果。

自建链接的有效方法是撰写原创文章。这类文章的搜索量很大，也很容易被搜索引擎抓取。

⊙ *Tips For You*

SEO 团队一般由三类人员构成：页面制作人员、链接建设人员、文案编写人员。

如图 6-4 所示，页面制作人员负责网站内部优化工作，链接建设人员和文案编写人员负责网站外部优化工作。

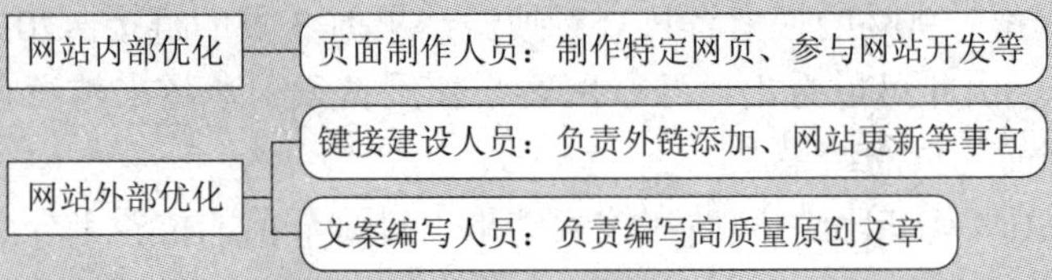

图 6-4　SEO 团队通用架构

2．SEO 的操作步骤

SEO 一般可按照定词、选词、布词、挖词、诊断、反链、调整等七个步骤来操作。

1) 定词

定词指定位网站做什么。做 SEO 之前，运营人员首先需要分析自身网站成立的目的，如企业是需要通过网站向客户销售产品，还是通过网站向客户提供服务。在目的明确之后，运营人员需要围绕内容，定下主关键词。

例如，某针对跨境网络营销从业人员的行业交流网站，该站会使用跨境网络营销、跨境网络推广等这样的行业词作为主词；而招生单页，则会为了实现招生的目的，使用跨境网络营销培训、跨境网络推广培训等作为主词。

2) 选词

选词指选出并确定首页标题中需要优化的 3～5 个核心关键词。通常而言，一个网站主要由首页、栏目页、产品页、内容页等组成，其中，首页权重相对来讲最高，其次是栏目页和内容页。因此，首页标题优化是 SEO 的重点。

选择一个合适的关键词，可以帮助企业实现其网站自然搜索排名靠前，从而增加曝光度，进而提高销售额的目标。例如，某企业在第一步“定词”中确定了网站是做跨境营销培训服务的，客户会通过搜索“跨境营销培训”相关关键词来寻找相关网站，如“跨境营销培训学校”“跨境营销培训”“跨境网络培训”“跨境网络营销”“跨境营销培训哪家好”等关键词。

在实际情况中，首页标题并不能涵盖所有的关键词。通常来讲，一个优质的网站标题的字数在 30 字以内并且放置 3～5 个与业务最相关、转化率最高的词。这几个作为网站重点优化排名的名词，我们称之为核心关键词。

⊙ *Tips For You*

关键词指客户为了寻找某个产品或服务，在搜索引擎输入框中输入的文字。

运营人员在选择网站核心关键词时，首先需要自我分析，了解产品业务属性，预测客户会使用哪些关键词进行搜索，并进行权重比较。其次，分析市场内其他成熟竞争“对手”的网站。通过对比这些排名较靠前网站的标题，筛选出共性关键词。除此之外，也可以利用市场存在的关键词分析工具，进行核心关键词选择。

核心关键词确定后，运营人员则可以开始围绕核心关键词设置网站标题。同时围绕核心关键词设置一些相关性强、有一定搜索量、与业务相关且精准的词。例如，上文提到的跨境培训网站，核心关键词是“跨境网络营销”，网站标题可为免费跨境网络推广工具、跨境网络营销培训、跨境网络推广方案设计培训等。

3) 布词

布词指首页合理布局要优化的词。在标题确定后，需要将核心关键词布局到页面的各个位置，并且使核心关键词达到一定的数量和密度，让搜索引擎将网站和客户搜索的词进行关联，进而提升该词在搜索引擎中的排名。

⊙ *Tips For You*

关键词的密度指关键词在网站页面所有词中所占的比例。

通常，这个比例在 2%～8%范围内比较理想。如果密度过大，易被搜索引擎认为是作弊，影响排名，甚至被惩罚；若密度较小，搜索引擎则会觉得要优化的这个关键词与网站内容相关性不高，不给予排名。

4) 挖词

挖词指挖掘大量长尾词，增加网站流量。其主要是针对客户的搜索行为，找到客户可能会搜索到的各种词，然后根据这些词来撰写内容，进行发布。而挖掘出的这些词，被称为长尾关键词。

长尾关键词指网站上非核心关键词，但是也可以带来搜索流量的关键词。其虽然没有核心关键词的搜索量大，但是精准，会带来较多的客户成交量，一般由多个词或短语构成。例如，“跨境网络营销”网站的相关长尾关键词有：“怎么做跨境网络营销”“如何做跨境网络营销”“跨境网络营销好做吗”“跨境网络营销的方法”“跨境网络营销方案设计”等。

5) 诊断

诊断指诊断网站问题，解决内部病根。一般而言，运营人员会从网站 404 页面是否存在、运行速度是否稳定、网站 URL 是否静态化等几个方面进行页面诊断。然后根据诊断结果，提出 SEO 合理化运营方案。

6) 反链

反链指各种指向页面的链接，包括内链和外链。反链可以将一个页面上的部分权重传递到另一个页面上，其数量越多、质量越高，被链接页面的权重则会越高，进而可以提升被链接页面关键词在搜索引擎中的排名。

7) 调整

调整指监控优化效果，及时调整优化策略。当网站有排名没有点击时，主要提高网站标题描述的吸引力，以提高点击。比如在描述中突出产品特色、优势等。当网站排名不稳定时，要适当增加外链或网站内容的转载数量，可以将原创文章带上链接投稿发布。而当网站收录不好，黏性差时，要继续调整内部链接，围绕客户最关心的话题，增加相关文章在其他文章页面出现的机会。

对于 SEO 而言，运营团队需要正确认识，要清楚 SEO 的目的，不能一味地追求数据。SEO 并不是网络推广的全部，只是众多网络推广方法中的一种，它的作用是带来客户和流量，而一个优秀的网站需要做到的是快速提高转化率。

【Part 14.3】关键词竞价排名

关键词竞价和 SEO 实现的效果基本上是一样的，都是通过一定方法使网站在搜索引擎结果页中获取更好的排名，只不过 SEO 是通过技术手段，而关键词竞价则需要一定的资金投入。

关键词竞价需要购买关键词，使企业广告能够呈现在客户搜索结果页面的上端、下端及右侧。以 Google AdWords 为例，实施关键词竞价排名的流程如图 6-5 所示。

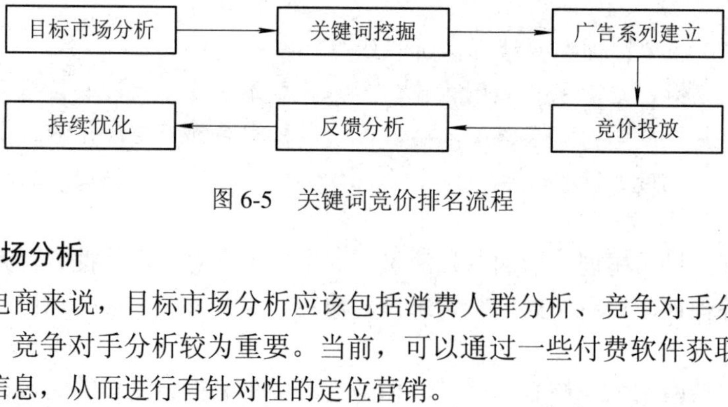

图 6-5 关键词竞价排名流程

1. 目标市场分析

对于跨境电商来说，目标市场分析应该包括消费人群分析、竞争对手分析、产品属性分析等。其中，竞争对手分析较为重要。当前，可以通过一些付费软件获取竞争对手的产品信息和网站信息，从而进行有针对性的定位营销。

2. 关键词挖掘

在对目标市场分析之后，基本可以初步列出一份关键词清单，但是还需运营人员进一步进行关键词挖掘。通常，客户在 Google 中输入关键词时，底部会出现“相关搜索”，这些词都可以用来完善关键词清单。此外，通过模拟客户的产品使用场景和其他工具也可以挖掘出关键词。

3. 广告系列建立

目前，Google AdWords 账户可以制作 25 个广告系列，每个广告系列中包含若干个广告组，广告组来源于对关键词的分类。例如，可以将词性结构类似且语义相近的关键词(通常 10 个左右)集中在一起，形成一个广告组。广告语不仅要清晰地描述产品或服务，而且应包括关键词，并尽可能使用一些有吸引力的词语(如 Cheap，Discount 等)。

4. 竞价投放

根据 Google 算法，广告排名值 = 竞价 × 质量评分。其中，质量评分很重要，质量评分与关键词的相关性及点击率、广告的相关性及点击率、账户使用时间等因素有关。

5. 反馈分析

竞价投放之后，运营人员需要对广告效果进行反馈分析。运营人员可以通过安装 Google Analytics 跟踪代码，得到更多免费的分析报告，以衡量广告的 ROI；也可以通过分割测试来筛选出更有效果的关键词、广告等。

6. 持续优化

运营人员需要根据反馈分析结果，对账户关键词、广告组和广告系列及竞价进行持续优化，从而得到更好的投放效果。

⊙ *Tips For You*

在实际运营过程中，推广实际支付额并不等于广告主的竞价额。

实际支付额=后一名广告排名值 ÷ 自身质量评分 + 0.01 美元

例如，有 3 家跨境电商企业使用 Google AdWords，他们的实际支付额计算表如表 6-1 所示。

表 6-1　实际支付额计算表

公司	竞价(美元)	质量评分	广告排名值(竞价×质量评分)	实际支付额(CPC，美元)
A.com	3	45	135	后一名广告排名值 70/自身质量得分 45+0.01=1.57
B.com	7	10	70	30/10+0.01=3.01
C.cm	6	5	30	最低竞价额 0.05

尽管 A.com 的竞价额最低，但因为质量评分高，得以排名第一，且实际支付额仅为 1.57 美元，远低于排名第二的 B.com。C.com 排名最后，仅需支付最低竞价额 0.05 美元。因此，在竞价相差不大的情况下，质量评分越高，广告排名越高，实际支付额越少。

【Part 14.4】网站联盟广告

对于 Google 旗下的两款广告联盟产品 AdWords 和 AdSense，跨境电商并不陌生。

Google AdWords 主要是针对企业。企业加入 AdWords 后并向 Google 支付广告资金，然后 Google 将企业的广告投放到 Google 搜索或其他 AdSense 联盟的网站上，客户点击后 Google 收取一定费用。

而 Google AdSense 则是针对各类网站。加入 AdSense 的企业必须具有一个网站，加入之后 Google 会在企业网站上投放 Google 的广告，有点击后，Google 和站长将分成广告佣金。AdSense 覆盖了全球绝大部分的互联网网站，有按照点击收费的模式，也有按广告展示次数收费的模式。在广告形式方面，AdSense 更加多样化，可以是文字、图片，也可以是 Flash 或视频。

简单地说，加入 AdWords 是企业自己花钱在 Google 及其联盟网站上做广告；加入

AdSense 是企业在自己的网站上投放广告，并赚取广告佣金。相同之处是两者广告主均可根据自身需求设定语言、地理区域、投放时间、资金预算等。

此外，Google 根据客户数据沉淀和客户行为分析，推出“兴趣营销”产品，包括“再营销”“基于兴趣的受众群体”和“受众特征定位”。

✧ 再营销：向之前浏览过目标网站的人群再次展示相关性广告。

✧ 基于兴趣的受众群体：根据兴趣类别来覆盖特定群体。

✧ 受众特征定位：根据年龄、性别、生育情况等特征来覆盖特定群体。

Google 针对购物网站上线 Google Shopping。卖家只需支付一定的费用，便可以将产品图片、描述、价格等相关信息递交给 Google Merchant Center，通过审核后便可在 Google Shopping 搜索页面中显示。Google Shopping 相较于其他搜索引擎广告而言，针对性会更强，转化率也较高。

⊙ *Tips For You*

运营人员需要注意，Google 虽然是全球最大搜索引擎，但是对于特殊市场，例如俄罗斯、韩国等，则需选择当地主流搜索引擎 Yandex、Naver 作为 SEM 载体。

目前，由于搜索引擎已经成为搜索信息的主要入口，汇集了巨大的流量，因此，SEM 是跨境电商主要的营销方式，其付费广告竞争也异常激烈。对于企业而言，不仅要扎实地做好 SEO，提升自然搜索排名，更要持续优化付费广告的投放，以进一步提升 SEM 的 ROI。

项目演练 17

小林团队通过本节案例及 SEM 知识的学习后，结合相关资料，对 A 公司 SEM 方案重新进行了规划。现在，请各小组帮助小林团队完成以下两个问题。

✈ Q1：设计 A 公司 SEO 方案。

✈ Q2：设计 A 公司竞价投放方案。

【Task 15】掌握 SNS 营销

案例：Starbucks 如何做社交营销？

2017 年 2 月 10 日，星巴克与微信联合推出的小程序“用星说”正式上线。“用星说”礼品卡不同于一般的满减打折卡，星巴克在其中加入了很多定制设计元素。

用户通过微信界面，进入“星巴克中国”，左下侧有“用星说”标签，点进去后，会跳转小程序，如图 6-6 所示。进入小程序，页面会显示 8 张卡面。用户选择喜欢的卡面进行点击，然后可以购买特定面值的礼品卡。

“用星说”营销，充分体现关系导向型营销模式。

(1) 简约而不简单。“用星说”礼品卡至少每 3 天更新一次，其新颖的创意和炫酷的展现形式，吸引了众多用户踊跃参与。虽然，同样只是简单的礼品卡，却用创意模式再次触动人心。

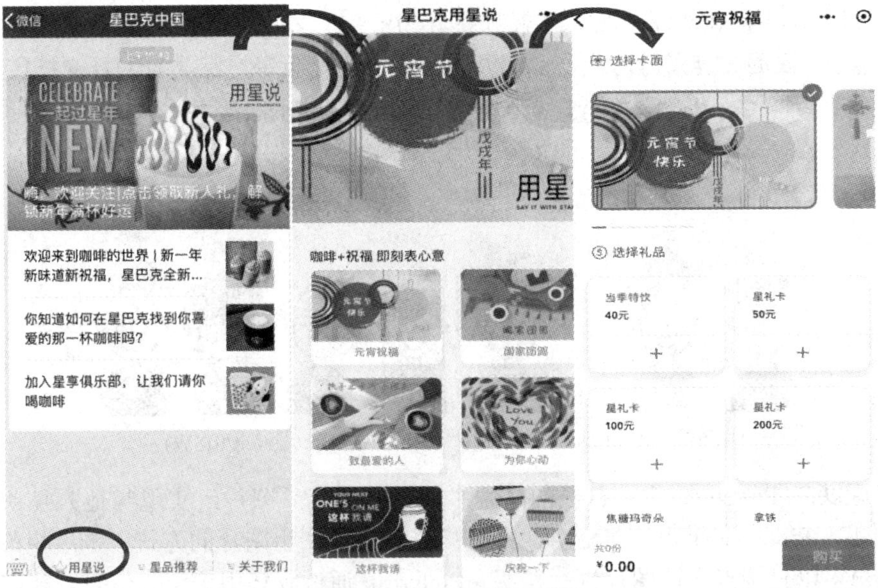

图 6-6　“用星说”界面

(2) 善用社交力量。“用星说”并没有选择使用独立 App，而是依托微信做产品蔓延载体，通过微信营销，成功帮助星巴克拓宽了用户群体。

(3) 营销是一场心理战，而非产品战。比如雕牌出可乐，用户会喝吗？他们有很大可能会选择不喝。可是作为运营者，会觉得用户还没喝，怎么就觉得雕牌可乐是一口洗衣粉味道呢？说不定好喝。但雕牌做洗衣粉的定位早已经在用户心里根深蒂固，能摆脱吗？因此，Social Media 的真谛是找到自己产品的定位，明确用户交互频率和最适时间点，使企业可以在市场中成功立足发展。

FOCUS

SNS(Social Network Service，社交网络)是一种高效的营销方式。其基于真实存在的关系网，帮助企业找到更精准的用户，从而提高成交率。并且 SNS 具有很强的互动性，利于推广品牌，使潜在用户对产品有较高认知度和认同感。目前，市场存在的 SNS 媒介很多，各有各的特点，企业需要根据实际情况，选择一种或几种 SNS 方式对产品进行有效的推广。

【Part 15.1】Pinterest

Pinterest 是由美国团队于 2010 年创办，以用户的兴趣作为创意点的图片社交网络，其采用瀑布流的形式展示图片，无需用户翻页，并且会在页面底端不断地加载新图片。Pinterest 一经推出，用户急速增长，根据官网数据显示，截至 2017 年，Pinterest 已拥有

1100 万左右的用户，逾 300 亿张图片，跃升为美国最受欢迎的十大社交网络之一。

Pinterest 用户中 80%是女性，年龄跨度在 18～55 岁间。用户画像如图 6-7 所示。Pinterest 适用于衣服、鞋子等时尚产品，及首饰、美容化妆等产品类目的社交推广。

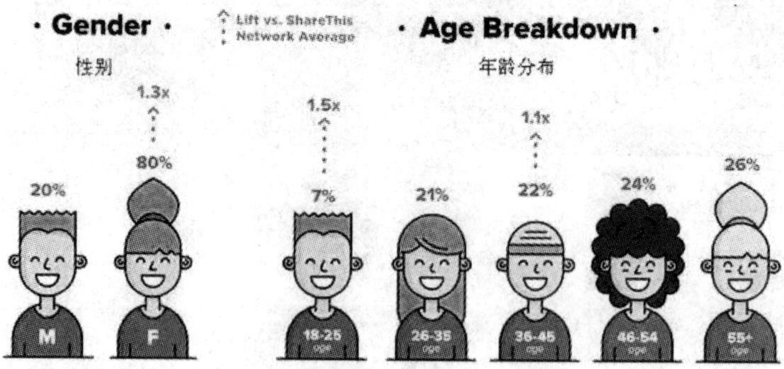

图 6-7　Pinterest 用户画像(图片来源：http://sina.lt/fqSW)

卖家可以在 Pinterest 建立自己的品牌主页，上传产品图片，实现与他人互动分享。2014 年 9 月，Pinterest 推出广告业务。品牌广告主可以利用图片的方式，推广相关产品和服务，用户可以直接点击该图片进行购买。Pinterest 通过收集用户个人信息，建立偏好数据库，帮助广告主进行精准营销。除了建立品牌主页外，跨境电商网站可以购买 Pinterest 的广告进行营销推广。

汽车品牌 Peugeot(标致)利用 Pinterest 做的拼图游戏，快速地为产品带来了流量。其拼图游戏流程如图 6-8 所示。

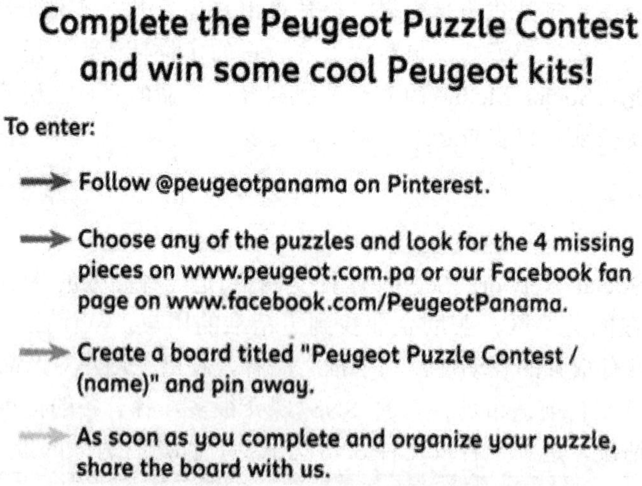
Complete the Peugeot Puzzle Contest
and win some cool Peugeot kits!
To enter:
Follow @peugeotpanama on Pinterest.
Choose any of the puzzles and look for the 4 missing pieces on www.peugeot.com.pa or our Facebook fan page on www.facebook.com/PeugeotPanama.
Create a board titled "Peugeot Puzzle Contest / (name)" and pin away.
As soon as you complete and organize your puzzle, share the board with us.

图 6-8　Peugeot 拼图游戏流程

观看视频：Peugeot 在 Pinterest 上的拼图游戏。
请读者根据视频内容，初步了解学习 Pinterest 的营销思路，并结合【沙盘演练】中 A 公司产品特点，为 A 公司产品设计 Pinterest 营销方案。

Scan

具体流程如下：

✧ Peugeot 在 Pinterest 活动主页放出活动“画板”，每个“画板”会缺一两张图片，如图 6-9 所示。

图 6-9　活动“画板”

✧ 用户在 Pinterest 上关注官方账户“@peugeotpanama”，如图 6-10 所示。

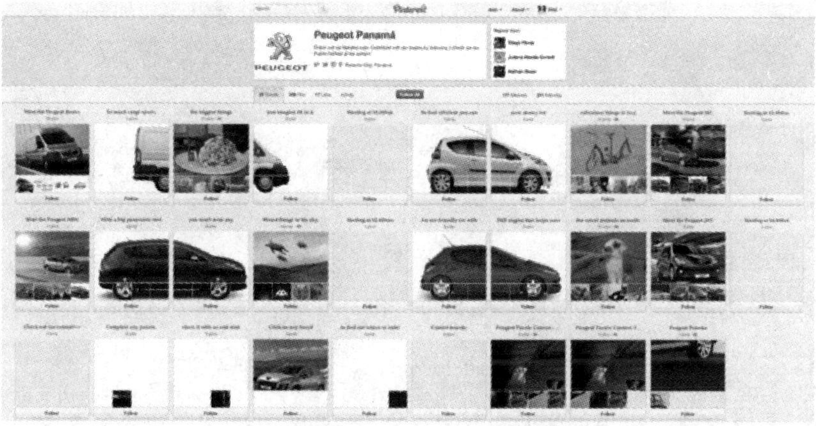

图 6-10　Peugeot 官方账户

✧ 用户到 Facebook.com/peugeotpanama 或 Peugeot.com.pa 查找官方发布的缺图。官方会把 Pinterest 上面缺的那张图发布到社交平台或官网，但时间和地点并没有宣布，需要用户自己去寻找。

✧ 当用户找到了这张缺图，则需要到 Pinterest 上重新组建完整的画报，该用户即可完整地 Pin 出了汽车的图片，如图 6-11 所示。

图 6-11　Pin 出完整画报

注意：最先完成任务的 5 位用户可以获得奖品。

这个活动不仅有趣，Peugeot 更是发挥了 Pinterest 整理图片的特点。此活动的设计，一方面使更多用户关注了企业的 Pinterest 页面；另一方面，将大量流量引入 Facebook 和官方网站内，为今后的市场推广和营销带来更多的可能性。

⊙ *Tips For You*

2017 年 10 月，Facebook IQ 委托 Qualtrics 开展调研——“Fashion Path to Purchase Study”。这个调研针对 6090 名位于美国、英国、德国、法国、意大利和西班牙境内，且年龄介于 18～64 岁间的用户做出的产品购买途径调查。调研结果如图 6-12 所示。根据此次调研，可以发现 Instagram 是目前各国用户购物渠道首选。

	Instagram	电视	时尚杂志	Pinterest	Facebook	Snapchat
英国	53%	45%	26%	52%	42%	22%
法国	50%	44%	38%	44%	40%	23%
德国	52%	45%	40%	51%	39%	23%
意大利	52%	55%	45%	47%	49%	14%
西班牙	57%	46%	35%	45%	44%	16%

图 6-12　Fashion Path to Purchase Study 调研结果

Instagram 是一种非常实用的图片营销 App，也是国内跨境电商卖家经常使用的一种图片营销工具。

以墨西哥某英语培训学校为例。该学校针对墨西哥 4 千万智能手机用户，其中近 3 百万的 Instagram 用户，只有 2%的用户会说英语的情况，在 Instagram 上推出一个英语培训项目。

这个项目就是他们定期在官方账户上上传一些有趣的图片，借助 Instagram 特有的标签功能，告诉大家图片上出现的这些物品，英语单词如何拼写。每个英语单词不仅包括拼写，还有音频教大家如何念出来。整个活动借助流行的 Instagram 打造一个英语学习的 App，大家在看图片的同时还能学英语。

据相关数据显示，自从 2010 年问世以来，Instagram 已经成为领先的社交媒体平台之一，每月有超过 6 亿的活跃用户。这个平台最大的亮点就是它极高的用户参与度。Instagram 上的品牌互动比 Facebook 高出 10 倍、比 Pinterest 高出 54 倍、比 Twitter 高出 84 倍。此外，Instagram 还有个昵称叫作“社交媒体之王”。

卖家可以在 Instagram 上经营自己的小买卖，将 Instagram 作为社交媒体平台展示自己的产品。在 Instagram 上有许多新品牌，他们的精美图片是说服用户访问网站并进行消费的关键因素。

在 Instagram 众多图片中，食物的图片是最受欢迎的主题之一。一家位于纽约的面包店就在 Instagram 上做得有声有色，他们的 Instagram 主页如图 6-13 所示。

图 6-13　纽约面包店的 Instagram 主页

从账号内容可以看出，这个账号主要突出卖家的面包和甜点特色。图片营销策略非常简单——以最好的方式展示他们的产品。

观看视频：Instagram 英语培训项目。
请读者根据视频内容，初步了解学习 Instagram 的营销思路，并结合【沙盘演练】中 A 公司产品特点，为 A 公司产品设计 Instagram 营销方案。

Scan Here

案例：凡客败北 Facebook

自 Facebook2004 年成立至今，受益于 Facebook 的故事在国际品牌中比比皆是。比如福特公司放弃了“超级碗”橄榄球赛的广告竞标，转而通过 Facebook 推广 2011 款 Explorer，使 Explorer 销量激增 104%，而以往投放“超级碗”广告后，销量平均增幅仅为 14%。再比如，知名珠宝零售商 Melrose Jewelers，一年之内 Facebook 粉丝数增长了 600%以上，18 万个社交媒体粉丝产生了将近 200 万美元的销售额。

正是基于不胜枚举的 Facebook 营销成功案例，凡客 CEO 决定委托第三方公司，帮助凡客运营 Facebook 海外营销账号，打开国际市场。但是仅仅过去 1 年的时间，凡客就宣布放弃 Facebook 运营。在这一年的时间里，凡客企业专页虽然做得比较漂亮，但 1 年时间内，粉丝互动率连 10%都不到，更别提为其销售带来效益，投入与产出严重不符。

为什么凡客的 Facebook 效果不佳？首要原因在于，凡客没有快速在海外找到准确的品牌定位。凡客在国内的品牌定位是年轻时尚和便宜。但在海外，这样的定位便直接与优衣库、ZARA、H&M 构成竞争，显然凡客不占优势。

更重要的问题是，Facebook 究竟能给凡客带来多少海外订单(即转化率)？这也就是所有电商所看重的 ROI。不过遗憾的是，Facebook 在这方面至今缺乏有效数据分析。Facebook 上的广告用户们可以通过 Facebook Insight 功能查看哪些用户看了你的广告，他们的特征如何，但是这些用户是否因为看到广告而去下单，完成销售，目前 Facebook 还无法看到。

但是根据海量用户的使用习惯做数据挖掘，然后对用户进行“画像”，是 Facebook 的核心业务，并且其可以使卖家更精准地掌握用户的需求和广告主的诉求。如果以素描来做比方，国内一般 SNS 网站可能画的是个大致的模样，但 Facebook 可以绘出非常详细的图像，包括睫毛长度、眼睛颜色、衬衣款式等。

资料整理来源：http://sina.lt/fusK

FOCUS

Facebook 是一种社交媒体工具，其重客户社交、轻商业转化，目前跨境电商无法直接在 Facebook 上完成销售环节。作为卖家，使用 Facebook 的目的是用于社交，提供与客户直接的有效交互，并非是为了完成商品销售。Facebook 可以帮助卖家推广品牌，提高产品曝光率。因此，即便其不能给卖家快速带来询盘，Facebook 也可以带来很好的推广效果。卖家不应将 Facebook 当作销售平台，而应将其作为平台运营的辅助工具，利用其强大的社交网络人脉，将产品迅速推广。

【Part 15.2】Facebook

Facebook 作为一种综合社交网络，创造性地将人与人之间的线下关系搬到线上，并且，在 Facebook 中上传的照片或者头像都是真实的，通过这种真实的用户互动关系，使得卖家和用户之间建立了一种可信任的良性交流环境。

1. 特征

Facebook 是目前国内企业进行跨境电商渠道推广的主要渠道之一，具有受众广、传播快，包容性，内容性，社交性等特征。

(1) 受众广、传播快。Facebook 是全球最大的 SNS 网站，于 2004 年 2 月 4 日上线。根据 2017 年 7 月 27 日，Facebook 发布的 2017 财年第二季度(截至 2017 年 6 月 30 日)财报显示，Facebook 的月活跃用户超过 20 亿人，当季日活跃用户达到 13.2 亿人，两组数据均同比增长 17%。2017 年 8 月，月活跃用户数达 20.4 亿人，远远超越其他社交平台，如图 6-14 所示。

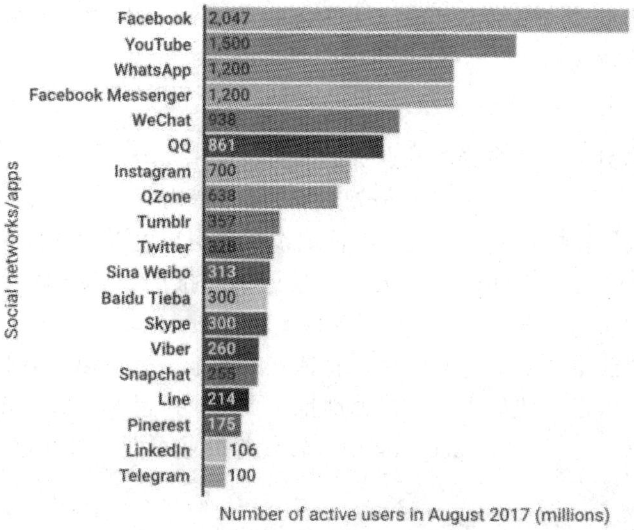

图 6-14　社交平台 2017 年 8 月活跃用户数

据相关数据显示，截至 2017 年 1 月，Facebook 在全世界 119 个国家的社交网络中均占据主导地位，如图 6-15 所示。而在其余的国家中，除本土社交产品外，Facebook 旗下的其他 App 也占据了不小的市场份额。例如，在纳米比亚、伊朗、印尼，Instagram 是最受当地网民喜爱的社交 App。

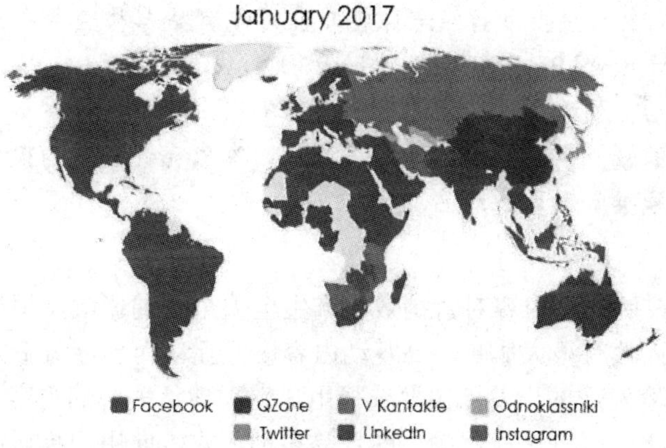

图 6-15　全球社交网络分布情况

(2) 包容性。Facebook 使用者很容易通过平台搜索到需要的好友、群、主页。目前而言，商业主页入驻基本属于零门槛，因此其广泛应用于公司、社会组织、个人品牌、群体、App、游戏等界面。

(3) 内容性。Facebook 作为双向社交工具，重社交、轻商业，以内容互动吸引人群受众。因此，运营 Facebook 并不是追求内容数量的多少，而是追求内容质量的高低。高质量内容可以为卖家带来低成本、高转化的流量。

(4) 社交性。Facebook 是连接人与人的社交媒体，它不仅仅限于引流，卖家也可以应用 Facebook 进行产品测试、评价获取、用户关系维护、品牌口碑提升等。Facebook 的价值不在于直接的销售转化，也不会直接解决用户需求，它是通过内容吸引并形成用户品牌认知，将市场平台化，缩短卖家和消费群体的距离，从而创造用户需求，提高产品认可度，进而提升产品转化率。

2．页面分类

Facebook 页面分为个人页面和商业页面两类。

(1) 个人页面代表个人讲述自己的故事，可以分享内容，也可以选择分享对象。个人页面包含“时间线”板块，通过时间线与标记设置，用户可以管理标签。

(2) 商业页面可免费创建，用于公司形象展示和推广。其管理者的角色可以授权给个人。

比较而言，商业页面会更加专业化，有独立的地址。其可以查看数据详情，及时了解页面运营情况，也可以投放广告，更快速地推广页面、产品和事件。需要注意，个人页面过度推送产品信息，可能会被 Facebook 要求转化为商业页面，且此过程不可逆转。

⊙ *Tips For You*

Facebook 找用户的操作流程。

(1) 主动寻找用户。首先注册 Facebook 账户，然后在页面内输入产品关键词进行信息搜索。

打开搜索到的链接地址。如果是个人用户，可以查看他们的“详细资料”“联系方式”等信息，判断他们是潜在用户后，可以加为好友。如果是企业的商业页面，则可以从此企业关注的其他企业中，挖掘到潜在用户。

(2) 建立公司商业页面。页面的名称要与公司现有品牌和业务内容相关，并且可以与其他社交平台(如 Twitter、Pinterest、Google 等)进行内容关联。

商业主页建立后，发布的内容要有独创性、有吸引力，且图片要抓人眼球。Facebook 专页中，没有好友的概念，只有粉丝。所以好的内容才会让更多的粉丝进行转发，才会积累人气，从而更好地推广自己的产品。

3．营销技巧

对于 Facebook 而言，内容对营销效果产生至关重要的影响。根据数据显示，互动率对信息排名和覆盖人数有很大影响，高互动内容比低互动内容覆盖率高出 5～10 倍。根据 Facebook 特点，内容发送的出发点需要选择用户感兴趣、关心的内容，不应过于商业化，也不需要追求专业化。可以选择视频、图片等多种形式，向用户推送产品图、用户使用图等内容。

此外，视频是 Facebook 最受欢迎的形式之一，短视频能够产生更多的互动。据统计，所有 Facebook 视频中，有 20%是直播视频。

Facebook 相比较其他社交媒体而言，社交营销更有优势。

(1) 成本低：广告预算在开始时已确定。

(2) 受众广：面向全球超过 20 亿的活跃用户。

(3) 定位准：建立在大数据基础上，营销推广更加精准。

(4) 动态把控：拥有详细的数据分析体系，可以帮助卖家随时掌握用户动向和监控营销效果。

(5) 稳定性高：受政策变动影响相对较小。

⊙　*Tips For You*

为了匹配 Facebook 强大的营销功能，卖家需要掌握一些简单实用的营销工具，以便提升工作效率和广告效果。

(1) Facebook Cross Border Insights Finder——全球商机洞察工具。其可以洞察全球商机，了解全球不同地区的成本、转化率，以及竞争情况。同时还可以根据广告主的不同类别进行细分。

(2) Audience Insights——受众洞察工具，操作界面如图 6-16 所示。

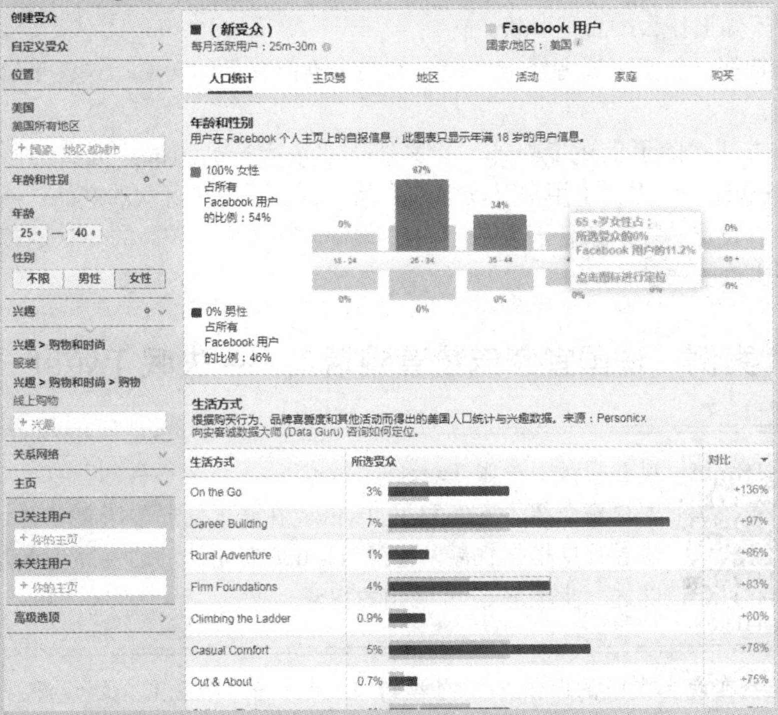

图 6-16　Audience Insights 操作界面

受众洞察工具可以通过人口信息、地理信息以及购买行为等维度，使卖家更好地了解目标受众，从而有针对性地改善自己在 Facebook 上面的营销内容。

目前可以分析的受众主要包括三种：Facebook 全部用户、与主页建立联系的粉丝受众；自定义受众(前提是之前有保存的自定义受众数据)。

(3) Facebook IQ——数据洞察工具。Facebook IQ 官网上提供各种洞察报告，比如 People Insights、Advertising Insights、Vertical Insights 等。当临近旺季或者节日时，还可以在 IQ 上面找到最新的 HolidayInsights。

(4) Socialbakers——数据分析工具。Socialbakers 是来自捷克的社交媒体工具，主要是基于数据监测来衡量营销效果。Socialbakers 不仅可以衡量粉丝增长率、分析参与度、追踪 KOL，还能监测竞争对手的社交媒体活动。

4. 爆款打造技巧

爆款打造技巧，可以根据用户的具体情况进行操作。

(1) 卖家知道什么产品是爆款。

✧ 卖家特征：店铺已经有一定的销售数据，有爆款单品，卖家已经知道什么产品畅销，并且了解用户的消费偏好。

✧ 操作方法：选定正确的用户群体，通过大量的广告投放、置顶、分享到群等方式，使爆款产品在 Facebook 上获得尽可能多的曝光，从而引入更多精准流量到其他产品销售平台。

✧ 后期要求：通过页面的数据分析以及追踪工具等，完成对用户行为的准确追踪和分析，进而提高流量的转化。

(2) 卖家不知道什么产品是爆款。

✧ 卖家特征：新卖家或者经营一段时间尚未推出爆品的卖家，缺乏足够的销售数据。

✧ 操作方法：除了上述步骤外，卖家还需要进行产品测试。测试的原理很简单：Facebook 页面上用户互动多的产品，往往是用户喜欢的产品。所以，卖家可以设定一样的条件，发放不同的产品，通过了解产品的受欢迎程度，进而找出爆款产品。

案例：法国宜家床垫营销活动——失眠 Tweet

Scan Here

观看视频：失眠 Tweet。

本视频介绍了宜家利用 Twitter 在法国发起的床垫营销活动。读者可以根据视频，感受 Twitter 营销活动的实际场景，也可以进一步理解 SNS 营销的内涵。

有些人会在晚上失眠的时候，发内容到 Twitter——“02:32，还没睡。希望明天不要精神不振”，如图 6-17 所示。

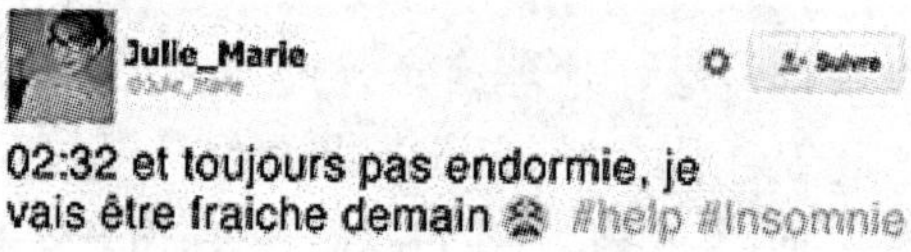

图 6-17　Twitter 内容(1)

而 2017 年 3 月 28 日，宜家为了推广自有床垫，就根据 Twitter 的舆情信息，找到这些失眠的用户，回复他们“明天不知道，但我们现在有解决方案”，如图 6-18 所示。

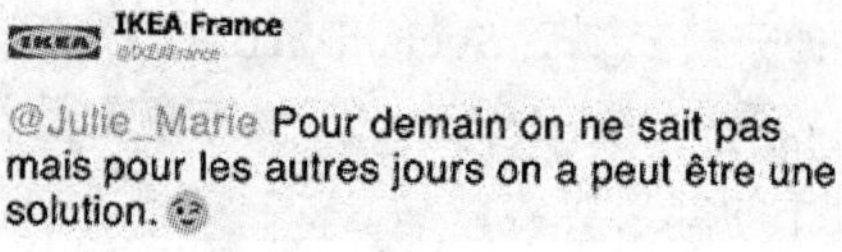
IKEA France
@Julie_Marie Pour demain on ne sait pas
mais pour les autres jours on a peut être une
solution.

图 6-18　Twitter 内容(2)

接着就是工作人员连夜开专用车去给用户送床垫，让这些失眠的用户好好睡上一觉。送货车辆如图 6-19 所示。

图 6-19　宜家送货车

资料整理来源：http://sina.lt/fu9g

FOCUS

以 Twitter 为代表的 IM(Instant Message，即时)通讯网络，为企业迈入互动式的关系导向型营销时代提供了重要交流工具。据 Twitter 财报数据显示，2017 财年 Q1 的月度活跃用户数达 3.28 亿人，季度增长 900 万人，这些用户每天会发约 5 亿条推文。在强大的社交影响力推动下，做好“推文”，给企业带来的营销效果不可估量。

【Part 15.3】Twitter

Twitter 是全球互联网访问量最大的网站之一，提供社交网络和微博服务，使用者可以更新不超过 140 个字符的消息，这些消息被称作“推文(Tweet)”。Twitter 被称为“互联网的短信服务”。网站的非注册用户可以阅读公开的推文，而注册用户则可以通过 Twitter 网站、短信或者各种各样的应用软件来发布信息。

虽然 Tweet 有字符限制，但是却并不影响各大企业利用 Twitter 进行产品促销和品牌营销。例如，2018 年圣诞购物节期间，Dell 通过 Twitter 的打折活动获得百万美元的销售额；著名垂直电商 Zappos 创始人通过其 Twitter 的个人账号与粉丝互动，有效维护了 Zappos 的良好品牌形象。这两个案例，都是跨境电商海外营销与 Twitter 结合的方式。

除此之外，跨境电商卖家还可以利用 Twitter 上的名人进行产品推广。例如，第一时间评论名人发布的 Tweet，让其粉丝慢慢熟知自己，进而孵化成自己的粉丝。

2014 年 9 月，Twitter 推出的购物功能键，用户可以在 Twitter 平台内直接进行商品交易活动，这无疑对 Twitter 网络营销提供了更加便利的条件。

⊙ *Tips For You*

根据国家或地区用户的使用习惯的不同，以下几个 SNS 也比较适合做社交营销。

(1) Tumblr——全球最大的轻博客[①]网站。根据 Tumblr 官方网站数据显示，含有两亿多篇博文。

Tumblr 与 Twitter 等微博相比，更注重内容的表达；与博客相比，更注重社交的应用。因此，Tumblr 品牌营销需要关注“内容的表达”。例如，卖家可以给自己的品牌讲一

① 轻博客指一种介于传统博客和微博之间的媒体形态。

个故事，其效果比直接在博文中介绍公司及产品要好得多。

经过相关数据统计，有吸引力的博文内容会以很快的速度通过 Tumblr 的社交属性进行传播，进而达到营销目的。

(2) VK——俄罗斯知名在线社交网络服务网站。据相关数据显示，VK 是俄罗斯点击率最高的社交网站，每天约有 15 亿次的网页被打开。其访客大部分通过直接键入域名进入网站主页，并且以男性居多，使用场合多是家里或者学校。

截至 2017 年，根据官方数据，VK 有超过 2.5 亿验证用户，月均活跃用户数超 1 亿，基本覆盖了整个东欧地区的互联网用户，是跨境电商 B2C、B2B 重要的流量入口。

其操作基本类似于 Facebook，在老用户方面，需要业务人员经常做出互动，以增加用户黏度。

(3) WhatsApp——方便用户发送信息且无需支付短信费用的跨平台应用程序。相比其他应用而言，WhatsApp 更高效快捷，类似于中国的微信。其借助推送通知服务，可以即时接收亲友和同事发送的消息，并且支持免费从发送手机短信转为使用 WhatsApp 发送和接受信息、图片、音频、视频文件等功能。

WhatsApp 在全球拥有较大社交基础，卖家可以利用 WhatsApp 与国外用户进行实时沟通交流，以此来推介自己的产品。

(4) Skype——即时通信软件。对于国内高额的通信费用，Skype 以较低的使用费用深受跨境电商业务人员喜爱。Skype 支持视频聊天、多人语音会议、多人聊天、传送文件、文字聊天等，此外，还支持留言信箱、实时口语翻译等附加功能。

卖家可以利用 Skype 直接与用户沟通，其功能类似于中国 QQ。

【Part 15.4】LinkedIn

LinkedIn 创建于 2002 年，是全球最大的职业社交网站，为全球职场人士提供沟通平台，会员人数已经超过 6 亿。对于普通职场人而言，LinkedIn 是寻找工作机会的平台；而对于跨境电商卖家而言，LinkedIn 是 B2B 营销的重要社交媒介。

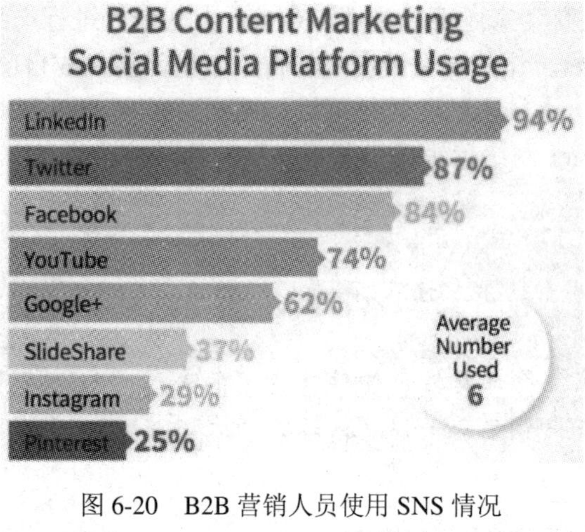

图 6-20　B2B 营销人员使用 SNS 情况

根据跨境电商从业人员提供的数据显示，他们有 80%的社交平台用户来源于 LinkedIn，并且有近 8 成的营销人员认为 LinkedIn 是搜集潜在用户名录最有效的工具。

截至 2017 年，全球有 94%的电商人员使用 LinkedIn 进行 SNS 营销，其次是 Twitter、Facebook、YouTube 等，如图 6-20 所示。之所以有这么多人使用 LinkedIn 进行营销，主要原因在于 LinkedIn 的精准性。LinkedIn 并不仅仅依据一般的人口统计变量或是地理位置作为潜在用户定位的方式，而是可以进一步透过工作职称、工作内容、产业类别、所在公司等内容筛选目标用户群体，做到精准定位用户画像。

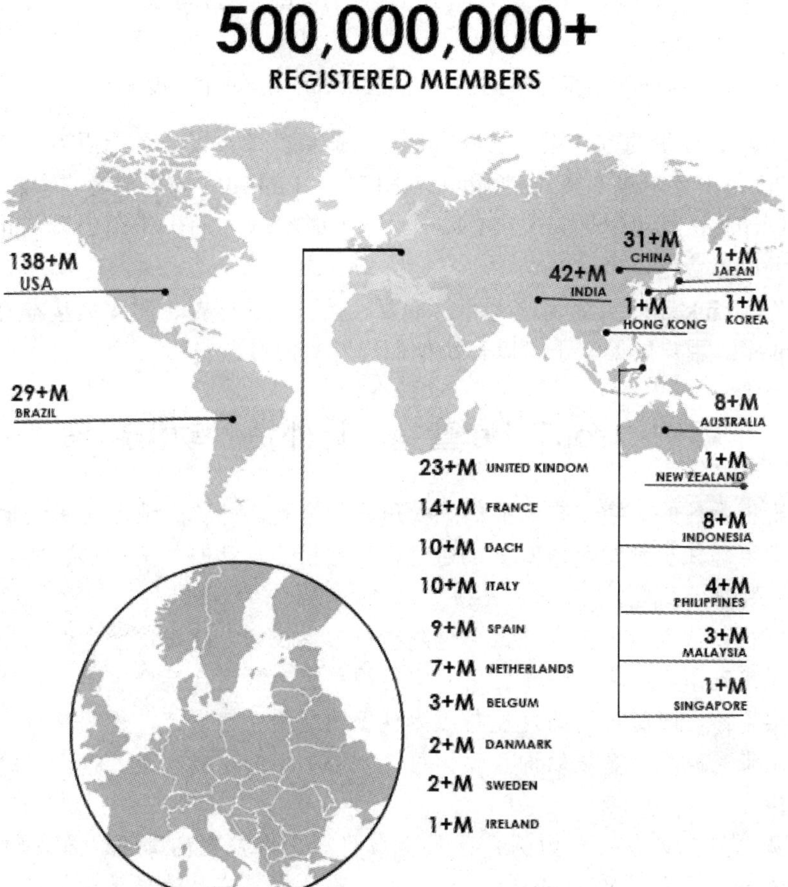

图 6-21　LinkedIn 全球布局情况

据雨果网统计，截至 2017 年，LinkedIn 的全球固定使用者有 5 亿人，平台有超 9 百万家公司注册，布局在世界各地 200 个国家和地区。其中，使用者以美国为主，其次是印度、中国、巴西、英国等地。LinkedIn 全球布局情况如图 6-21 所示。使用者平均分享内容形态及长度，如图 6-22 所示。

目前，LinkedIn 的广告有三种，即动态广告(Sponsored Content)、文字广告(Text Ads)、私讯广告(Sponsored inMail)。根据相关统计结果显示，使用文字广告的 ROI 最优，而且加入适当的图片会产生更好的广告收益。

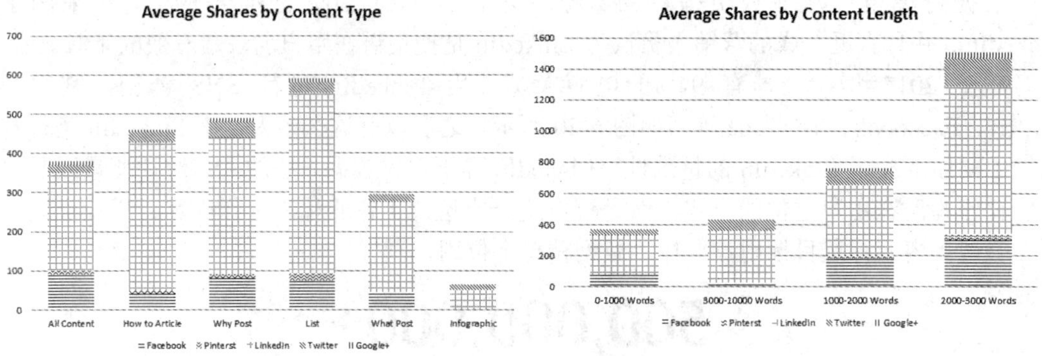

图 6-22　平均分享内容形态(左)；平均分享内容长度(右)

LinkedIn 广告计价的方式跟大部分广告平台相似。如果投放者希望为网站带来流量，可以选择 CPC 每次点击成本模式(当用户点击广告，LinkedIn 向投放者收取广告费用)；若希望增加品牌印象，则可以选择 CPM 每千次曝光成本模式(每一千用户看到此广告，投放者需要支付的广告费用)。

除此之外，LinkedIn 页面优化也非常重要，吸引人的标题、图片是基本要求。值得关注的是，LinkedIn 用户更偏好于可以解决他们问题的内容。

案例：YouTube 营销，让外贸“动”起来

相比密密麻麻的文字，视频显然更受用户的喜爱，外贸企业若想更快地扩展海外市场，必须得抓住视频营销的时机，通过视频营销让自己的外贸“动”起来，让海外订单“动”起来。

一提到视频营销，很多人马上会想到精美形象视频、病毒传播、微电影、品牌营销，继而联想到昂贵的视频制作费用，觉得视频营销只适合于像宝洁、联合利华等大公司。其实不然，随着市场的发展与各大视频网站的火速崛起，视频营销也可以通过很低的成本带来高质和高量的询盘和订单。一个小小的手机视频，也可以给小企业带来大利益。

以某舞台灯光设备公司为例，因圣诞节将至，用户对烟雾机、泡沫机的需求增大，使得该公司展示在 YouTube 上的烟雾机、泡沫机等产品的展示视频点击量在短短 17 天时间里就达到了 2 万多次，而且每天都有大量的产品评论，业务人员平均每天也都可以接到 10 个左右的意向咨询。但这个公司并没有投入很大的成本，上传的大部分视频只是用手机将其产品的工作过程和舞台效果拍摄了一遍而已。再如在亚洲舞台设备行业中久负盛名的烟雾机“安特利”，其最主要的网络用户来源之一就是 YouTube。

在网站和各类销售型平台中，产品展示信息的同质化相当严重，因此很多有经验的买家会利用社交平台收集采购对象产品的信息，以此来决定成交的对象。而 YouTube 视频是买家最常用的一个社交平台。其中，在这个平台上，产品的工作以及运用情况的展示信息尤其受到买家的追捧。

什么行业可以选择 YouTube 营销？

基本上，除了在视频展示中没有优势的工业原料和半成品产品，几乎所有的成品行业，如机械设备、电子器材、家用电器、家居用品、艺术摆设、日用品等，都可以通过不同的 YouTube 营销方式获得利益。

Blendtec 是一家以生产家用搅拌机为主的企业，它的产品价格比竞争对手贵至少 3～5 倍，但是销量常年都是 Amazon 同类产品中的冠军，其中 YouTube 是它最主要的也几乎是唯一的推广渠道。它的视频主页有 3 亿的累计观看次数，每年为其带来 500%～700%的订单增长，网站流量 650%的增加，转换率 70%的提高，销量在 4 年时间里翻了 10 倍。这个数据充分说明 YouTube 完全可以承担主要营销渠道的职责。

广州某植毛机生产企业，每年都在海外用户培训、售后维修、保养中花费大量的成本，从 2012 年开始利用 YouTube 视频配合远程教育改良用户服务方式，仅仅 1 年的时间，就把用户维护成本缩减到往年的 40%，而老用户两次以上成交比例上升了 25%。

资料整理来源：http://www.tradetree.cn/content/3216/3.html

FOCUS

YouTube 的客户涵盖了全球主流的消费群体，买家通过视频了解产品的操作方式、运行过程和效果展示，甚至还可以从不同的角度观察所需产品。视频通过多角度的动态展示，解决了大部分买家需要通过实体商店或展会才可以获得的体验。加上其他买家或评论者的互动留言和口碑分享，YouTube 变成了一个高质量的多行业营销平台。

【Part 15.5】YouTube

YouTube 是全球最大的视频社交平台，其全球活跃用户超过 10 亿人，每天都有成千上万的视频被用户上传、浏览或分享，同时也是全球互联网用户满意度评价最高的社交平台。相较于其他社交网站，YouTube 的视频更容易带来“病毒式”的推广效果。其在各地的营销价值甚至远远超越某些市场本土的媒体，以中国台湾地区为例，在台湾地区每天 8～11 点的黄金时段，有 40%也就是超过 900 万的人会登录 YouTube 查看视频，而台湾地区收视最高的“中天”等电视台巅峰时的收视率也不过 600 万人。

因此，YouTube 是跨境电商不可或缺的营销平台。开通一个 YouTube 频道，上传一些幽默视频吸引粉丝，通过一些有创意的视频进行产品广告的植入，或者找一些 KOL 来评论产品宣传片，都是非常不错的引流方式。

YouTube 营销通常需要做到以下四点。

1．建立企业自己的视频主页

跨境电商企业可以选择在 YouTube 里建立以自己企业命名的视频频道主页，通过这个视频主页，将自己企业产品的视频进行展示、分类、推荐，让潜在的用户更系统地获得企业希望传达的产品信息视频。同时企业还可通过视频主页，将用户引导到企业独立官网、B2C 或 B2B 网站，让意向用户可以快速转换为真正的买家。

2. 保持更新和回复

保持对 YouTube 企业主页的管理和监控才能不断获得回报。像安特利、Blendtec 这一类 YouTube 营销大户，对用户评论的回复不会超过 12 个小时。也就是说，YouTube 营销不是短期营销平台，营销管理人员需要坚持登录 YouTube，及时回复潜在用户的询问，不断向浏览者推荐新的、有创意的视频，从而保证有源源不断的忠实浏览者。

3. 利用分析工具，准确判断用户意向

为了保证推广的有效性，企业在使用 YouTube 推广的过程中需要经常监控、分析、判断视频的推广效果以及浏览者的采购意向，YouTube 提供的 YouTube Analytics 等工具就可以做到这点。这些工具可以实现营销效果的实时追踪，告诉企业有哪些人在看企业的视频。当然，某些情况下企业也可以采用由第三方提供的更加强大的流量追踪和转化分析工具。

此外，数据分析有助于提高视频营销的成功率。其可以帮助企业快速鉴定哪些人、从哪里、通过什么渠道观看企业的视频，他们在看完企业的视频之前有没有跳转到其他的网页。如果有的话，企业可以根据这些精细的数据调整视频主页，将用户更感兴趣的视频推送到更能引起用户关注的页面位置。

4. 善用第三方企业资源

如果由于各种原因，企业无法投入更多的人员和时间来关注和追踪视频营销的效果，此时企业可以将视频营销工作交给已经有成功视频营销经验的公司，让后者协助企业完成建立和管理视频主页、检测用户流量、回复咨询信息、提升买家好感度和导出购买意向等工作。

⊙ *Tips For You*

Vine 是 Twitter 旗下的一款短视频分享应用。据官网数据显示，其在推出不到 8 个月时间内，注册用户超过了 4000 万名。用户可以通过 Vine 发布长达 6 秒的短视频，并可以添加少许文字说明，然后上传到网络进行分享。社交媒体平台 8th Bridge 调查了 800 家电子商务零售商，结果显示，其中 38%的卖家会利用 Vine 短视频进行市场推广。

对于跨境电商，显然也应该抓住这样的一个免费平台推介自己的产品。一方面，可以通过 Vine 进行全视角产品展示；另一方面，也可以通过 Vine 来发布一些有价值的大众化信息并借此传播品牌。例如，某卖领带的卖家在 Vine 内发布一个打领带的教学视频，在视频中植入品牌，让更多的人了解自己的品牌。

案例：胡歌和小红书的三天三夜

小红书不是导购，也不只是电商，而是一个美好生活的发现平台，大家可以在上

面和 1800 万最会生活的人做朋友。

2016 年 4 月，小红书选择与胡歌合作拍摄了一支“明目张胆”撩粉的视频广告《胡歌和小红书的三天三夜》，并于发布前三天在社交网络全面展开撩粉攻势。发布后，两天时间内“胡歌和小红书的三天三夜”在各大视频播放数总计 1300 万次，新闻曝光数总计 500 万次，大量自媒体主动报道传播。

本次“胡歌和小红书的三天三夜”的视频中，胡歌所获得的全部有关“全世界的好东西”的建议均来自小红书社区的真实用户分享。广告的出发点在于为千千万万的小红薯(小红书对于自己用户的昵称)提供好东西和好生活建议，由社区提供的真实内容转化为广告演绎，让他们找到全世界的好东西、和最会生活的人做朋友，这也是传统品牌难以做到的。

找到最会生活的胡歌和找到全世界的好东西之间，你只差一个小红书 App。

小红书通过“普通用户”胡歌创造了一个清晰、真实并且诱惑力十足的关键场景——“我们用胡歌撩你，一起去全世界旅行找好东西怎么样？”

小红书品牌团队认为小红书是一个真实的社区，和真实的人打交道，拿到真实的信息，去做真实的事。因此，广告片坚持呈现真实感。用户说，在小红书能有的放矢，不浪费时间地找到好东西。而片中的胡歌便是跟着其他用户推荐的笔记去国外寻找好东西，从而激发灵感。

小红书是一个社区品牌的概念，所以在选择营销策略上会倾向更立体的传播表达方式。

小红书认为视频可以更具体地去呈现一个品牌形象，因此并没有选择互联网公司惯常的投放方式——把地铁平面广告位包个圆。此次视频分别制作了 90 秒的完整版与 15 秒、30 秒的剪辑版，根据平台渠道性质分别投放。当时在优酷、今日头条、ZAKER、腾讯新闻、爱奇艺、乐视、腾讯视频你都可以看到这条广告。同时在线下渠道，小红书购买了综艺真人秀《奔跑吧兄弟》中的部分出租车背后的电子屏广告位。

在视频之外，小红书在社交媒体上也成功使用了差异化营销方法。在微博上，视频上线前，小红书官方吊足口味撩粉，并且与胡歌本人和粉丝进行频繁互动；在更适合长篇大论的微信上，小红书官方微信以及部分大号则用文字配合平面的方式把品牌信息更完整地阐述出来。其微博预热如图 6-23 所示。

没错，在正式发布 TVC[①]之前，小红书耐住性子藏起品牌，通过微博进行了一系列预热，撩人的火候把握得刚刚好。在 TVC 完成后，第一时间与胡歌粉丝会资深负责人进行素材分析，从粉丝的角度挑选有讨论性的花絮话题，去挖掘有哪些角度会吸引人。一系列以碎片化、图片化的微博为主，并弱化了品牌形象，从这些话题的互动来看，已成功捞获一众粉丝。

① TVC 指商业电视广告，是一种运用高清或标清摄像设备进行拍摄的广告片，与以往的电视胶片广告相比价格较低且操作较容易。

图 6-23 #胡歌和小红书的三天三夜#微博预热

而小红书的官方账号(如图 6-24 所示)只做了短短三天的倒计时，分别从胡歌的背影、侧脸、正脸撩足粉丝。

图 6-24 小红书官微倒计时

最后，4 月 8 日当天与胡歌官方账号同步发布 TVC，如图 6-25 所示。

胡歌
4月8日 10:53 来自 iPhone 6s Plus
旅行中有什么好东西不能错过？看完视频等你回答 @小红书官方微博 胡歌消失的三天三夜，原来在...
胡歌消失的三天三夜，原来在...
带着小红书APP，和胡歌一起找到全世界的好东西。
收藏
50138
21135
95368

图 6-25 胡歌官方账号发布 TVC

这次撩粉的策略相当成功，以至于粉丝在微博上自主创造了#胡歌代言小红书#的标签，并获得了 700 多万阅读，如图 6-26 所示。

图 6-26　微博标签#胡歌代言小红书#

在 TVC 微博投放之后，4 月 8 日当日，小红书官方微信进行了相关内容发布。在之后的 4 月 9 号至 14 号之间，通过微信大号用文字和图片进行有细节、有内容的阐述，收拢品牌信息的传递，从有品质感的生活角度和胡歌一起诉说小红书“发现美好生活”的特质，如图 6-27 所示。

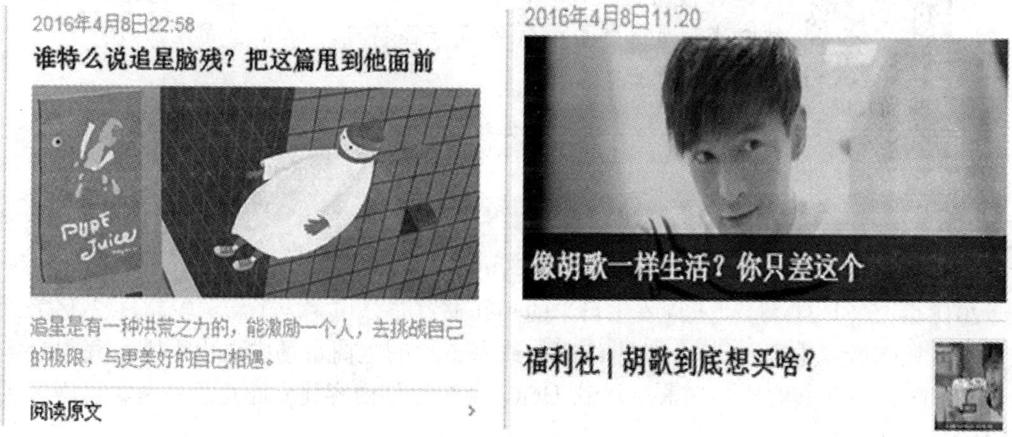

图 6-27　其他社交媒体投放情况

值得一提的是，这一系列 SNS 传播的所有内容与策略均由小红书内部团队完成。

【案例启示】

(1) 互联网社区品牌打广告，最真实的呈现才能打动人心。“每单补贴 5 块”这种简单粗暴的推广手段已不再流行。互联网生活社区重要的是人与人的沟通，戏剧般的广告画面，甚至热门段子也许会刺激一时兴奋的想象，但生活总会归于不着痕迹的平静，细水长流的真实情节和生活场景才能更持久地留在用户的心头。

(2) 展现明星生活中不容易被见到的一面，拉近与用户的距离。尝试跳出思维定势，呈现出镜头前粉丝看不到的明星生活画面，有亲和力带着隐秘性的故事说不定是一张万能牌。

(3) 运营端很好地承接新用户，让整个战役打得更扎实。对于互联网产品而言，用户留存就是硬道理，营销与运营部门如何协力迎合闻风而来的粉丝们，是很多新兴企业需要补的一课。

资料整理来源：https://www.digitaling.com/articles/24187.html

FOCUS

小红书，从着重解决“出国买什么”的购物红宝书，到供千万客户“种草”“拔草”的互联网购物社区品牌，这家以“电商+社区”作为主营模式的社交平台，以真实、灵感、格调、好玩的姿态走入客户生活。从小红书的成功可以逐步看出，电商对于客户而言，不再仅仅是消费渠道，更是一种生活方式。

Scan Here

观看视频：#胡歌和小红书的三天三夜#。

请读者根据视频内容，初步了解学习小红书的营销思路，并结合【沙盘演练】中 A 公司产品特点，为 A 公司产品设计小红书营销方案。

【Part 15.6】小红书

2018 年 5 月 31 日，“五周岁生日”的小红书宣布公司完成了新一轮超过 3 亿美元的融资，这意味着“电商+社区”的小红书在红海一片的电商市场中杀出重围，获得众多投资巨头青睐。小红书的核心在于，利用 UGC①用户原创内容建立起竞争壁垒，稳固忠实用户群体。

UGC 社区和跨境电商是小红书的两大运营模块。打开小红书 App 的首页，映入眼帘的不是明码标价的商品，而是一张张丰富多彩的生活图片，他们是不同的陌生人通过美丽的风景、朋友的相聚，在分享着各自的生活。小红书 App 首页如图 6-28 所示。

利用 5 年时间构建的购物分享社区模式，为小红书建立了良好的口碑和信任度，形成天然的壁垒，获得了竞争的优势。与此同时，小红书利用 UGC 的方式，引导用户分享内容，不仅为其提供了大量用户数据，而且将信息进行分散传播，可以说，小红书是全新

① UGC(User Generated Content)：客户生成内容，指客户将自己原创的内容通过互联网平台进行展示或者提供给其他客户。

的、真正的 C2B 模式。小红书基于大量用户，又有大量用户数据，其未来在品牌合作、商务运作等均有较大的空间与潜力。

图 6-28　小红书 App 首页

案例：“你好，1987”

2017 年 3.24～3.31，肯德基 30 周年庆，推出活动“你好，1987”，其中土豆泥只要 0.8 元/杯、吮指原味鸡 2.5 元/块。活动一经推出，引起众人哄抢。

活动之前，肯德基微信指数 550 万，活动之后 36 个小时内，指数飙升至 1000 万。肯德基没有通过大众媒体，而只通过自己的媒体就造出这么大的声量是非常罕见的。

参与肯德基这次活动的用户要满足一个首要条件：成为肯德基 App 注册会员。可想而知，肯德基几天之内，会收纳多少有效会员，为日后网络营销带来难以预料的重要影响。

Scan Here

观看视频：肯德基中国三十年微电影《小提手的故事》。

思考：SNS 营销策略的核心要素是什么。

FOCUS

SNS 营销指利用社交网络进行产品和品牌的群组建立并举行活动，利用 SNS 分享特点进行的病毒式营销活动。

SNS 营销的核心是关系营销，其进入市场的战略具有结盟掠夺式和侵略性，要点在于建立和巩固客户关系。

【Part 15.7】SNS 营销策略

SNS 营销的核心是关系营销，社交的要点在于建立和巩固用户关系。SNS 推广特点有 4 个：

- ✧ 直接面对消费人群。SNS 目标人群集中，宣传比较直接，可信度高，有利于口碑宣传。
- ✧ 氛围制造销售。SNS 投入少、见效快，利于资金迅速回笼。
- ✧ 宣传人群广。SNS 可以作为普遍宣传手段，也可以进行针对性宣传，亦可以组织特定人群进行重点宣传。
- ✧ 直接掌握用户反馈信息。SNS 可以针对用户需求，及时对宣传战术和宣传方向进行调查和调整。

SNS 属于真实性社交圈子，在商业化方面，用户需要理性控制。因此，针对社交网站进行营销时，需要掌握相应的营销策略。

1. 营销 4H 法则

SNS 型网站拥有大量免费流量，他们的运营不仅仅需要 UGC 提供要闻故事，也需要涵盖可以将流量带入第三方销售平台的内容。需要注意的是，社交网站并不喜欢网络广告商，在进行营销时要避免过于商业化的表述。

SNS 营销，通常情况下，需要遵循 4H 营销法则。

(1) Humor(幽默)。SNS 使用者需要在自己的社交站内添加幽默文字或图片吸引粉丝。并且，还要不断地进行更新，以便增加用户黏度。

(2) Honesty(诚实)。SNS 是真实性社交平台，参与者需要坚持诚实原则。

(3) Have Fun(有趣)。SNS 另一个策略是需要内容有趣。比如说，Walmart 在 Facebook 上分享文章《15 个只能在中国 Walmart 才能买到的东西，第 14 个最怪异》。文章中，包含中国 Walmart 常见的猪头，在中国人看来很寻常，但是对于美国人就是奇闻，因为美国超市卖的肉，从来没有头，别说猪头，连鱼头都没有。这篇 Facebook 文章就引起很多美国人转发，并前往该 Walmart 进行采购。

(4) Help People(助人)。可以为别人提供帮助的文章也会引起 SNS 转发。例如，某食谱分享网站，坚持分享食谱、趣闻等互动内容，帮助用户了解更多烹饪知识，同时也会介绍哪些工具适合烹饪，以此进行有效流量的转化。

2. 营销技巧

营销技巧，主要包括事件营销、红人营销、信息流与瀑布流营销。

(1) 事件营销。例如，将某第三方购物网站链接，分享或转发、链接至 Facebook。

(2) 红人营销。例如，在 YouTube 上某网红模特展示假发效果。

(3) 信息流与瀑布流营销。此主要指将产品直接发布到 Pinterest 上进行分享。

3. 社交误区

SNS 误区包括错失品牌推广机会、反馈不及时、社交营销策略不清晰、信息流不连续、文章错漏百出等。

(1) 错失品牌推广机会。在大多数 SNS 中，卖家可以设计个性化页面，但是往往很多人会把这些地方留成空白。特别是简介页面，要求写明公司简介和发展历程，或者是以企业身份参与活动，都是很好的免费进行品牌营销的机会。

(2) 反馈不及时。SNS 营销最大的特点就是可以直接接触用户，进行信息收集。但是与此同时，也对运营人员反馈效率提出非常高的要求。因此，SNS 要求参与者定期维护社交账号，查看消息和文章列表，对一些网友的回帖和评论做出积极响应。

(3) 社交营销策略不清晰。SNS 虽然属于免费推广工具，但是要求内容具有时效性。因此，企业使用 SNS 时，一定要有清晰的社交营销策略，以做到事半功倍。

(4) 信息流不连续。有了社交策略之后，在 SNS 内发布的每一篇帖子都需要精心策划，以避免不连续的情况发生。在 SNS 中，用户需要一个阶段的积累和关注才会彻底信任企业的品牌，因此，做 SNS 营销，需要整个团队连续性操作。

(5) 文章错漏百出。在 SNS 内发布文章，切忌出现语法和拼写错误，一旦出现，会让文章显得非常不专业。运营人员在上传前，需要反复认真检查自己写的内容，确定文章流畅、可读。

项目演练 18

小林团队通过本节案例及 SNS 知识的学习后，结合相关资料，对 A 公司 SNS 方案进行了重新规划。现在，请各小组帮助小林团队：设计 A 公司 SNS 方案。

【Task 16】掌握 EDM

案例：像谈恋爱一样开发客户

很多资深外贸从业人员认为，跨境贸易是一个恋爱的过程，要像谈恋爱一样地开发新客户，像维持婚姻一样地保值老客户，即相望——曝光量、相识——点击量、相爱——成交量、相守——回头量。

(1) 谈恋爱时，要想找对象，首先要告诉别人，让别人知道你要找对象。即指产品曝光量，让客户认识你的产品。

有一句歌词："只是因为在人群之中多看了你一眼，再也难以忘掉你容颜。"所以，做产品首先要让客户看到你的产品。因此，对于新产品而言，除了付费的 Alibaba 外，免费的网站也要做一些。

对于新卖家而言，通常会在很多网站进行注册、登记，相应产生客户名和密码。此时，卖家需要在浏览器收藏夹里面建立一个"免费档案"的文件，以便整理这些注册登录信息。

此外，网站需要进行定期的维护。注册网站不是目的，维护才是真谛。同时大家也要主动出击，见到漂亮的女孩子要主动追一下，这个 RFQ(Request For Quotation) 就是起这样的作用。

另一个是时间，每天至少两次更新，上午 9 点和下午 4 点。

为什么是上午 9 点？很多业务员都是 8 点上班，到公司后会马上打开 Alibaba 后台看邮件，顺便把排名给决定了。此时很可能我刚刚选择完了，半个小时甚至十分钟之后竞争对手加了一毛钱或者改变其他竞争参数，由此排名就变成不是我所希望的。但是到了 9 点钟的时候，很多业务员去回复邮件安排其他的事情，这个时候你的排名固定下来的可能性大一点。

为什么是下午 4 点？Alibaba 数据的更新是美国西部时间的 0 点，大约是北京时间的下午 4 点，所以到了下午 4 点的时候，你的竞争对手又上线了，这个时候他可能排名又比你高了，所以你下班之前可以再调整一次。假如你有机会在晚上 8 点再调整一次也是比较好的。

更重要的是根据市场、主要客户来定投放时间。注意，沙特或者阿拉伯是周五和周六作为休息时间的，这样星期五、六就不投放了。特别星期五很多人都会投放，此时竞价比较高；但是星期天很少人投放，这时选择投放，便可以花最少的钱得到最大的一个曝光。

(2) 别人看到你之后，如果感觉不错，可能跟你相识、交往，第一次约会你是不是要穿得好一点？

点击量也是这样的，所以假如你的产品有认证的话，要把它放上去，同时图片也要做得好一点。这里只针对我们做非标产品的，我推荐的是组合图，假如你有非标产品，希望图片有代表性。而非标产品，客户大脑里有的时候不知道什么样子，或者你定位过去之后跟他要求不同。因此，做一个组合图，有可能其中一幅图跟它最相像，可能就点进来了。

另一个，做组合图还会起到一种桌球效应，一杆下去好几个球进洞。体现在 Alibaba 网站上，就是一个关键词，或者一个产品点击进来之后可以停留非常长的时间，他会有一个欲望，我看到这个图想知道另一个图是什么样子的。这个容易做到，把组合图做成橱窗产品，因为橱窗产品比起普通产品容易靠前一点。另外，P4P(Pay for Performance)有一个叫优先推广，也就是你把觉得最好的产品可以把它优先推广，这样可以起到桌球的效应。

相识之后，可能会中意，就会有更多的时间腻在一起，你可以多聊一些。跟客户也是一样，你就要让他对你有更多的好感，尽量多渠道沟通。

这个时候，你需要精通产品的专业知识。我有这么一个感觉，懂外贸的不懂技术，懂技术的又不懂外贸，很多时候自己最后的角色是什么呢？翻译，你可能也会利用软件跟客户聊天，但是客户问到技术的时候，你就顾左右而言他，长期以往，你会用各种手段跟客户交流，但是最终客户感觉你是一个很好的朋友，但绝对不是一个很好的商业合作伙伴。

所以建议，假如你做的产品有一定的科技含量或者比较复杂，你一定要既懂技术，又懂外贸，假如能做到这一点，你绝对会成为你行业里的 NO.1。

最后是心态。这一点对做冷门产品的人非常重要。很多时候你很久不会有一个单子出，一年两年才出单的比比皆是，大家一定要耐得住寂寞。有时候，走了很多路，见了很多天，才知道路的尽头还是路，天的外面还有天，要学会驻足。脚下的一亩三分地，也可以开出绚烂的花。所以请你耐得住寂寞，经得住诱惑。

(3) 进入相爱阶段，相爱更多时候大家谈的更加实在了，涉及资金财产问题。用到客户这个地方就是要报价了。

我自己的一个经验，客户的第一封邮件你都不要提价格，你要进一步了解客户是不是一个行家；通过第二封邮件，如果是行家你一定要给一个行家价，否则会直接被客户 PASS。

报价的时候一定要等等，哪怕第二封邮件再回复，因为你心里有谱了。同时还要有一些良好的谈判和突发问题的处理能力，订单的过程当中会有各种各样的问题，怎样帮助客户解决问题，是体现你能力的很好的方式。

还有一点，细节决定成败。很多人会说，我很注重细节。是的，你很注重，但是很多人不注重的是客户下单，也就是打款到你发货之间的细节，你注重的是新订单的细节。比如我的一个以色列客户是见到提单之后才付款，然后在整个的订单过程中，比如原材料，我的原材料买齐拍照片告诉他，元件做好了也会告诉他，告诉他还差抛光喷漆马上可以发货了，第二天他给我发了水单。

为什么开始我怎么努力，他在付款方式上都不妥协，但是最后的时候没有问他，他就自己将款打过来呢？这是因为他通过图片，一步一步看到他的产品，这样的方式他接触到了产品，他放心了，于是他会提前给你打款。

(4) 最后一个就是相守，相爱容易相守难。相守更多是老客户，如果老客户跟你维持稳定关系，那就是你的胜利。

在维护老客户方面分为三点：

第一，依据国家进行分类，然后把客户做一个资料库，一个文件夹或者一个 EXCEL 表格，一定要用文件夹把客户所在国家的风土人情，包括节假日记录一下，这样节假日前一天可以发一个祝贺的邮件。除此之外，卖家依据国家分类可以少犯一些错误，圣诞节刚过，我不知道你是不是给你所有的客户都发了圣诞快乐，但像沙特那边周末都不和基督教共享，当他看到你的圣诞节快乐的时候会开心吗？

第二，要记得回报老客户。现在很多人会有这么一个误区，觉得老客户后期的维护过程中，跟他的邮件好像没有内容可聊。有的时候老客户也会变得很苛刻，假如你只是一个问候，没有内容，那天不是节假日，他很容易感受你写邮件的目的就是吸引询盘的。其实最好的营销是让人感觉不到你在营销。邮件里有内容的话是比较好的，比如很久没有联系老客户，你有了新的产品的促销，又研发了新品，又有了新的认证，或者新的替代品，甚至改编了网站，这样子客户会有吸引力。

第三，争取一些老客户对产品和服务出具一些书面评价，你可以给其他潜在客户展示，看看同行里面就用的我们的产品，而且很好。

资料整理来源：http://www.cifnews.com/article/12829

FOCUS

“像谈恋爱一样开发客户”，客户是贸易行业的核心问题，一封好的客户开发邮件就像是第一封恋爱表白信一样，需要沁人心脾、打动人心。但是对于很多外贸新手来讲，写好一封符合客人心意的信件，并不是件容易的事情。而找到客户之后，怎样回复客户并进行有效沟通，以便快速达成订单，又是一个新的难题。

因此，如何快速寻找客户、高效撰写信件、准确处理客户询复盘，也就是正确处理 EDM，可以说是外贸从业人员的必备技能。

【Part 16.1】EDM 特征

EDM(E-mail Direct Marketing，电子邮件营销)是利用电子邮件与受众客户进行商业交流的一种直销方式。EDM 对于企业的价值主要体现在三个方面：开拓新客户、维护老客户以及建设品牌。其优势体现在无时空限制性、非强迫性、交互反馈性、针对性均强。

EDM 营销步骤，分为四步：① 通过相关途径获取目标客户邮箱；② 制作以客户为中心的邮件内容；③ 选择合适的时间段发送；④ 进行统计分析效果。

EDM 对于跨境电商而言，具有以下特征：

✧ 内容丰富。可插入文本、图片、动画、音频、视频、超链接等内容。

✧ 传播快。操作简单、效率高，传输速度迅速。

✧ 个性化设计。卖家可根据产品特点，结合客户需求进行定制化设计。

✧ 成本低廉。EDM 基本支出费用就是一台电脑和网络费用，但是效果显著，相较其他推广方式而言，可以以较低成本获取良好的回报。

✧ 效率高。EDM 不受服务等级等因素影响，卖家可在几分钟内完成对上万个客户的营销。

【Part 16.2】EDM 技巧

做好 EDM，需要对很多方面进行精心设计，包括客户筛选、标题展现、内容设计等。此外，EDM 运营还需要遵循 3R 原则。

1. 客户筛选

EDM 重要前提是寻找到优质客户。目前而言，客户搜索的途径主要有搜索引擎、B2B 网站等。

1) 搜索引擎

搜索引擎是网站访问量来源的重要入口，目前按其工作方式划分，主要有三种搜索引擎，即全文搜索引擎(Full Text Search Engine)、目录索引搜索引擎(Search Index/Directory)、元搜索引擎(Meta Search Engine)。

(1) 全文搜索引擎。国外具有代表性的有 Google、Fast/AllTheWeb、AltaVista、WiseNut，国内最常用的是 Baidu。这些搜索引擎都是通过在互联网内抓取各个网站的信息组成的数据库中检索与客户查询条件匹配的相关记录(以网页文字为主)，然后将查询结果按照一定的序列顺序反馈给客户。

其中，Baidu 以自身核心技术“超链分析”为基础，为广大客户提供“简单、可依赖”的搜索服务体验。“超链分析”是通过分析链接网站的数量来评价被链接的网站质量，这保证了客户在使用 Baidu 进行搜索时，越受客户欢迎的内容排名越靠前，该技术已被世界各大搜索引擎普遍采用。

(2) 目录索引搜索引擎指按照目录分类的网站链接列表，可以不用关键词(Keywords)进行查询，仅靠分类目录找到需要信息的一种搜索引擎。目录索引虽然有搜索功能，但从严格意义上来讲，算不上真正的搜索引擎。目前，目录索引中最具有代表性的是 Yahoo!Directory(雅虎目录)，除此之外，还有 DMOZ、Look Smart、About 等搜索引擎。

(3) 元搜索引擎指的是在搜索引擎接受用户查询请求时，同时在其他多个引擎上进行搜索，最终将全部结果反馈给用户的一种搜索引擎。Dogpile、Vivisimo 等都是具有代表性的元搜索引擎。Dogpile 是直接将按照来源引擎排列的结果向用户展现，而 Vivisimo 则是有自定的规则将结果重新排列组合后再展示给用户。

除此之外，卖家也可以尝试各国当地搜索引擎，如 www.search.lu(卢森堡)、www.sol.no(挪威)、www.jubii.dk(丹麦)、www.searchuk.com(英国)、www.suchen.com(德国)等。

2) B2B 网站

目前，常用来寻找客户的两种 B2B 渠道分别为创建自己的企业网站和检索国内著名 B2B 网站。

(1) 创建自己的企业网站。企业网站更多的是企业通过其他方式主动寻找客户、发送推广信时引导客户通过浏览企业网站进一步了解公司情况。

从网络营销角度出发，网站的设计必须专业化和商业化。如果目标客户在进入企业网站 30 秒之内，网站内容还是没有引起他的兴趣并赢取他的信任，那么失去这个潜在客户的可能性将高达 80%；如果客户在 2 分钟内，没有找到企业的联系方式，那么失去这个客户的可能性高达 70%。

一个专业的企业网站至少应该包括：公司简介、新产品信息、产品说明、证书展示、公司宣传材料、联系方式、客户反馈信息搜集等内容。

(2) 国内著名 B2B 网站，如 Alibaba、Made-In-China、Global Sources 等。这些网站大多数是为买卖双方提供信息交流的商业网络平台，属于信息撮合平台。通常情况下，注册成功后，会员便会得到一些免费资源。

以 Made-In-China 为例。卖家在 Made-In-China 注册成为会员后，可以发布产品和商情信息，之后即可直接收取客户询盘邮件。卖家可以通过从网站首页进入“Offer Board”版块，进行关键词或目录搜索客户。此外，Made-In-China 自建全球客户索引，聚集了上百万全球客户信息，高级会员可以按照目录或者国家名称主动与客户取得联系。

3) 其他途径

卖家还可以利用专业信息名录提供商。例如，通过购买一些专门提供客户名录的公司和网站的服务，如 Kompass、Thomas Tlobal Register 等，获得客户信息。

通过各国搜索引擎，输入“行业协会+Association”的方式搜寻客户。利用此种方法，销售人员不但能查找到一些采购商的信息，同时还能了解到行业的制造商、经销商和客户的情况，帮助企业进一步清晰了解区域市场情况。此外，也可以在搜索引擎内搜索 Distributor 或输入 Dealer，分析行业巨头的分销代理名单，卖家可以主动联系分销商，推荐自己的产品。

卖家可以通过浏览一些工具网站，如 Alexa，这些网站不仅可以帮助供应商找到买家，同时也可用来判定买家网站的知名度和访问者数量，为企业投放广告和获取信息提供参考。也可以通过展会网站上参展商的名单、联系方式及网址等资料找寻客户。国内大型 B2B 网站内也会有专门的展会频道为卖家提供信息。

除此之外，卖家可以通过黄页、期刊，也可以查询知名商会组织来获得客户。

常见的知名商会组织有：

商务部世界买家网：http://win.mofcom.gov.cn

商务部驻外机构：http://www.mofcom.gov.cn

2. 标题展现

在 EDM 中，一个好的标题可以使卖家的邮件在客户的邮箱中脱颖而出，唤起客户点击查看的欲望。一般而言，邮件标题需要包括邮件内容主题、与收件人的联系和利益关系。例如，Heathrow Airport 给客户发送的机场邮件，标题为：“Welcome to Heathrow Wi-Fi – Let us help you explore”。这个标题既包含了邮件与客户是连接关系，也点名了发件者可以满足客户什么需求，因此，可以作为好的标题。

3. 内容设计

EDM 内容非常重要，一般需要做到系统性、精简性、灵活性、规范性等方面。

(1) 系统性。卖家在给客户发送邮件时，需要做好系统的规划整理，避免千篇一律的推销广告。

例如，某卖家欲做年终大促，需要迅速提升销量，占领产品搜索首页页面。那么卖家首先需要找对目标，然后系统地发送邮件。在此过程中，大约需要发送 3 封邮件。第 1 封邮件内容告知客户大促时间，最低折扣可达多少；第 2 封邮件内容可以是大促前预热活动；第 3 封邮件内容可以是店铺热销产品的活动力度及活动进展情况。3 封邮件围绕一个话题展开，达到 EDM 预期点击量的目标。

(2) 精简性。虽然一封邮件可以插入图片、视频等很多内容，但是插入的东西越多，邮件内容的体积会越大，过大体积的邮件是不受客户欢迎的。一方面，邮箱的存储空间有限，字数太多会被阻拦在客户邮箱系统外；另一方面，接收、打开较大的邮件耗费时间也会较久；再者，一封邮件包含太多信息量，很难使客户一时间全部接收，反而会降低 EDM 的有效性。因此，建议一封邮件的大小最好不要超过 1 MB，如果需要添加更多的内容，可以通过链接方式转入其他专属界面。

(3) 灵活性。EDM 需要结合卖家实际情况、受众人群特点，进行量身设计，并不是一成不变的。并且，同一个卖家，面对同一类受众，EDM 也需要根据市场不断调整策略。

(4) 规范性。EDM 需要遵循常用的邮件格式，不要打破人们已有的阅读习惯。通常而言，常用的邮件格式包括纯文本格式、HTML 格式，或者是这两种格式的组合。经验表明，HTML 格式的电子邮件比纯文本格式具有更好的视觉效果。

4. 3R 原则

3R 原则，即“At the right time in the right way to the right person”。

(1) Right Time。EDM 运营人员需要注意两点：

① 周一不适合发开发性邮件。因为通常周一客户的邮箱会充满业务信件或是 SPAM (垃圾邮件)，这时候客户处理邮件不会特别认真，极有可能随便扫一眼就拖进垃圾箱。

② 注意时差。对时差相差较大的客户，比如欧洲、中东、印度的客户，适合在下午发邮件。这样客户可以在工作时间内马上看到邮件，这对提高邮件回复率至关重要。因此，发邮件的时间最好集中在周二、周三、周四；而周五临近周末，客户可能需要处理的事情会比较多，也可能会比较忙，这个时候也不被认为是发送开发性邮件的最佳时机。

(2) Right Way。运营人员首次做 EDM 时，第 1 封邮件一定不可以群发。在以邮件方式开发客户的过程中，搜寻客户的方式有很多种，但是如何使搜寻到的客户阅读你的 EDM 邮件并且进行回复，则需要 EDM 运营人员运用写作技巧进行操作。事实上，并没有任何一种方式可以保证客户会回信，EDM 要求邮件内容在尽量符合大众审美基础上，加入创新创意，使客户有回信的动力。

值得注意的是，书写邮件时应避免邮件过于商业化，被服务器列为 SPAM。并且，即使邮件通过了服务器，如果客户一看标题就感觉是 SPAM，也会直接删除，从而达不到效果。当然，客户看了之后没有任何感觉，也证明 EDM 不成功。

理论上来讲，EDM 需要运营人员根据邮件回复率不断调整信函的内容和方式，结合实际情况对 EDM 做出优化。

(3) Right Person。在发邮件时，需要首先思考信函发给谁最有效。并且在邮件中直接称呼客户，使客户有一种这封邮件就是发给他本人的感受。通过数据表明，Right Person 是提高回复率最重要的一步，只有发对了人，才能最直接的方式打开市场，从而进行顺畅的业务沟通。

项目演练 19

小林团队通过本节案例及 EDM 知识的学习后，结合相关资料，对 A 公司 EDM 方案进行了重新规划。现在，请各小组帮助小林团队：设计 A 公司 EDM 方案。

阶段小结

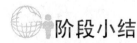

经过本阶段的学习，小林团队对 SEM、SNS、EDM 这三种线上推广方式有了更为全面的了解。小林团队根据【沙盘推演】中的任务内容，对如何实施有效线上推广知识点内容总结如下：

- 主流的营销模式 SEM，包括 SEO、关键词竞价排名和网站联盟广告这三种方式。SEM 的核心在于跨境电商运营人员通过相应形式，将自己的产品或者网站排在搜索引擎前页，进而提高产品曝光度和成交额。

☞ 有效的营销模式 SNS，这是一种基于真实存在社交圈的高效线上推广形式。因其特有的互动性，可以帮助企业找到更精准的客户，从而提高订单成交率。

☞ 直接的营销模式 EDM，这是一种不需要借助搜索引擎、社交媒体等外部媒介就可以实现精准营销的线上推广模式。

第7章

完成跨境安全结算

跨境电商存在于两者及以上不同关境的交易主体间，而作为流程闭环的最后一环——结算环节，其方式选择的准确性和流程完成的安全性牢牢牵动着每一位业务参与者的神经。因此，如何选择安全而快捷的结算方式，顺畅完成跨境业务流程的最后一环至关重要。

本章目标

- 掌握跨境 B2B 结算方式及风险类型
- 掌握跨境 B2C 结算方式及风险类型

学习方法建议

- 建议按照分组情况，以小组为单位，完成以下任务：
  T1：重新选定组长；
  T2：完成【阶段 6】【项目演练】内容；
  T3：由组长带领组员预习本阶段【沙盘推演】内容。
- 完成上述 3 个任务后，组长带领组员开始本阶段内容的学习。

学习导航

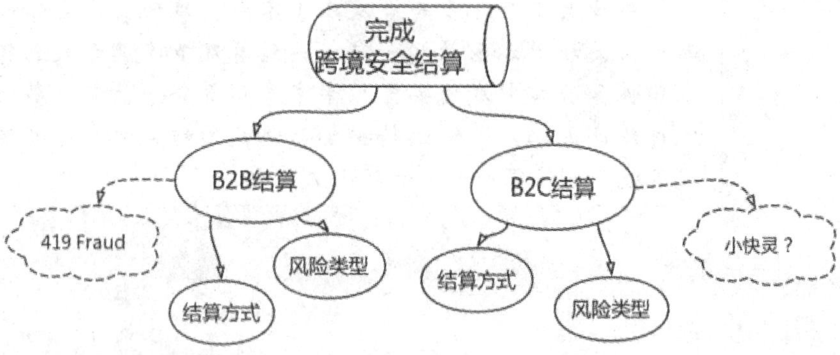

【沙盘推演】阶段 7

跨境结算是指存在于跨境电商交易期间，以商品交换为目的，发生的货款债权债务结算方式。不同的结算方式中，结算时间、地点和方法均不相同。跨境电商存在多种结算方式，如图 7-1 所示。

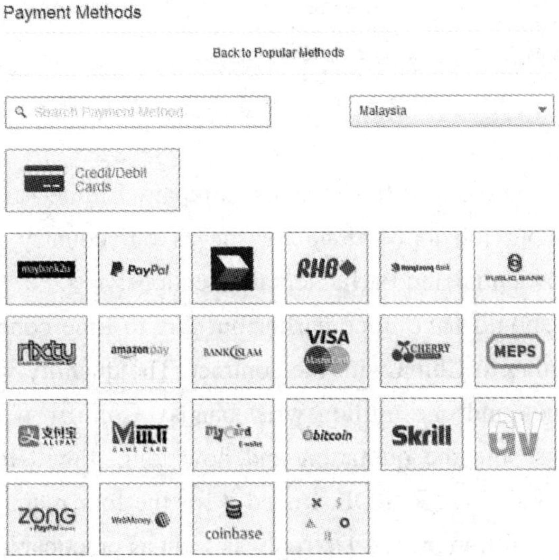

图 7-1　多种结算方式

针对跨境电商繁多的结算方式，小林团队主要采用支付宝、MasterCard、VISA、PayPal 和一些 B2C 平台自带的结算方式。但是，这些方式需要负担较高的结算手续费，并且在某些国家和地区，消费者有自己习惯用的结算方式。因此，团队决定改善 A 公司目前的跨境结算方案。

项目任务

经过团队商议、论证，并且结合 A 公司实际生产情况，小林团队决定依据跨境电商的市场分析、不同国家和地区的消费习惯，针对 B2B 和 B2C 市场进行结算方式的选择。根据需求小林团队承接【阶段 6】内容，继续完成项目任务：

- Task 17：掌握跨境 B2B 结算；
- Task 18：掌握跨境 B2C 结算。

【Task 17】掌握跨境 B2B 结算

案例：419 Fraud

419 Fraud，即为人熟悉的尼日利亚诈骗案，现多指欠发达地区的外贸骗子利用网络寻找他国(一般也多是发展中国家)的供应商，利用对方急于成单的心理，或骗样品，或骗对方开出保函①，或侵吞卖家货物的现象。

以下为某客户骗取保函的经典案例。

【Step 1】看中你的某款货物，并要大量订货，数量通常以百万计，引诱供应商上钩。

I am the Chief Executive of × Investments Company Limited and intend to visit China this month. I have a big job to be done for me as our country is jeering towards the December 7, 2018 Presidential and Parliamentary elections.

This assignment should have done earlier but due to time constraints, I am therefore without hesitation coming to China with the contract. The quantity will be about 1,000,000 (one million head bands and one million wrist bands). Confirm if I should send you the specification and advise me the quotation and how long it will take to accomplish the mission. TIME IS NOT ON OUR SIDE. I need it for the four main parties. In all we shall need about two to three million pieces. Do reply as soon as practicable.

Treat it as urgent. My email address is ×. My telephone is ×. I count on your quality and durability.

Regards,

××

CHIEF EXECUTIVE

【Step 2】使用各种方式与供应商煞有其事地就产品价格、质量、款式等进行讨论，并急着要对方打样。此过程中，骗子表现得非常专业。

(1) 邮件 1

Dear ××,

Your apology for misquoting the prices is well noted. However, if the prices are 0.25 and 0.20 USD for 1000000 pieces both head and wrist bands, thenI think you have to reduce the prices.

I have to inform my management team at this evening meeting about the latest quotation quoted. Do you know that I will be in China next week and make the 30% down payment in RMB, why then should you quote the price in dollars but not RMB.Discuss with

---

① 保函(Letter of Guarantee, L/G)又称保证书，是指银行、保险公司、担保公司或个人应申请人的请求，向第三方开立的一种书面信用担保凭证。其保证在申请人未能按双方协议履行其责任或义务时，由担保人代其履行一定金额、一定期限范围内的某种支付责任或经济赔偿责任。

your team if the price can be quoted in RMB. Attached is the sample of two of the party color. We need about 1,000,000 and the main opposition party about 500,000 copies of both the head and the wrist bands.

May we also suggest to pay $15 for the head bands and $10 for the hand bands respectively for the 1,000,000 pieces. Revert immediately.

Regards,

××

CHIEF EXECUTIVE

(2) 邮件 2

Dear ××,

The background of the color of the NEW PATRIOTIC PARTY IS WHITE and their color are red and blue. So use white background for the headbands. Minimize the size of the symbol and let it show at the forehead with particular reference to the elephant.

But the wrist band write only the NPP boldly. I think you use red and white background and write the NPP with BLUE. Use your rich experience and give me two or three best samples to choose to select the best. It is will be laudable idea. I am only coming to give you the 30% part of the payment for you to start producing immediately. There are other two political parties but do this first for me to see before I send you the other orders.

Get the samples ready as soon as practicable.

Regards,

××

CHIEF EXECUTIVE

【Step 3】当骗子觉得水到渠成时，会以拜访公司、参观工厂为由要求供应商开出保函。

【Step 4】一旦供应商开出保函，骗子便消失。拿着你的保函到处招摇撞骗，如果骗子们在卖家境内犯事，供应商就需要为这些骗子承担法律责任。

FOCUS

就目前电子商务的发展水平而言，通过跨境电商贸易方式发生的风险在很大程度上和通过传统贸易方式发生的风险相似，主要区别在于买家前期让卖家上当的联络工具不同，而且由于电子商务在线交易主体、信息的虚拟化，一些买家的骗术更加隐秘。

【Part 17.1】结算方式

跨境 B2B 结算方式与传统国际贸易的结算方式基本相同，主要分为银行电汇、信用证结算、交货付款、西联汇款等。

1．银行电汇

在跨境 B2B 贸易中，采用较多的结算方式是 T/T(Telegraphic Transfer，银行电汇)。T/T 指汇出行应汇款人申请，拍发加押电报、电传或 SWIFT[①]给在另一国家的分行或代理行，收款行指示解付一定金额给收款人的一种汇款方式。目前，T/T 分为两种：前 T/T、后 T/T。

在跨境贸易行业内，前 T/T 指在发货人发货前，买方付清 100%货款，类似国内传统贸易的款到发货；也有约定先付 30%定金，发货后支付 70%余款的；也有 70%定金，发货后付剩下 30%余款。后 T/T 指发货后再付清 100%货款。

2．信用证结算

信用证(Letter of Credit，L/C)是当今跨境贸易在银行结算中最主要、最常用的一种结算方式。L/C 是一种由银行依照客户的要求和指示，开立的有条件承诺付款的书面文件，开具信用证的额度由买方在开证行的信用等级和账户金额以及流水数量决定。

信用证结算的方式是随着跨境 B2B 贸易的发展，全球各大国际结算银行参与跨境贸易结算的过程而逐步形成的。由于货款的结算以取得符合信用证规定的所有货运单据为条件，避免了预付货款的风险。因此，信用证结算方式在很大程度上解决了买卖双方在付款和交货问题上的矛盾。信用证结算已成为跨境 B2B 贸易中的一种主要结算方式。

采用信用证结算时，买方是根据买卖合同填写开证申请书，并向开证银行缴纳信用证保证金或提供其他保证后，请开证银行开具信用证。

信用证是开给卖方的，以卖方为受益人。信用证一经开出，就成为独立于买卖合同之外的一项约定。卖方在付运期之前，按照合同要求把货物付运出去，然后取得一套单证，其中包括最重要的已装船提单，而且其中的数量、日期及表面状况与买卖合同是一致的，即可前往信用证指定的银行(议付行)申请结汇。议付行按信用证条款审核单据无误后，即把货款垫付给受益人，然后通知开证人付款赎单。

3．交货付款

交货付款又称凭单付款，卖方在完成出口装运之后，不开汇票只备妥有关货运单据在出口地、进口地或第三地向买方指定的银行或代理人收取货款的方式。这是跨境贸易现汇结算中使用的一种结算方式。买方凭卖方所提交的单据，将货款付与卖方。他的特点是交单即为交货，付款以交单为条件。

在国际结算的汇付、托收、信用证结算方式均可采用凭单付款。交货付款与托收方式中的付款交单不同的是，其从买方的立场出发，即买方的付款是以卖方的交单为条件；而付款交单是从卖方的立场出发，即卖方的交单是以买方的付款为条件。

交货付款与信用证方式中的交单付款不同的是，其从卖方的立场出发，即卖方的交单是以开证行的付款为条件；而交单付款是从开证行的立场出发，即开证行的付款是以卖方提交单据为条件。

凭单付款、付款交单、交单付款均是货款与单据同时交割的结算方式。

---

① SWIFT(Society for Worldwide Interbank Financial Telecommunication)即环球银行金融电信协会。SWIFT code(银行国际代码)一般用于发电汇、信用证电报，用于快速处理银行间电报往来。

4. 西联汇款

西联汇款是国际汇款公司 Western Union 的简称，是世界上领先的特快汇款公司，迄今已有 150 多年的历史，它拥有全球最大、最先进的电子汇兑金融网络，代理网点遍布全球近 200 多个国家或地区。西联公司是美国的第一数据公司 FDC 的子公司。

西联汇款的换汇限额根据对方国兑付限额规定和相关外汇管制政策规定制定。与普通国际汇款相比，西联汇款不需开立银行账户，$1 万以下业务不需提供外汇监管部门审批文件，且汇款在 10 分钟之内汇到，简便快捷。

【Part 17.2】风险类型

由于跨境电商业务链条跨越关境的特殊性，其结算环节产生的风险类型也多种多样。

1. “水单”诈骗

在 T/T 付款的情况下，买家在银行操作付款手续后就会有一张付款凭证，这张付款凭证俗称“水单”。见到“水单”不代表货款已经付出，这个风险点在新手操作订单时，经常出现。

(1) 假“水单”。有些国际诈骗分子利用经验不足的业务员，以假“水单”进行诈骗。因为“水单”基本以复印件形式出现，有些诈骗分子会将以往用过的“水单”涂改、窜改、伪造，或者只是一张填写过信息但没有递交给银行的废件单，把这些当作已经在付款银行付款的证明。然后骗子将这些假“水单”传真给发货方，诱导业务员提前把船运正本提单快递寄出。最后造成在业务员没有收到货款的情况下，货物被骗子提走，损失惨重。

(2) 利用时间差，撤回货款。即使有时诈骗分子使用真的“水单”，他们也可以在几个工作日内以汇款错误作为理由，要求银行撤回付出的货款。利用时间差，一边提供真的“水单”，一边要求银行撤回付款，使得业务人员误以为是真的“水单”。也有诈骗分子宣称货款已经打出，以市场急需为由，诱导业务员把正本提单寄出，导致发货方在没有收到货款的情况下，货物被提走，损失惨重。

(3) 真“水单”。诈骗分子使用真“水单”在银行正式办理汇款手续，SWIFT Code 也正确，但是他们故意将银行账户号码使用错误或填错，此时，在货款到达银行后，不能直接汇到供应商账户中。3 个工作日后，如果原来打出货款的对方银行没有提供更正函，则视为汇款错误，会自动把款项退回原账户中。而业务员会误以为货款已经打出，只是没有入账而已。诈骗分子仍会以市场急需为由，索要正本提单，导致货物被提走，造成惨重损失。

如果业务人员遇到诸类情况，发货方应以己方银行收到货款后，并入到自己账户的入账单为准，实行放行正本提单原则，减少或避免此类风险的发生。

2. 进口商拒绝结算货款

第 1 种情况：进口商不具有结算能力。由于经营不善，该进口商已失去履约能力，已破产、倒闭，或即将破产、倒闭。

⊙ *E.G.*

某网站上一专门生产美发剪刀的供应商于 2018 年结识了一位来自巴基斯坦的买家，

双方经洽谈达成了价值$5 万的剪刀出口合同，约定以 T/T 方式付款，供货前买家先预付 30%，后 70%见提单复印件付款。

签约后，买家如约付了 30%的预付款，7 月该供应商将货备齐运至巴基斯坦卡拉奇，并将提单复印件传真给买家要求支付剩余 70%的尾款。

但直到货物到港近 1 个月都没收到货款，供应商非常着急，不停地联系买家，但一直没有回应，后来通过当地货代才了解到买家已经因为经营不善倒闭了。所幸供应商控制着船东单，经过一番周折终将货物拉回，但是来回的运费、滞港费、操作费等让供应商苦不堪言，提前收的那点预付款根本不够用，该票生意让供应商损失惨重。

第 2 种情况：进口商有结算能力，但不愿履行合同。当买卖双方就合同履行问题发生纠纷，不能达成一致意见时，买方常常会以货物的质量、数量或其他方面不符合合同规定为由，提出降价的要求，在此要求得不到满足时，就会拒绝结算货款。

⊙ *E.G.*

山东某纺织厂在 2018 年 1 月与加拿大一客户签订了一份出口毛巾的合同，金额为￥25.6 万，付款方式为即期 D/P[①]。按照合约，他们于 3 月初将货物发出，可 4 月中旬货物到达加拿大港口后，对方却拒绝付款赎单，理由是国际棉花价格下调，用纯棉制作的毛巾价格也应该下调，因此要求山东工厂将毛巾的价格下调 15%。

山东工厂坚持以合同为准，不肯降价，致使货物在港口停留超过 2 个多月。而按客户提供的信息：加拿大海关规定，货到加拿大港口后 3 个月没人提货，海关将把货物拍卖，支付港口等费用。

至此，摆在山东这家工厂面前的路有 4 条。

(1) 同意降价，并支付港口等费用。

(2) 将货物就地处理，卖给其他客户。

(3) 将货物运回，但需要支付港口费及运回中国的运费。

(4) 由海关拍卖。

山东这家工厂不管选择这四条路中的哪一条路都将面临巨大的经济损失。

第 1 条路，约损失￥7 万多，其中港口费￥3 万多。

第 2 条路，约损失￥8 万多，因为到目前为止，只找到 1 个加拿大客户，并且在得知此情况后要求降价 20%。

第 3 条路，约损失￥6 万多，但还面临货物运回后的销路问题，因为毛巾上面有销往加拿大的英文和法文标志。

第 4 条路，基本上将￥20 多万货款全部损失，因为估计拍卖的价格会很低。

在 2018 年 7 月 10 日，也就是货物到达加拿大港口近 3 个月而面临海关拍卖之际，山东这家工厂被迫将这批货物就地处理，通过艰苦地讨价还价，按降价 14%的幅度卖给另一家加拿大客户，并以货物抵偿的方式让此客户支付了￥3 万多的港口等费用，总共损失近￥7 万元。

---

① 即期 D/P 指出口方开具即期汇票，由代收行向进口方提示，进口方见票后即须付款，货款付清时，进口方取得货运单据。

第 3 种情况：进口商蓄意欺诈，骗取货物。值得注意的是，相关数据显示，我国对外贸易 50%以上的货款拖欠是由客户的恶意欺诈引起的，而非人们通常理解上的贸易纠纷。

⊙ *E.G.*

某网站上一做超硬材料的供应商于 2018 年 8 月结识一位来自埃及的客户，对方要求打样价值$5000 多的样品并用快递方式运出。

10 月初，我国供应商将样品制作完毕，要求对方付款，含样品费和快递费。

在买家把付款水单传真过来后，我国供应商通过 DHL 将货物运出，快递费预付。

但是货物出运两个星期后，仍没有收到买家所谓的款项，打电话过去已无人接听，E-mail 过去也无回音。

事已至此，供应商才意识到遇到蓄意诈骗，损失样品费联同运费近$6000。

3．进口商延期结算货款

进口商延期结算货款，通常有两种情况：

(1) 进口商的财务状况恶化，无法按时结算货款，在这种情况下，进口商能否继续结算货款取决于其自身财务状况能否好转。

(2) 进口国商品市场行情变坏，进口商有意延期结算货款，期望市场行情好转再结算货款取得货物。

⊙ *E.G.*

湖南省某进出口公司出口 20 吨电解锰，买方是与其有多年业务往来的一家欧洲大公司。货物到目的港后，进口国商品市场行情急剧恶化，客户借故不买单，将货物暂时积压在当地保税仓库，公司业务员多次与买方交涉，但直到几个月后市场行情好转，客户才接收货物并付款赎单。

4．进口商要求折价结算货款

当进口商品所在国市场行情变坏，或者双方对合同中有关货物交接的各项细节理解出现偏差，但对实际交接货物不产生实质影响的情况时，某些进口商吹毛求疵，以此为借口要挟出口商降价销售，否则不予付款。当然也存在一些国际不法进口商有意钻法律的空子，通过各种诈骗手段延期付款，最后实现折价购买的现象。

⊙ *E.G.*

武汉的某卖家 2016 年在某平台上结识格鲁吉亚的买家，几年来的合作双方都很愉快，买家每年的订单量也非常稳定。2018 年年初，买家又下了一笔$4 万多的订单，和以往一样先行支付 30%的预付款。

卖家公司定了船，并于 7 月将货物发往 POTI 港，传真提单影印件给买家并要求支付 70%的尾款，但卖家回复说因格俄关系恶化影响到市场所以要求推迟支付，但直到货物到港两个月后买家仍没付款。而货物则因滞港时间过长面临被船公司拍卖的风险。

最终，经第三方介入，买卖双方达成协议，卖方降价，买方付款提货。

项目演练 20

小林团队经过本节案例及结算方式学习后，对 A 公司跨境 B2B 结算方式及风险预估有了新的理解。现在，请各小组帮助小林团队总结以下两个问题。

✈ Q1：结合 A 公司产品特点，选择适合的跨境 B2B 结算方式，并说明理由。

✈ Q2：预估 A 公司采用跨境 B2B 结算方式，可能出现的风险。

【Task 18】掌握跨境 B2C 结算

案例：2017 中国第三方跨境支付市场——“小快灵”

2018 年 1 月 4 日，易观发布《中国第三方跨境支付市场专题分析 2017》行业专题分析报告，其紧紧围绕跨境贸易中的主要模式，提炼总结出跨境支付对应的发展现状和面临问题，对目前跨境支付行业的市场环境、发展状况、关键业务节点、典型厂商及未来发展趋势做出了详细的分析。

Scan Here

阅读报告：《中国第三方跨境支付市场专题分析 2017》。

思考：中国跨境支付行业特点、发展趋势和风险管理。

Scan Here

观看视频：2015 年 10 月 8 日，人民币跨境支付系统(CIPS)于上海启动。

思考：国家政策对跨境支付的影响。

FOCUS

支付作为跨境电商业务闭环运营结点，其重要性不言而喻。并且，随着跨境电商的迅猛发展，跨境电商支付业务链条愈加成熟，线上支付方式应运而生。此时，如何选择安全快捷的支付方式显得尤为重要。此外，如何避免在支付过程中产生风险，形成良好的风险控制意识亦迫在眉睫。

【Part 18.1】结算方式

目前中国跨境电商 B2C 结算方式统一为境内消费者将货款结算给第三方结算机构，然后该机构完成境内外结算，并将结算信息上传海关系统，进而完成“三单合一”，进行报关报检。跨境电商 B2C 进、出口结算流程，如图 7-2 和图 7-3 所示。

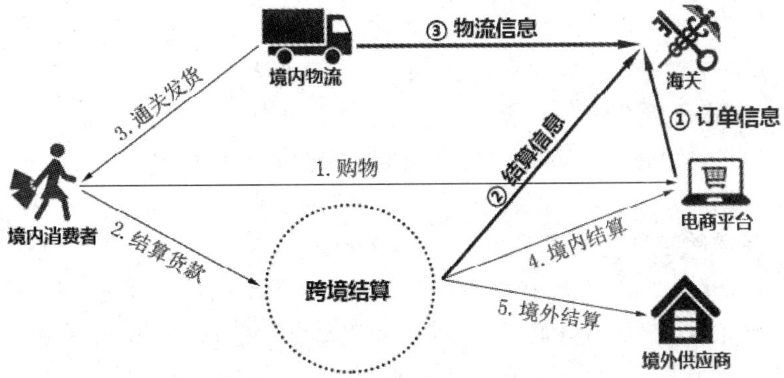

图 7-2　跨境进口结算流程

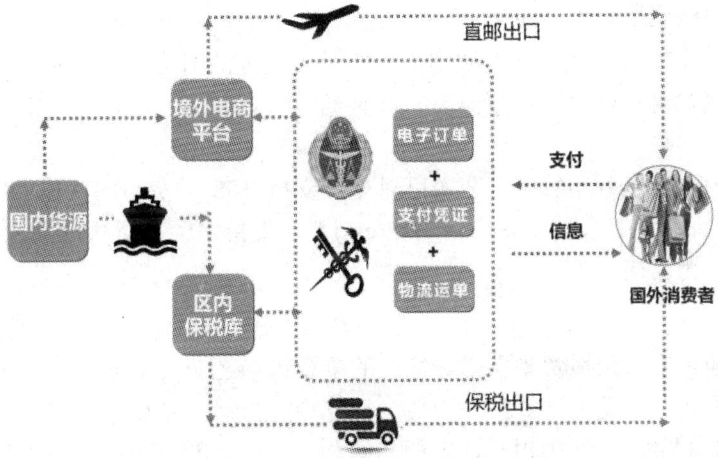

图 7-3　跨境出口结算流程

结算方式上，B2B 以线下模式完成交易，以信用卡、银行转账为主；B2C 主要以线上结算完成交易，以第三方结算为主。本节以不同国家或地区进行分类，介绍结算方式。

1．欧洲地区

欧洲人习惯使用的电子结算方式除维萨(Visa)、万事达(MasterCard)等国际卡之外，他们非常喜欢使用一些当地卡，例如 Maestro(英国)、Solo(英国)、Laser(爱尔兰)、Carte Bleue(法国)、Dakort(丹麦)、4B(西班牙)、CartaSi(意大利)等。

据以往经验，欧洲和中国商户联系比较多的国家或地区有英国、法国、德国、西班牙。相较而言，英国的网上购物市场比较发达，其中 PayPal 使用也比较普遍。

⊙　*Tips For You*

PayPal 于 1998 年 12 月由 Peter Thiel 及 Max Levchin 建立，是一个总部在美国加利福尼亚州圣荷塞市的在线结算服务商。其允许在使用电子邮件作为标识身份的用户之间产生资金转移，避免了传统的邮寄支票或者汇款的方法。

使用 PayPal 可以有效提高跨境结算效率，具体功能和服务如下：

(1) 可以高效拓展海外市场，PayPal 可覆盖到国外 85%的买家。

(2) 降低相关成本，相对比起西联汇款、T/T，PayPal 针对单笔交易在$1 万以下的小额交易更划算。

(3) 可以增强买家对卖家的信任度，因很多买家对PayPal的认可接受度极高。

(4) 相比到银行汇款的传统结算方式，PayPal省时省力，且支持即时到账。

(5) 卖家因欺诈所遭受的平均损失仅为其他信用卡结算方式的16%左右。

(6) 支持包括国际信用卡(Visa、Master Card)在内的多种付款方式。

(7) 只有产生交易才产生付费佣金，没有任何开户费、年费或其他费用。

PayPal主要风险控制是使用资金池。PayPal资金池，指PayPal对每一笔的交易资金额度，抽取一部分资金留在账户中，作为风险出现时用于先行赔付使用的资金。

例如，$100的一次交易，PayPal让卖家先收$90，剩下$10在30天或者45天以后提现。以此类推，经过多次积累至第n次之后，就会积蓄部分资金形成可以先行赔付的资金池。

2. 北美地区(泛指美国、加拿大)

北美地区是全球最发达的网上购物市场，北美地区的消费者习惯并熟悉各种先进的电子结算方式，例如网上结算、电话结算、邮件结算等，其中，信用卡是常用的在线结算方式之一。

一般北美地区第三方结算服务公司可以处理支持158种货币的Visa和MasterCard，支持79种货币的美国运通(American Express)卡，支持16种货币的大来(Diners)卡。此外，PayPal也较为常用。

3. 南美地区

目前，巴西是中国跨境贸易在南美地区的重要市场之一，Beloto是一种巴西本地常用电子钱包结算方式，且无需结算额外费用，结算额度为$1～$2,000。

另外，MercadoPago在阿根廷、巴西、智利、哥伦比亚、墨西哥、委内瑞拉等国开展结算业务。

4. 澳大利亚、新加坡、南非

对于与澳大利亚、新加坡、南非等地区的商人做贸易的商户来讲，最习惯的结算方式是Visa和MasterCard，也习惯于使用PayPal。

澳大利亚、南非结算方式类似于北美地区，使用信用卡、PayPal较多。

而新加坡，除信用卡外，银行界三巨头——华侨银行、大华银行、星展银行的互联网银行发展形势迅猛，不容小觑。

5. 日本

日本本地的线上结算方式以信用卡付款和手机付款为主。此外，日本拥有JCB和WebMoney两款产品。JCB可以支持20多种货币的使用，WebMoney是一种有两种规格(2000日元和5000日元)的塑料卡。

在日本，使用手机上网的人群数量已经超过使用PC端的人群数量，他们也更习惯使用手机进行网上购物。他们的手机可以用来做机场登机验证、大厦的门禁钥匙、交通一卡通、信用卡、结算卡等。在这些应用背后，提供技术和软件方案的是索尼的子公司FeliCa。结算手机内置FeliCa芯片，芯片中植入用户身份信息和结算数据，这些芯片由索尼联合 Renesas 和 Toshiba 提供。并且，由索尼、手机运营商 NTT Docomo、交通运营商 JR East 组成的联盟，推进着手机结算生态系统的发展。目前，在日本几个最大城市里，有大约 110 万人使用 Suica 手机购票或购买自动售卖机的商品。

6. 韩国

在韩国，线上购物市场非常发达，主流购物平台多为 C2C 平台，如 Auction、Gmarket、11ST 等，还有众多的 B2C 线上旗舰明星店等。其在线结算方式较为封闭，一般只支持韩国国内银行的银行卡服务，Visa 和 MasterCard 使用较少，且常见于海外付款中，方便非韩国的外国客人购物。此外，PayPal 在韩国也有不少人使用。

7. 中国

在中国，主流的结算平台是以支付宝和财付通为首的非独立的第三方结算，这些结算采用充值的模式进行，集成了大部分银行的网上银行功能。所以，在国内不论是信用卡还是借记卡，只要银行卡开通了网上银行的功能，则均可用来进行网上购物。

在中国的港澳台地区，习惯使用的电子结算方式是 Visa、MasterCard 和 PayPal。

8. 俄罗斯

QIWI Wallet 是俄罗斯最大的第三方结算工具，其服务类似支付宝，可支持的最大结算额度在$5,000 以下，若超额，买家须更换其他结算方式。

Yandex.Money 是俄罗斯领先的智付电子钱包，拥有近 1800 万活跃用户，日交易处理能力达到 15 万笔，在俄罗斯的品牌认知度高达 85%。几乎俄罗斯各大电商网站、游戏付款方式都可以支持 Yandex.Money，同时也可以缴纳水电费，用途相当广泛。

9. 其他结算方式

(1) 由 Flagship Merchant Services 和 ROAMay 开发的跨境电子商务移动结算系统可以接纳各种结算卡，同时可以记载现金交易记录。这款 App 可以通过顾客地址框，帮助用户建立顾客资料数据库。用户可以按月使用这一服务，价格为 $7.95/月。App 和读卡机是免费的。

(2) Square 是一种简易的信用卡结算系统。它提供免费的 App，并为 iPhone 和 iPad 用户提供免费的信用卡读卡机。此外，Square 提供一系列的工具，帮助用户跟踪销售额、税金等数据，同时也可以显示顾客购买数据，从而使卖方知悉哪些客户买的最多。Square 的价格算是比较高的，不提供按月结算的服务。如果使用移动结算的频率不高，可以选择 Square。价格为：每刷卡一次的费用为交易额的 2.75%；每次“手动输入交易”费用为 3.5%再加$0.15。

(3) PayPal Here 可以接受多种结算方式，包括信用卡、PayPal、支票和发票等。通过 PayPal Here 用户可以清晰地罗列出销售额，也可以计算税金、提供折扣、管理结算邮件通知单等。PayPal Here 兼容 iOS 和 Android 系统。App 和读卡机是免费的，价格为：每刷卡一次的费用为交易额的 2.75%；每次“手动输入交易”费用为 3.5%再加$0.15。

(4) 谷歌钱包是一种虚拟钱包，帮助商家创建更具吸引力的购物体验。无论商家运营的是网店还是实体店，都可以使用谷歌钱包。谷歌钱包通过销售终端的近场通信(NFC[①])读

① NFC 是 Near Field Communication 缩写，即近距离无线通讯技术。

卡机，帮助实体店商家让顾客使用手机进行结算。谷歌钱包还可以帮助商家展示优惠商品。如果使用谷歌钱包的 Instant Buy 功能，顾客可以在商家的移动网站上快速地完成结算。价格为：免费。

(5) Intuit GoPayment 是 Intuit 公司开发的 App，接受信用卡、支票等结算工具。这款 App 可以与 QuickBook 和 Intuit 公司的其他销售终端产品同步使用，兼容 iOS 和 Android 系统，读卡机免费。价格为：$12.95/月；刷一次收取 1.75%的费用。

(6) LevelUp 是一种使用 QR 代码的移动结算系统。使用时，扫描仪 LevelUp 与 POS 机相连，通过 LevelUp Merchant App，用户可以使用智能手机的摄像头读取 QR 代码，输入交易金额并完成结算。LevelUp 还提供了一系列的工具帮助用户利用顾客数据资源。价格为：2%；扫描仪为$50；平板电脑$200。

(7) Isis 可以帮助实体店通过 NFC 从顾客的手机中读取相关货款，以“非接触的传输方式”简化客户结算的程序。价格为：免费。

(8) Boku 很方便。在这一系统的帮助下，顾客以手机号码为媒介，直接从手机账单中扣除他们购买商品的金额，而无需提供信用卡号码、银行账号等信息，也无需注册。Boku 上的结算选项也可以添加到手机网站里。价格为：根据 Boku 公司协议。

(9) PayAnywhere 可以通过读卡机在智能手机和平板电脑上使用，根据用户所处的具体位置，还可以自动计算税费，提示折扣商品信息、商品图片、库存信息及其他数据。这一系统有英语和西班牙语两个版本。它的 App 和信用卡读卡机是免费的，兼容 iOS 和 Android 系统。价格为：每刷卡一次的费用为交易额的 3.49%；每次“手动输入交易”费用为 3.49%再加$0.19。

(10) mPowa，顾客可以使用信用卡、借记卡和支票进行结算。它推出 PowaPIN 芯片和 PIN 读卡机，与 Europay、MasterCard、VISA(EMV)①等结算卡标准接轨。mPowa 结算系统为卖方向全球扩张业务提供了良好的解决方案。价格为：每次交易额的 2.95%。

【Part 18.2】风险类型

线上结算风险点主要存在于以信用卡为代表的结算业务中。

1. 信用卡持卡人恶意透支

持卡人在没有还款能力的情况下购买跨境商品。此种方式下，持卡人并未将货款付到卖方收款账户，因为，银行会根据情况收回货款。

2. 持卡人谎称未收到货物

持卡人谎说没有收到货物，或者是由他人代收，非本人签收，拒付应有货款，提出申请冻结资金。同时也存在谎称卖方是欺诈货款，在卖方收到货款后，报警称遭遇诈骗，要求归还货款的情况。

3. 持卡人恶意挂失

在银行还没有完成挂失处理的时候，持卡人利用短暂时间进行网络结算，事发后称已经丢失，被不法分子盗用信用卡结算。或者在卖方收到货款后，持卡人报警称遭遇信用卡

① 在欧洲，EMV 在信用卡里嵌入芯片而不再使用磁条，以避免信用卡被仿冒造假。

盗用，要求归还货款。

4．持卡人恶意要求退货

因为有在卖方发货，买方收到货物后的 7 天或者 10 天内无条件退货的法律保障存在，当跨境 B2C 贸易采用空运快递的运输方式时，跨境快递费用相比境内快递费用偏高，所以买方提出退货时，卖方大都选择放弃货物。这不仅仅是要退回货款，还要损失货物。

所以，在跨境 B2C 贸易时，卖家一般情况下采用第三方网络支付方式(例如 PayPal，但是 PayPal 也存在一定风险)，不采用信用卡支付。

PayPal 账户在以下几种情况下，会遭到限制或查封：

(1) 利用不真实的虚假信息注册。

(2) 一个自然人连续注册多个同类型账户。

(3) 库存货物不足，不能及时发货。

(4) 多次遭到国际买家投诉或有相对比较高的投诉率。

(5) 过度滥用 PayPal 采购商保护机制。

(6) 和其他受限制的 PayPal 或者 eBay 账户之间有关联。

(7) PayPal 内的余额不足以结算国际采购商的赔偿额请求或者信用额度不足。

(8) 销售产品涉及侵权、违规，销售违禁物品。

(9) 登录 IP 出现异常。

⊙ *E.G.*

在 Amazon、eBay 的交易网站中，中国的供应商被投诉有知识产权的问题，PayPal 不由分说直接先把资金池中的资金冻结，然后双方各自举证，如果确实存在侵权盗版知识产权的问题，不仅仅用资金池的资金先行赔付，还要直接关闭中国供应商在 PayPal 中的账户。如果中国供应商直接应诉，在证据清楚事实明白的前提下举证，判定确实无误，账户会在大约 180 个工作日以后才解冻相应的风险控制资金。

不管是否侵权，PayPal 首先都要限制账户使用，这对于中国供应商来说存在巨大的风险，在这点上至今没有有效的解决方案。所以 PayPal 的使用者一定要在前期全面了解 PayPal 使用方式，以减少诸如此类的风险发生。

项目演练 21

小林团队经过本节案例及结算方式学习后，对 A 公司跨境 B2C 结算方式及风险预估有了新的理解。现在，请各小组帮助小林团队总结以下两个问题。

- Q1：结合 A 公司产品特点，选择适合的跨境 B2C 结算方式，并说明理由。
- Q2：预估 A 公司采用跨境 B2C 结算方式可能出现的风险。

阶段小结

经过本阶段的学习，小林团队对跨境 B2B 和 B2C 市场的结算方式及存在的风险有了进一步的认识。小林团队根据【沙盘推演】中的任务内容，对如何完成跨境安全结算知识点内容总结如下：

☞ 跨境结算指存在于跨境电商交易期间，以商品交换为目的，发生的货款债权债务结算方式。不同的结算方式中，结算时间、地点和方法均不相同。跨境 B2B 结算方式与传统国际贸易的结算方式基本相同，主要分为银行电汇、信用证结算、交货付款、西联汇款等。

☞ 目前中国跨境电商 B2C 结算方式统一为境内消费者将货款结算给第三方结算机构，然后该机构完成境内外结算，并将结算信息上传海关系统，进而完成“三单合一”，进行报关报检。在结算方式上，B2C 主要以线上结算完成交易，以第三方结算为主。

第8章

提高仓储物流效率

在跨境电商交易中，客户通过电商平台购买海外商品后，通常的运输过程为：商品从卖家手中到发件国海关，再到收件国海关，接着经过当地物流派送，最终客户收到货品。其中，“国际物流”将国际卖家与国际买家相连接。国际物流的效率可以直接影响客户的购买体验。

本章目标

- 熟悉跨境电商国际物流内涵
- 掌握国际物流渠道
- 熟悉海关清关内容
- 熟悉海外仓内容
- 掌握国际物流管理知识

学习方法建议

- 建议按照分组情况，以小组为单位，完成以下任务：
  T1：总结【阶段 7】主要内容；
  T2：完成【阶段 7】【项目演练】内容；
  T3：由组长带领组员预习本阶段【沙盘推演】内容，了解本阶段架构。
- 完成上述 3 个任务后，组长带领组员开始本阶段内容的学习。

学习导航

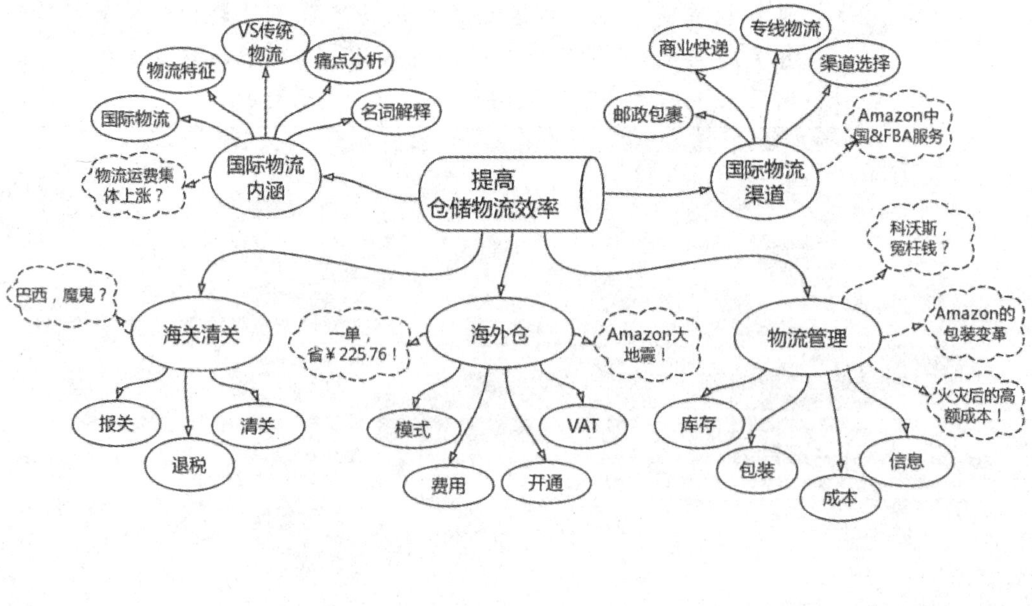

【沙盘推演】阶段 8

国际物流仓储是跨境电商流程中重要的环节，是连接出口国卖家和进口国买家间的桥梁，直接影响客户购物体验、订单达成和卖家利润，如图 8-1 所示。

图 8-1　跨境电商流程图(图片来源：http://sina.lt/fynQ)

随着国际贸易形式的复杂多变，许多传统外贸行业主动或被迫向跨境电商方式过渡，但是由于传统国贸习惯于“少品种、大批量、少批次、长周期”的货物储存和运输模式的运营方式，运营企业难以快速适应跨境电商“多品种、小批量、多批次、短周期”的订单和物流需求，因此，如何提高国际物流仓储的效率，成为跨境电商运营新痛点。

小林团队针对 A 公司现有物流管理情况进行深入调研，发现现有实施人员对物流管理知识一知半解。有些人甚至认为，物流就是一个无关紧要的运输过程，只要客户收到货物就可以，至于什么时候收到、运费多少，都不重要。除此之外，运营人员对物流渠道的选择，也仅仅停留在邮政包裹、商业快递，对于如何选择适合产品的运输渠道，一脸茫然。

项目任务

经过团队商议、论证，并结合 A 公司实际生产情况，小林团队决定依据跨境电商物流仓储特征，从国际物流内涵开始，对如何提高仓储物流效率进行分析规划。其中包括渠道、清关、海外仓等内容。根据需求，小林团队承接【阶段 7】内容，继续完成以下项目任务：

- Task 19：熟悉跨境电商国际物流内涵；
- Task 20：掌握国际物流渠道；
- Task 21：熟悉海关清关内容；
- Task 22：熟悉海外仓内容；
- Task 23：掌握国际物流管理内容。

【Task 19】熟悉跨境电商国际物流内涵

案例：物流运费集体上涨，重新洗牌的市场背后变数何在？

(1) 邮政小包层面：万国邮联2018年涨价后市场重新洗牌，变数较大。

据悉，FedEx旗下的联邦快递、联邦货运和陆运，从2018年1月1日起提高运价，此外大件以及需要额外处理的包裹也将另行收取费用；继联邦快递FedEx宣布上调运费以来，包括DHL、UPS、美国邮政、法国邮政以及荷兰邮政等多国邮政、快递企业在内也纷纷上调运费。

据相关业内人士分析，此番物流企业的运费调整多集中于旺季，且基本运费上调的比例都维持在4.9%左右，而特殊货件的运价也有所变动。单独从邮政小包的角度来看，2018年万国邮政联盟上调运价，一方面是基于物流市场当前的供需趋势，另一方面是为了平衡完善万国邮政联盟中各成员国之间的利益分配。

(2) 航空货运层面：航空运力紧张的情况依旧不减，香港机场较为突出。

谈及跨境电商对空运资源的获取，专业人士分析道："针对物流渠道的资源匹配度来看，未来空运还是会首先成为稀缺资源，因为B2C碎片化的零售模式要求跨境配送能最大程度的多频次、小批量、周转灵活的实现。"

纵观2017年空运在跨境电商行业中的爆仓景象，整个年度中空运运力的紧张程度依旧不减，几乎没有出现过淡季，尤其以香港机场较为突出。在跨境电商卖家年终旺季时的三四个月时间里，特别是黑色星期五、网络星期一大促期间，卖家争抢舱位资源的现象尤为明显。

(3) FBA层面：美国海运快船和中欧班列是2018年的一大亮点。

为有效解决空运一舱难求的现实状况，部分卖家也会借助美国海运快船作为备选方案。鉴于国际海运市场运力相对过剩的现状，跨境电商的大件通过海运拼箱、目的港UPS或FedEx派送入仓模式逐渐兴起。目前，卖家借助这种海运散拼、以快船的方式将货物送抵美国的模式，实际上已经可以达到14～16个工作日的配送时效，几乎平齐时下内地转飞航班的空派模式时效，与此同时，海运快船的物流成本比空派节约了将近一半。

"欧洲遍地是黄金"，这是继2017 Amazon卖家大会之后广为流传的一句话，不仅仅是Amazon欧洲站，不少的新兴平台也带动了国内卖家突进欧洲市场。中欧班列作为密切中欧经贸联系的关键纽带，未来在跨境电商的作为也会持续加大。

有相关业内人士表示，一旦中欧班列实现常态化运营，其对跨境物流配送的弥补优势是较为突出的。卖家可以在考量海运时长和空运费用的同时，间接选择中欧班列进行配送。并且，随着中欧班列的优化衍生，未来大批次的中国优质品牌也会沿着中欧班列走近海外客户的身边。

(4) 针对虚拟海外仓的专线小包，2018年会出现井喷式的增长。

"虚拟海外仓的崛起，使得直发类专线小包的整体需求迅速增加，无论是对于中小卖家或者是对大卖家而言，空运专线小包的时效体验还是相当不错的；一定程度上可以缓和卖家的资金压力，另外一方面物流的时效性也能较好把握。所以，针对虚拟海外仓的专线小包，2018 年依旧会出现井喷式增长。”专业人士分析道。

随着物流渠道模式的不断迭代优化创新，美国、德国、英国、法国、西班牙、意大利等更多国家的小包专线产品陆续推出市场。未来这一细分领域有望诞生出行业独角兽企业。

资料整理来源：http://www.cifnews.com/article/31807

FOCUS

随着跨境电商全球化进程的飞速发展，跨境电子商务与国际物流之间相互影响、相互制约的关系已经成为一个新的课题。

跨境电商的飞速发展必然为国际物流的发展提供新的契机，并将物流业水平提升到前所未有的高度；而国际物流作为跨境电商中最重要的组成部分之一，随着它自身体系的不断发展以及国际物流运输渠道的不断成熟和多元化，也对跨境电子商务的物流应用和发展起到了推动的作用。

两者之间有着相互影响、相互促进、相互制约、相互发展的关系。

【Part 19.1】跨境电商与国际物流

跨境电商指的是发生在不同国家或地区之间的，通过互联网平台或移动终端进行的产品及服务等交易活动，是一种国际商业活动。

国际物流指线上销售的物品从供应地到不同国际地域范围接收地的实体流动过程，包括国际运输、包装配送、信息处理等环节。

跨境电商与国际物流之间有着相互促进、相互依存的关系。

1. 跨境电商与国际物流相互促进

跨境电商要求国际物流多元化渠道整合，提供全球化的高效服务，并对国际物流作业效率的系统性、智能性提出标准化要求。高效的国际物流体系为跨境电商带来更低的物流成本和更好的物流体验，国际物流的全球化扩大了跨境电商市场发展的范围。

2. 跨境电商与国际物流相互依存

对于跨境电商企业而言，产品重要，物流更重要。可以说，物流是跨境电商正常运转的重要链条保障，整个跨境电商活动都需要国际物流去完成。

在跨境电商运作过程中，不同的交易方式会产生不同的物流模式。并且，在跨境电商企业的成本核算中，采购成本、人工成本、物流成本占据很大比例。经过相关计算，物流成本所占链条比重大概在 20%～25%。如果没有多元化的国际物流体系为跨境电商服务，则这个比重会更大。

【Part 19.2】跨境电商的国际物流特征

跨境电商线上订单交易完成以后，如何使用最优的物流方式把货物快速送至客户手中，保证客户良好的产品体验至关重要。区别于传统物流，跨境电商国际物流有以下几个特征。

1．物流时效的快速化

对于电商交易而言，客户看重的是省时间。而跨境电商由于业务本身流程特点，时长会因物流模式的不同而加长。因此，跨境电商要求国际物流上下游的配送系统对用户需求能够做出快速应答，并且缩短前置时间和配送间隔，提高商品周转和物流配送时效。

2．物流功能的集成化

跨境电商有效地集成了国际物流与供应链等环节，主要包括物流渠道与产品渠道的集成、不同物流渠道间的集成、物流环节与功能的集成等。

3．物流作业的规范化

跨境电商国际物流强调作业流程的标准化，包括物流订单处理模板、物流渠道标准、物流运输追踪等。规范化使复杂的物流作业流程变成简单的、可量化的、可考核的物流操作方式。

Scan Here

观看视频：跨境电商物流运作流程。
思考：跨境电商的物流运作与传统物流有何不同？它有什么特点？

4．物流管理的信息化

跨境电商国际物流使用 ERP 完成标准化的物流订单处理和仓储管理，将订单处理、信息处理系统化和电子化。此外，通过 ERP 对物流渠道的成本、时效、安全性进行有效的 KPI 考核，以及对物流仓储管理过程中的库存积压、产品延迟到货、物流配送不及时等风险进行有效的控制。

【Part 19.3】跨境电商国际物流与传统物流对比分析

跨境电商国际物流与传统物流都是在成本可控的前提下对物品的实体流动过程的控制。但是跨境电商国际物流具有区别于传统物流的特性。

(1) 敏捷性与柔性。

- ✧ 跨境电商“多品种、小批量、多批次、短周期”的运营模式对物流的敏捷性和柔性提出了更高的要求。跨境电商线上交易后，对物流信息的实时更新强调了库存商品快速分拣配送的原则。除此之外，多元化的物流渠道搭配，也符合跨境电商国际物流的柔性需求。
- ✧ 传统商业“少品种、大批量、少批次、长周期”的运营模式决定了传统物流的固化性和单一性。

(2) 附加价值。

- ✧ 对于跨境电商卖家而言，国际物流不仅仅提供了运输功能，终端客户的产品体验也包括了国际物流的时效体验。一定程度上而言，国际物流成本的高低决定了跨境产品竞争优势的强弱。

- ✧ 传统物流除了运输的功能以外，附加价值体现并不明显。

(3) 全球化。

- ✧ 跨境电商国际物流注重整合和全球化。
- ✧ 传统物流强调“门到门”“点到点”。

(4) 主动服务。

- ✧ 跨境电商国际物流是产品、物流、信息流、资金流的统一。交易完成后相关人员会主动将物流信息发送给客户，并实时监控货物，直至完成投递，是主动服务的运营模式。
- ✧ 传统物流完成物品的运输后，信息流往往在货物送达以后才发生，是被动服务模式。

(5) 信息智能化。

- ✧ 跨境电商国际物强调使用更全面、更简单的物流信息操作模式，利用信息技术，对国际物流的全过程进行优化，进而实现跨境电商线上购物的一体化和智能化。
- ✧ 传统物流的作业流程相对固定，单一环节的管理居多，且变通性不强，因此对信息智能化要求不高。

【Part 19.4】跨境电商国际物流痛点分析

在跨境电商异地交易的特点催化下，国际物流的发展举步维艰。

1. 运送周期长

如图 8-2 所示，Alibaba 速卖通平台内，从中国发货至俄罗斯地区，产品运输时效从 18～47 天不等，甚至更长。也就是说，一个俄罗斯客户从速卖通下单，2 个月后才收到商品都是有可能的。

服务名称	全部类型 ˅	推荐指数 ⇕ ?	时效 ?
AliExpress 无忧物流-标准 平台推荐	标准	83	19 ~ 25天
E特快 平台推荐	快速	78	18 ~ 27天
中国邮政平常小包+ 平台推荐	经济	68	35 ~ 47天
中俄航空 Ruston	标准	80	27 ~ 33天
俄通收中俄专线	标准	80	18 ~ 24天
e邮宝	标准	76	20 ~ 28天

图 8-2　速卖通平台上中国至俄罗斯地区产品运输时效

目前而言，使用中邮小包或香港小包到俄罗斯、巴西等地区，通常而言时效为 40～90 天；使用专线物流稍快些，但也需要 16～35 天。这些长达一周、两周甚至数月的配送时间，充分考验海外客户的耐心，也严重影响了跨境电商的稳定持续发展。

2. 包裹追踪难

跨境物流包括境内段和境外段，如图 8-3 所示。在中国境内，包裹基本实现实时追踪查询，而在境外段，很多包裹无法追踪。其中，对于物流发达且语言为大语种的英美澳等地区，情况稍好些，相关人员在得到单号后，可以在相应网站进行包裹投递信息查询；对于一些小语种国家及俄罗斯、巴西等物流欠发达国家，即便得到单号，在各种葡萄牙语、俄罗斯语、西班牙语网站之间的频繁切换，对追踪包裹投递信息造成极大困扰。

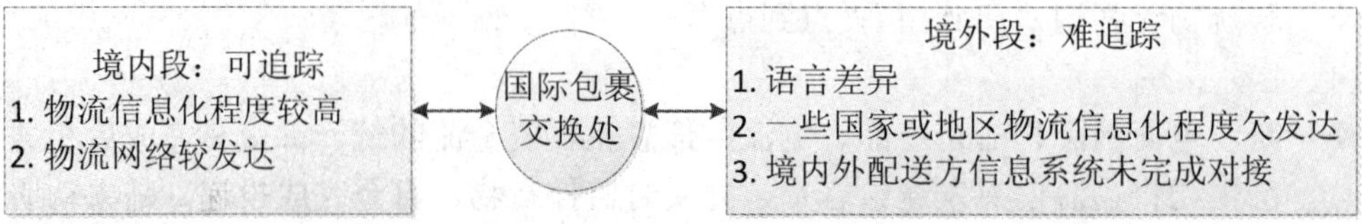

图 8-3　跨境物流包裹境内境外段追踪情况对比

解决包裹的跨境全球追踪问题，不仅需要加强物流信息化推进，还需要尽快将境内外物流配送信息系统对接，以便实现全球物流一站式全程追踪。

3．清关障碍大

跨境物流需要通过两次海关关卡：出口国海关和进口国海关。商品(货物)在进入进口国海关时，经常会出现扣货查验的情况，处理的结果有三种：直接没收、货件退回发件地、提交资料合格后放行。

造成清关障碍的原因在于两个方面：一方面，跨境电商卖家不重视进口国监管环节，例如低报货值或者没有取得相关产品认证；另一方面，进口国海关的贸易壁垒，例如巴基斯坦海关几乎对每票包裹都要查验，并要求提供商业发票、收件人税号、货物价值声明等资料，有时即便提供全部资料也可能被认为是作假，发生扣货问题。

4．丢包比率高

跨境电商物流体系中，从揽件到货物完成配送，往往需要经过四五次甚至更多次的转运，很容易出现包裹破损或丢失情况。这些都会给客户带来糟糕的购物体验，卖家也不得不承担额外的运费，货品、客户的流失等后果。

5．退换货不支持

通常情况下，电商活动支持正常的退换货服务。然而，就跨境电商国际物流而言，不论邮政包裹、商业快递、专线物流，都不为客户提供退换货服务。但是，对跨境电商业务而言，一般卖家基于以下 3 点原因不支持退换货服务。

- ✧ 跨境物流时间长。跨境电商货物本身发货配送需数周时间，如果换货后重新发送，物流周期也会相应增加，致使效率下降。
- ✧ 反向物流成本高。一般来讲，卖家会因为发货数量较多，而从物流服务商手中拿到一定寄件折扣。但是如果发生退换货，则需客户从进口国返寄，费用较高。
- ✧ 清关难。对于商家而言，退换货实际上是一种进口行为，可能遭遇进口国海关查验，甚至缴纳一定关税。

【Part 19.5】常见国际物流名词解释

以跨境 B2C 为例，卖家收到平台订单之后，将货物打包发出，包裹通过各种不同的物流渠道从发件国海关以海、陆、空运方式到达收件国海关，然后经当地物流公司派送至买家处。整个环节涉及的物流名词如图 8-4 所示。

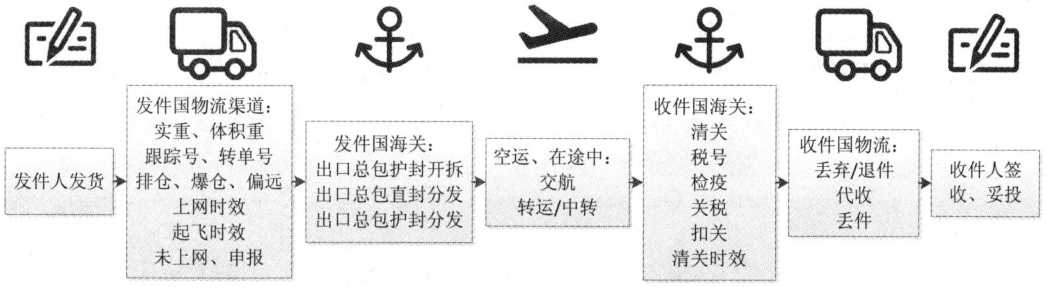

图 8-4　常见国际物流名词

1．发件国物流渠道

(1) 实重/净重(Net Weight)。包裹称重的实际重量。

(2) 体积重(Dimension Weight)。在 EMS 和商业快递的收费方式中，会同时计算包裹的实重与体积重，取较大者为收费依据。

按体积重收费的货品称为“抛货”，体积重收费称为“计抛”。

体积重计算公式为：长(cm)×宽(cm)×高(cm)/5000。

注意：EMS 只有在长、宽、高中任一单边达到 60 cm(含)时，需计算体积重，并且体积重计算公式分母为 8000。

⊙　*Tips For You*

e.g. 某商家使用 DHL 发一个手机壳和一个小音响，用纸箱包装，实重 0.98 kg，纸箱尺寸为 20 cm/13 cm/18 cm(长/宽/高)。

实重：0.98 kg，按 1 kg 计算。

体积重：20 × 13 × 18/5000=0.936 kg，按 1 kg 计算。

计费重量：1 kg。

e.g. 某商家使用 FedEx 发混批手机壳和平板电脑保护套，用纸箱包装，实重 1.4 kg，纸箱尺寸为 25 cm/20 cm/18 cm。

实重：1.4 kg，按 1.5 kg 计算。

体积重：25 × 20 × 18/5000=1.8 kg，按 2 kg 计算。

计费重量：2 kg。

(3) 跟踪号(Tracking Number)。包裹被收揽后，物流渠道服务商提供的一串可供追查包裹的信息，称为跟踪号。

(4) 转单号(Transfer Number)。航空包裹无法由发件国直达收件国，途中经过第三方国家因而产生的另外一组跟踪号；或是抵达收件国之后，当地的派送公司可能另外给出的追踪号；也有可能是遇到异常情况的转单号。

(5) 排仓(Row Positions)。已经被海关放行的货物，被航空公司根据货物尺寸、轻重重新编排装载表，然后交给货站进行货物装箱或预配。一般指航班仓位不足而需要等待的情况，可能收取排仓费。

(6) 爆仓(Blasting Warehouse)。旺季时，快递或邮政包裹太多而超出承受能力，来不及分拣，甚至没办法再收件，大量快件滞留在始发站或中转站，并且到达目的地时间相对较长的情况。

(7) 偏远(Remote Area)。针对商业快递发货的包裹，部分地区邮路不发达，因此快递公司会收取一些额外服务费用。邮政渠道(含 EMS)发货无偏远费。

(8) 上网时效(Information Received)。邮局收货并查货后把单号数据上传到官网的速度。通常时效为 1～3 个工作日，爆仓时会有延迟。

(9) 起飞时效(Dispatched to Overseas)。邮局把货物送到海关查货，放行后，在机场等待航班的时间。

(10) 未上网(Information Failed)。单号数据在官网上还未更新或暂时查询不到包裹任何信息的情况。

(11) 申报(Claim)。发件人对包裹内容的陈述以便进口国家当地海关进行核查，通常指将物品详情、数量、金额三大要素体现在形式发票(快递)或报关单(小包)上。例如，加收关税等动作就是由这个申报信息产生的。

2．发件国海关

(1) 出口总包护封开拆(Arrival at Transit Office of Exchange)。一般邮寄出口包裹时，会根据不同的收件国，装在邮递袋子里封好，这个称为总包。经过海关检查合格后的总包要再封上，称为护封。

邮局把货交给海关，海关会把邮局的包裹大袋子拆开，过机扫描，有时会抽查，看物品是否和申请的一致。所以，货物名称要写清楚，如果有点模糊，就会拆包检查，会耽误货物发出的时间。

(2) 出口总包直封分发。出口总包护封开拆以后，一般会显示出口总包直封分发，这表示包裹已经顺利通过海关检查，重新打包后交给航空公司。航空包裹由寄件国直达收件国，途中不经过第三方国家。

(3) 出口总包护封分发。需要中转的包裹，根据不同地址分拣后成为进口小包裹，再次封装成为总包，发往目的地投递站点。

3．空运、在途中

(1) 交航。国内服务商已经把货品交给机场，包裹已经在机场或者已经交给发货的飞机的情况。物流信息显示交航就是已经上了收件国的航班，下一条更新信息就是货品已经抵达收件国。

(2) 转运/中转(Transport/Transit)。航空包裹无法由发件国直达收件国，途中经过第三方国家。

4．收件国海关

(1) 清关(Customs Clearance)，也称结关，指进口货物、出口货物和转运货物进入或离开一国海关关境或国境，必须向海关申报、办理海关规定的各项手续，履行各项法规规定的义务。

(2) 税号(Tax Number)。纳税识别号简称为“税号”。纳税识别号是税务登记证上的编号，每个企业的识别号码都是唯一且终身不变的。

(3) 检疫(Quarantine Inspection)。卫生检疫、动植物检疫、商品检疫的总称，电子类产品主要是要求各种认证和查仿牌。

(4) 关税(Custom Duty/Tax)。国家授权海关对出入关境的货物和物品征收的一种税，基本每个国家都有申报关税的起征点。

⊙ *Tips For You*

e.g. 英国税率起征点：15 英镑。

综合关税的组成：VAT(增值税)+DUTY(关税)+ADV(清关杂费)

VAT=货值(向海关申报)+运费+DUTY

DUTY(关税)=货值 × 产品税率

e.g. 澳洲税率起征点：1000 澳币。

综合关税的组成：GST(增值税)+DUTY(关税)+ADV(清关杂费)

GST= [货值(向海关申报)+运费+DUTY)] × 10%

DUTY(关税)=货值 × 税率

e.g. 美国税率起征点：200 美金。

综合关税的组成：DUTY(关税)+ADV(清关杂费)

DUTY(关税)=货值 × 税率

注：以上范例的税率起征点仅供参考，发货时需重新确认。

(5) 扣关(Detained by Customs)。包裹在收件国海关因某些原因被查扣。

(6) 清关时效(Arrived at Overseas)。货物在海关完成正常手续并放行的时间。

5. 收件国物流

(1) 丢弃/退件(Abandon/Return)。包裹到达收件国之后，因为种种原因无法顺利妥投，就会面临丢弃或是退件。在某些国家，即使是丢弃，也会被收取“处理费”。

例如，万国邮联明确规定小包退回到发件国是免费的；而商业快递退件是寄件费用的 3～5 倍。

(2) 代收(Waiting Collection)。当包裹在收件国无法顺利妥投的情况下，通常会被暂存在当地的物流服务中心 1～3 个星期(具体时间因不同国家有所不同)，然后会通知收件人在暂存时间结束之前自行前往领取，时间结束之前若无人领取，包裹有可能会被丢弃或退件。

(3) 丢件。在网上已无信息更新，并且显示客户未签收的货物。确认丢失后，邮政有“限额”赔偿。

项目演练 22

小林团队经过本节案例及跨境电商环境下国际物流知识的学习后，对跨境电商国际物流有了新的了解。现在，请各小组帮助小林团队完成以下三个问题。

✈ Q1：归纳总结跨境电商国际物流特点。

✈ Q2：对比分析跨境电商国际物流与传统物流。

✈ Q3：列举其他跨境电商国际物流痛点，并进行分析。

【Task 20】掌握国际物流渠道

案例：Amazon 中国，停止为第三方国内卖家提供 FBA 服务

2018 年 4 月，相继有 Amazon 卖家收到 Amazon 官方邮件通知：自 2018.08.30 起，Amazon 中国不再为中国第三方国内卖家提供 Amazon 物流卖家服务(即 FBA)。

据了解，该邮件显示对于正在使用该服务的卖家，自 2018.04.02 起，Amazon 物流卖家服务(FBA)将停止收取卖家的仓储费和退仓费；而自 2018.06.15(含当日)起，Amazon 物流将停止第三方国内卖家商品入仓服务，即不再受理卖家的入仓申请(包含开通 Amazon 物流的入仓申请及正在使用 Amazon 物流的补货入仓申请)；自 2018.07.01(含当日)起，停止 Amazon 第三方国内卖家商品配送服务(包括多渠道配送)，2018.07.01(不含当日)前的 Amazon 物流配送订单仍将正常配送；2018.07.01(含当日)起，如果卖家的商品未转换为自配送，该商品将被下架，卖家需要在平台将商品重新上架为自配送模式才可继续销售。除此之外，第三方国内卖家需要在不晚于 2018.08.20(不含当日)，于卖家平台创建移除订单，并将商品移除，如逾期，Amazon 方面将保留弃置库存商品的权利。

相关组织向 Amazon 官方求证，得到回应：“由于业务调整，自 2018.08.30 起，Amazon 中国将不再为第三方国内卖家提供 Amazon 物流卖家服务(FBA)。此次调整只会影响到在 Amazon 中国开店且使用 Amazon 物流服务的国内第三方卖家。”

资料整理来源：http://www.cifnews.com/article/34174

FOCUS

在跨境电商业务流程当中，“国际物流”将跨越关境的买卖双方进行有效相扣。按照运输方式不同，国际物流可分为海运、空运、陆运或者联运。本书以不同的物流功能，将国际物流划分为邮政包裹物流、国际商业快递、专线物流。

对物流渠道进行了解后，重要的是如何进行选择，清晰各个渠道的优劣势，将各种方式进行适当对比。

【Part 20.1】邮政包裹物流渠道分析

邮政包裹物流指通过当地的邮局将本地货品送交到海外买家手中。据相关数据统计，邮政网络目前基本覆盖全球，比任何其他渠道都要广。这主要得益于万国邮政联盟(Universal Postal Union，UPU)和卡哈拉邮政组织(Kahala Post Group，KPG)。

UPU 是联合国下设的商定国际邮政事务的政府间国际组织，其宗旨是组织和改善国际邮政业务，发展邮政方面的国际合作，以及在力所能及的范围内给予会员国所要求的邮

政技术援助。UPU 设有公约，主要内容包括：

✧ 国际邮政业务的共同规则。

✧ 函件业务的规定(邮资、重量、尺寸限制、禁寄物品、海关监管等)。

✧ 函件的航空运输规则(加附加费、不收燃油附加费、航空函件优先处理、改寄和退件原则等)。

✧ 公约的生效日期和有效日期。

目前，邮政网络覆盖全球 220 个国家或地区，会员国众多。不过，正是由于参与者多，但是会员国之间的邮政系统发展非常不平衡，因此促成会员国之间的深度邮政合作很艰难。在 2002 年邮政系统相对发达的 6 个国家和地区(美国、日本、澳大利亚、韩国、中国及中国香港地区)的邮政部门在美国召开邮政 CEO 峰会，成立 KPG。2009 年，西班牙与英国加入 KPG。

KPG 要求会员国投递时限达到 98%的质量标准。若货物没能在指定日期投递给收件人，那么负责投递的运营商要按货物价格的 100%赔付客户。其严格的要求促使会员国之间加强合作，共同努力提升服务水平。

据不完全统计，中国出口跨境电商 70%的包裹都是通过邮政系统投递，其中中国邮政占比 50%左右。以中国邮政为例，邮政物流的服务主要有：

✧ 中邮平常小包+(China Post Ordinary Small Packet Plus)。

✧ 中邮挂号小包(China Post Registered Air Mail)。

✧ 中邮大包(China Post Air Parcel)。

✧ 国际 E 邮宝(ePacket)与国际 E 特快(e-EMS)。

✧ EMS。

其中，根据时效性和运费成本将 ePacket 和 e-EMS 归于专线物流，EMS 归于商业快递。据了解，中国出口跨境电商投递渠道主要为平邮或挂号小包，并且目前邮政包裹物流在符合尺寸与重量限制的前提下，不计算抛重(体积重)。

1. 中邮平常小包+(China Post Ordinary Small Packet Plus)

中邮平常小包+是针对金额 $7 以下小件物品推出的空邮产品，不需要挂号费，适合货值低、重量轻的物品。其可以提供国内段追踪信息，但不提供交航之后的追踪信息。目前，中国邮政只针对可直飞的国家提供平常小包+服务。

平常小包+的运费按 g 计费，违禁品、液体、带电产品不能发运。通常情况下，时效为 16～35 工作日；特殊情况时效为 35～60 工作日，特殊情况指节假日、政策调整、偏远地区等。关于包裹重量及体积的限制，如表 8-1 所示。

表 8-1　中邮平常小包+与挂号小包重量体积限制

包裹形状	重量限制	最大体积限制	最小体积限制
方形包裹	1 g 起重	长+宽+高≤90 cm	至少有一面的长度≥14 cm
		单边长度≤60 cm	宽度≥9 cm
圆柱形包裹	2 kg	2 倍直径及长度之和≤104 cm	2 倍直径及长度之和≥17 cm
		单边长度≤90 cm	单边长度≥10 cm

(根据公开信息整理，数据截至 2018 年 5 月)

2．中邮挂号小包(China Post Registered Air Mail)

中邮挂号小包是针对 2 kg 以下小件物品推出的空邮产品，支持发往全球绝大多数地区，有邮局的国家基本上均可通邮。

中邮挂号小包按 g 计费，违禁品、液体、带电产品不能发运，全程可跟踪查询。通常情况下，时效为 16～35 工作日；特殊情况时效为 35～60 工作日，特殊情况指节假日、政策调整、偏远地区等。关于包裹重量和体积的限制，如表 8-1 所示。

3．中邮大包(China Post Air Parcel)

中邮大包是针对 2～30 kg(部分国家限重 20 kg)大件物品推出的服务。中邮大包的运费按 kg 计费，违禁品、液体、带电产品不能发运。支持发往全球，全程可跟踪查询。中邮大包按运输方式进行的分类命名，可分为以下 3 种：

- ✧ 中邮航空大包(Air)。
- ✧ 中邮空运水陆路运大包(Sal)。
- ✧ 中邮水陆路大包(Surface)。

时效方面，正常情况下，Air 为 10～15 工作日，Sal 与 Surface 为 60～90 工作日。特殊情况下，Air 为 35～60 工作日。不建议使用 Sal 与 Surface，时效极其不稳定，特殊情况指节假日、政策调整、偏远地区等。关于包裹重量及体积的限制，如表 8-2 所示。

表 8-2　中邮大包重量体积限制

<table>
<tr><th>重量限制</th><th>最大体积限制</th><th>最小体积限制</th></tr>
<tr><td>0.1 kg≤重量≤30 kg</td><td rowspan="2">单边≤1.5 m，长度+长度以外的最大横周和≤3 m</td><td></td></tr>
<tr><td>部分国家不超过 20 kg</td><td rowspan="2">最小边长不小于 0.24 m，宽不小于 0.16 m</td></tr>
<tr><td>每票快件不能超过 1 件</td><td rowspan="2">部分国家，单边≤1.05 m，长度+长度以外的最大横周和≤2 m</td></tr>
<tr><td>每 kg 收费</td><td></td></tr>
</table>

(根据公开信息整理，数据截至 2018 年 5 月)

【Part 20.2】商业快递渠道分析

商业快递渠道可分为国际商业快递四大巨头(即 DHL、TNT、FedEx 和 UPS)与国内 EMS、顺丰和“四通一达”①。

1．国际商业快递

商业快递服务商通过自建的全球网络，利用强大的 IT 系统和遍布世界各地的本地化服务网站，为在跨境电商平台网购的客户带来极佳的物流体验。其与邮政物流渠道最大的分别在于计费标准与时效性。

商业快递的时效基本在 3～5 个工作日，最快可在 48 小时内把货物配送至客户手中。然而，优质的服务伴随着昂贵的价格。区别于邮政小包裹的按 g 收费模式，商业快递以 500 g 作为收费单位。因此跨境电商商家在通常情况下，把商业快递作为批发大量货物时的最佳选择，或者对于客单价较高、时效性要求较高的产品的物流选择。国际商业快递特点比较如表 8-3 所示。

① 四通一达指申通快递、圆通速递、中通快递、百世快递、韵达快递五家民营快递公司的合称。

表 8-3　国际商业快递特点比较

国际商业快递	DHL	TNT	FedEx	UPS
总部	德国	荷兰	美国	美国
特点	5.5 kg 以下物品发往美洲、英国价格有优势；21 kg 以上物品有单独的大货价格	西欧国家通关速度快，发送欧洲一般 3 个工作日可到	价格整体偏高，21 kg 以上物品发送到东南亚国家速度快，价格也有优势	到美国速度很快，6～21 kg 物品发往美洲、英国有价格优势

(根据公开信息整理，数据截至 2018 年 5 月)

2．国内商业快递

跨境物流方面，顺丰的国际化业务较为成熟，目前已经开通到美国、澳大利亚、韩国、日本、新加坡、马来西亚、泰国、越南等国家的快递服务，发往亚洲国家的快件一般 2～3 天可以送达。“四通一达”中申通、圆通布局较早，美国申通于 2014 年 3 月上线，圆通 2014 年 4 月开始部署跨境业务。

国内快递中，EMS 的国际化业务较为完善。依托邮政渠道，EMS 可以直达全球 60 多个国家，费用相对国际快递要低，并且清关能力很强。EMS 到达亚洲地区 2～3 天，到达欧美地区 5～7 天。EMS 与国际商业快递的比较如表 8-4 所示。

表 8-4　EMS 与国际商业快递比较

物流方式	EMS	四大商业快递
收费标准	每 0.5 kg 为一收费单位，第一单位称为首重，第二单位开始称为续重，没有大货价。无燃油附加费。 体积重(抛重)kg=长 cm×宽 cm×高 cm/5000	每 0.5 kg 为一收费单位，第一单位称为首重，第二单位开始称为续重。21 kg 以上有大货价，大货价为每 1 kg 为一个收费单位。需在运费的基础上加收燃油附加费。 体积重(抛重)kg=长 cm×宽 cm×高 cm/8000
重量要求	每件限重 20 kg。内装易碎物品、流质物品的邮件，每件限重 10 kg，一票一件	每件重量须在 68～70 kg 以内，具体限重根据不同的快递要求，可一票多件
尺寸要求	仅对长、宽、高三边中任一单边达到 60cm 或以上的包裹进行计算体积重。尺寸限制内的包裹按实际重收费	任一边不超过 120 cm，超过可能产生额外费用或者遭到拒收。体积重(抛货)与实际重取较大者收费

(根据公开信息整理，数据截至 2018 年 5 月)

需要注意，商业快递会产生一些额外费用。

(1) 因申报价值产生的收件国关税。

(2) 收件地址超出派送范围而无法派送或者需加收偏远地区费。

(3) 更改地址的转派费用。

(4) 尺寸或重量超出限制的额外费用。

(5) 无法妥投的退货费用，此费用通常是发货运费的 3～8 倍。

【Part 20.3】专线物流渠道分析

跨境专线物流指国际物流服务商通过航空包舱方式把货物运输到固定国家或地区，再通过收件国境内物流服务商来完成派送的物流模式。其主要依托于发件国与收件国的业务量规模。目前，流行的专线物流产品有：美国专线、欧洲专线、澳洲专线、俄罗斯专线、中东专线、南美专线、南非专线等。

专线物流的优势在于，其能够集中大批量货物到某一特定国家或地区，通过规模效应降低成本。因此，专线物流价格通常会比商业快递低。在时效上，会慢于商业快递，快于邮政包裹，通常会在7～14日或14～21日之内。

中国境内，ePacket是针对挂号小包时效诞生的物流服务，e-EMS是针对EMS所推出的物流服务，二者在性质上同属专线快递，但在计费标准上差别较大。ePacket收费标准与挂号小包相同；e-EMS针对EMS每0.5kg计费方式调整为每50 g为一个计费单位。

【Part 20.4】渠道选择原则

对于出口跨境电商卖家来讲，在接到第一笔业务之后，首先需要考虑的问题是：选择什么样的物流渠道将产品递送给海外客户呢？这个问题看似简单，其实不然。

一方面，对于小卖家而言，通过第三方平台发货，解决物流问题很简单。通常情况，2 kg以下用中邮小包；超过2 kg用中邮大包；客户对时效性要求高，则使用国际快件。

而另一方面，对于大卖家而言，特别是自有网站的卖家，他们需要尽最大可能优化物流成本，并且还要考虑客户体验，需要整合物流资源、探索新的物流形式，此时，物流变成一个复杂甚至是令人头疼的问题。

因此，卖家首先应根据所售产品的特点(尺寸、安全性、通关便利性等)来选择合适的物流模式，例如大件产品(家具等)就不适合选择邮政包裹渠道，可能海外仓模式更适合。其次，在淡旺季要灵活使用不同的物流方式，例如淡季时使用中邮小包降低物流成本，而在旺季时则采用其他模式以保证时效。最后，售前要明确向买家说明不同物流方式的特点，为买家提供多样化的物流选择，使买家根据实际需求来选择适合的物流方式。

对于国际物流邮政包裹渠道来讲，具体对比如表8-5所示。

表8-5　邮政包裹渠道对比分析

物流方式	平邮	国际小包	中国邮政大包
优点	不需要挂号费，适合货值低、重量轻的物品，按g计费	适合货值低、重量轻(2 kg以内)的产品，可追踪包裹信息。运费相对于商业快递便宜，按g收费。清关能力强。无退件费。无偏远费，限制内不计抛重	适合2～20 kg以内的货物，清关能力强，可追踪包裹。无退件费。无偏远费，限制内不计抛重
缺点	有尺寸和重量限制，时效差，运送时间比较长，无包裹跟踪信息	有尺寸和重量限制，时效差，不是所有国家均可跟踪包裹，并且信息更新较慢。丢包率相对商业快递高	有尺寸和重量限制，运送时间比较长
与其他物流方式相比优点	最大特点是节省挂号费	是除平邮、专线、商业快递外，应用范围最广泛的物流方式，是全球可发货地区涵盖最广的物流方式	大件货品，运费较低

(根据公开信息整理，数据截至2018年5月)

对于国际物流商业快递渠道来讲，具体对比如表8-6所示。

表 8-6　商业快递渠道对比分析

物流方式	四大商业快递	EMS
优点	21 kg 以上的货物价格较有竞争力，服务好，问题解决及时，网站信息更新快，可上门取货服务，客户体验较好	按重量计费，包裹任一边超过 60 cm 才算体积重。网络强大，清关能力强，限制较少，并且具有优先通关的权利，免费提供退件服务
缺点	价格较贵，需要考虑体积重、偏远费、燃油附加费、寄件产品限制较多，退件费用昂贵，清关能力相对邮政渠道差，旺季可能会有排仓	网站更新消息不及时，没有大货价，相比于四大商业快递速度偏慢，一旦出现投递问题，处理时间较长
与其他物流方式相比优点	时效高，但价格昂贵。比较好的设置方式是将国际小包与商业快递结合使用，跨境物流在包邮的设置上基本使用邮政物流，在此基础上，设置差价。此种方式，对追求时效性且客单价较高的产品有很大适用性	

(根据公开信息整理，数据截至 2018 年 5 月)

项目演练 23

小林团队通过对本节案例及物流渠道知识的学习后，结合相关资料，对 A 公司经营的饰品类目物流渠道选择方面重新进行了规划。现在，请各小组帮助小林团队完成以下两个问题。

- Q1：采用表格的形式对比分析各物流渠道的优劣势。
- Q2：设计 A 公司物流渠道选择方案。

【Task 21】熟悉海关清关内容

案例：卖家订单被扣，巴西“魔鬼”清关背后隐藏的真相

说到巴西海关，想必绝大部分卖家都是“谈虎色变”。从现有的反馈来看，巴西可谓是全球最难清关的国家之一，不仅清关效率低且货件扣押率高，让许多从事巴西出口零售的中国卖家趋而避之，选择不碰这滩“浑水”，而事实真的如此吗？

近日，某户外用品卖家爆料称，其货件于 2017 年 6 月 27 日抵达巴西海关，时隔多日后仍未有任何关于妥投的信息更新。该卖家表示：“别的国家海关对 2 kg 以下的小包裹基本都是免税的，且通常情况下普货是基本不检查而直接放行的，但在巴西却是个例外。这次被巴西海关扣押的货物，买家已经提出纠纷申诉，如果海关还无法及时清关，卖家可能会钱货两失，不但要给买家退款、被扣押的包裹也无法退回。”

据其他卖家反馈，根据经验巴西海关清关两个月都不足为奇，更有卖家爆料说他在巴西的进口清关时长居然高达 3 个月，且还无法得知真正被扣押留置的原因，只是系统信息一直停留在海关出入境。基本上，除了航空小包裹以外，通往巴西的包裹都会被严格地抽检、查验，严重时被扣押缴费，并且还需要提供收件人详细的 VAT 登记号。

巴西海关清关现状真的如上述卖家说的那么严峻？为此，某位在巴西从事进出口外贸事业的相关业内人士，以其丰富的经验和最新资讯在此为大家答疑解惑。

该人士表示，巴西海关的清关并不是如国内部分卖家风传的那般复杂。“巴西海关清关的操作均属正规的流程，卖家货物被扣与商品货值大小并无太大联系。正常情况下，品牌玩具产品在无意外情况下清关需要一个半月。如若卖家售卖仿禁品则例外。”

据其透露，国内卖家传言的清关难通常都是商品触碰雷区。“如果国内发往巴西海关的一整个货柜中包含了不同卖家的货件，只要有一个卖家的货件‘亮红灯’属于违禁品之列，那么这整个货柜都将被集体扣押。”

一旦货件遭遇扣押，也如国内的处理解决机制一般。被留置扣押的产品如果是列入违禁品的基本回天乏力，而处于同批货柜的其他产品，可及时通过邮件的方式提交审核予以追回。

各国海关的规定都是不尽相同的，上述人士也建议国内卖家熟悉巴西海关的基本规定，不售卖违禁品、标明详细收货人、提供审核的提单类型而禁止空白背书。

“巴西现在较为热卖的产品主要是一些 3C 数码类的配件，包括手机壳、手机膜等。而针对电子产品而言，音响和耳机也大受市场追捧。还有就是从前段时间一直热销至今的指尖陀螺，希望国内的卖家能借助正规的平台资讯，切勿盲目追风，应理性瞄准巴西市场做好跨境电商生意。”他说道。

资料整理来源：http://www.cifnews.com/article/27512

FOCUS

海关报关报检、退税是跨境电商物流内容重要的组成部分，也是广大卖家最头疼的问题之一。不同国家有不同的清关规定，卖家要对各国规定均有一定的了解，避免货物被海关扣下，甚至触犯该国规定而受到处罚。

【Part 21.1】海关报关流程

海关报关指出口货物的收发货人、受委托的报关企业，按照海关的规定以及有关法律的要求，办理货物、物品、运输工具出境，采用电子数据报关单和纸质报关单的形式，向海关报告实际出口物品的清单，并接受海关审核的行为。

发货人可以自行向海关申报，也可以委托报关企业向海关申报。申报流程如图 8-5 所示。

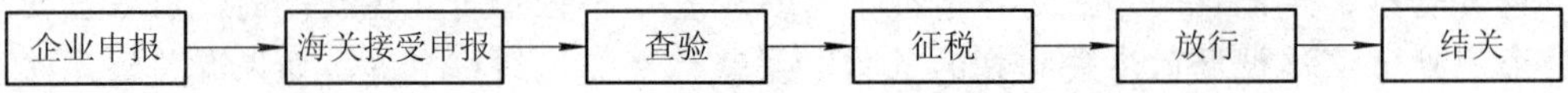

图 8-5 海关申报流程

1. 企业申报

出口货物的发货人、受委托的报关企业除海关特许外，应在装货后的 24 小时以前向海关申报。此规定有利于在装货前使海关有充分时间查验货物，以保证海关正常工作。

⊙　*Tips For You*

如果在此期限之内，卖家没有向海关申报，海关可以拒绝接收你的申报通关。如若发生此种情况，卖家货物得不到海关的检验、征税、放行，会影响获取运输单据的时间，甚至会导致延迟装运，进而违反合约，造成损失。因此，应及早向海关申报，做到准时装运。

2．海关接受申报

目前，海关可以接受以电子数据或以纸质报关单方式进行申报。

向海关申报时，需要提交以下单证：

✧　海关出口货物报关单。

✧　货物发票。

✧　陆运单、空运单和海关进出口的提货单，以及海运出口的装货单。

✧　货物装箱单。

✧　出口收汇核销单。

✧　海关认为必要时，还应交验贸易合同、货物产地证等。

⊙　*Tips For You*

以电子数据报关方式申报时，申报日期为海关信息管理系统接受申报数据时的日期。以纸质报关单方式申报时，申报日期为海关接受纸质报关单并对其进行登记处理的日期。

3．查验

海关在接受报关单位的申报后，为了确定进出境货物的性质、原产地、货物状况、数量和价值是否与货物申报单上已填报的内容相符，会对货物进行实际检查。

申报人应派人到场协助查验，负责搬移货物、开箱和重封货物的包装，查验结束后，签名确认查验结果。

4．征税

根据相关法律法规，进出口货物应按照规定依法缴纳关税。

5．放行

在发货人或代理人如实向海关申报并缴纳应缴税款后，海关会在出口装货单上盖章放行，发货人凭此装船出境。

6．结关

海关在固定期限内，会对经口岸放行后仍需继续实施管理的货物进行核查，对需要补证、补税的货物做出处理，直至结束海关监管。

【Part 21.2】退税流程

出口货物退(免)税指在跨境贸易中，货物输出国对输出境外的货物免征其在本国境内消费时应缴纳的税金或退还其本国税法规定已缴纳的税金(增值税、消费税)。

申报时，需要提交报关单(退税专用联)、进项发票、出口发票，以及与出口退税有关的其他材料。

中国跨境电商的退税一般流程为：美金到账→在国际外汇管理局申报→结汇→退税系统上申请→交纸质资料到国税局，并完成审核→公司备案。

【Part 21.3】常见海关清关问题解析

跨境电商卖家经常会遇到各种各样的海关清关问题，本节将相应问题归纳为四大类。

1. 海关扣关

海关扣关指交易订单的货物，由于触犯相关的海关法规而被进口国海关扣留，导致买家未收到货物的情况。海关扣关的原因包括但不限于以下内容：

✧ 进口国限制订单货物的进口。

✧ 关税过高，买家不愿意清关。

✧ 订单货物属假货、仿货、违禁品，直接被进口国海关销毁。

✧ 货物申报价值与实际价值不符，导致买家须在进口国支付处罚金。

✧ 卖家无法出具进口国需要的卖家应提供的相关文件。

✧ 买家无法出具进口国需要的买家应提供的相关文件。

在出现此种情况时，卖家需要及时提出申诉，补全资料。并且，卖家应在货物发出之后，及时关注物流情况，出现异常时需要与买家、物流公司保持沟通，及时了解扣关原因并尽可能提供相关信息及证据。

2. 清关不利

巴西、俄罗斯、印尼、阿根廷等国家的清关会出现不同程度的延误，这一点，卖家需要提前跟买家沟通，达成一致后再进行发货。

其中，巴西的清关速度很慢，至少需 1～2 周的清关时长。推荐使用 EMS，如果使用 DHL 等商业快递，需要提供 CNPJNO.[①]或 CPFNO.[②]。如果没有，清关速度会很慢，并且货物会出现被退回的风险。

印尼超过 10 kg 的货物会产生清关延误，所以尽量发小于 10 kg 的单票货。如需发超过 10 kg 的货物，需要提前跟客户沟通说明。

3. 快件退回产生关税

当快件退回时，海关会根据卖家提供的资料，按照相关规定认定是否需要产生进口关税。卖家需要提供的信息，通常包括出口申报方式、被退回原因等。

4. 买家拒绝支付关税

遇到这种情况，卖家首先需要提前与买家协商。由于目的国关税的产生存在较大的不确定因素，因此在发货前，卖家需要与买家协商，并明确如若产生关税，由何方负担，避免产生纠纷。

此外，卖家需要保留买家不清关证明。进口关税如产生，尤其是金额较高的惩罚性关税，买家可能不会愿意负担，从而导致货物被退回或扣在海关。如买家因货物被扣关而投诉没有收到货，平台会根据实际情况做出判断，卖家需要保留物流出具的买家不清关证

---

① CNPJNO.指巴西公司税号。

② CPFNO.指巴西个人税号。

明，作为纠纷判决的有效举证。

项目演练 24

小林团队经过对本节案例及海关清关内容的学习后，对 A 公司清关问题有了新的了解。现在，请各小组帮助小林团队总结以下三个问题。

- Q1：归纳总结 A 公司饰品类目的海关报关、退税流程。
- Q2：归纳总结除教材所述海关清关问题外，饰品品类会遇到的其他海关清关问题，并做出解释。
- Q3：分析 A 公司适合的消费地区市场，并给出详细理由。

【Task 22】熟悉海外仓内容

案例：海外仓，让我一单省￥225.76！

上海某贸易有限公司在 eBay 经营儿童玩具多年。以前在 eBay 开店，由于派送时效慢、退换货等问题，多次经历与客户产生纠纷的窘境。而且由于高额的运输费用和清关费用，导致利润降低。几经周折，经朋友推荐，知道了海外仓储的服务。起初，比较担忧海外仓储的管理和信息对接问题，深怕库存混乱。但是，使用了半年后发现，仓储管理得很到位，发货时效也不错，网站操作系统也方便使用。

该公司负责人称："和海外仓储服务达成合作后，节约了不少成本，比如以前我 1 公斤的包裹直发美国，用 EMS 价格基本上￥320.3 一单。但使用整套海外仓业务价格是￥94.54，节省了￥225.76(头程￥32.86，发 FedEx 大货，20 公斤￥657.2，内件 20 个平均每个￥32.86；美国境内费用是￥61.68；仓储费很便宜忽略不计)。"

FOCUS

随着跨境物流中存在的各种各样问题的凸显，海外仓作为一种新兴物流方式，被业内人士称为是消除跨境物流痛点的"解药"。

海外仓究竟有多神奇，是否可以切实解决物流难题、什么样的品类适合海外仓运营、如何收费、需要遵循的服务规则，以及海外仓涉及的 VAT 问题，本部分都将作为重点内容进行介绍。

【Part 22.1】海外仓模式分析

海外仓模式指企业在本国以外的国家或地区建立海外仓库，企业按照一般贸易方式，将商品批量出口到境外仓库，拿到订单后，再将商品送达境外的物流模式。海外仓可以为全球卖家在销售目的国提供货物仓储、分拣、包装盒派送的一站式管理服务。

其构成包括头程运输、仓储管理和本地配送三个部分。运作模式如图 8-6 所示。其中，头程运输指出口国商家通过海运、空运、陆运或者联运将商品运送至海外仓库；仓储管理指出口国商家通过物流信息系统，远程操作海外仓储货物，实时管理库存；本地配送指仓储中心根据订单信息，通过进口国邮政或快递将商品配送给客户。

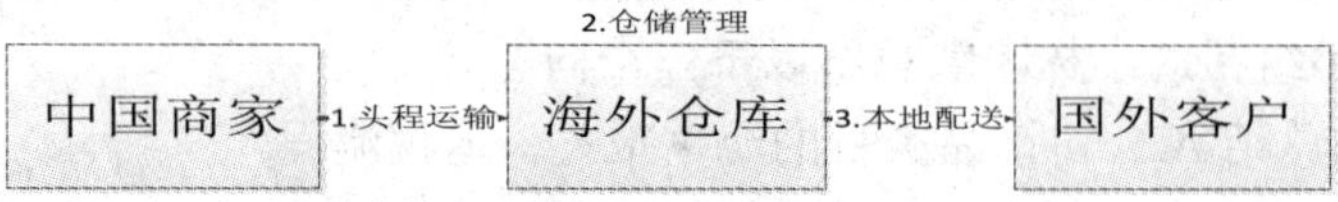

图 8-6　海外仓储运作模式

目前，中国卖家建立海外仓的主要国家是美国、英国、德国、澳大利亚等。海外仓是中国企业海外布局的关键一环，该模式下企业出口产品拥有价格和时间优势。

1．包裹时效缩短、购物体验提升

跨境卖家在使用海外仓储模式时，会在海外仓提前备货，以便节省产品从出口国到目的国的运送时间，从而大幅缩短包裹邮寄的时间，提高物流的时效性。除此之外，商家使用目的国本地物流，基本可实现在线查询货物配送状态，实现包裹全程跟踪。

海外仓头程是采用传统的外贸物流方式，按照正常清关流程进口，降低清关障碍。海外仓本地发货配送，转运流程减少，破损丢包率也会相应降低。另外，海外仓会对各类商品进行备货，因此商品退换货难度会降低很多。这些因素都会提升跨境买家的购物体验。

2．物流成本降低

根据当前物流市场情况，邮政大小包和国际专线物流对运输物品的重量、体积以及价值都会有一定限制，进而导致很多大件物品和贵重物品都只能通过国际快递运送。而海外仓则是提前将货物通过传统外贸物流渠道运输到海外仓库内，然后在订单出现后，从目的国本地仓库内发货，其物流成本基本齐平国内快递。

以某山地自行车为例，其尺寸为 140 cm×70 cm×10 cm，重量为 14 kg，目的国为澳大利亚。由于体积(长度和周长)限制，其无法通过邮政渠道和专线物流进行派送，只能走国际快递和海外仓。然而，对比国际快递模式，跨境电商采用海外仓会大幅降低物流成本，如图 8-7 所示。

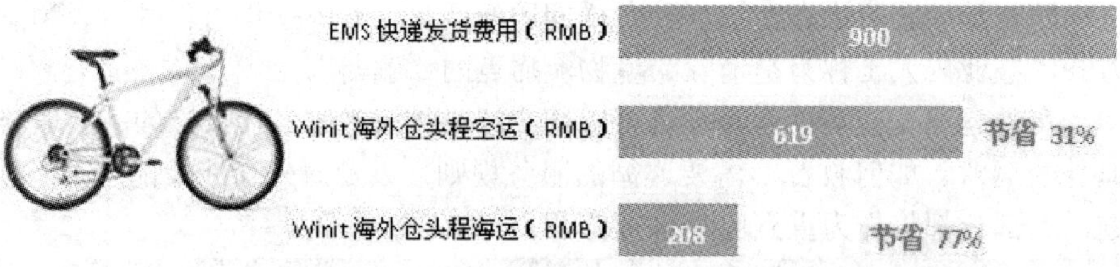

图 8-7　某山地自行车物流费用(数据来源：http://www.winit.com.cn)

3．产品曝光度提升、消费额提升

对于用户而言，产品优质的售后服务(包括时效、退换货等)是他们非常关心的问题。当商家使用海外仓服务之后，如遇用户有售后需求，商家可以利用海外仓快速帮助用户解决问题，进而提高店铺满意度。与此同时，产品曝光度会显著提升，促使更多回购订单产生，以提升产品销售额。

如表 8-7 所示，eBay 在 2009 年 11 月～2010 年 1 月期间，对 21 位参加英国仓储服务试验的中国卖家进行了调研。结果显示，使用海外仓的卖家在浏览量、售出价格、售出量、销售总额以及成交率等方面均有大幅提升。

表 8-7　eBay 调查结果

指标	物品所在地		整体提高百分比
	中国(非海外仓)	英国(海外仓)	
平均浏览量	23.00	51.00	121.74%
平均物品售出价格	$30.80	$92.10	199.03%
平均售出量	1.41	1.85	31.21%
平均销售总额	$43.50	$170.40	291.72%
成交率	39.50%	44.00%	11.39%

(数据来源：eBay 官网)

从上述分析来看，海外仓不仅克服了跨境物流中的痛点，而且扩大了运输品类，降低了物流费用，并有助于提升销售额。然而，虽然海外仓在跨境物流上有许多优势，但在使用海外仓时，卖家首先需要支付海外仓的仓储费用，不同国家地区仓储费用也不同，跨境卖家需要计算成本。

再者，海外仓有滞销库存难以处理的问题。据统计，平均每个卖家有 10 万的海外滞销库存，有的甚至达到几百万。其中，有 70%的卖家选择低价销售，19%的卖家会选择销毁，11%的卖家会选择其他方式。这些滞销库存处理得好就是新发现的金库，处理不好则是需花钱处理的废品。

与此同时，海外仓储本土化也遇到重重挑战。完成初期积累的卖家们，不再满足于做一个产品的搬运工，而是要打造能在本土激烈竞争的市场中被客户认可和喜爱的产品乃至品牌。随着时间的推移，越来越多的卖家开始关注如何捕捉本土消费需求、如何设计和生产客户喜爱的产品、如何做本土营销等问题。

就目前而言，海外仓仅仅在北美、西欧和澳洲运作成熟，对于俄罗斯和巴西两大新兴市场，海外仓模式尚不完善。

俄罗斯市场的海外仓运作复杂，费用较高。

首先，头程“白色清关”流程多、费用高。2009 年切尔基佐沃市场的关闭，是对雅宝路式[①]灰色清关渠道的重要警示，中国商家长期发展必须走“白色清关”途径。然而，“白色清关”涉及海关商检等流程，且关税手续费都较高，需要正规、操作经验丰富的当地清关公司配合。

其次，本地化运作赋税高。在俄罗斯运作海外仓需要合法注册多家公司，并借助银行来实现合法避税。

最后，本地人才缺乏，劳动力成本高。物流仓储的打造需要专业的 IT 技术人才和供应链管理人才，而俄罗斯本身的物流仓储很不发达，相应的人才也很匮乏；并且物流仓储属于典型的劳动力密集型产业，而俄罗斯本地劳动力成本很高，这些都增加了海外仓的运营成本。

① 雅宝路式，对灰色清关的一种比喻说法，读者可以搜索雅宝路清关，进行了解。

正是基于以上三个方面原因，不少对俄物流服务商提出了“边境仓”的概念，即在靠近俄罗斯的中国境内设立仓储基地，从该基地通过邮政包裹发货到俄罗斯全境。

2014 年 6 月，首个对俄边境仓在哈尔滨落户并开仓。经专业人士分析，海外仓成本高于边境仓(1 kg 羽绒服海外仓至少贵$1～$2)，时效方面边境仓比海外仓慢 1～2 天。

至于巴西市场，考虑到该国税收政策非常严格，建立海外仓成本很高，目前还鲜有电商企业或者物流服务商成功在巴西运作海外仓模式的案例。利用南美自由贸易协定，通过巴西周边国家建仓转运的模式也会受到巴西海关的严密监管，存在一定的法律风险。

可见，在欧美成熟市场，海外仓是标配；在俄罗斯市场，海外仓和边境仓结合使用是一个更好的选择；在巴西市场，海外仓则还停留在“概念仓”阶段。

【Part 22.2】海外仓费用构成

海外仓费用由头程费用、税金、当地派送费用、仓储管理服务费四部分构成，如图 8-8 所示。

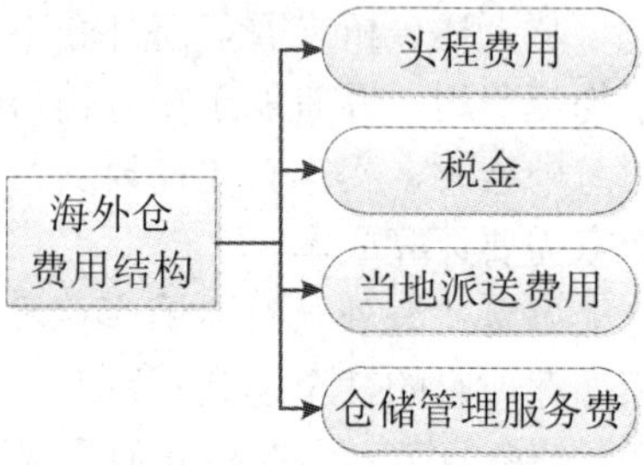

图 8-8　海外仓费用构成

1．头程费用

头程费用指从出口国把货物运送到海外仓库地址期间所产生的费用，主要分为航空运输方式(空运)费用和货轮运输方式(海运)费用。

(1) 空运方式。费用结构为：运费+清关费+报关费+其他费(文档费、拖车费、送货费)。其中，运费按重量计算，有最低起运量限制(一般为 5 kg 以上)；清关费按单票数量计算。空运途径分为客机行李托运、普货空运、商业快递。

某物流服务商发至英国的报价(仅供参考)，如表 8-8 所示。

表 8-8　某物流服务商发至英国的物流报价(仅供参考)

运输方式	价格		英国仓(单位：人民币/元)
客机行李托运(OBC)	运费		37.0
	4PX 代清关	清关费/票	300.0
		提货费/kg	2.0
	客户自由 VAT 税号清关	清关费/票	1200.0
		提货费/kg	2.0
普货空运(Air Freight)	100 kg 以内		31.0
	100 kg 及以上		28.0
	4PX 代清关	清关费/票	300.0
		提货费/kg	2.0
	客户自由 VAT 税号清关	清关费/票	1200.0
		提货费/kg	2.0

因此，发 10 kg 货物至英国仓，头程费用为 690 元，算法如下：

$$37 \times 10(\text{运费}) + 300(\text{清关费}) + 2 \times 10(\text{提货费}) = 690\ \text{元(其他费除外)}$$

(2) 海运方式。海运费用结构可分为集装箱拼箱、集装箱整箱。

集装箱拼箱指承运人将装不满一整箱的小票货物(Less Than Container Load，LCL)，按性质和目的地进行分类，把同一目的地、性质相同的货物拼装进一个集装箱进行运输的模式。这种货物通常是由承运人分别揽货并在集装箱货运站或内陆站集中，而后将两票或两票以上的货物拼装在一个集装箱内。注意，采用此种方式运输的货物，同样要在目的国的集装箱货运站或内陆站拆箱分别交货。该模式以实际体积计算运费，体积会分段计算，1CBM①起运。

集装箱整箱以集装箱数量计算运费(Full Container Load，FCL)，由发货人负责装箱、计数、铅封的货运。整箱货的拆箱，一般由收货人办理，也可以委托承运人在货运站拆箱，但是承运人不负责箱内的货损、货差。如果货方举证承运人责任事故损害货物，承运人则需负责赔偿。承运人对整箱货以箱为交接单位。只要集装箱外表与收箱时相似且铅封完整，承运人则完成承运责任。整箱货运提单上要加上“委托人装箱、计数并加铅封”的条款。

某物流服务商发至英国的报价(仅供参考)，如表 8-9 所示。

表 8-9　某物流服务商发至英国的物流报价(仅供参考)

运输方式	立方区间	英国仓(元/每立方)
海运(LCL)	0～5CBM	1200.0
	5.01～10CBM	1200.0
	10.01CBM 以上	1000.0
	时效(工作日)	30 天
海运(FCL)	20GP	24000.0
	40GP	36000.0
	40HQ	36000.0
	时效(工作日)	24～27 天

⊙　*Tips For You*

根据功能性不同，集装箱具有不同的规格。

20 尺货柜(20’GP：20 Feet General Purpose)、40 尺货柜(40’GP：40 Feet General Purpose)尺寸，如表 8-10 所示。

表 8-10　20 尺和 40 尺货柜

柜型	规格	长×宽×高(m)	配货毛重(t)	体积(m^3)
普通货柜	20’GP	内：5.898×2.352×2.385	17.5	33.1(正常装 28.0)
		外：6.058×2.438×2.591		
	40’GP	内：12.032×2.352×2.385	22.0	67.5(正常装 58.0)
		外：12.192×2.438×2.591		

① 1CBM=1 立方米，外贸常用单位。

40 尺高柜(40'HQ: 40 Feet High Cube)、45 尺高柜(45'HQ: 45 Feet High Cube)尺寸，如表 8-11 所示。

表 8-11 40 尺和 45 尺高货柜

柜型	规格	长×宽×高(m)	配货毛重(t)	体积(m^3)
高货柜	40'HQ	内：12.032×2.352×2.69	22.0	76.2(正常装 68.0)
		外：12.192×2.438×2.896		
	45'HQ	内：13.556×2.352×2.698	29.0	86.0(正常装 78.0)
		外：13.716×2.438×2.896		

20 尺开顶货柜(20'OT: 20 Feet Open Top)、40 尺开顶货柜(40'OT: 40 Feet Open Top)尺寸，如表 8-12 所示。

表 8-12 20 尺和 40 尺开顶货柜

柜型	规格	长×宽×高(m)	配货毛重(t)	体积(m^3)
开顶货柜	20'OT	内：5.898×2.352×2.342	23	32.5
		外：6.058×2.438×2.591		
	40'OT	内：12.034×2.352×2.330	36	65.9
		外：12.192×2.438×2.591		

20 尺平底货柜(20'FR: 20 Feet Platform)、40 尺平底货柜(40'FR: 40 Feet Platform)尺寸，如表 8-13 所示。

表 8-13 20 尺和 40 尺平底货柜

柜型	规格	长×宽×高(m)	配货毛重(t)	体积(m^3)
平底货柜	20'FR	内：5.85×2.23×2.15	23	28
	40'FR	内：12.05×2.12×1.96	36	50

(3) 头程注意事项。首先，海外仓需要对商品涉及的增值税问题密切关注。再者，空运时会对重量轻、体积大的货物进行计抛处理。如遇货物需要单独报关、申请出口退税，须按照要求提供装箱单、发票、报关委托书、报检委托书、合同、出口收汇核销单、商检通关单等材料。

2. 税金

税金指货物出口到某国，需按照该国进口货物政策而缴纳的一系列费用。

通常所说的关税主要指进口关税，进口关税是一个国家的海关对进口货物和物品征收的关税。征收进口关税会增加进口货物的成本，提高进口货物的市场价格，影响货物进口数量。因此，各国都以征收进口关税作为限制货物进口的一种手段。适当的使用进口关税可以保护本国工农业生产，也可以作为一种经济杠杆调节本国的生产和经济发展。需要注意，有些国家不仅只有进口关税，还有一些该国特定的费用。

针对中国市场而言，出口的国家主要包括英国、美国、澳大利亚、俄罗斯，税金计算方式如表 8-14 所示。

表 8-14　税金计算方式(仅供参考)

国家	计算方式
英国	税金=关税+VAT[①] 关税=货值 × 关税税率[②] VAT=(运费 + 货值 + 关税) × 20%
美国	税金=关税=货值 × 关税税率
澳大利亚	税金=关税 + GST[③] 关税=货值 × 关税税率 GST=(运费 + 货值 + 关税) × 10%
俄罗斯	税金=关税 + VAT 关税=货值 × 关税税率 VAT=(运费 + 货值 + 关税) × 20%

其中俄罗斯的大部分进口货物均需缴付 20%增值税，而食品及儿童用品则付 10%，高科技、棉花及药物免缴增值税。此外，部分奢侈品，如烟、酒、汽车、石油及首饰，需缴付 25%～90%消费税。

3．当地派送费用

当地派送费用俗称二程派送费用，指买家对其产品下单后，由仓库完成打包配送至买家地址所产生的费用。各国物流公司操作不尽相同。

(1) 英国物流渠道。英国常用物流渠道，有英国本地经济派送、英国邮政本地派送，如表 8-15 所示。

表 8-15　英国物流渠道

服务名	时效(工作日)	挂号	计抛	重量限制
英国本地经济派送	1～5	已含	否	15kg
英国邮政本地派送	1～3	可选	否	5kg

英国本地经济派送价格如表 8-16 所示。

表 8-16　英国本地经济派送价格(RMB)

Weight(kg)	Zone 1	Zone 2	Zone 3	Zone 4
1	25	56	83	25
2	39	69	90	39
5	39	69	95	39
10	40	71	97	40
15	51	74	99	51

* 签收时间：Zone 1，1～3 个工作日；Zone 2，3～5 个工作日。

⊙　*Tips For You*

注意事项：

(1) 单边长不超过 1.2 m。

---

① VAT 指 Value Added Tax 增值税。

② 关税税率指海关税则规定的对可征对象征税时计算税额的比例。

③ GST 指 Goods and Services Tax 增值税、消费与服务税。

(2) 长 + (宽 + 高) × 2 不超过 2.25 m。

(3) 可派送到英国的岛屿 Channel Islands：GY 和 JE 开头的邮编。

(4) 可进行轨迹查询。

英国邮政本地派送价格如表 8-17～表 8-19 所示。

表 8-17　英国邮政本地派送价格(RMB)(1)

Format	Size	Weight(g)	非挂号	挂号	含 POD[①](With signature)
Packet 限重 10 kg	61×46×46 cm	0～750	-	23	27
		751～1000	-	24	27
		1001～1500	-	24	28
		1501～2000	-	24	28
		2001～2500	-	25	29
		2501～3000	-	25	29
		3001～3500	-	25	29
		3501～4000	-	26	30
		4001～4500	-	26	30
		4501～5000	-	27	31
		5001～6000	-	28	33
		6001～7000	-	29	34
		7001～8000	-	32	37
		8001～9000	-	36	42
		9001～10000	-	40	46

* Royalmail Tracked 48：签收时间 1～3 个工作日。

表 8-18　英国邮政本地派送价格(RMB)(2)

Format	Size	Weight(g)	非挂号	挂号
Packet	61 × 46 × 46 cm	0～750	20.6	-
		751～1000	20.6	-

* Royalmail Second Class：签收时间 3～5 个工作日。

表 8-19　英国邮政本地派送价格(RMB)(3)

Format	Size	Weight(g)	含挂号 Price
Special Next-day Delivery 限重 10 kg	61 × 46 × 46 cm	0～100	62
		101～500	65
		501～1000	77
		1001～2000	97
		2001～10000	246

* Royalmail Next-day Delivery：签收时间 1 个工作日。

英国邮政发往其他国家价格如表 8-20 所示。

① POD(Proof of Delivery，交付凭证)是特快专递中最重要的单据。

表 8-20　英国邮政发往其他国家价格(RMB)

Size	Format			Europe	Rest of the World
61×46×46 cm	Airmail 限重 2 kg	非挂号	基础费用	8	14
			Per kg	70	65
		挂号	基础费用	67	67
			Per kg	66	65

* Royalmail Airmail 签收时间：西欧 3 个工作日，东欧 5 个工作日，其他国家 5～7 个工作日。

⊙　*Tips For You*

计费举例：以 500 g，体积 = 24 cm × 15 cm × 3 cm 的货物为例。

(1) 在英国本地派送(体积在限制内)。

Packet：Tracked 48 挂号包裹费用=23RMB；如需购买 POD，费用=27RMB。

Next-day Delivery：费用=65RMB。

(2) 发往欧洲(体积在限制内)。

非挂号费用 = 8 + 0.5 × 70 = 43RMB。

挂号费用 = 67 + 0.5 × 66 = 100RMB。

(3) 发往欧洲外其他国家(体积在限制内)。

非挂号费用 = 14 + 0.5 × 65 = 46.5RMB。

挂号费用 = 67 + 0.5 × 65 = 99.5RMB。

(2) 澳大利亚物流渠道。澳大利亚常用物流渠道如表 8-21 所示。

表 8-21　澳大利亚物流渠道

服务名	时效(工作日)	挂号	计抛	重量限制
澳大利亚本地邮政标准派送挂号	1～5	已含	否	5 kg
澳大利亚本地邮政 Eparcel 派送	1～5	已含	否	22 kg
澳大利亚本地标准派送	1～5	已含	否	5 kg

澳大利亚本地邮政标准派送挂号价格如表 8-22 所示。

表 8-22　澳大利亚本地邮政标准派送挂号价格(RMB)

Format	Weight Not Exceed(g)	Sydney	Other AU
Small Letter	250	3.5	3.5
Large Letter	125	7.0	7.0
	250	10.5	10.5
	500	17.5	17.5
Parcel	500	29.0	28.0
	1000	30.4	34.4
	2000	30.4	34.8
	3000	30.9	35.9
	5000	31.7	39.9
以上报价不含挂号费，如需购买挂号服务，每件需加收 12 元			

⊙ *Tips For You*

计费举例：

(1) 500 g，尺寸为 24 cm × 13 cm × 3 cm 的包裹，派送至悉尼。

挂号服务费用 = 29 + 12 = 41 RMB。

非挂号服务费用 = 29 RMB。

(2) 50 g，尺寸为 20 cm × 10 cm × 1 cm 的包裹，派送至悉尼。

挂号服务费用 = 7 + 12 = 19 RMB。

非挂号服务费用 = 7 RMB。

注意事项：

(1) 派送时效。NSW 为 1～2 个工作日，偏远地区约 3～5 个工作日。

(2) 重量限制。Small Letter 不能超过 250 g；Large Letter 不能超过 500 g；Parcel 不能超过 5000 g(超出 5000 g 部分，推荐使用本地邮政 Eparcel 派送)。

(3) 规格限制。Small Letter 不能超过 24 cm × 13 cm × 0.5 cm；Large Letter 不能超过 36 cm × 26 cm × 2 cm；Parcel 最长边不能超过 105 cm，周长不能超过 140 cm。

(4) 产品优势。适用低值、轻小，对时效要求不高的包裹派送。

(5) 计费重量。不计抛重，按照实际重量计算价格。

(6) 特殊说明。此服务可派送至 PO BOX[①]地址，但是不提供丢货或损货赔偿，且需额外加收挂号费。

澳大利亚本地邮政 Eparcel 派送价格如表 8-23 所示。

表 8-23　澳大利亚本地邮政 Eparcel 派送价格(RMB)

Zone	分区代码	500g 以下	Basic Charge	Kilo Rate
1	N1	34.4	34.4	0.0
2	GF	35.6	37.3	1.3
3	WG	35.6	37.3	1.3
4	NC	35.6	45.6	1.7
5	CB	35.6	45.6	1.7
6	N3	35.6	50.4	3.5
7	N4	35.6	50.4	3.5
8	N2	35.6	50.4	3.5
9	V1	35.6	41.2	2.2
10	GL	35.6	49.9	3.3
11	BR	35.6	56.5	4.5
12	V3	35.6	44.6	3.2

需要注意，此种方式而言，包裹不足 1 kg 部分，按照 1 kg 计算，如 501 g 则应按照 1000 g 计费，1600 g 应按照 2000 g 计费。

费用 = Basic Charge+Kilo Rate × 重量(500 g 以下包裹，按照 500 g 计)。

① PO BOX，亦可写为 Postal Box，是 Post Office Box 的缩写，即“邮政信箱”。

⊙ *Tips For You*

计费举例：

(1) 1502 g，尺寸为 24 cm × 13 cm × 3 cm 的包裹，派送至邮编 2508(悉尼)。

费用 = 34.4 RMB。

(2) 2507 g，尺寸为 20 cm × 10 cm × 10 cm 的包裹，派送至邮编 2250(Zone 2)。

费用 = 37.3 + 3 × 1.3 = 41.2 RMB。

(3) 450 g，尺寸为 10 cm × 10 cm × 10 cm 的包裹，派送至邮编 2500(Zone 3)。

费用 = 35.6 RMB。

注意事项：

(1) 派送时效。NSW 为 1～2 个工作日，偏远地区约 3～5 个工作日。

(2) 重量限制。22 kg。

(3) 规格限制。最长边不能超过 105 cm，总体积不超过 0.25 m^3。

(4) 产品优势。适用低值，稍微偏重的包裹派送。

(5) 计费重量。不计抛重，按照实际重量计算价格。

(6) 特殊说明。此服务可派送至 PO BOX 地址，但不提供丢货或损货赔偿。

澳大利亚本地标准派送价格如表 8-24 所示。

表 8-24　澳大利亚本地标准派送价格(RMB)

Weight Not Exceed(g)	Sydney	Zone 2	Zone 3
500	30.7	31.3	35.7
1000	31.5	35.5	39.9
3000	32.2	42.6	44.3
5000	32.9	47.7	49.0

⊙ *Tips For You*

计费举例：

(1) 1502 g，尺寸为 24 cm × 13 cm × 3 cm 的包裹，派送至邮编 2508(悉尼)。

费用 = 32.2RMB。

(2) 2507 g，尺寸为 20 cm × 10 cm × 10 cm 的包裹，派送至邮编 2250(Zone 2)。

费用 = 42.6 RMB。

(3) 450 g，尺寸为 10 cm × 10 cm × 10 cm 的包裹，派送至邮编 2500(Zone 3)。

费用 = 35.7 RMB。

注意事项：

(1) 派送时效。1～5 个工作日。

(2) 重量限制。5 kg(超过 5 kg 部分，推荐使用本地邮政 Eparcel 派送)。

(3) 规格限制。最长边不能超过 105 cm，总体积不超过 0.25 m^3。

(4) 产品优势。适用低值、轻小，对时效要求不高的包裹派送。

(5) 计费重量。不计抛重，按照实际重量计算价格。

(6) 特殊说明。此服务可派送至 PO BOX 地址，但不提供丢货或损货赔偿。

(3) 俄罗斯物流渠道。俄罗斯常用物流渠道，有俄罗斯邮政一级空运小包、本地快捷派送，如表 8-25 所示。

表 8-25 俄罗斯物流渠道推荐

服务名	时效(工作日)	挂号	计抛	重量限制
俄罗斯邮政一级空运小包	7～15	已含	是	2.5 kg
本地快捷派送	1～5	已含	是	20 kg

俄罗斯邮政一级空运小包价格如表 8-26 所示。

表 8-26 俄罗斯邮政一级空运小包价格(RMB)

Weight(g)	Zone 1(RMB)
首重 100 g	39
续重 100 g	5

⊙ *Tips For You*

注意事项：

(1) 服务派送范围覆盖全俄，邮局派送不到门，需收件人自提，货物到达当地邮局时，邮局会给收件人送提货单。

(2) 计抛，体积重 = 长 × 宽 × 高/5000，取体积重和实重中较大者为计费重。

(3) 重量限制为 2.5 kg，首重、续重不足 100 g，按 100 g 计费。

(4) 任一单边长不超过 36 cm，长+宽+高 ≤ 70 cm。

本地快捷派送价格如表 8-27 所示。

表 8-27 本地快捷派送价格(RMB)

Weight(kg)	Zone1	Zone2	Zone3	Zone4	Zone5	Zone6	Zone7	Zone8	Zone9	Zone10
0.5 kg	39	55	66	71	87	110	115	124	164	244
1 kg	42	57	69	75	94	120	125	134	174	254
续重 1 kg	9	7	11	12	14	18	18	23	26	32

⊙ *Tips For You*

注意事项：

(1) 计抛，体积重 = 长 × 宽 × 高/5000，取体积重和实重中较大者为计费重。

(2) 重量限制为 20 kg。包裹在 500 g 以内的，不满 500 g，按 500 g 计费；超过 500 g，不满 1 kg，按 1 kg 计费。

(3) 任一单边长不超过 36 cm，长 + 宽 + 高 ≤ 270 cm。

4．仓储管理服务费

仓储管理服务费包括仓储费和订单处理费。

(1) 仓储费。储存商品在仓库而产生的费用，一般大型公司为了提高产品的动销率，会按周收取费用。来自某公司仓储费报价如表 8-28 所示。

表 8-28 某公司仓储费报价(RMB)

单件产品体积	每周的仓储费	计算单位
0.001CBM(含)	0.45	件
0.001～0.02CBM(含)	0.65	件
0.02CBM 以上	40	CBM

⊙ *Tips For You*

计费举例：

(1) 单件产品的体积 = 0.5CBM，这件产品一周的仓租 = 0.5CBM × 40RMB/CBM = 20RMB。

(2) 单件产品的体积 = 0.0005CBM，这件产品一周的仓租 = 0.45RMB。

(2) 订单处理费。买家对其产品下单后，由第三方人员对其订单拣货打包而产生的费用。来自某公司订单处理费报价如表 8-29 所示。

表 8-29　某公司订单处理费报价(RMB)

产品分类	处理费/件
0～1000 g	8
1001～5000 g	10
5001～10 000 g	14
10 001～30 000 g	18
30 001～31 500 g	20
31 501～50 000 g	40
50 000～70 000 g	70
70 000～100 000 g	90

【Part 22.3】海外仓开通条件与申请流程

以中国境内速卖通平台海外仓开通条件和申请流程为例。

1. 开通条件

若卖家使用的是第三方海外仓，需要提供的资料有：

✧ 合作物流商。

✧ 客户代码，物流商给客户使用的代码。

✧ 与第三方物流商签订的合同照片。

✧ 使用第三方物流系统的后台截图、库存查询、订单管理页面等。

若卖家使用的是自营海外仓，需要提供的资料有：

✧ 海外仓地址。

✧ 中国发货证明，如发货底单、发货拍照、物流跟踪详情截图等。

✧ 海外通关证明，如缴税证明等。

✧ 仓库照片。需要将卖家的报名 ID 写在小纸条上(或打印)并放在当地最近的报纸上拍照，照片背景可看到门牌号或仓库实景。

2. 申请流程

如图 8-9 所示，速卖通海外仓申请流程分为 4 步，即提交用于证明产品真实从海外发货且有库存的相关资料进行审核，经过 2～7 个工作日审核完毕，卖家与平台签订海外仓储服务规范协议，完成后，申请成功。

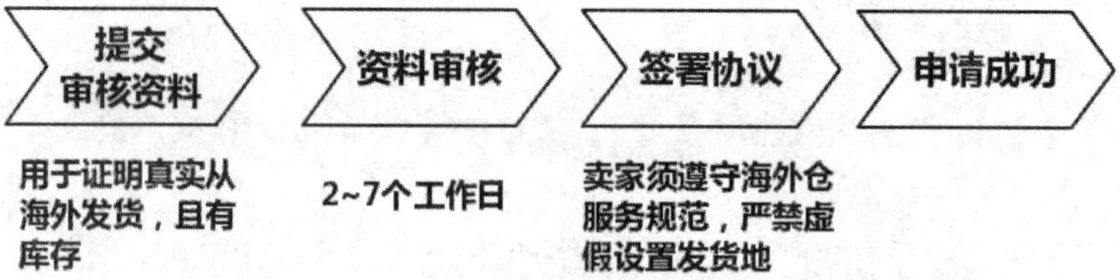

图 8-9　速卖通海外仓申请流程

3. 注意事项

对于速卖通平台卖家而言，设置海外仓需要注意以下几点：

(1) 发货地设置。目前，速卖通卖家可设置的海外发货地有美国、英国、德国、西班牙、法国、意大利、俄罗斯、澳大利亚、印尼，其他国家暂不支持。

(2) 审核流程。海外发货地设置功能仅向通过审核的卖家开放，卖家需先备货到海外，再提交申请，提供海外仓证明资料，通过审核后才能设置海外发货地。

(3) 部分类目暂未开放海外发货地设置功能，即使有海外仓也暂时不能设置。

(4) 主账号和子账号都可以报名，申请成功后，系统会同时开通主账号以及所属子账号的权限。

⊙ *Tips For You*

为什么我没有通过审核？可能有如下原因未通过审核。

(1) 海外无库存(含货物在途)。

(2) 提交的资料不全或无法证明有海外库存。

(3) 海外仓所在地不在开通范围内。

案例：突发 Amazon 大地震，德国 VAT 问题爆发

观看视频：海外仓运作流程。

思考：对于中国境内卖家而言，海外仓的缺点有哪些？如何克服？

Scan Here

VAT 问题一直是高悬在卖家头顶的一把达摩克利斯之剑。就在 2017 年圣诞节期间，这把剑突然指向了 Amazon 德国站：一场手段比英国站更为雷厉风行，来势汹汹的查税行动正在德国大面积爆发。

如图 8-10 所示，2017 年 12 月 28 日一早，就有卖家反映收到 Amazon 官方邮件："由于 VAT 问题，Amazon 已经禁止其在 Amazon 进行销售，并且放在 FBA 的库存也被全部隔离，无法移除，账户中的资金也已经被冻结……"

其实早在此次事件之前，就已经有一部分德国站卖家被 Amazon 要求提供 VAT 税号了，但这并不意味着要查税。然而，据专家预测，这一次之所以会有如此多的德国站卖家被 Amazon 要求提供 VAT 税号，很有可能是因为德国税务局向 Amazon 施加了压力，要求 Amazon 收集纳税人身份信息，确认纳税主体，为接下来的查税做好铺垫。

"交不起税，我不要这个账号还不行吗？大不了做其他站点！"

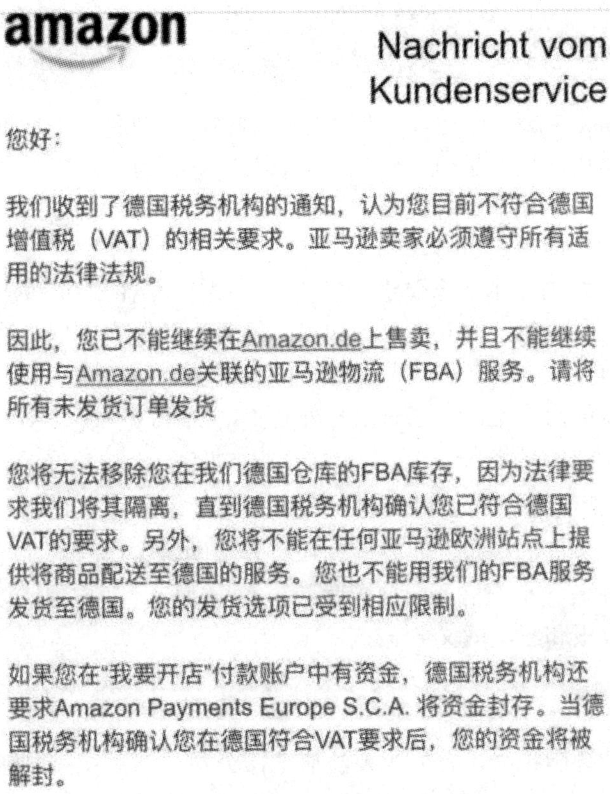

amazon

Nachricht vom Kundenservice

您好：

我们收到了德国税务机构的通知，认为您目前不符合德国增值税（VAT）的相关要求。亚马逊卖家必须遵守所有适用的法律法规。

因此，您已不能继续在Amazon.de上售卖，并且不能继续使用与Amazon.de关联的亚马逊物流（FBA）服务。请将所有未发货订单发货

您将无法移除您在我们德国仓库的FBA库存，因为法律要求我们将其隔离，直到德国税务机构确认您已符合德国VAT的要求。另外，您将不能在任何亚马逊欧洲站点上提供将商品配送至德国的服务。您也不能用我们的FBA服务发货至德国。您的发货选项已受到相应限制。

如果您在"我要开店"付款账户中有资金，德国税务机构还要求Amazon Payments Europe S.C.A. 将资金封存。当德国税务机构确认您在德国符合VAT要求后，您的资金将被解封。

图 8-10　卖家收到 Amazon 邮件截图

答案是不行。在之前英国查税之时，就有英国站卖家因未及时提交税号导致封号后，英国税局不仅没有放过他，而且还连累其他欧洲四国站点的 Amazon 账号也一同被查。所以，即使有卖家因为 VAT 问题放弃了英国账号也无济于事，除非放弃整个欧洲市场。

目前，因为 VAT 问题被封号的卖家不止一个，比起之前英国税局的分批调查，这一次德国税局的查税手段可以说是干脆利落。不仅力度更大，在效率上也有了很大的提升，查税的范围也在不断扩大。短短几天之内，不仅有一大批卖家收到了来自 Amazon 的封号邮件，还有部分卖家直接就收到了来自税局的邮件。

资料整理来源：http://t.cn/R1ZWVnB

FOCUS

随着跨境电商发展的深入，海外仓已成为众多卖家抢占市场先机的关键布局，但海外仓涉及的 VAT 问题一直令卖家头疼不已。

众所周知，受限于跨境电商的区域性特征，所有海外仓在目的国进口清关时都会面临关税的缴纳，根据不同国家的税收政策，缴纳金额上限和流程有所不同。因此，海外仓相关税务问题一直是其运营平稳的关键。

【Part 22.4】海外仓涉及的 VAT 问题

VAT(Value Added Tax)是欧盟的一种税制——售后增值税，指货物售价的利润税。其适用于在欧盟国家境内产生的进口、商业交易以及服务行为。VAT 销售增值税和进口税是两个独立缴纳的税项，在商品进口到欧盟国家的海外仓会产生商品的进口税，而商品在其境内销售时会产生销售增值税 VAT。

如若卖家使用欧盟国家本地仓储进行发货，则属于 VAT 增值税应缴范畴，即使卖家所选的海外仓储服务是由第三方物流公司提供，并且也从未在当地开设办公室或聘用当地员工，也需缴纳 VAT。

依法缴纳增值税的前提是，卖家有向海外仓本地税务局申请 VAT 税号。VAT 税号具有唯一性，只适用于注册当事人。

1. 德国税号申请流程

按照德国联邦税务局的规定，海外商家和个人缴纳者在德国本地的经营和服务活动没有免税金额，无论业务大小都需要向德国联邦税务局进行注册申报，以获取德国 VAT 税号并履行相应税务申报和缴纳的义务。

申请德国 VAT 税号主要有两种方式：以公司名义和以个人名义。

1) *以公司名义*

以公司名义申请德国税号，首先需要注册德国公司，然后卖家才能以德国公司名义申请税号。

注册德国公司(第三方代理)流程如下。

(1) 卖家须提供以下档案和资料。

✧ 拟注册德国公司的英文、德文名称 3 个(如有)。

✧ 注册设立德国公司的目的、原因及经营范围。

✧ 注册成立德国公司要求股东核查、验资，注册资本不低于 EUR25000。在公司成立之前，配额持有者必须要在德国银行存入已缴全额股本(到位资金)，随同公司文件提交说明在德国银行有资本账号的证明文件(卖家需提供证明书)。

✧ 提供至少 1 名股东的护照影印本(必须是中英文的公正档，并载明出生日期和住所)。

✧ 向代理提交登记文件及申请德国公司的资料。

✧ 申请参考时间为 90 天。

(2) 卖家注册德国公司所须提供的全套资料。

✧ 德国公司注册档案。

✧ 注册成立德国公司的注册地址和德国公司营业地址，并委任 1 名德国当地居民担任董事(非德国公司股东)。

✧ 德国政府签发的德国公司注册证书(C.T.)、营业执照，在德国官方宪报上发布注册德国公司通告。

✧ 德国公司组织大纲及组织细则(M&A)，德国公司股票簿，德国公司法定之股东、董事、秘书及公司会议纪要。

✧ 德国公司金属钢印(Common Seal)，隐含支票签名原子印章。

(3) 卖家注册德国公司，所交费用的用处及其他注意事项。

✧ 卖家付给代理的费用，将用于：德国公司注册处费用、德国政府税号、德国律师及翻译、德国营业地址、委托当地代理人、档案印刷、德国官方宪报刊登等。

✧ 卖家确定申请注册德国公司后，与代理签署委托书并按情况缴费。

(4) 注册德国公司说明。

✧ 申请人须提供德国居民担任董事或公司担保人。

✧ 申请人须出具 EUR25000 注册资本的银行证明。

申请德国 VAT 税号流程如下：

(1) 所需材料信息。公司的名称、地址、联系方式、中国公司在其他国家(包括中国)是否有固定资产(若有子公司要提供公司名字和地址)、是否有法人代理人及其相关信息、新公司预计启用时间、中国香港地区或者德国银行账户信息、中国公司的性质(有限公司或无限公司)、中国公司在中国注册的申请和被批准的时间、注册资金金额、股东个人信息、预估算总营业额、营业执照、中国公司的国税登记证书或者中国香港地区公司的注册证明(复印件)等。

(2) 申请步骤。填写表格→交由德国会计审核并在线上重新填写并确认→由德国会计转发德国税务局→将原件寄往德国税务局。

2) 以个人名义

如果卖家有德国的工作签证即可以个人的名义申请。

卖家需要提供的信息有：姓名、出生日期、家庭住址、邮政编码、联系方式、境外银行账户、申请人的护照或者身份证复印件、经营类别等。

申请步骤为：填写表格→交由德国会计审核并在线上重新填写并确认→由德国会计转发德国税务局→将原件寄往德国税务局。

2. 英国税号申请流程

自 2012 年 12 月 1 日开始，按照英国税务和海关总署(HMRC)新规，只要海外公司或个人在英国销售商品，无论销售金额多大，都应申请注册 VAT 税号，并缴纳售后增值税，除非这些商品或服务属于免缴增值税的范畴。

就目前而言，个体户、独资经营人(Sole Proprietor)、合伙人经营(Partnership)、公司经营(Corporate Body)、协会或俱乐部(Club or Association)等可申请 VAT 税号。

卖家可以在官方网站或者通过邮寄的方式自行向英国政府申请 VAT 税号。如果卖家在英国没有办公室或者业务机构，也没有英国居住证，则属于 NETP(Non-Established Taxable Person)。NETP 只能通过邮寄的方式申请 VAT 税号。反之，则可以直接在线上申请 VAT 税号。

3. 第三方代理申请税号流程

卖家也可以授权给代理公司或者中介协助注册 VAT 税号，如图 8-11 所示。

⊙ *Tips For You*

EORI(Economic Operators' Registration and Identification)号码由欧盟成员国的海关颁发给企业或个人，是与海关交流的唯一必备数字标识，一国注册全欧盟通用。自 2009 年 7

月 1 日欧盟立法以来都要求所有欧盟成员国实施这个 EORI 计划方案，成员国里每个经济运营商都有一个独立的 EORI 号在欧盟用来进口、出口和中转货件。所有的经济运营商(定义：在欧盟海关注册登记的自然人或法人)需要使用它们唯一的 EORI 号参与海关及其他政府机构的电子通信和国际货物运输。

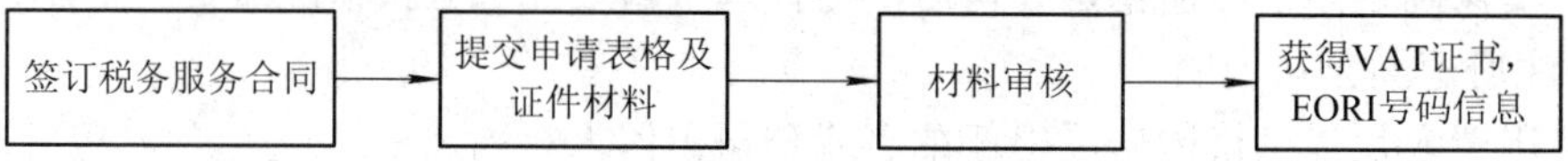

图 8-11　第三方代理申请税号流程

(1) 签订税务服务合同并且支付服务费用。一般代理会收取英国 VAT 增值税号及 EORI 海关号的申请费用，另外还有英国 VAT 季度税务申报(Quarter Return)费用及英国税务代理年费。其中，税务申报以英国税务局通知时间为准，3 个月申报一次，即 1 年申报 4 次；税务代理费用包括 VAT 税号注册地址费用(一般都使用代理在英国的税务所地址)、税务师与税务局不定期地沟通和处理信件等代理费用。不同代理公司的收费情况也有所不同。

(2) 提交申请表格及证件材料。

申请表格包括 VAT 申请表格、客户信息表格。

证件材料包括：

- ✧ 以个人名义申请：个人身份证和护照的复印件或扫描件、地址证明复印件或扫描件(包含近期 3 个月内任意 1 个月的银行账单、水电费单、电话账单、信用卡账单)。
- ✧ 以公司名义申请：公司营业执照扫描件、公司法人身份证和护照的复印件或扫描件、公司地址证明复印件或扫描件(包含近期 3 个月内任意 1 个月的银行账单、水电费单、电话账单、信用卡账单)。

(3) 材料审核，一般在资料提交后 4～8 周内审核完成。

(4) 获得 VAT 税号证书文件以及 EORI 号码信息。

项目演练 25

小林团队经过对本节案例及海外仓内容的学习后，对 A 公司是否采取海外仓模式有了新的了解。现在，请各小组帮助小林团队完成以下两个问题。

✈ Q1：你认为 A 公司是否可采用海外仓模式，说明理由。

✈ Q2：计算 A 公司采用海外仓模式成本。

【Task 23】掌握跨境电商物流管理内容

案例：用“冤枉钱”买教训，科沃斯的库存和备货模式

对于传统外贸企业转型做跨境电商，库存、备货模式的转变是转型过程中最大的变化之一，两者间巨大的差异也往往成为传统外贸企业转型跨境电商的一大难点。传

统外贸通常在订单来了以后再做生产，然后批量发货，而跨境 B2C 通常需要有一定的库存，发货也可以是单件的。

作为成功转型跨境电商的企业，科沃斯在库存和备货模式的转变值得大家学习。

科沃斯在 2016 年 Amazon 黑色星期五购物季中，扫地机器人品类的销售额取得了第 1 名，而位列榜首的背后是大量的备货至 FBA 仓库。这样一来，虽然物流周期能大幅缩短，但资金的投入却使公司面临巨大的风险。

实际上，科沃斯对于现金的准备并没有做一个提前的预估。科沃斯所想的就是利用好互联网的红利。“虽然大家说互联网红利在美国已经没有了，但我认为还是存在的。美国厂商对市场的反应速度远没有我们在中国的快，所以我们还是有大把机会的。”科沃斯线上渠道负责人 David 讲道。

科沃斯作为 Amazon 上一个非典型的厂家，极力缩短商业链条的行为往往也伴随着巨大的风险。科沃斯在刚上线 Amazon 的时候，并无历史数据的积累，所以通过数据分析去备货的这条路是走不通的。线上的产品卖断货，就只能立即空运一批货过来，大幅增加物流成本，但为了可持续地在 Amazon 上发展，科沃斯必须要通过这样的方式去保证产品的供应。

David 讲道：“2016 年的黑五，我们认为准备的货品应该是充裕的，至少卖完一天后还有剩余，但活动开始后 17 个小时产品就卖断货了。因为我们不了解‘黑五’的爆发周期和相关数据，所以一下子卖断货了，企业也因此承担了一些成本去空运产品。”David 认为科沃斯今天的非典型在未来会是很多商家所追求的模式，可以第一时间了解到市场的变化，包括竞争对手和整个市场环境的变化，这些对于整个企业核心竞争力的提升有巨大的影响。如果像传统的模式一样要经过多层中间商，企业就很难了解客户的真实需求。

通过对历史数据分析，安排生产、备货。

现在，科沃斯把整个生产数据和前端数据打通了，其通过数据分析完成备货。据了解，科沃斯在 2017 年 6 月开始准备 Amazon 当年 7 月份的 Prime Day，这是因为 Prime Day 的备货要走海运，需要一个月的物流运输时间。与此同时，科沃斯也在为国内 2017 年 618 大促备货。

对于准备转型跨境电商的企业，David 提出两条建议：

(1) 上线以后需要一定的时间摸索。“很多有着多年 Amazon 运营经验的朋友，因为他们做得时间久，所以也更了解整个行业周期性的变化，对库存的预估把握的更准确，我觉得历史数据是最精准的参考。”

(2) 企业的促销周期要和 Amazon 的促销周期吻合。通常而言，每年的第 2 季度是美国市场整体较平淡的一段时间，但美国市场的销售曲线整体却像冰球棒，前面基本都是直的，到后面第 4 季度快速升起来。所以在 Amazon 上做促销，也要看整个市场销售的历史周期变化。另一方面，亚太区市场可能就不太一样，因为亚太地区还有农历新年。所以怎样交错、怎样合理安排好整个供应链，也需要大家去研究、斟酌。

资料整理来源：http://www.cifnews.com/article/26804

FOCUS

国际物流库存管理是跨境电商业务平稳运营、成本控制的重要组成部分。随着数据化运营时代的发展，传统凭感觉预估备货的模式已经非常困难，从业人员需要通过对比历史周期数据，找出变化规律，以此为准绳精准预估备货量，减少库存。

备货量的精准程度直接影响跨境电子商务的库存决策。跨境电商库存决策的目的在于降低运输与生产成本，协调供求关系，支持市场销售。

【Part 23.1】跨境电商库存管理

跨境电商库存指跨境电商企业在运营过程中的各个仓库点堆积的原材料、产成品和其他物质。

1. 跨境电商的库存决策

跨境电商的库存仓库一般分为国内仓库和海外仓库。形成的原因一般基于降低运输与生产成本、协调供求关系、支持市场销售。

(1) 降低运输与生产成本。库存一方面会增加费用，另一方面也可以降低运输成本和提高生产效率，进而降低运输与生产成本，达到新平衡。

在物流方面，国内仓库的商品从中国直发的基本都是小件商品，物流成本低，对运输时效的要求不会特别关注；海外仓库的商品可以帮助国内直发没有物流优势的大件商品，以及对高要求的物流时效做出物流运输补充。

在采购方面，批量采购的价格优势远远大于少量采购，从产品成本上提高竞争优势。

(2) 协调供求关系。无论是建立国内仓库还是海外仓库，最主要的关键点在于协调供求关系。

(3) 支持市场销售。建立产品库存的目的是支持市场销售，提高产品对销售需求的反应效率，缩短产品中间物流的运送时长。

库存中的各项成本费用是库存决策的重要因素。

(1) 采购成本。采购成本由货物成本和订购成本组成。

货物成本指产品的价格或制造成本、货物的运输成本、收货仓库的人工搬运或加工检测成本。

订购成本指采购人员的工资、各项交通通信费用、订单处理费用等。

(2) 库存的持有成本。在一段时期内存储或持有商品的成本，即库存的持有成本。主要包括商品对库存货架空间的占用成本、商品的资金占用成本、库存的服务成本，以及商品损坏、商品变质、商品短少等有关的库存风险成本。

(3) 库存的缺货成本。当库存供不应求的时候，会产生缺货成本，包括失去销售机会的成本和保留订单的成本。

2. 跨境电商的库存管理

跨境电商库存管理指跨境电商为了达到企业的财务运营目标，通过优化整体需求和供应链管理流程，设置合理的 ERP 控制策略，对企业内部仓库的各种物品、产品以及其他资源进行管理和控制，使其库存储备保持在合理数据水平，从而实现在保证及时交发货的情况下，尽可能降低库存水平，减少库存积压与报废，以及管控贬值风险的目的。

通常而言，跨境电商库存管理包括仓储空间的货架位规范和商品信息规范。

(1) 仓储空间的货架位规范可分成三种规范形式。

- ✧ 区段式编号。把仓库区分成几个区段，再对每个区段编号，此种方式是以区段为单位，每个号码代表 1 个存储区域。区段式编号适用于仓库库位简单、没有货架的情况，可以将存储区域划分为 A1、A2、A3 等若干个区域。
- ✧ 品项群式。把一些相关性强的商品经过集合后，分成几个品项群，再对每个品项群进行编号。此种方式适用于容易按商品群保管和所售商品差异性大的卖家，如多品类经营的卖家。
- ✧ 地址式。将仓库、区段、排、行、层、格等进行编码，可采用 4 组数字来表示商品库存所在的位置，4 组数字代表仓库的编号、货架的编号、货架层数的编号和每一层中各个格子的编号。例如编号 2-1-2-7，可知该商品具体存放位置为：2 号库房、第 1 个货架、第 2 层、第 7 格。

(2) 商品信息规范指商品的 SKU 信息、商品规格尺寸、中英文报关信息的条理化与清晰化。商品信息的规范有利于进行库存商品的科学管理，合理的 SKU 编码有利于实现精细化的库存管理，同时有利于及时准确地拣货，提高效率，避免失误。

案例：Amazon 的包装变革

华尔街时报 2017 年 12 月 20 日报道，Amazon 将在运输包装上做出重大的策略调整。Amazon 准备尽可能采用 Bubble Mailer(气泡袋，如图 8-12 所示)和紧凑的纸箱来包装发货。

图 8-12　气泡袋

Amazon 基于 4 点，做出此次包装策略调整。

(1) 包裹越来越多。根据麦肯锡数据显示，整个美国电商行业每年包裹的增长量是以亿为单位，2017 年节假日期间包裹净增长量 Amazon 为 6000～8000 万，UPS 为 3600 万，FedEx 为 2200～4200 万，USPS 为 7700 万。

(2) 运费成本不断升高。2017 年 Q3 Amazon 运费同比增加 54 亿美元。而从 2015 年开始，UPS 和 FedEx 已经开始按体积重收取包裹运费。运费大幅吞噬 Amazon 利润。

(3) 环保意识增强。客户特别是年轻一代，越来越重视环境保护，他们希望产品和包装越环保越好。Amazon 意识到环保可以更稳固品牌忠诚度。

(4) 处理网购的纸箱已经成了很多美国家庭非常头疼的事情。一般的美国家庭都是两个可推拉的垃圾箱，一个装生活垃圾，一个装可回收垃圾。垃圾公司都是一个星期上门收一次垃圾，跟国内想扔随时扔完全不一样。因为纸箱是可回收垃圾，堆积如山的纸箱根本无法一次塞进回收垃圾箱，所以常常要分好几周才能处理完。如果大部分纸箱换成了气泡袋，压力就会小很多。

资料整理来源：http://www.cifnews.com/article/32607

FOCUS

跨境电商前期账号维护、产品开发、爆款打造、广告引流等工作，都是为了可以带来订单。而订单下达后，产品的包装管理作为跨境电商末端环节的工作，将直接影响客户购物体验。

国际物流的发运和国内物流截然不同，包装材料的选用、辅助工具、常用包装技巧等，都会影响包装管理的效果。

【Part 23.2】跨境电商物流包装管理

跨境电商平台交易具有订单金额小、订单分散化的特征，适合跨境电商的国际物流以快递类发货方式居多，多数是按非克(g)或者 0.5 kg 为单位进行计费的，国际物流的成本直接影响商品的价格竞争优势，所以如何控制包装成本非常重要。一方面要控制重量；另一方面要降低产品破损率。

1. 常见包装材料

国际物流常见的包装材料主要有：气泡信封、气泡膜、瓦楞纸箱、胶纸、包装袋、快递袋、珍珠棉、泡沫箱、气柱袋、木架等。

(1) 气泡信封。气泡信封不同于一般的信封，是专门结合跨境电商货物运输特性而研发出的一种轻便型包装材料。一般的气泡信封有两层，外层是白色、黄色或棕黄色牛皮纸，内层是黏附在外层牛皮纸内壁的一层气泡膜，如图 8-13 所示。气泡信封同时自带封口胶，使用非常方便。可以说，气泡信封是发小件货物必不可少的材料之一。

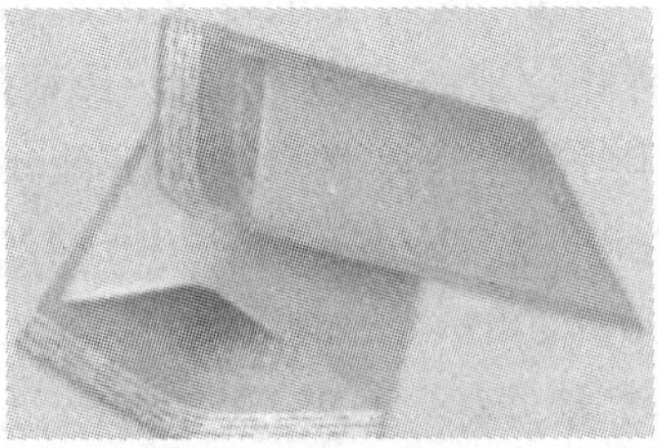

图 8-13　普通气泡信封

(2) 气泡膜。气泡膜是发大件货物不可或缺的材料。气泡膜是一种双层塑料膜，可以单层做成气泡，也可以双层都做成气泡，因此气泡膜分单层气泡膜和双层气泡膜。根据气泡直径大小可以分成小颗粒气泡膜和大颗粒气泡膜。

根据气泡膜用料可以分成全新料气泡膜和再生料气泡膜。全新料气泡膜表面光滑、透明、有质感，但价格稍高；再生料气泡膜表面稍显粗糙，透明度和质感稍差，但价格较低。根据包装经验和客户反馈来看，推荐使用全新料气泡膜。

气泡膜售价按 kg 计算，也可以按照宽度和长度计算，整卷卖。普通气泡膜卷如图 8-14 所示。

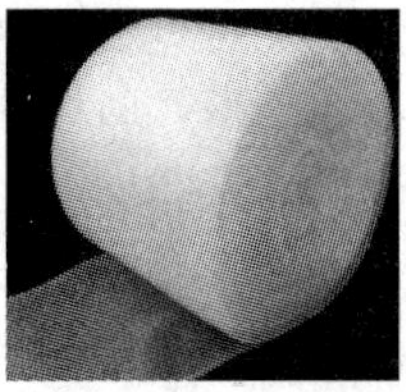

图 8-14　普通气泡膜卷

(3) 瓦楞纸箱。纸箱学名瓦楞纸箱，按隔层数量一般可分为三层、五层或七层，比较常见的是三层和五层的纸箱。按纸皮强度分为高强度纸箱和一般强度纸箱，通常发货使用一般强度纸箱，便宜且易切割。普通纸箱如图 8-15 所示。

图 8-15　普通纸箱

(4) 胶纸。胶纸也称胶带、透明胶，是平时打包使用量最大的包装材料。如果没有胶纸，出货的工作就没有办法正常进行。胶纸一般分为透明胶纸、黄色胶纸、印刷胶纸、特殊胶纸。

基于跨境电商需要通关的特殊性考虑，同时又基于目的国宗教信仰、风俗文化等因素的考量，推荐卖家使用透明胶纸和黄色胶纸。

透明胶纸主要用在以下场景：

- ✧ 气泡信封用自带封口胶封口之后再用透明胶纸覆盖一层(可以让客户在收件时，检查货物是否被拆开)。
- ✧ 透明胶纸覆盖普通打印机打印出来的地址标签。
- ✧ 透明胶纸覆盖手工贴到包裹上的挂号条码。
- ✧ 透明胶纸覆盖部分小包的报关签条(比如香港小包的绿色不自粘报关签条)。
- ✧ 透明胶纸覆盖外箱客户标记(部分客户会要求把自己的标记，用记号笔写在外箱上，用透明胶纸覆盖一层可起到防雨的作用)。

⊙　*Tips For You*

透明胶纸使用注意事项：

(1) 用透明胶纸覆盖挂号条码时一定要平整，避免中间留下气泡影响扫描枪扫描结果。

(2) 打包外纸箱时，一般情况下不使用透明胶纸，除非纸箱非常规整(干净无 Logo 或者只带物流公司的 Logo)。

黄色胶纸主要用在以下场景：

- ✧ 部分产品用气泡膜包裹两层之后就可以直接发货，此时应再用黄色胶纸整体覆盖一圈，一是可以防水，二是增加强度。

- ✧ 黄色胶纸覆盖普通纸箱外包装(主要作用是防水)。
- ✧ 黄色胶纸覆盖切割过后的纸箱的外包装(既防水，又增加强度)。
- ✧ 黄色胶纸覆盖重复利用的纸箱的外包装(遮住原先纸箱外面可能存在的 Logo、防水、增加强度)。

⊙ *Tips For You*

黄色胶纸使用注意事项：

(1) 黄色胶纸一般不用在对气泡信封封口上。

(2) 用黄色胶纸打包时，应避免覆盖如地址标签之类的重要信息。

(5) 包装袋。包装袋指带封口胶的塑料袋，在跨境物流上可以用于直接包装衣服之类等不用担心被压、被摔的产品，也可以用于包裹气柱袋等。

图 8-16　包装袋

包装袋有大有小，不同规格的包装袋价格也不一样，如图 8-16 所示。包装袋的特点是防水、防划伤，能够较好地保护内装产品。需要注意的是，在包装袋表面所贴的各类标签一定要注意贴平整，如果在贴标签的时候，包装袋表面留有内陷空隙，则很有可能会在运输过程中因包装袋扯动变形而导致标签被撕破。

(6) 快递袋。快递袋指物流公司提供的带有物流公司 Logo 的包装袋，快递袋较包装袋做工更为精良，而且快递袋的背面通常都有一个层叠式的不封口塑料袋，用于装形式发票。快递袋的规格比较少，通常只有大小两种规格，且一般情况下，装快递袋的包裹不计体积重。

使用快递袋进行包装需要注意：一般物流公司都不允许折叠快递袋，只允许在封口处直接封口，而不需要考虑剩余空间及内件是否会晃动。这么做，一方面是为了提高作业效率，另一方面是为了避免因折叠而丢失形式发票。快递袋如图 8-17 所示。

图 8-17　快递袋

(7) 珍珠棉。珍珠棉是近年来兴起的一种新型包装材料，主要用于在部分场合替代气泡膜。珍珠棉的特点是轻、容易切割，不会像气泡膜那样因为气泡破裂而失去保护作用。

珍珠棉一般按卷采购，采购回来之后根据实际需要切割成不同大小，以方便打包。

但是，珍珠棉因为有一定的强度和韧性，因而不能像气泡膜那样严丝合缝地包住产品。珍珠棉如图 8-18 所示。

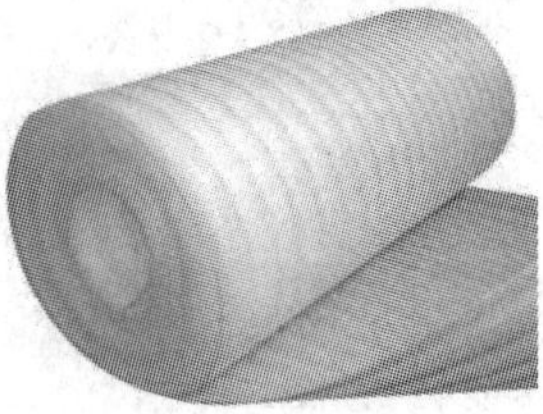

图 8-18　珍珠棉

(8) 泡沫箱。泡沫箱是不常用的包装材料，但却是 3C 类电子产品必不可少的，主要用于包装手机、昂贵手表、钢化玻璃膜等带屏幕或者极易受到外力碰撞影响的产品。

跨境电商使用的泡沫箱一般是小泡沫箱，其长、宽、高都在 20 cm 之内。这类泡沫箱质地很轻，却非常坚硬，通常由矩形箱体和带有内凸起的箱盖组成，如图 8-19 所示。产品放进泡沫箱之后，需要用黄色胶纸等覆盖泡沫箱，然后在最外层贴条码和地址标签等。

图 8-19　泡沫箱

(9) 气柱袋。气柱袋是发运带大屏幕电子产品的必备材料，需要配合充气机或打气筒使用。气柱袋的原始形态是一个一体化的扁平塑料，充气之后，变成一个中间是空的、周围有若干个独立气柱、底部密封、上端开口的特殊气囊，如图 8-20 所示。

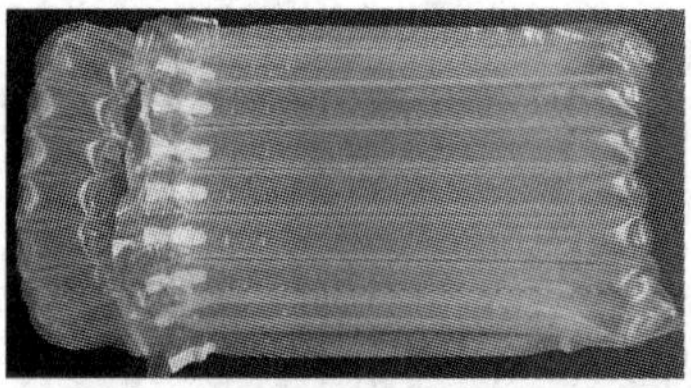

图 8-20　气柱袋

气柱袋是若干独立气柱半包围的结构，可以很好地弥补气泡膜强度不够、气泡容易破裂等缺陷，尤其适用于平板电脑、手机、GPS 导航仪等带屏幕的产品。

⊙　*Tips For You*

气柱袋使用注意事项：

(1) 不要充气过量，容易充爆或让气柱袋接近破裂的临界点。

(2) 不要往气柱袋里面装尖锐的物件，容易引起气柱破裂。

(3) 气柱袋外面需要套一层包装袋。

(10) 木架。木架是一种极为少用的打包方式，主要用在陶瓷制品、竹木制品的外包装上，木架常见于海运。

木架包装可以承受外压力，从而使内部产品几乎不会受到什么外力，最大程度上保护产品。但是，由于各国海关对原木进口的管制，使用原木木架的包裹需要提供木架的熏蒸证书。木架如图 8-21 所示。

图 8-21　木架

2. 包装注意事项

包装需要注意控制体积重和遵循包装要求。

(1) 控制体积重。通常情况下，在跨境物流实际运营中，将体积重大于实重的情况称为“超体积”。如果存在超体积现象，工作人员会使用稍大一点的纸箱把产品全部装进去，然后用美工刀把纸箱多出来的部分切割掉。一次切割不行就切两次，也可以切成两部分然后拼起来，在保证货物安全的情况下，将体积尽可能多地压缩。

(2) 遵循包装要求。常见的包装要求如下：

✧ 不能晃动。即包裹打好包之后，拿在手上摇晃几下，不能发觉里面的物品可以晃动。

✧ 上下前后左右接触均不会毁坏，此要求针对纸箱包装。纸箱包装往往伴随着切割，切割完了再拼起来之后，要求各个面强度相似，不能出现某一个面强度明显降低，从而导致内件损坏。

✧ 封口。即在使用气泡信封包装时，最好在气泡信封自带的封口胶封口之后，再使用透明胶纸覆盖一层，一来可以进一步防水，二来可以让客户在收到包裹的时候马上发现是否被拆开过。

✧ 条码处平整不能有气泡。即在手工贴挂号条码后，需要在条码上再覆盖一层透明胶纸，要贴的平整，中间不能有气泡，避免影响扫描枪扫描。

✧ 不要节省包装材料。在使用纸箱包装时，尽量使用高强度的包装材料。节省包装材料往往会带来售后的麻烦。打包时，宁可增加重量，也不能节省包装材料。

3. 常见包装技巧

懂得如何快速、正确地进行产品包装，可以事半功倍。常见的包装技巧如下：

(1) 包装箱尺寸很重要。过大的箱子会造成较高运费以及填充物的浪费。大小合适的箱子可以减少商品与箱子之间的碰撞。挑选适合的箱子，试着用不同的方式将商品装箱。

使用坚固的纸皮箱装箱，确认装箱后是否超出重量的限制，并用废纸、聚苯乙烯的填充物或是硬纸板将空隙填满，以固定商品，避免在运输过程中因为移动造成箱内商品的碰撞。装箱需要将箱内的空隙用填充物填满至箱子上方的边缘，确认商品不会因为摇晃而移动。封箱前在箱内上方放入一片厚纸板，并留下足够的空间来封箱。

(2) 选用品质好的包装材质。比起聚苯乙烯只能承受一次的冲撞力，聚乙烯和聚氨基甲酸脂的材质相对有较高的受力度。因为这些材质不仅薄、力度强，相对还可以消耗较少的量来达到包装的效果，所以可以选择较小的箱子来装箱并节省运费。

易碎的商品一定要使用聚苯乙烯填充粒子或是气泡纸来包装。必要时可以使用双层包装。如果两个商品同时装在一个箱子里，务必在包装后的商品中间加入填充泡棉，避免移动中碰撞。最后在箱子的外面一定要注明“易碎”的标志。

(3) 迎合节日营销包装。对每个人来说，收到损毁的商品是件非常懊恼的事，尤其是节日或是生日礼物，让买家更是难以接受。所以，在特殊节日购买的商品，商家除了要更加重视商品能够按时送达以外，还要确保客户收到商品时是完好无损的，且迎合不同的节日特点，做出创意包装。

所以，最好多花点心思将商品包装得更加精致。有时对于小细节的重视会让客户对你的服务更加满意。

(4) 适应各种环境的包装。包裹很有可能会被操作人员进行野蛮装卸，所以最好自行设计一个实验，在任何可能发生的恶劣环境下，像是温差和湿度条件，来测试包装是否符合这些环境的考验。

不论寄送什么样的商品，一定要确保包装完好并能够防水。包裹上的地址被雨水给污染、淋湿的包裹因为重量加重以至于买家收到货时必须额外加付超重费用等情况，都有可能导致商家收到差评。

案例："Maersk Honam"号火灾之后或造成高额成本

2018 年 3 月 6 日，格林威治标准时间 15:20，新加坡籍超大型集装箱船"Maersk Honam"号货舱在阿拉伯海发生火灾，如图 8-22 所示。当时船上共搭乘 27 名船员，火灾发生后，其中 23 名船员撤离至附近的"ALS Ceres"号上，其余 4 名船员失踪。3 月 12 日，"Maersk Honam"号上发现了 4 名失踪船员中的 3 人遗体。此外还有 1 名撤离船员因抢救无效死亡。

图 8-22　"Maersk Honam"号发生火灾

丹麦马士基航运公司证实，起火的"Maersk Honam"号载有 7860 个集装箱，其停泊和卸货操作会导致非常高的成本。

根据马士基航运的 2M 联盟合作伙伴地中海航运发布的公告，该公司决定宣布共同海损(General Average)。根据该公告，在航程中拥有财务利益的所有各方将按比例分摊事件造成的损失。

资料整理来源：http://sina.lt/f2RJ

FOCUS

国际物流成本很大程度上影响着跨境电子商务的发展。对于跨境电商而言，优质的物流服务可以提高客户满意度和销售竞争力。买家良好的购物体验基于物流服务体验，良好的物流体验是买家回购的重要影响因素之一。

国际物流成本管理是对国际物流费用进行的计划、协调和控制。国际物流的成本管理主要包括：整合优质物流方案来提升产品竞争力、建立供应链管理来管控每个环节的成本。有效降低物流成本不仅仅可以提升产品利润空间，也可以进一步提高商家的销售额。

【Part 23.3】国际物流成本管理

跨境电商平台排名的基本原则是：按单品 SKU 的最低售价以及产品销售量进行排位。因此产品的采购成本和物流运输成本，是形成产品价格优势的关键因素。

除此之外，跨境电商终端客户的产品体验也涵盖了物流的时效体验。物流速度越快，终端客户收到的货物越及时，客户的体验会越好，这种良好的购物体验会大幅增加客户二次回购产品的可能性，从而增加产品成交优势。反之，高成本的物流费用，时效不达标的物流体验，则会严重制约跨境电商企业的发展。

1. 影响因素

产品销售价格=(产品成本+平台交易费用+物流成本)×(利润率+1)

通过产品销售价格计算公式，可以看出物流成本直接影响产品销售价格。影响跨境电商物流成本的因素有以下几种：

(1) 产品的重量。基于跨境电商平台包裹小而散的特征，80%的包裹都低于 2 kg。在这种情况下，大部分商家选择的是各类型的邮政小包裹，例如中国邮政等，这些物流方式按 g 收费，资费较低，可以设置免运费吸引买家。

对于 2 kg 以上的包裹，适合选择快递或专线渠道，按 500 g 为一个单位收费，运费较高，但是时效更快，可以给买家带来更好的购物体验。

(2) 产品的体积。除了邮政小包裹基本上没有体积要求之外，其他专线和快递都是有体积要求的。所以，在设置运费模板前，要根据产品体积和重量，取大者计算运费。

(3) 妥投的时效。样品和价值高的产品选择物流渠道时，时效更快的产品会更有吸引力。

(4) 产品属性的分类。在计算和选择物流渠道及成本时，物流渠道会对产品属性提出要求，例如有些渠道可以运输带电类的敏感产品，而有些渠道不可以。所以产品属性不仅可以影响物流成本价格，并且在一定程度上会直接决定物流渠道的选择。

2. 成本管理

国际物流成本管理是对国际物流相关费用进行的计划、协调和控制。据悉，在跨境电子商务的整体运营成本中，物流成本通常会占据销售额的 20%～25%。例如，一个企业的月销售额为 1000 W，则物流成本会达到 200～250 W 之间。

一般而言，跨境电商企业可以通过整合物流综合方案来降低物流成本。跨境电商物流的需求是碎片化的、复杂且多样。不同的产品属性、不同的重量体积、不同的国家地区、不同的物流渠道，计费方式和成本都会相差甚远。根据自身平台对物流的要求以及买家的需求，来整合和优化合适的物流线路，可以达到成本最优。物流成本的降低，会带来销售额的大幅增加。

除此之外，跨境电商企业可以通过实现供应链管理和提高物流服务来降低成本。实现供应链管理不仅要求企业的物流体制效益化，并且物流部门、产品部门、采购部门都要加强成本控制。提高物流服务可以确保平台和账号等运营平缓，也是降低企业物流成本的有效方法。

通过 ERP 信息系统管理也可以降低物流成本。标准化的系统管理可以实现物流操作、订单处理标准化，进而节约人工成本，实现企业用工优化。ERP 系统检测和管控，也可以使企业通过物流数据对当前物流状态和问题进行梳理和防范，降低管理成本的同时降低物流成本。

【Part 23.4】跨境电商物流信息管理

国际物流信息系统管理指对物流信息进行采集、处理、分析、应用、存储和传播的过程。在这个过程中，通过对涉及物流信息活动的各种要素进行管理。对于跨境电商企业来讲，物流信息系统管理实现的是订单包裹的实时跟踪、转运、妥投等一系列物流跟踪数据管理，以及对产品物流成本的财务报表分析，是实施物流 KPI 考核的重要因素。

物流信息系统管理强调应用系统化和集成化观点，处理企业经营活动中存在的问题，以求得系统整体化。保证信息处理的及时性、准确性和灵活性，也要求信息处理的安全性和经济性。

跨境电子商务 ERP 系统提供多渠道电子商务管理解决方案，支持多仓库、多品牌管理，为广大零售商户提供“一站式”信息系统服务。功能上涵盖了采购管理、销售管理、接单管理、物流计划、仓储管理、价格体系管理、结算管理、发票管理、客户关系管理、报表管理。

跨境电子商务 ERP 系统的订单管理示意图如图 8-23 所示。

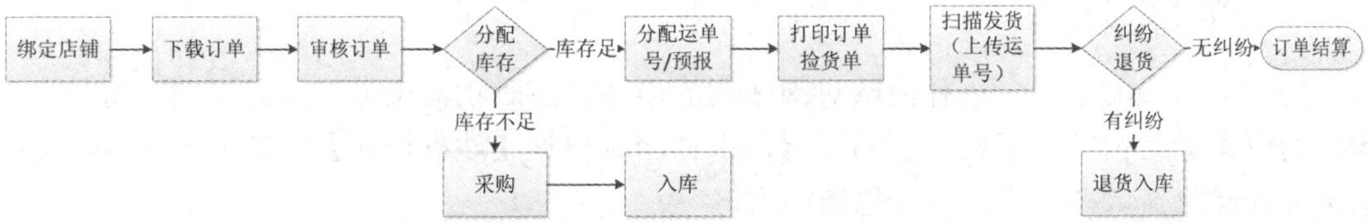

图 8-23　跨境电商 ERP 系统订单管理示意图

国际物流信息系统的应用可以有效提高企业管理运作效率。首先，可以改善物流企业内部流程和信息沟通方式，满足跨境电商客户以及业务部门对信息处理和共享的需求。通过对办公自动化水平的提升，提高工作效率，降低管理成本，以实现成本优先的竞争优势。另外，国际物流信息系统通过对货物的实时跟踪和监控，物流企业的各层管理者可以及时掌控货物运输情况，增加对业务的控制，为市场决策提供数据支持。并且，通过国际物流信息系统的应用，可以为客户提供实时货物跟踪信息，提供个性化服务，从而提高服务水平。

由于市场的不断变化，用户对物流企业的要求，以及企业自身发展的需求也在不断地变化，加之信息技术本身也在不断变化，因此物流信息系统需基于用户需求，不断完善、改进系统功能。

随着跨境电商的飞速发展，物流信息技术的不断提高，跨境电商利用物流信息系统提高企业管理的高效化、流程化、成本最优化。物流信息技术根据跨境电商不断改变的市场需求进行自身功能调整，改善跨境电商企业的物流流程。

未来，物流信息的优势表现为：

(1) 物流信息综合性会更强。随着跨境电商全球化的进程，物流信息系统综合服务的能力更加显著。物流信息服务系统不仅要满足物流企业内部的作业需求，也要同时满足跨境电商企业对区域性仓库的库存管理，以及订单处理需求。两者在需求和功能上相互促进和完善。

除此之外，物流信息专业性会更强，接口更趋于透明。随着跨境电商运输体系的完善和成熟，物流需求定制化应运而生。相比传统物流开发商“大而全”的一体化物流解决方案而言，跨境电商物流信息系统更加专业地提供满足跨境电商企业的 B2B、B2C 业务需求，并且对接专业的物流数据跟踪网站。

(2) 决策支持功能加强。国际物流信息系统不仅仅提高了物流企业内部的高效运营，它所体现的库存数据、包裹跟踪数据、物流成本财务数据都在很大程度上为跨境电商企业提供了企业管理的决策依据。

(3) 国际物流信息自动化程度不断提高。自动化的提高，体现在仓储设施和配送作业的自动化、智能化立体仓库的建设，以及机器人分拣作业等。

项目演练 26

小林团队通过对本节案例及物流管理知识的学习后，结合相关资料，决定对原先饰品的物流策略进行优化。现在，请各小组帮助小林团队：制定 A 公司物流信息系统功能。

阶段小结

经过本阶段的学习，小林团队对国际物流内涵、国际物流渠道、海关清关、海外仓、国际物流管理等内容有了进一步的了解。小林团队根据【沙盘推演】中的任务内容，对如何提高仓储物流效率知识点内容总结如下：

- 跨境电商与国际物流之间有着相互促进、相互依存的关系。跨境电商对国际物流的快速发展提出要求，国际物流为跨境电商的平稳运行提供保障。
- 按照不同的物流功能将国际物流划分为邮政包裹物流、国际商业快递、专线物流。不同渠道有不同的特点，需要根据具体产品具体分析渠道应用。
- 海关报关报检、退税是跨境电商物流内容重要的组成部分，也是广大卖家最头疼的问题之一。不同国家有不同的清关规定，卖家要对各国规定均有一定的了解，避免货物被海关扣下，甚至于触犯该国规定而受到处罚。
- 海外仓作为一种新兴物流方式，被业内人士称为是消除跨境物流痛点的“解药”。海外仓究竟是否可以切实解决物流难题，什么样的品类适合海外仓运营，如何收费、需要遵循的服务规则，以及海外仓涉及的 VAT 问题，都需要重点了解。
- 备货量的精准程度直接影响跨境电子商务的库存决策。跨境电商库存决策的目的在于降低运输与生产成本，协调供求关系，支持市场销售。

第9章

透视跨境电子商务

随着全球经济一体化的快速发展，跨境电商的核心逐步延伸为运营。此时，如何从渠道、本土化、品牌等角度迅速打开跨境电商市场，显得尤为重要。当然，其中离不开高新技术的支持。此外，跨境电商的飞速前行，离不开专业人才的输送，因此，有效做好人才对接迫在眉睫。

本章目标

- ☞ 掌握跨境电商运营的方法
- ☞ 了解电商高新技术
- ☞ 熟悉跨境电商从业要求

学习方法建议

☞ 建议按照分组情况，以小组为单位，完成以下任务：

T1：重新选定组长；

T2：完成【阶段 8】【项目演练】内容；

T3：由组长带领组员预习本阶段【沙盘推演】内容，了解本阶段架构。

☞ 完成上述 3 个任务后，组长带领组员开始本阶段内容的学习。

学习导航

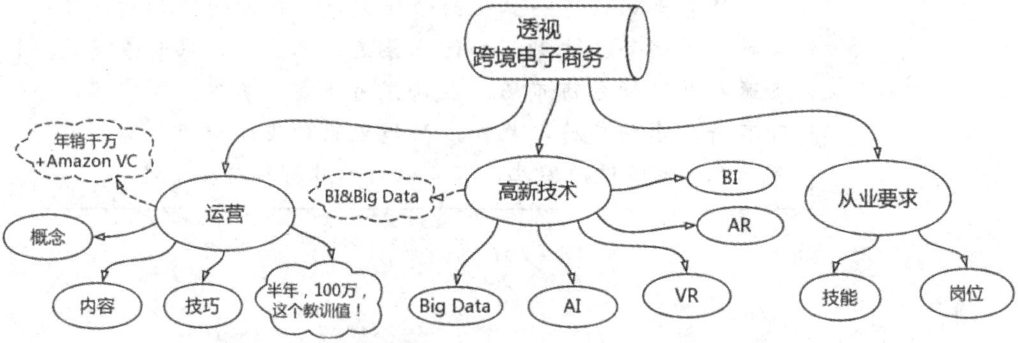

【沙盘推演】阶段 9

小林团队经过前文 8 个阶段的学习，从渠道、产品、用户、营销、推广、结算等方面对跨境电商完成全面学习。根据所学，其团队将 A 公司产品从渠道选择开始优化产品管控、提升用户服务、合理营销推广、安全支付结算，对跨境电商业务进行全面跟进优化，目前来看，效果喜人。小林团队业绩从日销量几单，到 2018 年圣诞季爆单，整个供应链取得了质的飞跃。

经过这 6 个月的实践与学习，小林团队 5 人圆满完成公司下达任务，制定出一套切实可行的工厂转型升级方案，得到公司及市场认可。

除此之外，小林团队经过不断摸索，总结出跨境电商 B2B+B2C 的成功核心在于运营，但也需要高新技术的支持。AR 模拟商业环境的应用，已在电商圈中广泛使用，如图 9-1 所示。并且，随着业务的扩大，人才的对口需求，愈来愈成为制约公司快速发展的重要因素。

图 9-1　AR 应用

项目任务

经过团队研究，小林团队总结出跨境电商运营是核心，包括多方位渠道拓展，采用本土化运营策略，并且打造属于自己的品牌。除此之外，大数据(Big Data)、人工智能(AI)、虚拟现实(VR)、增强现实(AR)、商业智能(BI)等高新技术亦是跨境电商顺利进行的重要保障。最后，跨境电商业务发展形势向好，但是人才需求一直吃紧，跨境电商企业如何对接专业对口、符合需求的人才至关重要。根据需求，小林团队承接【阶段 8】内容，继续完成以下项目任务：

- Task 24：运营是核心；
- Task 25：高新技术是保障；
- Task 26：跨境电商从业要求。

【Task 24】运营是核心

案例：年销千万+Amazon VC 邀请，也有烦恼？

或为拓宽渠道追求更高的销售额，或是现有渠道增长乏力的无奈之举，近年来，“转型升级”成为传统外贸行业最热的词，也是时下最主流的趋势。

在众多转型厂商中，较具代表性的转型企业——珠海 HoldPeak，目前年销千万人民币，在 Amazon 美国站、英国站、日本站、澳洲站都有开店。HoldPeak 美国站 Best Seller 产品如图 9-2 所示。

图 9-2 HoldPeak 美国站 Best Seller 产品

珠海 HoldPeak 是一家仪器仪表(万用表、环境测量仪)生产、销售型企业，至今已有 20 年的历史。最初接到的订单多是来自欧美经销商的大额订单，而近年来，欧美经销商的数量逐渐下降，但印度、非洲等国家的采购商数量却在慢慢增多。

据相关人士介绍：“很多欧美的小客户直接绕过上面的经销商，找到我们源头工厂进行采购。原来大的经销商，其采购量也逐渐减少，订单碎片化。所以我们很多企业在 2015 年拓展了跨境电商的渠道。目前为止，我们跨境电商渠道的销售额差不多占销售总额的 1/3。”

(1) 转型跨境电商，备货、大促问题上吃了大亏。

区别于传统外贸的下单生产，跨境电商则是以备货销售模式为主，HoldPeak 公司转型过程中在备货问题上遇到瓶颈。

“以前都是 B2B 客户下单后我们才生产，下一千台的订单，我们基本上也就做一千台，最多可能会留一点存货。但针对跨境电商，肯定是要备货销售的，但是备什么类型的货？备多少？备在国内还是国外？货备在国内，从国内发货物流周期就会比较长，根本没有竞争力；备在国外，风险过高，货物滞销 Amazon 要收取高额的仓储费，如果店铺再遇到问题被关，钱货两空。”

目前针对备货问题，HoldPeak 调整了解决方案——新品上市初期发较少的量试货，如果销售状况好，就空运补货。同时，后期海运的补货及时跟进；在备货的位置选择上，公司会在国内工厂备一部分货，然后海外与第三方海外仓合作，将货放进海外仓，根据销售情况再分批入 FBA 仓。

除了备货问题，HoldPeak 在跨境电商的大促中也栽过跟头。

“在电商平台的大促中，因为看到别人的消费类产品销量都是成倍的增长，所以我们在不了解市场行情的情况下，2016 年参加了平台的大促。其间，发了大批货过去，但结果销售只比平时多了一点，造成大量库存积压，最后只得亏本清仓，买了个教训。”HoldPeak 在事后做了反思，仪表仪器类不同于日常消费品，客户在需要时就直接下单，不会囤货等到大促。

(2) 已接到 Amazon VC 邀请，未来将在 Amazon 上投入更多精力。

HoldPeak 当前已经接到美国 Amazon VC 的邀请，具体细节还在商谈之中。接下来还会将更多的精力放在 Amazon 平台上，同时 AliExpress 平台的发展空间也较好。从市场需求上来看，因为欧美等国家人工成本较高，通常家里的东西坏了都是自己动手解决，所以仪表仪器类产品在当地属于家庭用品，市场较大。新兴市场中，俄罗斯和巴西也是较具发展潜质的，但物流问题却是最致命的。

“仪表仪器类产品，俄罗斯客户也多为家用，但俄罗斯客户消费水平比较低，对价格更敏感，喜欢低价产品。以前俄罗斯通关比较麻烦，通常货物卡在海关都要半个月到一个月以上，不管是批量货还是小件包裹都难逃此‘劫’。而现在只要不是敏感产品，基本一周左右就可以正常过关。”

但对于巴西市场，HoldPeak 却有阴影。据 HoldPeak 数据，2018 年过年期间发往巴西的货，到 2018 年年底都没有收到，客户已经退单，现在货物踪迹全无。“因为巴西的物流问题，我们收到了很多的投诉，亏了几十单，现在巴西地区都不敢发货，只能把运费提到很高。”

资料整理来源：http://www.cifnews.com/article/34800

FOCUS

随着跨境电商生态圈的提出，跨境贸易的概念延展为传统大宗外贸与线上跨境业务的总和，而其中线上业务的本质是零售，零售的核心是运营。运营贯穿于跨境电商的整个供应链中，包括上游的品类管控、中间的物流配送、下游的渠道拓展。其中，品类管控、物流配送已经在前文涉及，本节主要介绍渠道拓展、运营原则——本土化，以及品牌打造。

【Part 24.1】渠道拓展

在传统的大宗贸易中，贸易商主要通过线上信息平台和线下展会找寻客户。然而，对于跨境电商整体运营而言，潜在的客户是无数国外中小型批发商和终端客户，因此渠道的全面拓展非常重要。

1．多渠道运营

从广度上来看，跨境电商需从 PC 端、移动端和线下零售平台，多管齐下完成销售任务。归根结底，不管 B2C 还是 B2B，本质目标都是将产品销售出去。因此卖方需要积极拓展不同的平台，以便实现更大的销售额。理论上来讲，只要入驻渠道的收益大于入驻成本，就值得卖方去拓展。

当前根据渠道主流程度，可以分为 3 个梯度。

(1) 国际跨境电商平台渠道。目前而言，eBay、Amazon、AliExpress 和 Wish 是主流的国际跨境电商平台。

其中，eBay、Amazon 是具有影响力的第 1 梯度平台。此外，2010 年成立的 AliExpress，凭借低价促销模式已经在巴西、俄罗斯等新兴市场崛起，甚至在跨境交易额上超越了 eBay、Amazon。专注于移动端的 Wish 亦发展迅猛，其通过瀑布流的产品图片界面吸引了大批的海外用户，促使大量中国卖方抢驻。

(2) 国外本土电商平台渠道。大部分的跨境电商从业人员，可能仅仅熟悉国际第三方平台，对一些国家的本土大型平台并不了解。实际上，在不少国家，本土电商平台具有相当大的影响力，包括 Gmarket(韩国)、Otto(德国)、Ozon(俄罗斯)、Trade Me(新西兰)、MercadoLivre(南美)、Newegg(美国)等。

(3) 中国跨境电商平台渠道。这类平台主要指由中国本土发迹，并且主营团队在中国的第三方平台，例如敦煌网。AliExpress 也算是中国电商平台，但由于其国际化程度已然很高，因此归为国际跨境电商平台。此外，一些 B2C 跨境电商网站也开始向第三方平台转型，例如大龙网、兰亭集势等。

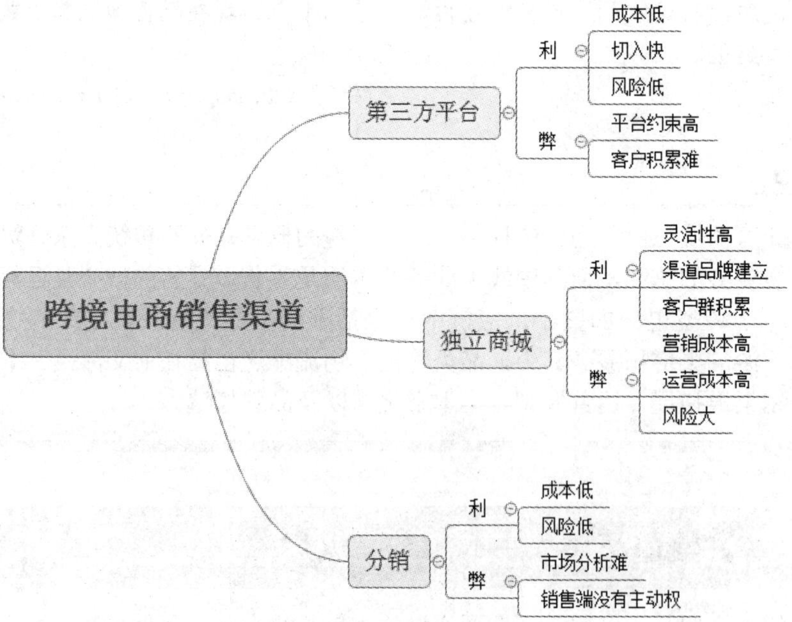

图 9-3　跨境电商销售渠道

除了以上第三方平台外，很多大卖会自建 B2C 网站，例如 DX、FocalPrice 等。目前，跨境电商的销售渠道主要有第三方平台、独立商城和分销三种，如图 9-3 所示。

一般而言，卖方会先利用第三方平台进行销售，当销量达到一定规模后，便会考虑自建独立商城。对于卖方来讲，在第三方平台销售需要受很多规则限制，而自建商城则可以完全由自己操控，灵活性高，但流量、成本等因素需要考虑。

对于工厂卖方，要加入跨境电商，最好从分销开始，招募卖方到各类平台上销售产品。如果产品在海外接受度不错，则也可以考虑自建电商团队成为平台卖方，依靠第三方平台流量促进产品销售。

无论入驻第三方平台，还是自建独立商城，抑或选择分销，卖方均应根据自身角色进行选择定位。在渠道不冲突的情况下，如果团队人员充足，建议广铺平台，通过多平台将产品推送，进而提升销售规模。

2．全渠道融合

从融合的渠道范围来看，可以分为网络平台间的融合和线上线下的融合。

(1) 网络平台间的融合。这种融合方式目前被广大卖方普遍应用。其本质是通过开发一套信息系统，使这套系统对接 eBay、Amazon、AliExpress 等各个平台，以此实现不同线上平台的统一管理，如图 9-4 所示。

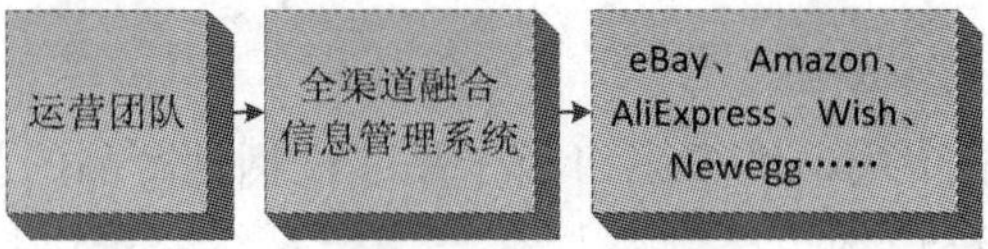

图 9-4　网络平台间的融合

此系统下，卖方只需要在系统中一次性录入产品信息，便可实现在多个平台上的同步更新，免去分别在不同平台上下架产品、修改信息等重复性人工操作。这样做不仅可以节省运营过程中的工作量，也可以提升客户体验。

例如，某卖方在多个平台上销售产品，在没有全渠道融合的情况下，需要每天人工核对各个平台的订单量，然后再与库存匹配，这样做极有可能造成供不应求的情况。如果这种情况下没有办法及时补货，那么只能通知客户取消订单，这将严重破坏客户的购物体验，甚至招来差评。然而，在全渠道信息管理系统的帮助下，各平台总销量可以根据卖方需求及时更新，并且全面监控库存状况。一旦出现库存不足的情况，则可及时补货；也可通过一次性操作完成多个平台的商品下架，从而避免因为库存原因带来糟糕的客户体验。

(2) 线上线下的融合。线上线下的融合即 O2O，如图 9-5 所示，卖方不仅可以线上布局多个渠道，同时线下也可布局商超、批发商等资源，完成线上线下全渠道销售。

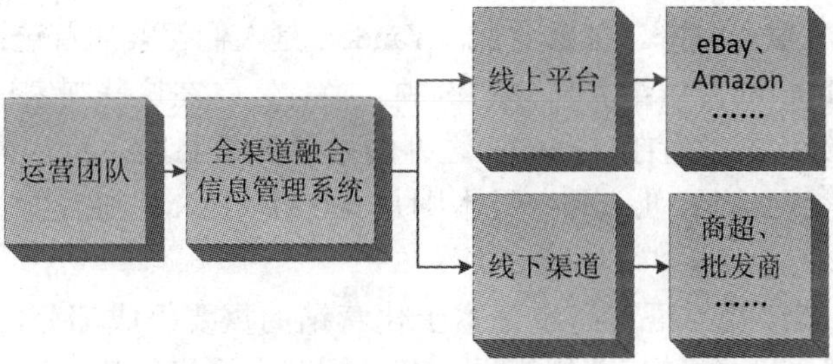

图 9-5　线上线下的融合

O2O 的关键是线上下单，线下就近发货。此种模式下，跨境电商卖方收到订单后，可以实时将订单信息传输给就近的实体店，实体店收到订单信息直接发货给当地客户，或者客户自行去实体店提货。这样，卖方不需要从出口国一件一件发货给进口国客户了，不仅降低了物流成本，缩短了配送时间，也提升了客户购物体验。此外，线下的实体店不仅仅是卖方的线下销售渠道，也是卖方的海外虚拟仓库。

【Part 24.2】本土化运营

跨境电商运营所涉及的全部环节，包括跨境营销、支付等，均需遵从本土化运营原则。

起初，eBay 进军中国市场时，完全复制其在美国的交易体系，最终被淘宝击溃，目前仍起势缓慢；Amazon 虽然在中国已经运营十几年，但业绩一直不温不火。可见，无论从网页设计，还是到中国式价格战营销策略或跨界合作，均看出本土化运营的重要。

20 世纪 80 年代，日本经济学家在《哈佛商业评论》中首次提到“全球本土化”，强调“全球化的思想，本土化的操作”。显然，面对全球市场，需要在具体运营中做到产品、营销、物流、支付的本土化。

1. 产品本土化

对于当今的跨境电商市场，许多出口国产品通过牺牲产品的品质和创新来降低价格。虽然，这么做可以俘获进口国价格敏感型客户，但是终究难以打入进口国主流市场。因此，主流市场的打入需要产品本土化的设计。

产品本土化指产品的功能和设计，需符合当地客户的使用习惯和需求。产品功能是最基本的，比如俄罗斯的气温较低，如果设计轻薄型手套，则不符合客户需求；产品设计方面也非常重要，例如美国的电压是 110 V，如果将中国 220 V 的电器销售给美国客户，则不得不附加一个电压转换器，然而这样会大幅降低客户体验的满意度。由此看出，产品本土化需要对目标市场有深入了解。

2. 营销本土化

跨境电商 B2C 是基于互联网发展起来的新型贸易方式，营销方式以网络营销为主。需要注意的是，不同国家的互联网环境是不一样的，因此，卖方需要根据目标国家的实际互联网环境展开有针对性的营销活动。目前，跨境电商的网络营销以 SEO、SNS、EDM 为主。

例如，企业要进行 SEO 营销，虽然 Google 是全球第一大搜索引擎，但并不意味着在每个国家中都是主流搜索引擎。在俄罗斯，Yandex 是人们搜索的首选；在韩国，Naver 是首选；在日本，Yahoo!则占据绝大部分的份额。换言之，在这些国家进行有针对性的营销活动时，需要将营销中心放置于 Google 之外的搜索引擎上。SNS 也面临同样的情况，俄罗斯最受欢迎的社交网站是 vk.com；日本则是 MIXI。EDM 则需重点注意不同国家的法规要求。

此外，跨境营销涉及的语言问题是本土化营销的重要组成部分，即跨越语言文化障碍。因此，为了达到良好的跨境营销效果，营销团队中最好配备外籍人士，由他们负责广告语撰写等工作，当然，这部分工作也可以外包出去，由熟悉当地市场环境、了解当地风俗习惯的专业人员负责运作，进而达到本土化营销的目的。

3. 物流本土化

物流是跨境电商“痛点”中的“痛点”。与进口国当地电商相比，卖方从出口国发货到进口国，在商品配送的时效性、可追踪性等方面都会落后当地卖方。因此，物流本土化解决方案的重点就是海外仓。

卖方在使用海外仓的情况下，在收到订单后，可以直接安排当地海外仓发货，并通过当地的物流完成配送，使客户享受到与本土卖方一样的物流服务。

要想真正做到物流本土化，海外仓操作需按照公司化运作。卖方通过独资或合资设立一家当地公司，合法雇佣当地员工，并通过租赁或购买的方式获得海外仓库。短期来看，公司化运作会增加运营成本和管理难度，但是从长期来看，如果运作顺利，不仅可以提升销量，而且可以增加单品毛利，并且避免了海外仓模式的各种法律风险。此外，这种方式可以实现售后服务，即退换货、维修、使用说明指导等业务的落地。

例如，深圳某家以西班牙市场为主的跨境电商企业，主要销售智能手机及周边产品。该公司在西班牙开设的海外仓不仅聘请当地员工进行仓储管理，而且提供售后服务，建立维修点和上门提货点。配合西班牙当地物流，该公司可以实现 24～48 小时内到货。如果客户对产品使用存在任何问题，当天客服和技术团队就会给出合适的解决方案。这种公司化的海外仓模式实现了物流和售后服务的本土化，为公司培养忠实客户。

4. 支付本土化

对于第三方平台卖方而言，线上支付按照平台规则进行操作即可；而对于独立 B2C 网站而言，在对接支付系统时，需考虑支付的本土化，如果支付不够本土化，将严重降低订单的转化率。

例如，在美国、加拿大等地区，信用卡、PayPal 是主导的在线支付方式；在巴西，除了在线信用卡支付外，本地支付工具 Boleto 也非常受欢迎；在俄罗斯，则更偏向 Qiwi、WebMoney、Yandex.Money 等；在荷兰，则需使用 iDeal。

案例：半年，100 万，这个教训值！

东莞某五金著名公司 A，以为世界 500 强企业做五金配件供应的 B2B 业务起家，经过近十年发展，现已成为全球领先的五金配件供应商。

2008 年，随着国际贸易形态的演化，显著的变化之一是产品从工厂到客户的通路更加多元化，跨境 B2C 这种业务模式逐渐受到企业重视，形成与 B2B 业务模块的有效互补协作。

A 公司虽然一直以五金配件为主营业务，但其从 2008 年起就有意识地减少自身生产制造的规模，转而大力打造自身采购团队和营销团队的竞争力，转型成为一家制造业服务型公司。因此，A 公司能够在转为 B2B、B2C 并行之后，迅速开拓适合 B2C 市场的产品线。在 B2C 业务上，A 公司把自己定位成其他制造企业的“海外 B2C 事业部”，通过本公司的电商团队，将这些企业的产品重新设计、包装、销售给海外客户，实现双赢。

“做 B2B 要像参谋一样运筹帷幄，做 B2C 要像野战军一样冲锋陷阵”，这是 A 公司对这两种业务模式的理解。

在一些人看来，B2B 和 B2C 的区别就是代工和品牌的区别。但实际上，对有志于打造品牌的传统出口制造企业来说，自建品牌并非可以简单通过 B2C 模式一蹴而就，往往自建品牌意味着与原有的代工客户形成某种程度的竞争。因此，企业应谨慎地选择品牌推广模式，避免 B2B 和 B2C 渠道的冲突。对此，A 公司的做法是为了不与原有的 B2B 业务冲突，选择消费电子等成品开展 B2C 业务，把自己变成一个品牌商，将企业全球申请的 H 品牌作为 B2C 产品线的主要品牌。在另一方面，它也将自身 B2C 产品的研发避开 B2B 业务，在 LED 灯等新领域研发带有 H 品牌的产品。

在寻到这一新模式之前，A 公司和众多传统制造出口企业一样，希望借助现在火热的跨境电商实现企业转型。但时长 6 个月的快速“触网”，带来的结果是：100 万的资金烧没了、30 个人的团队也只剩下 6 人、留下 1 个平台账号。花了 100 万买了经验教训后的 A 公司转变了观念：“传统制造企业转型走常规的跨境电商路必死无疑，只有利用我们自己的核心优势才能走赢这步棋。”

在经过各方面的探索后，A 公司找到了一个既能实现公司 B2B 和 B2C 业务平衡行进，又能让公司 B2C 业务发展更稳、更快的新模式。在 B2C 业务上，A 公司打通传统外贸与跨境电商的隔离、跨境电商供应端和销售端的隔离，整合供应链，利用自己的海外仓、物流等优势迅速转型适应跨境电商，创造跨境电商供应商的新业态。

资料整理来源：http://www.cifnews.com/article/16193

FOCUS

跨境电商运营中，最为薄弱的环节之一是产品研发和整合供应链。由于大部分参与跨境电商业务的卖方缺乏对工厂源头产品的管控能力、目标市场调研分析能力，这些卖方基本上采用“跟卖策略”，因而优质产品往往被大渠道、零售商捷足先登。因此，打造属于卖方自己的跨境品牌，应用独有的产品特点，占据跨境市场势在必行。

【Part 24.3】品牌打造

中国的货物出口贸易自 2009 年超越德国以来，就一直居于世界首位。但是中国出口的货物技术含量较低，大部分属于加工贸易。并且出口货物品牌化程度较低，大部分是 OEM 产品。因此，中国是一个贸易大国而非贸易强国。在品牌方面，虽然有少数大型企业的海外成功案例，但是中国企业品牌国际化现状仍旧堪忧。当前，中国的跨境电商发展迅猛，给中国企业品牌化的提升带来机会。借助跨境电商平台，卖方可以打造自己的产品品牌；借助互联网，卖方可以构建自己的渠道品牌。

1. 产品品牌

美国的 Walmart、德国的 ALDI、澳大利亚的 Woolworths，均在中国进行贴牌采购。

诚然，有很多大型企业采用中国供应商的货品，但是真正使用中国自主研发产品的企业很少。不过，近年来，eBay、Amazon 都表示极为鼓励中国卖方销售自有品牌的商品。在 eBay 平台，随着产品同质化和价格战的愈演愈烈，以往依靠上万个 SKU、多账号运营的方式，产生的效果已微乎其微，越来越多的卖方开始重视产品品牌。在 Amazon，没有品牌的商品只能选择“跟卖”模式，这种模式会对产品的生命周期产生严重影响。

2．渠道品牌

在跨境电商中，自建销售渠道是一件比较容易的事情，参与者只需要搭建一个外语购物网站，配备一支运营团队，然后通过 SEO、SNS 等网络营销方式，将网站推广即可。

例如，DX 创始人在 eBay 规模做大后，即刻建立自己的独立网站，形成自有渠道品牌 Dx.com。此外，还有很多渠道品牌，例如 FocalPrice、Lightinthebox、Tomtop 等。在这些渠道品牌中，有的走“专卖店”风格，有的走“大商场”风格。但是，像 DHgate、AliExpress 等第三方平台型的渠道品牌，由于其对内需要招商、对外需要营销推广，搭建难度相对增大。

项目演练 27

小林团队经过对本节案例及运营核心内容的学习后，对电商运营的理解更加深入。现在，请各小组帮助小林团队总结以下两个问题。

✈ Q1：除了本书介绍的渠道拓展方法，你觉得还有哪些方法？

✈ Q2：谈谈你对本土化运营的理解。

【Task 25】高新技术是保障

案例：商业智能(BI)[①]&大数据(Big Data)

2017 年 10 月初，Forrester 发布了 2017 年第 3 季度 BI 报告。报告指出，未来的 BI 将朝着快速、通用、自助和易操作的方向发展。老一代 BI 应用成本太高，开发和部署时间过长。在接下来的 2～5 年内，只有能快速响应客户需求、具有商业洞察力的企业，才能成功并生存下来。

与此同时，在国内，随着投资热带来的一波产业潮，各类自主研发的 BI 产品层出不穷。互联网+、Big Data 概念被炒得飞起，BI 在技术上也逐渐被要求赋予智能和 Big Data 的属性。

(1) Big Data 为 BI 的发展提供土壤。

Big Data 是 BI 发展不可分割的载体。随着互联网的高速发展，海量、多维度且可实时接入更新的数据也随之而来，这些都为前沿技术在各领域中的探索及落地提供可能。BI 和 Big Data 本质上都是从数据驱动认知到数据驱动决策。Big Data 能够给 BI 提供高纬度数据，例如网络浏览数据、运营商数据等。

---

① 商业智能，Business Intelligence，简称 BI。

(2) Big Data 让应用场景多元化。

过去，BI 主要应用于金融、银行、电商、零售等领域，在企业的应用集中在财务、销售、供应链等板块。对于一些电子电器的感知数据、精准的客户数据以及消费行为数据等还存在缺失。类比人类智能，人工智能可分为赋予机器语音、图像等感知能力的感知智能和赋予机器思考能力的认知、决策智能。认知能提升感知，感知也会辅助决策，例如智慧商超中机器视觉对客流属性、消费行为的观察，记录可辅助商超做出营销决策。

(3) Big Data、BI 各有春秋。

在技术领域，虽然传统 BI 的 ETL、数据仓库、OLAP、可视化报表技术都似乎处于落后边缘，因为它解决不了海量数据的处理问题，但也并不能全盘否定或替代 Big Data。企业采用 SAP HANA 或是 Essbase 都是基于这个问题优化的方案。像某公司 2018 年推出的 FineBI 直连 Big Data 平台引擎也是针对 hadoop、kylin、greenplum、vertica 一类的 Big Data 解决方案。

(4) Big Data 分析厂商面临空前挑战。

随着数据量的爆炸增长，Big Data 处理的技术难度也呈指数级增长，传统的数据公司如果不能完成技术转型，很有可能被无情淘汰。我们通过对国内外 Big Data 领域的活跃公司进行统计分析，目前活跃在一线的大多是新互联网科技型公司，如 Google、Facebook 等，得益于自身强大的技术积淀来应对 Big Data。国内较为活跃的 Big Data 公司也取到了不错的成绩。

资料整理来源：http://news.ifeng.com/a/20171011/52579898_0.shtml

FOCUS

科学技术是第一生产力。跨境电商的发展，离不开高新技术的支持。目前而言，较为前沿、可以结合电商应用的技术，以大数据(Big Data)、人工智能(AI)、虚拟现实(VR)、增强现实(AR)、商业智能(BI)为主。

Scan Here

观看视频：Big Data 时代的一天。

思考：数据如何改变我们的生活？日常生活中，哪些方面运用了 Big Data？

Scan Here

观看视频：Big Data 时代下的 BI。

思考：你认为 BI 是什么？BI 对你的生活有哪些影响？

【Part 25.1】大数据(Big Data)

大数据指无法在一定时间范围内用常规软件工具进行捕捉、管理和处理的数据集合，是需要新处理模式才能具有更强的决策力、洞察发现力和流程优化能力的海量、高增长率和多样化的信息资产，于 2008 年 8 月中旬被提出。

1．特点

大数据有 5V 特点，即 Volume(大量)、Velocity(高速)、Variety(多样)、Value(价值)、Veracity(真实)。

- ✧ Volume 指大数据在相关高新技术支持下，可以产生大量的数据。
- ✧ Velocity 指大数据技术可以高效地获取数据。
- ✧ Variety 指大数据产生的数据类型具有多样性。
- ✧ Value 指大数据可以为使用者带来价值。需要注意的是，虽然大数据可以产生大量的数据，但是相对而言大数据的价值密度较低。
- ✧ Veracity 指大数据中的内容是与真实世界中发生的内容息息相关，研究大数据就是从庞大的网络数据中提取出能够解释和预测现实事件的过程。

2．应用

2015 年 9 月 18 日，贵州省启动我国首个大数据综合试验区的建设工作，通过 3～5 年的努力，贵州大数据综合试验区已建设成为全国数据汇聚应用新高地、综合治理示范区、产业发展聚集区、创业创新首选地、政策创新先行区。目前，数据基地运行良好，电子商务云截图如图 9-6 所示。

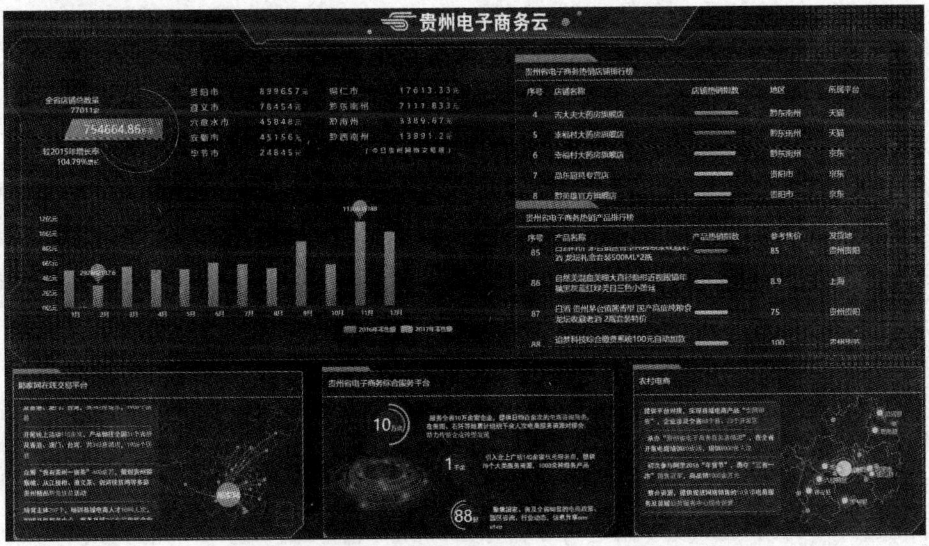

图 9-6　贵州电子商务云(数据来源：www.baidu.com)

3．发展趋势

随着大数据的应用，愈来愈多的企业感受到大数据带来的丰厚回报，加之大数据与新兴计算形态结合形成的数据生态系统的完善，大数据发展前景喜人。

(1) 数据管理成为核心竞争力。当“数据资产是企业核心资产”的概念深入企业管理之后，企业对于数据管理的界定将会更加清晰，会将数据管理作为企业的核心竞争力。此时，大数据成为企业和社会关注的重要战略资源，并成为大家争相抢夺的焦点，企业需提前制定大数据营销战略计划，抢占市场先机。换言之，数据管理的合理应用成为企业持续发展、稳健发展的重要保障。

(2) 数据科学上的突破。未来，数据科学将与云计算、物联网、移动互联等新兴计算形态进行深度结合，并且很有可能带来新一轮的技术革命。随之兴起的数据挖掘、人工智能等相关数据算法和基础理论，将实现数据科学上的突破。

(3) 数据生态系统复合化程度加强。大数据的世界不只是一个单一的、巨大的计算机网络，而是一个由大量活动构件与多元参与者元素所构成的生态系统，是由终端设备提供商、基础设施提供商、网络服务提供商等一系列的参与者共同构建的生态系统。

而今，这样一套数据生态系统的基本雏形已然形成，接下来的发展将趋向于系统内部角色的细分，即市场的细分；系统机制的调整，即商业模式的创新；系统结构的调整，即竞争环境的调整，从而使得数据生态系统复合化程度逐渐增强。

【Part 25.2】人工智能(AI)

AI 是研究、开发用于模拟、延伸和扩展人的智能的理论、方法、技术及应用系统的一门新的技术科学。其是计算机科学的一个分支，目的是了解智能的实质，并生产出一种新的能以人类智能相似的方式做出反应的智能机器，该领域的研究包括机器人、语言识别、图像识别、自然语言处理和专家系统等。

1. 特点

AI 具有以下 5 个特点：

✧ 从人工知识表达到大数据驱动的知识学习技术。
✧ 从分类型处理的多媒介数据转向跨媒体的认知、学习、推理。
✧ 从追求智能机器到高水平的人机协同和融合。
✧ 从聚焦个体智能到基于互联网和大数据的群体智能，它可以把很多人的智能集聚融合起来变成群体智能。
✧ 从拟人化的机器人转向更加广阔的智能自主系统，比如智能工厂、智能无人机系统等。

2. 应用

2018 年 4 月，百度发布了 2018 年 Q1 的财报，AI 相关业务的成绩成为财务报表的亮点。由于百度对用户画像、知识图谱、场景识别等 AI 技术的应用，可以精准地洞察客户、追踪客户，通过分析，向客户推荐合适的产品和服务。

除此之外，目前 AI 技术在电商零售方面的应用也非常广泛。例如，各大电商平台根据 AI 精准画像，以用户的点击、下单、购买评论等行为数据为支撑，利用 AI 技术，预测用户的性别、年龄、地域等标签属性，然后借助相应技术，为用户提供个性化的推荐和营销，使得平台提供的产品就是客户需要的产品。

观看视频：用动画来告诉你，什么是 AI。
思考：AI 的实施对我们的生活有何影响？

观看视频：AI 智能管家。
思考：AI 可以代替人类存在吗？

3. 发展趋势

AI 在零售、交通运输和自动化、制造业及农业等各行业垂直领域具有巨大的潜力。而驱动 AI 市场快速发展的主要因素是 AI 技术在各垂直领域终端用户数量的不断增加。当然 AI 市场的发展也离不开 IT 基础设施的完善、智能手机及智能穿戴式设备的普及。

【Part 25.3】虚拟现实(VR)

虚拟现实(Virtual Reality，VR)是仿真技术的一个重要方向。利用电脑模拟产生一个三维空间的虚拟世界，综合视觉、听觉、触觉等感官的模拟，使使用者身临其境，并且可随时随地观察三维空间内的事物。当使用者移动位置时，电脑可以立即进行运算，将精确的 3D 影像传回，产生临场感。目前，市场上 VR 技术的硬件设备主要是头戴设备，如图 9-7 所示。

图 9-7　VR 硬件设备

1. 特点

VR 技术集成了计算机图形技术、计算机仿真技术、AI、传感技术、显示技术等，是一种由计算机技术辅助生成的高新技术模拟系统。VR 具有以下三个特点。

(1) 感知性。VR 除了一般计算机所具有的视觉和听觉感知能力外，还具有力觉感知、触觉感知、运动感知能力，甚至包括味觉感知、嗅觉感知能力等，换句话来讲，理想的 VR 应该具备人的所有感知功能。例如，用户可以用手去直接抓取 VR 中的物体，手有触摸感，并可以感觉物体的重量，且物体会随着手的移动而移动。

(2) 临场性。临场感是指用户在 VR 中场景的真实程度，理想的 VR 环境应该使使用者身临其境，达到使用者难以分辨环境真假的程度。

(3) 交互性。交互性是指 VR 能够响应使用者的自然行为，与使用者产生互动行为，并且这种即时交互与现实中的感觉相同。

2. 应用

VR 直播+电商成为时下流行的品牌营销手段之一。2017 年，京东“618”年中购物节，京东官方邀请了众多明星进行“大咖说趴·卖小龙虾”大型直播活动，并在直播开始 5 分钟内，卖出了 45 万只小龙虾，完成了漂亮的销量转化。

此外，VR 购物在电商领域采用也较为广泛。VR 购物指客户在虚拟购物商城中购买商品。购物商城会采用 VR 技术生成可交互的三维购物环境，客户只要戴上一副连接传感系统的眼镜，就能看到 3D 真实场景中的商铺和商品，实现各地商场随便逛，各类商品随便试的真实购物体验。而当客户通过 VR 设备下单时，只需要面对收银台，根据所佩戴

VR 硬件设备的操作特点，通过凝视、点头、手势等控制方法即可完成交易，实现 VR 购物的真正闭环。

观看视频：VR 商业发展前景。

观看视频：VR 家具应用演示。

观看视频：VR 体验。

3．发展趋势

目前，VR 产业 90%以上处于商用阶段，其产业规模化、应用化和普及化正在不断完善。并且，随着核心技术的涌入，VR 硬件设备也在不断地完成更新迭代。2019 年，VR 产业会迎来一个新的高度和宽度，在国家政策支持下，有望实现进一步的市场爆发。

【Part 25.4】增强现实(AR)

增强现实技术(Augmented Reality，AR)是一种实时地计算摄影机影像的位置及角度，并加上相应图像、视频、3D 模型的技术，这种技术的目标是在屏幕上把虚拟世界套在现实世界并进行互动。

1．特点

AR 系统具有三个特点：

✧ 真实世界和虚拟的信息集成。

✧ 具有实时交互性。

✧ 在三维尺度空间中增添定位虚拟物体。

2．应用

AR 技术在市场营销和销售领域应用广泛。AR 技术重新定义了产品展厅和演示的概念，并且完全颠覆了传统的客户体验。在 AR 技术支持下，客户可以在购买之前看到虚拟产品在真实环境下的状态，进而帮助客户做出更符合实际预期的购买决策，从而有效提升客户的满意度。

例如，EasyAR 推出的 AR 看车软件，使客户可以通过手机 App 将虚拟的车辆放置在真实场景中，在购车之前即预览其在道路上奔驰的效果，提前感知产品性能。瑞典宜家集团推出了一款名为 IKEA Place 的家具类 App，客户可以在 App 内选择自己喜欢的家具叠加到现实场景中，以此避免在装修过程中可能出现购买的家具尺寸不合适、装修风格不统一等问题。

观看视频：基于体感控制的 AR 试装。

Scan Here

观看视频：IKEA 家具 AR 互动。

Scan Here

3. 发展趋势

在未来几年里，AR 技术的应用，特别是在移动智能终端上的应用，将会大量涌现。虽然与头盔显示设备相比，移动设备现实感相对较弱，但其具有很高的普及性；同时，随着 ARKit、ARCore 等开发平台的推出，目前已经从技术上实现了 AR 与智能移动设备的结合。在未来的发展中，发挥 AR 技术会利用自身优势为人类创造更为真实的虚实融合世界，届时人们可以通过更自然的人机交互方式与系统进行交互。未来 AR 技术将在很大程度上改变人们的生活，这是科技发展的必然趋势。

【Part 25.5】商业智能(BI)

商业智能(Business Intelligence，BI)又称商业智慧或商务智能，指用现代数据仓库技术、线上分析处理技术、数据挖掘和数据展现技术，帮助企业进行数据分析以实现商业价值。

BI 的概念最早由加特纳集团(Gartner Group)在 1996 年提出。加特纳集团将 BI 定义为：BI 描述了一系列的概念和方法，通过应用基于事实的支持系统来辅助商业决策的制定。BI 技术提供使企业迅速分析数据的技术和方法，包括收集、管理和分析数据，然后将这些数据转化为有用的信息，最后分发到企业各处。

1. 特点

BI 是基于信息的大规模生产和数据库技术的运用。目前，BI 具有以下特点。

(1) 即时性。传统手工数据处理，从数据收集、整理到分类、汇总，都需要经历漫长的时间过程。但是，BI 使用的技术，可以实时地从业务系统中获得最新的数据。在对时间性敏感的决策分析中，这一点尤其重要。

(2) 准确性。在准确性方面，因为计算机数据处理避免了手工操作中存在的失误，所以计算结果是绝对准确和可靠的。

当然，这其中会存在因为业务逻辑关系的缺失而导致的错误，即程序中设定的限制条件不充分而导致数据失误。所以，对待重要的决策信息应同时建立数据核对机制，以保证决策的准确性。

(3) 自动化。BI 包括一个数据抽取、转换、装载的过程，这个过程可以按照使用者的要求，设定装载的时间和周期。因此，整个基础数据的获得、处理、展现，都是一个自动化的过程，无需手工参与。这为决策分析带来了极大的便利。

(4) 灵活性。BI 技术决策支持的展现方式灵活多样，充分体现了智能的特点。对于初级阶段分析的展示，可以使用图标和图形的方式。例如，对于结构百分比，可以使用饼图、三维饼图的方式；对于趋势百分比、同比、定比、环比，可以使用折线图、柱状图等；对于 KPI 指标，可以使用仪表盘管理；而其他的散点图、泡泡图等，都可以根据实际业务的需要而建立。

2. 应用

BI 技术辅之信息中心可以帮助使用者进行商品分析、销售分析，以及人员分析等。

(1) 商品分析：主要数据来自销售数据和商品基础数据，从而产生以分析结构为主线的分析思路。其主要分析的数据有商品的类别结构、品牌结构、价格结构、毛利结构、结算方式结构、产地结构等，以产生商品广度、商品深度、商品淘汰率、商品引进率、商品置换率、重点商品、畅销商品、滞销商品、季节商品等多种指标。通过 BI 系统对这些指标的分析可以指导企业进行商品结构的调整，加强所营商品的竞争能力和企业资源的合理配置。

(2) 销售分析：主要分析各项销售指标，例如毛利、毛利率、交叉比、销进比、盈利能力、周转率、同比、环比等，分析维度可从管理架构、类别品牌、日期、时段等角度。同时，使用者可以根据这些数据产生预测信息、报警信息等分析数据，也可根据各种销售指标产生新的分析内容。

(3) 人员分析：企业可以通过 BI 系统对公司的人员指标进行分析，特别是对销售人员的指标(销售指标为主，毛利指标为辅)和采购人员的指标(销售额、毛利、供应商更换、购销商品数、代销商品数、资金占用、资金周转等)进行分析，以达到考核员工业绩，提高员工积极性，并为人力资源的合理利用提供科学依据的目标。其主要分析的内容有员工的人员构成、销售人员的人均销售额、销售人员的个人销售业绩、管理架构的人均销售额、毛利贡献额、采购人员分管商品的进货量、购销代销的比例、引进的商品销量等。

观看视频：EBI 商业智能系统介绍动

观看视频：腾讯视频智能化介绍。

观看视频：韩都衣舍智能中心。

3．发展趋势

未来，随着 BI 技术的发展，其将从单独的 BI 向嵌入式 BI 发展。即在企业现有的应用系统中，如财务、人力、销售等系统中嵌入 BI 组件，使普遍意义上的事务处理系统具有 BI 的特性。

此外，BI 在功能上将更具有可配置性、灵活性、可变化性。目前，BI 系统的范围已从为部门的特定使用者服务扩展到为整个企业所有使用者服务。同时，由于企业使用者在职权、需求上的差异，BI 系统将提供广泛且具有针对性的功能。实现从简单的数据获取，到利用 WEB 和局域网、广域网进行丰富的交互，决策信息和知识的分析与使用等功能。并且，针对不同企业的独特需求，BI 系统在提供核心技术的同时，将使系统具有个性化，为企业提供基于 BI 平台的定制工具，使系统具有更大的灵活性和可变化性。

项目演练 28

小林团队经过本节案例及高新技术学习后，对跨境电商涉及的新技术有所了解，请帮助小林团队：搜索目前市场存在的其他高新技术，并做简要介绍。

【Task 26】跨境电商从业要求

【Part 26.1】技能要求

关于跨境电商从业技能要求，读者可以从众多招聘网站上进行查询，也可以登录由青岛英谷教育研发的鹰动力——人才资源大数据分析平台(网址：http://49.4.23.3/)进行查询。鹰动力网站首页截图如图 9-8 所示。

图 9-8　鹰动力——人才资源大数据分析平台首页截图

根据资料显示，做一名合格的跨境电商从业者，除了具备 Office、数据分析、平台操作等能力外，还需要以下七项技能。

1．外语能力

良好的外语能力是做好跨境贸易的必要条件。其中，英语因其世界普及性和通用性，属于跨境从业人员必备语言。此外，法语、德语、西班牙语、荷兰语、日语、韩语等，针对不同目标市场，从业人员也应掌握相应的交流与沟通技巧。

2．了解产品

需要了解自己公司经营的产品，熟记产品资料、说明、广告等，同时注意收集竞争对手的广告、宣传资料、说明书等，进行研究分析。同时，平时应注意浏览相关行业知识，提高综合能力素养。

3．跨境电商实务

跨境从业人员需要懂得业务流程与操作。B2B 业务需要了解信用证和通关业务；B2C 业务需要了解主流跨境电商平台操作流程。另外，应知道如何设计和策划企业国际推广方案、如何快速提升出口业绩、如何进行企业团队建设和管理、如何建设营销渠道等方面的贸易实务知识与能力。

4．网络营销

跨境 B2C 业务主要在线上进行，网络营销是主要营销手段。从业人员除了需要掌握主流平台操作方法外，还需要清楚如何发布高质量产品信息、怎样提高 SEO 排名、怎样提炼关键字、提高产品转化率等。

5．法律法规

随着跨境电商“全球化”的推进，愈来愈多的业务主体参与到跨境电商业务中。因此，业务人员需要了解不同国别或地区的贸易体系、政策、规则、关税细则等方面的具体规定。并且要对进出口形势有深入的了解和分析，避免在跨境贸易中出现违规行为。

6．风土人情

跨境电商业务涉及两个及以上国家或地区，进而要求从业人员对海外贸易、互联网、分销体系、客户行为习惯均有一定了解，对世界各国人民的风俗人情、购物习惯都有一定的掌握。

7．服务意识

跨境电商属于服务性业务，从业人员要具备良好的心态和性格，具有耐心，并且要善于和客户沟通，可以灵活处理各种纠纷。更要时刻保持高涨的工作热情和激情，做事要持之以恒，不能因为一时的失败而气馁。

【Part 26.2】岗位介绍

目前，跨境电商主要是外贸企业从事 B2B 或 B2C 业务，岗位可以分为初级岗位、中级岗位、高级岗位。

1．初级岗位

初级岗位的特点是掌握跨境电商基础技能，目前岗位主要有：客户服务、视觉设计、网络推广。

(1) 客户服务。能够使用邮件、电话等方式与客户进行沟通，熟练运用英语及法语、德语等小语种和客户进行交流，售后客服还需要了解不同国家的法律，能够处理知识产权纠纷。

⊙ *Tips For You*

某跨境电商企业客户服务职位说明书如表 9-1 所示。

表 9-1　某跨境电商客户服务职位说明书

部门	电商事业部	职位	客户服务
岗位职责	✧ 日常邮件回复，售前、售后过程中的疑问解答，为国外客户提供优质的服务。 ✧ 专业有效地处理海外客户差评、投诉和纠纷，维持账户健康。预防可能出现的争议，妥善解决已出现的争议，最大程度维护公司利益。 ✧ 客户订单问题的跟进，处理订单换货、取消，地址变更，物流跟踪等问题。 ✧ 使用 ERP 系统操作进行订单处理。 ✧ 及时反馈客户问题，积极主动与团队负责人沟通。 ✧ 跟物流、运营等其他部门密切合作，协助运营，共同维护店铺绩效		

续表

部门	电商事业部	职位	客户服务
任职要求	专科以上学历，有电商平台(淘宝/AliExpress/eBay/Amazon/Wish/DHgate)操作经验优先，对跨境电子商务有极大兴趣和热情。 ✧ 优秀的英语读写能力，大学英语六级及以上，会简单的英语口语。 ✧ 能承担压力，积极应对困难，完成有挑战性的业绩指标，坚持高标准。 ✧ 电脑操作熟练，会使用 Word、Excel 表格。 ✧ 良好的沟通能力，与其他部门密切合作联系，完成订单跟进和协调工作，具有良好的团队合作精神。 ✧ 以客户为导向，关注细节，能与客户有效地沟通		

(2) 视觉设计。精通设计美学又精通视觉营销，能拍出合适的产品图片和设计美观的页面。

⊙ *Tips For You*

某跨境电商企业视觉设计职位说明书如表 9-2 所示。

表 9-2 某跨境电商视觉设计职位说明书

部门	电商事业部	职位	视觉设计
岗位职责	✧ 负责企业 VI 的贯彻及更新。 ✧ 负责 Amazon Listing 页面的主图、EBC、视频等文案及设计。 ✧ 负责产品包装、说明书等设计。 ✧ 负责与摄影团队沟通，定制照片、视频拍摄方案。 ✧ 负责网站产品相关宣传图的文案及设计		
任职要求	✧ 有灵魂、有审美、有主见，能够将美感系统地填涂到公司的品牌、宣传、产品中。 ✧ 有极强的学习能力和好奇心，愿意接受挑战，乐于创造。 ✧ 精通各种平面设计软件，熟悉 3D 建模与渲染。 ✧ 有运营思维、管理思维、品牌发展营销经验及想法的优先		

(3) 网络推广。熟练运用信息技术编辑、上传、发布产品，利用搜索引擎优化、社区营销、数据分析方法进行产品推广。

⊙ *Tips For You*

某跨境电商企业网络推广职位说明书如表 9-3 所示。

表 9-3 某跨境电商网络推广职位说明书

部门	电商事业部	职位	网络推广
岗位职责	✧ 负责公司外贸独立站(B2C)网站的运营，利用 SEO 或 SEM 渠道进行网站优化，逐步提升网站以及网站关键词在 Google 上的排名。 ✧ 有较强的网站内部优化能力，掌握网站内容优化、关键词优化、内部链接优化、代码优化、图片优化的技巧。		

续表

部门	电商事业部	职位	网络推广
岗位职责	✧ 观察分析用户体验，及时处理对网站布局以及页面展示的建议，并做相应的修改优化处理。 ✧ 熟悉海外各大社区网站，具备良好的文案创意、策划能力。 ✧ 监控和研究行业其他网站相关做法，关注搜索引擎变化，及时提出调整方案。 ✧ 对网站流量进行数据监控和统计，分析网站日志，对网站进行分析和改进		
任职要求	✧ 大专以上学历，英语较好，网络营销、计算机等相关专业。 ✧ 1 年以上 SEO 经验，有美国市场 SEO 经验者优先。 ✧ 拥有较强的 SEO 文案基础，熟练运用搜索引擎对各种产品进行推广。 ✧ 懂得基本的网站建设，熟悉相关的 HTML 和 CSS 知识。 ✧ 良好的语言组织能力、清晰的思维能力和熟练的计算机操作能力		

某跨境电商企业数据分析职位说明书如表 9-4 所示。

表 9-4　某跨境电商数据分析职位说明书

部门	电商事业部	职位	数据分析
岗位职责	✧ 承担沉淀电商数据分析思路与框架，构建数据分析体系、推动数据化运营工作，带领团队成长。 ✧ 通过内外部相关数据分析，推动外部数据合作项目，为公司电商的运营和决策提供充分的数据支撑。 ✧ 搭建电商体系分析方法和工具并完成相关指导，高效完成各项专题分析，并根据分析结果给出建议，建立电商数据管理方法。 ✧ 协同搭建公司数据体系，包含业务的梳理、数据模型的搭建		
任职要求	✧ 本科及以上学历，电子商务、计算机、数学、统计等相关专业，具有零售行业或者电商平台数据分析管理相关工作经验者优先。 ✧ 掌握零售业数据化管理流程，熟悉数据可视化和应用模板开发及数据表格和分析工具的使用，熟悉 RFM 模型、聚类分析法、SQL、Excel、Python 等的优先。 ✧ 良好的沟通协调、组织执行、抗压能力，工作细致严谨，具有高度的责任感		

2. 中级岗位

中级岗位的特点是熟悉现代商务活动，掌握跨境电商运营和管理技能，目前岗位主要有：市场运营管理、采购与供应链管理、国际结算管理。

(1) 市场运营管理。既精通互联网，又精通营销推广，了解当地客户的思维方式和生活方式，能够运用网络营销手段进行产品推广，包括活动策划、商品编辑、商业大数据分析、用户体验分析等。

⊙ *Tips For You*

某跨境电商企业市场运营职位说明书如表 9-5 所示。

表 9-5　某跨境电商市场运营职位说明书

部门	电商事业部	职位	市场运营
岗位职责	✧ 负责 eBay/Amazon/Wish/Joom/Shopee/Shopify 外贸平台账号的管理和维护。 ✧ 熟悉产品，按平台和公司要求上传产品。 ✧ 对产品的价格进行调研、分析以及做出调价安排，提升产品市场占有率。 ✧ 观察在线产品及了解匹配排名的最新情况，评估、分析产品的关键词，提升产品关键词的搜索排名，合理修改产品搜索标题，更新产品信息。 ✧ 利用各种营销技巧，提高产品的曝光率，提升转化率		
任职要求	✧ 大专及以上学历，英语水平要求四级以上，英语阅读、书面表达能力强。 ✧ 2 年以上跨境贸易平台或跨境电商服务平台管理经验，熟悉国际电商贸易平台运作模式，对电子类产品熟悉者优先。 ✧ 能独立解决各种客户问题，包括咨询、售后、处理投诉等。 ✧ 有较强的逻辑分析能力，工作积极主动，有责任心、团队精神。 ✧ 对跨境电商平台打造有一定资源，熟悉网络营销、数据库营销及客户管理等。 ✧ 具备优秀的统筹、组建团队的能力，以及组织协调、沟通的能力，执行力强		

(2) 采购与供应链管理。所有电商平台的成功都是供应链管理的成功。跨境电商从产品方案制定、采购、生产、运输、库存、出口、物流配送等一系列环节都需要专业的供应链管理人才。

⊙ *Tips For You*

某跨境电商企业采购与供应链职位说明书如表 9-6 所示。

表 9-6　某跨境电商采购与供应链职位说明书

部门	电商事业部	职位	采购与供应链
岗位职责	✧ 负责电商平台境内外产品采购。 ✧ 负责管理生产与采购、产品、销售的接口协调工作。 ✧ 负责管理产品的检测、质量保证及物流工作。 ✧ 负责与加工厂的沟通及监督工作。 ✧ 负责供应商供货进度跟踪管理及不合格物料的管理及成本的管理工作。 ✧ 负责物料进出库的管理。 ✧ 负责安排货物的存放地点，登记货位编号，填制、报送各种货物单据，定期盘点库存，上报盘点报告及仓库的安全管理。 ✧ 积极配合采购按照使用情况协助调整、控制库存数量，及时配货		
任职要求	✧ 具备跨境电商供应链管理经验，熟悉国内外供应链(采购)。 ✧ 具备较强的团队合作、团队激励与团队管理及自我激励能力。 ✧ 具备较强的解决问题能力和分析思维能力，性格严谨，做事稳重。 ✧ 善于沟通和团队合作，思路清晰，表达清楚，乐于挑战工作压力。 ✧ 有生产线的维护、管理经验。 ✧ 本科及以上学历，5 年以上相关管理工作经验		

(3) 国际结算管理。要求从业人员灵活掌握应用国际结算中的各项规则，有效控制企业的国际结算风险，切实提升贸易、出口、商品及金融等领域综合管理能力和应用法律法规水准。

⊙ *Tips For You*

某跨境电商企业国际结算职位说明书如表 9-7 所示。

表 9-7　某跨境电商国际结算职位说明书

部门	电商事业部	职位	国际结算
岗位职责	✧ 负责进出口业务国际结算的全面管理。 ✧ 负责进出口相关单据，并办理押汇、结付汇和赎单业务。 ✧ 负责国际业务开证、结汇、付汇、锁汇等业务的资金结算。 ✧ 负责进出口业务的索赔事项。 ✧ 建立进出口业务付款台账。 ✧ 负责提供口岸货物通关所需的资料，包括合同、报关单、随附单证等。 ✧ 负责对口岸货物通关所需资料的审核，查验其完整性。 ✧ 负责进出口业务单据的整理、统计和归档，并定期反馈到进出口业务部门		
任职要求	✧ 专科及以上学历，国际贸易类、经济类及财务相关专业，英语 6 级以上。 ✧ 3 年以上进出口贸易工作经验，熟悉报关流程、外汇结算等相关国际贸易知识，能够熟练掌握英语读写、Office 办公系统。 ✧ 责任心强，沟通能力强，执行力强。 ✧ 熟悉外贸出口货物流程，具有外贸、运输财务专业知识。 ✧ 具有较强的财务信息统计、预算、分析能力。 ✧ 有中级会计证或注册会计师资格者优先。 ✧ 懂国际结算、银行信贷，具有融资经验的优先考虑		

3. 高级岗位

高级岗位的特点是熟悉跨境电商前沿理论，能够从战略上洞察和把握跨境电商的特点和发展规律，具有前瞻性思维，引领跨境电商产业发展。其主要包括熟悉跨境电商业务的高级职业经理人以及促进跨境电商产业发展的领军人物。

⊙ *Tips For You*

某跨境电商企业跨境电商管理职位说明书如表 9-8 所示。

表 9-8　某跨境电商管理职位说明书

部门	电商事业部	职位	跨境电商运营总监
岗位职责	✧ 全面负责跨境电商 B2B 电商联盟系统的开发与实施推广，整合国际贸易和跨境电商的服务资源，负责计划、组织、协调和项目实施。 ✧ 负责自建网站营运及 Amazon/AliExpress/Wish 等跨境电商平台管理工作，包括运营团队建设管理、营销活动管理，对渠道平台的运营及销售目标负责。 ✧ 制定电商部的月、季、年度销售目标，根据目标提出针对性的销售策略，并可以带领团队落实执行。		

续表

部门	电商事业部	职位	跨境电商运营总监
岗位职责	✧ 根据业绩、市场反馈等对运营、营销工作进行监督、控制和绩效评估，及时调整营销策略，保证营销目标的持续超预期达成。 ✧ 针对不同的推广渠道开展营销活动，协调各方面资源配合执行，及时跟进。 ✧ 负责协调沟通与公司各部门的工作，为各类需求做好完善优化协调工作。 ✧ 定期整理分析运营的各项数据，及时撰写运营分析报告，并提出合理化建议		
任职要求	✧ 本科以上学历，必须熟悉国际贸易和互联网、电子商务、市场营销、国际贸易等相关专业。 ✧ 10 年以上大型互联网、跨境出口 B2B 电子商务网站运营经验，曾在知名电商公司担任管理者优先。 ✧ 具备优秀的网络营销、市场推广、渠道开发和客户管理的能力。 ✧ 优秀的领导力、执行力和沟通协调能力，高度的团队协作精神和敬业精神。 ✧ 熟悉外贸进出口、外贸综合服务和物流运输的业务结构和盈利模式者优先。 ✧ 了解互联网商业模式，有很强的市场敏感性和营销策划能力。 ✧ 擅长数据分析，具备较强的逻辑思维、较强的创新能力与市场分析、营销、推广能力。 ✧ 有自建网站营运及 Amazon/AliExpress/Wish 等跨境电商平台经验者优先考虑		

阶段小结

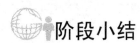

经过本阶段的学习，小林团队对跨境电商的运营有了更加深入的理解。小林团队根据【沙盘推演】中的任务内容，对透视跨境电子商务内容总结如下：

☞ 在跨境电商中，运营是核心。运营贯穿于跨境电商的整个供应链中，包括上游的品类管控、中间的物流配送、下游的渠道拓展。

☞ 科学技术是第一生产力。跨境电商的发展也离不开高新技术的支持。目前而言，较为前沿可以结合电商应用的技术，以大数据、人工智能、虚拟现实、增强现实、商业智能为主。

☞ 一位优秀的跨境电商从业人员，需要具备外语、产品、实务、营销、法规、风土人情、服务等 7 项技能。

参 考 文 献

[1] 速卖通大学. 跨境电商 SNS 营销与商机. 北京：电子工业出版社，2018.

[2] 速卖通大学. 跨境电商营销. 北京：电子工业出版社，2016.

[3] 速卖通大学. 跨境电商物流. 北京：电子工业出版社，2016.

[4] 速卖通大学. 跨境电商客服：阿里巴巴速卖通宝典. 北京：电子工业出版社，2016.

[5] 井然哲. 跨境电商运营与案例. 北京：电子工业出版社，2016.

[6] 柯丽敏，洪芳仁. 跨境电商理论与实务. 北京：中国海关出版社，2016.

[7] 刁建东. 跨境电子商务业务交流与沟通. 北京：中国商务出版社，2015.

[8] 陈明，许辉. 跨境电子商务操作实务. 北京：中国商务出版社，2015.

[9] 张景龙，等. 微跨境电商：六个步骤把你的货卖遍欧美. 北京：中国经济出版社，2015.

[10] 李鹏博. 揭秘跨境电商. 北京：电子工业出版社，2015.

[11] 易传识网络科技，丁晖，等. 跨境电商多平台运营. 北京：电子工业出版社，2015.

[12] 肖旭. 跨境电商实务. 北京：中国人民大学出版社，2015.

[13] 阿里巴巴商学院. 跨境电商基础、策略与实战. 北京：电子工业出版社，2016.

[14] 叶平. 国际贸易实务. 西安：西安电子科技大学出版社，2013.

[15] 康晓玲. 国际贸易理论与实务. 西安：西安电子科技大学出版社，2011.

[16] 喻淑兰，王成林. 国际贸易理论与实务. 北京：首都师范大学出版社，2010.

[17] 谭大林，操海国. 国际贸易实务. 西安：西安电子科技大学出版社，2010.

[18] 鲁丹萍. 国际贸易理论与实务. 西安：西安电子科技大学出版社，2009.

[19] 张炳达，唐辉亮，李成军. 国际贸易理论与实务. 2 版. 上海：上海财经大学出版社，2012.

[20] 外贸操作实务编委会. 外贸操作实务. 北京：中国海关出版社，2009.

[21] 网上外贸——如何高效获取订单编委会. 网上外贸：如何高效获取订单. 北京：中国海关出版社，2009.

[22] 出口营销指南编委会. 出口营销指南. 北京：中国海关出版社，2009.

[23] 外贸实战与技巧编委会. 外贸实战与技巧. 北京：中国海关出版社，2009.

[24] 黄海涛. 外贸七日通. 北京：中国海关出版社，2008.

[25] JAC. JAC 外贸工具书：JAC 和他的外贸故事. 北京：中国海关出版社，2015.

[26] 迈克尔•R•所罗门，卢泰宏，杨晓燕. 消费者行为学(中国版). 8 版. 北京：中国人民大学出版社，2009.

[27] 田逸. 互联网运营智慧. 北京：清华大学出版社，2011.

[28] (美)Efraim Turban，David King，Jae Lee，梁定澎，Deborrah Turban. 电子商务：管理与社交网络视角. 7 版. 北京：机械工业出版社，2014.

[29] 许晓辉. 一个人的电商：运营策略与实操手记. 北京：电子工业出版社，2015.

[30] 杨坚争. 电子商务网站典型案例评析. 3 版. 西安：西安电子科技大学出版社，2010.

[31] 吴清烈. 电子商务管理. 北京：机械工业出版社，2009.

[32] 杨坚争，杨立钒. 电子商务基础与应用. 西安：西安电子科技大学出版社，2012.

[33] 王学东. 电子商务管理. 北京：电子工业出版社，2011.

[34] 李晓燕，李福泉，代丽. 电子商务概论. 2 版. 西安：西安电子科技大学出版社，2011.
[35] 赵守香. 网站运营与管理. 北京：清华大学出版社，2011.
[36] 张传玲，王红红. 电子商务网站运营与管理. 北京：北京大学出版社，2009.
[37] 张国文. 内容电商运营实战：内容打造+内容运营+内容变现. 北京：人民邮电出版社，2017.
[38] 张向南，勾俊伟. 新媒体运营实战技能. 北京：人民邮电出版社，2017.
[39] 张书乐. 实战网络营销：网络推广经典案例战术解析. 北京：电子工业出版社，2015.
[40] 江礼坤. 网络营销推广实战宝典. 北京：电子工业出版社，2016.
[41] 王少华. 网络营销. 西安：西安电子科技大学出版社，2010.
[42] 宋沛军. 网络营销理论与实务. 西安：西安电子科技大学出版社，2010.
[43] 程玲云. 网络营销. 西安：西安电子科技大学出版社，2012.
[44] 李飞等. 品牌和营销. 北京：机械工业出版社，2011.
[45] 百度营销研究院. 百度推广：搜索营销新视角. 北京：电子工业出版社，2013.
[46] 吴泽欣. SEO 教程：搜索引擎优化入门与进阶. 2 版. 北京：人民邮电出版社，2009.
[47] 吴泽欣. SEO 教程：搜索引擎优化入门与进阶. 3 版. 北京：人民邮电出版社，2014.
[48] 昝辉. SEO 实战密码：60 天网站流量提高 20 倍. 2 版. 北京：电子工业出版社，2012.
[49] (美)Eric Enge，Stephan Spencer，Jessie Stricchiola，Rand Fishkin. SEO 的艺术. 2 版. 姚军，等，译. 北京：机械工业出版社，2013.
[50] 谭磊. 数据掘金：电子商务运营突围. 北京：电子工业出版社，2013.
[51] 李必文. 电商大数据：数据化管理与运营之道. 北京：电子工业出版社，2015.
[52] 黄成明. 数据化管理：洞悉零售及电子商务运营. 北京：电子工业出版社，2014.
[53] 张文霖，刘夏璐，狄松. 谁说菜鸟不会数据分析(入门篇). 北京：电子工业出版社，2013.
[54] 张文霖，狄松，林凤琼，等. 谁说菜鸟不会数据分析(工具篇). 北京：电子工业出版社，2013.
[55] 姜晓兵. 应用统计学. 西安：西安电子科技大学出版社，2012.
[56] 李军. 数据说服力：菜鸟学数据分析. 北京：人民邮电出版社，2016.
[57] 阿里巴巴商学院. 数据化营销. 北京：电子工业出版社，2016.
[58] 阿里巴巴商学院. 网店客服. 北京：电子工业出版社，2016.
[59] 周贺来. 客户关系管理实务. 北京：北京大学出版社，2011.
[60] 汤兵勇. 客户关系管理. 2 版. 北京：高等教育出版社，2008.
[61] 周洁如，庄晖. 现代客户关系管理. 上海：上海交通大学出版社，2008.
[62] 顾永才，王斌义. 国际物流实务. 北京：首都经济贸易大学出版社，2014.
[63] (日)小林俊一. 库存管理. 北京：东方出版社，2012.
[64] 张群. 生产与运作管理. 北京：机械工业出版社，2014.
[65] (美)Ballou,R. H. 企业物流管理：供应链的规划、组织和控制. 王晓东，胡瑞娟，等，译. 北京：机械工业出版社，2006.
[66] (美)Sunil Chopra，Peter Meindl. 供应链管理. 5 版. 北京：中国人民大学出版社，2013.
[67] 周云. 采购成本控制与供应商管理. 北京：机械工业出版社，2014.
[68] 霍红，华蕊. 采购与供应链管理. 2 版. 北京：中国财富出版社，2014.
[69] 王国文. 仓储规划与运作. 北京：中国物资出版社，2009.
[70] 徐贤浩，刘志学. 物流配送中心规划与运作管理. 武汉：华中科技大学出版社，2014.

[71] 王皓. 仓储管理. 北京：电子工业出版社，2013.

[72] (美)Ronald H. Ballou. 企业物流管理：供应链的规划、组织和控制. 王晓东，胡瑞娟，译. 北京：机械工业出版社，2012.

[73] (英)马丁·克里斯托弗. 物流与供应链管理. 何明珂，卢丽雪，译. 北京：电子工业出版社，2013.

[74] 王道平，侯美玲. 供应链库存管理与控制. 北京：北京大学出版社，2011.

[75] 陈平. 物流配送管理实务. 武汉：武汉理工大学出版社，2007.

[76] 哈罗德·•科兹纳. 项目管理：计划、进度和控制的系统方法. 杨爱华，王丽珍，等，译. 11 版. 北京：电子工业出版社，2014.

[77] 汤义萌. 物流与仓储管理实操应用全案. 北京：中国工人出版社，2013.

[78] 吴迪. 运营管理. 上海：上海交通大学出版社，2010.

[79] 郑彦，刘威，陈梦编. 连锁经营管理与实践. 西安：西安电子科技大学出版社，2012.

[80] 郑彦. 连锁经营实训与案例. 西安：西安电子科技大学出版社，2013.

[81] 闫荣. 神一样的产品经理：基于移动与互联网产品实践. 北京：电子工业出版社，2012.

[82] 陈建极. 产品经理的 20 堂必修课. 北京：人民邮电出版社，2013.

[83] (英) Giles Colborne. 简约至上：交互式设计四策略. 李松峰，秦绪文，译. 北京：人民邮电出版社，2015.

[84] (美) Marty Cagan. 启示录：打造用户喜爱的产品. 七印部落，译. 武汉：华中科技大学出版社，2015.

[85] 项建标，蔡华，柳荣军. 互联网思维到底是什么：移动浪潮下的新商业逻辑. 北京：电子工业出版社，2014.

[86] 贾少华. 创新思维与创业实践：贾少华教育行思录. 杭州：浙江教育出版社，2011.

[87] 丛子斌. 创新创业教育. 北京：高等教育出版社，2016.

[88] 刘颖民. 管理学. 西安：西安电子科技大学，2010.

[89] 青岛英谷教育科技股份有限公司. 跨境电子商务导论. 西安：西安电子科技大学出版社，2017.

[90] 青岛英谷教育科技股份有限公司. 物流配送中心规划与运作管理. 西安：西安电子科技大学出版社，2016.

[91] 青岛英谷教育科技股份有限公司. 电子商务管理与运营. 西安：西安电子科技大学出版社，2015.

[92] 青岛英谷教育科技股份有限公司. Photoshop 网页视觉设计. 西安：西安电子科技大学出版社，2015.

[93] 青岛英谷教育科技股份有限公司. 电子商务与现代仓储管理. 2 版. 西安：西安电子科技大学出版社，2018.

[94] 青岛英谷教育科技股份有限公司. 电子商务运营实务. 西安：西安电子科技大学出版社，2018.

[95] http://www. 100ec. cn/zt/anlk

[96] http://www. ebrun. com

[96] https://university. aliexpress. com

[97] http://qingdao. customs. gov. cn/qingdao_customs/index/index. html

[98] http://www. baidu. com

[99] http://wenku. baidu. com

[100] http://www. ireasearch. com

[101] http://www. cifnews. com